다양한 학습자를 위한

특수교육의 이해

김동일 · 고은영 · 고혜정 · 김우리 · 박춘성 · 손지영 · 신재현
연준모 · 이기정 · 이재호 · 정광조 · 지 은 · 최종근 · 홍성두 공저

Essentials of Special Education

학지사

서문

　이 책은 우리나라 교육현장에서 만날 수 있는 다양한 학습자 혹은 독특한 교육적 요구를 지닌 학습자에 대한 특수교육 접근을 담았습니다. 독특한 교육적 요구를 지닌 학생은 장애학생뿐만 아니라 영재성을 가지고 있는 학생들을 포괄하며, 특수교육은 참여 학생들의 독특한 교육적 요구에 대응하기 위하여 특별하게 계획된 교육입니다. 더불어 예비교사와 교육 관련 주체들이 특수교육 및 통합교육을 이해하고, 특수교육지원이 필요한 학생의 특성 및 교수 방법에 대해서 학습할 수 있도록 기획되었습니다.

　1999년에 시작된 서울대학교 대학원 특수교육 전공 20주년을 기념하는 하나의 저작물로 제안된 이 책은, 그동안 특수교육 전공에 몸을 담았던 졸업생들을 대표하여 직접 저술하기로 한 몇몇 저자들이 2년 동안 편집 모임을 가지며 가능한 한 통일된 형식으로 집필하고자 노력한 결과물입니다. 같은 전공 아래서 공부하였지만 각 장에서 설명하는 개념의 강조 사항과 제시 방식이 다를 수 있습니다. 이러한 다양성은 각 저자의 관심과 개성이 드러난 것으로 보아 주기를 기대합니다. 그러나 집필자의 설명과 개념 전달에 있어서 명확하지 않은 부분이 있다면 독자 여러분의 많은 충고와 제언을 전달해 주기 바라며, 이에 따라 다시 구성할 수 있도록 미리 허락을 얻고자 합니다.

끝으로, 이 책이 나오기까지 학지사 김진환 사장님과 편집부 직원들의 정성과 끊임없는 노력에 감사드리며, 집필진의 주위에서 자신의 희생을 감내하며 도와준 이들을 기억하고자 합니다. 그리고 여러 집필자를 엮고 작업을 진행해 준 서울대학교 특수교육연구소 간사인 조은정 선생님과 연구원들에게도 깊은 감사를 전합니다.

2019년 특수교육 전공 20주년을 축하합니다.

2019. 3.
저자들을 대표하여
서울대학교 특수교육연구소 소장 오름 김동일

차례

제1장

장애와 특수교육의 개념

‖ 최종근 ‖

모든 장애인에게는 인간으로서의 존엄성을 존중받아야 할 천부적 권리가 있다.

– 장애인 권리 선언(1975) 중에서

장애는 점진적으로 변화하는 개념이며, 손상을 지닌 사람과 그들이 다른 사람과 동등하게 사회에 완전하고 효과적으로 참여하는 것을 저해하는 태도 및 환경적인 장벽 간의 상호작용으로부터 기인된다는 것을 인정하고…….

– UN 장애인 권리 협약(2006) 중에서

다음 사례에 관하여 조사하고, 찬성팀/반대팀/배심원단으로 나누어 토론해 보자.

주제: 강서구 특수학교 설립 찬반 논쟁
입장: 장애학생의 학부모(찬성), 지역주민(반대), 배심원단
개념: 장애인, 특수교육대상자, NIMBY, PIMFY, 특수학교, 특수학급, 통합교육 등

[리포트]
주민 앞에 무릎을 꿇은 장애인 자녀를 둔 학부모들. 특수학교를 짓게 해달라며 눈물로 호소하던 이 모습이, 주민들의 마음까지 움직이고 있습니다.

[주민 / 서울 강서구]
"마음이 많이 불편했어요. 그거 보면서… 공부를 해야 하는 의무는 있잖아요. 결국 사회에 편입돼서 같이 나아가야 할 아이들인데……."

[김경숙 / 서울 강서구]
"한방병원은 조금만 나가도 있고… 장애인들이 왔다 갔다 하면서 불편하게 하면 못 봐주겠다는데 그게 잘못된 것 같아요."

SNS에서는 특수학교 건립을 위한 서명운동이 급속도로 확산되고 있습니다. 7월 말에 시작한 서명운동은, 한 달 동안 2천여 명이 참여했었지만, '눈물의 호소' 이후 일주일 새 9만 명 넘게 서명했습니다.

[김상일 / 강서사랑모임 대표 · 서명운동 제안자]
"무릎을 꿇는 부모님들 모습을 보더니 도움을 주신 것 같아요. 거리 서명하면 플래카드 만들어주겠다 이런 분도 계시고……."

주민들의 우려와 달리 특수학교가 생겨도, 인접지역과 비인접지역의 10년간 부동산 가격 상승률이 사실상 차이가 없다는 조사결과도 나왔습니다.

[심교언 / 건국대 부동산학과 교수]
"(학교에) 도서관, 수영장, 운동장 시설도 있잖아요. (활용하면) 집값이 오히려 올라간다는 연구결과가……."

서울에는 지난 2002년, 종로구 경운학교를 끝으로 15년간 설립된 공립 특수학교는 없습니다. 채널A 뉴스 김지환입니다.

출처: 채널A 뉴스(2017.9.11).

님비(NIMBY)

Not In My Back Yard의 줄임말.
새로운 개발을 찬성하면서도 그런 일이 자기 집 가까이에서 이뤄지거나 자기 생활에 방해가 되는 것은 반대하는 사람 또는 그런 입장을 지칭하는 말. 지역이기주의의 한 형태.

핌피(PIMFY)

Please In My Front Yard의 줄임말.
수익성이 있는 사업을 내 지역에 유치하겠다는 사람이나 그런 입장. 지역이기주의의 한 형태. 님비(NIMBY)의 반대말이기 때문에 PIMFY 대신에 YIMBY(Yes in my back yard)를 사용하기도 함.

1. 장애를 바라보는 관점 네 가지 또는 두 가지에는 무엇이 있는가?

2. '장애인≠특수교육대상자'임을 어떻게 설명할 수 있는가?

3. 「장애인복지법」에 따른 장애인 등록 절차는 무엇인가?

4. 장애인에 대한 차별행위는 무엇이며, 장애인에 대한 올바른 태도와 표현에는 어떠한 것이 있는가?

5. 특수교육의 개념, 특수교육대상자의 선정 절차와 현황은 어떠한가?

편견 바로잡기

1. 장애는 질병이나 사고로 야기된 '개인'의 문제이다?

장애는 '개인'에게 귀속된 것이 아니라, 사회적 환경에 의해 창조된 조건들의 결과이다. 사고나 질병으로 인하여 어떤 개인이 손상(impairment)이나 기능 저하(disability)를 갖게 되었다고 하더라도, 그 자체가 '장애'가 아니라 그로 인해서 이동, 학업 활동, 사회 활동을 할 때 당사자가 (비장애인은 느끼지 않았을) 분리나 배제, 어려움을 겪는 순간에 발생하는 것이다. 장애는 의료전문가에 의해 '치료'되어야 할 기능 저하 상태인 '개인'의 문제가 아니라, 손상에도 불구하고 당사자가 느끼지 않아도 될 차별, 분리, 배제, 불편함과 같은 '사회적 불이익'으로 보아야 한다. '장애를 앓다'는 표현이나 '장애를 극복하다'라는 표현도 장애를 '개인'의 문제로 바라본다는 점에서 권장하지 않는다.

2. 모든 특수교육대상자는 장애인이다?

우리나라 '특수교육법'에서는 특수교육대상자를 '제15조에 따라 특수교육을 필요로 하는 사람으로 선정된 사람'으로 정의하고 있다. 「장애인복지법」에 따라 '신체적·정신적 장애로 오랫동안 일상생활이나 사회생활에서 상당한 제약을 받는 자'로 정의되는 '장애인'과는 개념적으로 구별된다. 특수교육대상자는 대체적으로 장애를 가지고 있기는 하지만, 장애인이 아니라 하더라도, '특별한 교육적 필요(special education needs)'를 가지고 있다고 판단되면 선정될 수 있다. '학습장애를 지닌 특수교육대상자'와 '발달지체를 보이는 특수교육대상자'는 장애인이 아니지만, 특수교육대상자의 대표적인 예이다.

3. '장애우(友)'는 장애인을 존중하기 위하여 부르는 올바른 표현이다?

'장애우(友)'라는 표현은 비장애인이 장애인을 '친구가 되어 주어야 하는 존재'로 타자화한다는 점에서 바르지 않다. '친구(友)'는 장애 유무와 관계없이 둘 사이의 양방향적 관계를 전제로 성립되는 사회적 관계이다. 나이나 연배도 상관없이, 단지 '장애'를 가졌다는 이유로 모든 장애인이 비장애인의 '친구'가 될 수는 없다. '장애우'라는 표현은 장애인이 스스로를 지칭할 때 사용할 수도 없으며, 법적인 용어도 아니므로 권장하지 않는다.

1. 장애의 개념과 관점

1) 장애를 바라보는 네 가지 시선

장애(disability)란 무엇인가? 무엇 또는 어떤 상태를 장애로 볼 것인지, 장애를 인식하는 기본적인 시각을 장애 모델이라고 한다. 장애를 바라보는 시각은 대략 네 가지의 모델로 정리할 수 있다. 첫째, 장애를 개인적 죄악의 결과로 인식하는 윤리 모델, 의학적 개입을 통해 반드시 치료되어야 하는 결함 또는 질병으로 인식하는 의학 모델, 셋째, 재활 전문가들의 도움을 받아 바로잡아야 하는 결함으로 파악하는 재활 모델, 넷째, 전문가들이나 일반인들의 태도, 상대적으로 불충분한 사회적 지원, 건축적, 지각적, 경제적 장벽들, 일정 집단의 사람들을 장애인으로 일반화하고자 하는 경향 등 외부적 요인을 중심으로 장애를 바라보는 인권 모델이 그것이다(김두식, 2002; 최종근, 2005).

(1) 윤리적 모델

윤리적 모델은 역사적으로 가장 오래되었다. 학문적 논의에서는 이미 영향력을 상실하였지만, 사회문화적으로는 여전히 장애를 가족 또는 본인의 죄와 연결 짓는 경향이 남아 있다. 윤리적 모델은 장애인 자신뿐만 아니라 장애인을 구성원으로 두고 있는 가족 전체를 죄의식과 부끄러움 속에 가둬 둠으로써, 그들의 기본권을 박탈하는 결과를 낳았다. 예컨대, 장애인이 집 밖으로 나다니는 것 자체를 부정적으로 바라보는 사회적 인식은 이러한 윤리적 모델의 관점에서 장애를 바라보는 편협한 시각에 해당한다.

(2) 의학 모델

19세기 근대 의학의 발달과 의사들의 역할 증대에 따라 등장한 의학 모델은 많은 장애들이 질병과 직·간접적 관련이 있고, 각 장애인에게 내재하는 문제이며, 치료 과정을 통해서 해결될 수 있다고 인식하는 관점이다. 장애인이 질병을 가지고 있다고 보는 이와 같은 관점에 서게 되면, 장애인은 사회가 요구하는 교육을 받을 의무, 근로의 의무, 가족구성원으로서 책임을 다할 의무 등으로부터 면제되며, 대신에 질병의 치료를 위해 의사의 지시에 따라야 할 의무를 지게 된다. 이러한 견해에 따라 최근까지도 장애 정책의 논점은 주로 건강에 관한 문제들로 이해되었으며, 정책 영역에서 의사들의 의견이 우선적인 권위를 인정받고 있다.

(3) 재활 모델

재활 모델은 장애인에게 서비스를 제공하는 주체가 의사에서 재활전문가로 바뀌었다는 점을 제외하면 대체로 의학 모델과 유사하다. 재활전문가들은 장애 극복을 위한 재활 훈련, 물리치료, 상담 등의 서비스를 장애인에게 제공한다. 재활 모델이 등장하게 된 데에는 제2차 세계대전과 한국전쟁 이후 미국 사회 내에서 급증한 제대 전상자들의 재활 운동이 큰 영향을 미쳤다. 즉, 전쟁 중에 발생한 전상자의 증가, 일반 시민의 군대 유입으로 인한 인력난 문제 등을 해결하기 위한 한 가지 방안으로 전상자(장애인)의 재활을 통한 고용이 대두된 것이다. 이러한 경향이 계속되면서 결과적으로 장애의 원인(전쟁, 산업재해)에 관계없이 재활 서비스를 제공받을 수 있게 되었고, 이전에는 불가능했던 지적장애인에 대한 재활서비스도 이루어지게 되었다(Chubon, 1994; 김두식, 2002; 최종근, 2005).

그러나 이와 같은 재활 모델은 의학 모델과 마찬가지로, 장애를 단순히 비정상적이고 불완전한 것으로만 인식하고 있다는 데 근본적인 한계가 있다. 즉, 정상적이고 완전한 상태를 먼저 정의한 후, 그에 미치지 못하는 것을 모두 비정상으로 정의하고 있는 것이다. 그래서 의학 모델이나 재활 모델에 따라 상정되는 장애인의 모습은 '구제 불능의 불구자'나 '불굴의 인간 승리자' 두 가지 모습 중 하나가 될 수밖에 없다.

(4) 인권 모델

인권 모델은 장애인들이 일상생활에서 부딪히게 되는 차별적 대우 자체에 주목한다. 장애란 개인적인 한계에서 비롯되는 것이 아니며, 오히려 비장애인 사회가 일방적으로 만들어낸 사회적 기준 또는 역사적 편견에서 비롯된 것으로 파악하는 입장이다. 인권 모델의 등장에 기여한 요소로는 ① 흑인 인권 운동 이후, 정치적 · 법률적 평등에 대한 인식 확산, ② 장애를 더 이상 비정상적인 것으로 파악하지 않는 정상화 개념의 대두, ③ 장애인 및 그 가족을 중심으로 한 운동

세력의 성장, ④ 베트남전 제대 전상자들의 증가와 이들의 인권 운동 참여 등을 들 수 있다(김두식, 2002; 최종근, 2005).

신체적 손상 그 자체보다 장애를 가짐으로써 야기되는 사회경제적 제약에 주목하는 인권 모델은 지금까지 주로 장애인들에 대한 시혜 차원에서 논의되던 장애인 정책을 마땅히 보장받아야 할 권리의 당연한 확보라고 하는 새로운 차원으로 끌어올린다(〈더 알아보기〉 참조). 이에 따라 미국 내 인권 운동이 지향해 온 세 가지 목표를 장애인 영역에도 도입하게 되는데, 첫째, 장애인은 열등하다고 하는 편견의 배제, 둘째, 그러한 편견에서 비롯되는 차별의 제거, 셋째, 사회 내 모든 영역에서의 완전한 독립성의 추구 등이 그것이다(김두식, 2002; 최종근, 2005).

더 알아보기

■ 대상자(clients) vs. 청구자(claimants): 수혜자 vs. 권리

　장애인을 복지서비스(수당/급여/혜택)의 대상자/신청자(clients/applicants)가 아니라, 청구자로 보아야 한다는 주장도 있다. 이러한 입장에 따르면, 청구자(claimants)에게는 이미 요구가 있다고 본 것이므로 당연히 서비스가 지급되어야 하며, 어떤 사람의 서비스 신청이 정당한 것인지 혹은 다른 사람보다 우선순위가 높은 것인지 여부는 판단할 필요가 없다는 것이다. 장애인복지법에 따라 제공되는 서비스의 범위(종류, 기간 등)를 장애 등급에 따라 달리하는 것은 바람직하지 않으므로, 장애 등급제를 폐지하자는 입장과 맥을 같이 한다고 볼 수 있다.

　인지능력에 따라 경도(mild)/중등도(moderate)/중도(severe)/최중도(profound)로 구분할 것이 아니라 개별적인 필요에 따라 제공되어야 할 지원의 강도(intensities of needed supports)에 따라 간헐적(intermittent)/제한적((limited)/확장적(extensive)/전반적(pervasive) 지원/서비스가 필요한 사람 등으로 나누어 이해하는 것이 바람직하다는 주장(미국정신지체협회 AAMR, 1992년)과 철학을 같이 한다고 볼 수 있다. 종전의 '정신박약'은 물론이고, '정신지체(Mental Retardation: MR)'라는 용어를 '지적장애(Intellectual and Developmental Disability: IDD)'로 변경(미국/지적장애협회 AAIDD, 2007년: 한국/장애인복지법, 2007년: 특수교육법, 2016년)한 것도 같은 맥락으로 이해할 수 있다.

　특수교육 분야에서 '장애아동' '특수교육대상자' '특수교육요구아동' '특수교육권자' '교육권' '학습권' '접근권' 등 입장에 따라 서로 다른 용어가 사용되고 있다. 어떤 용어를 쓰는가 하는 것은 그 용어가 지칭하는 대상이나 사태에 대한 이해 방식을 반영한다는 점에서 중요하다. 그런 점에서 '특수교육대상자'라는 용어와 '특수교육요구아동' 또는 '특수교육권자'라는 용어는 구별되어 사용해야 한다. 전자는 장애아동 중에서 특수교육이 필요하다고 인정하여 그 수혜 대상으로 삼았다는 시혜적 뉘앙스를 담고 있고 해당 아동을 대상화시키는 시혜자 중심의 일방적 용어인 반면, 후자는 장애 아동의 주체적 행위 능력을 전제로 특별한 교육적 요구의 존재 자체로부터 해당 아동의 권리가 인정된다는 의미를 담고 있는 아동 중심의 용어라고 할 수 있다. 같은 맥락에서 현행 특수교육 관련 법률에서 사용되고 있는 '특수교육대상자'라는 용어도 장기적으로는 재검토해볼 필요가 있다고 본다.

2) 장애를 바라보는 두 가지 시선

한편, 학자들에 따라서는 윤리 모델, 의학 모델, 재활 모델을 개별적 모델이라 분류하고, 인권 모델을 사회적 모델로 분류하기도 한다(김두식, 2002). 개별적 모델은 장애를 개인이 가진 의학적, 기능적 문제라고 보는 시각이며, 치료 모델 또는 개인중심의 모델이라고 할 수 있다. 반면에 사회적 모델은 장애인이 살고 있는 사회환경의 문제를 중요하게 인식하는 시각이며, 사회행동모델 또는 환경중심의 모델이라고 할 수 있다(권유경, 2001).

개별적 모델

장애를 질병, 사고 및 건강 조건 등에 의해서 직접적으로 야기된 '개인'의 문제로 바라보는 관점. 의료전문가에 의한 '치료' 또는 재활전문가에 의한 '재활'이나 훈련을 중시함.

(1) 개별적 모델

장애라는 현상을 질병, 종양 및 건강 조건 등에 의해서 직접적으로 야기된 '개인'의 문제로 간주하는 개별적 모델은 근본적으로 두 가지를 중시한다. 첫째는 개인의 장애 '문제'에 그 핵심을 둔다는 점이다. 둘째는 이러한 문제의 원인이 장애를 발생시키는 근본적인 제한 혹은 심리적인 상실에 기인한다고 보는 점이다. 이러한 관점은 장애의 개인적 비극이론을 구성하는 것으로서 장애는 불행한 개인에게 발생하는 끔찍한 사건이라는 것이다(Oliver, 1996; 최종근, 2005).

이러한 관점은 '의료전문가에 의한 개별적 치료'라는 형태의 의료 보호를 해결책으로 제시하며 장애 관리의 초점을 개인의 보다 나은 적응과 행위의 변화에 둔다. 이에 따라 주된 이슈는 건강보호이며, 이에 장애를 완화시킬 수 있는 건강보호정책을 강조한다. 일명 '기능제약모델'(이익섭, 1993)이라고도 하며, 기존의 의학적 정의와 경제학적 정의가 여기에 포함된다(최종근, 2005).

(2) 사회적 모델

장애라는 현상을 장애를 가진 사람의 사회통합이라는 관점에서 '사회적인' 문제로 간주하는 사회적 모델은 개별적 모델의 두 가지 전제를 비판한다. 첫째, 장애는 '개인'에게 귀속된 것이 아니고 사회적 환경에 의해 창조된 조건들의 복합체로 본다. 즉, 장애란 장애인에 대한 제한을 함축하는 모든 것으로서, 편견에서 제도적인 차별까지, 접근 불가능한 공공건물에서 사용 불가능한 교통체계까지, 분리교육에서 노동에서의 배제까지를 의미하는 것이다. 그러므로 장애는 '사회' 내에 존재하는 것이며, 장애인 개인에게 있는 개별적인 제한이 아니고, 장애인의 욕구를 수용하고 이에 적합한 서비스를 제공하는 데 대한 그 사회의 실패를 의미하는 것이다. 둘째, 장애 문제를 관리, 해결하기 위해서는 '사회행동'을 필요로 한다. 그리고 장애인이 전 영역의 사회생활에 완전히 참여할 수 있도록 하기 위한 환경의 개조를 필수 요건으로 삼으며, 이를 실천하는 것은 사회의 집합적인 책임으로 본다.

사회적 모델에 따르면, 장애 문제 해결을 위한 모든 의도와 목적은 정치적일 수밖에 없고, 장애인과 관련된 주요과제는 이들의 인권과 관련되며, 이들이 직면하는 편견과 차별의 해결과 관련된다고 본다. 일명 '소수집단모델'이라고도 (이익섭, 1993) 일컬어지고, 장애에 대한 사회학적, 정치학적 정의가 이에 해당된다(최종근, 2005).

> **사회적 모델**
>
> 장애는 '개인'에게 귀속된 것이 아니라, 사회적 환경에 의해 창조된 조건들의 복합체로 보는 관점. 장애인의 욕구를 수용하고 이에 적합한 서비스를 제공하는 데 실패한 사회에 원인이 있으므로 사회적 인식이나 사회적 환경의 개선을 중시함.

3) 장애를 지칭하는 다양한 용어와 의미 차이

세계보건기구(World Health Organization: WHO)는 장애의 차원을 손상(impairment), 무능력(disability), 불리(handicap)로 구분하고, 장애의 발생 과정을 ① 질병, 사고 등으로 손상이 발생하여 기능이 손상되고, ② 이에 따라 장애가 야기되어 능력 저하가 생기며, ③ 결국 사회적 불이익에 따른 불리를 겪게 된다고 하였다. 따라서 '손상'에 대해서는 의료적 지원을, '장애(무능력/능력 저하)'에 대해서는 교육적 지원이나 훈련을, 그리고 '불리'에 대해서는 사회적·심리적 지원을 강구할 필요가 있다. 그러나 여기서 명심해야 할 것은 장애가 지니고 있는 특수성은 반드시 그 사람의 사회적 혹은 문화적 맥락과 관련하여 이해되어야 한다는 것이다(권요한 외, 2010). 이소현과 박은혜(2011)도 장애의 차원을

⟨표 1-1⟩ 장애를 지칭하는 다양한 용어와 의미 차이

용어	정의	예	비고
장애(손상) impairment	신체나 내장의 특정 부위가 상실되거나 그 기능이 감소된 상태	다리가 없는 경우	다리가 없다는 사실 및 이동이 자유롭지 못하다는 사실은 분명한 장애(손상 및 무능력)지만, 전동 휠체어를 타고 가고 싶은 곳을 자유롭게 이동할 수 있다면 더 이상 장애(불이익)가 될 수 없음. 그러나 의족을 착용한 채 장애가 없는 또래와 축구 시합을 한다면 불이익을 경험할 수 있다는 점에서 장애(불이익)가 될 수 있음.
장애(무능력) disability	손상으로 인하여 특정 과제를 수행할 때 사람들이 보편적으로 수행하는 방법으로 수행하기 어려운 상태	다리가 없어서 다른 사람처럼 걸어서 이동하지 못하는 경우 (예: 휠체어, 목발)	
장애(불이익) handicap	손상이나 무능력으로 인하여 환경과의 상호작용에서 문제나 불이익을 경험하게 된 상태	다리가 없어서 의족을 착용하고 또래와 함께 축구 시합을 하는 경우	

출처: 이소현, 박은혜(2011), p. 13.

⟨표 1-1⟩과 같이 '손상' '무능력' '불이익'으로 나누어 제시함으로써, 장애는 개인 차원에서 정의될 수도, 탈맥락적으로 정의될 수도 없다는 점을 분명히 하였다.

4) 활동과 참여, 맥락적 요인을 포함하는 WHO의 장애 및 건강 개념 모델

세계보건기구(WHO)에서는 1948년 건강을 '단지 질병이 없거나 허약하지 않은 상태만이 아니라, 신체적·정신적·사회적으로 완전히 안녕(웰빙)한 상태'라고 정의했고, 건강 상태를 좀 더 명확히 하고자 광의의 개념과 협의의 개념으로 나누었다. 광의의 건강 개념은 '사람들에게 주어진 유전이나 환경 조건에서 인간과 환경이 유기적으로 적절하게 기능하는 상태나 질'이며, 협의의 개념은 '사람에게 병이 없고 정상적으로 기능하는 경우'와 '신체 각 기관이 상호적으로 관계하며 적절히 기능하는 것으로 예를 들어 균형이나 항상성이 유지되는 상태'로 정의하였다(함께걸음, 2018a).

사망률과 유병률을 줄이려는 WHO의 초기 정책을 뒷받침하기 위해 필요한 것이 질병과 질환에 대한 국제 수준의 공통적 이해였다. 이를 위하여 수립된 것

이 국제질병분류기준(International Classification of Disease: ICD-10)이었다. 그러나 현대 사회에서 노인인구와 비감염성 만성질환자가 늘어나고 질병이나 장애로 인한 생활의 부담이 높은 사람들과 자살인구가 증가하게 되면서 WHO는 건강증진과 자살예방을 위해 생활과 삶의 기능을 향상하기 위한 정책을 추가적으로 세우게 되었다. 이를 위해 개발된 것이 국제기능·장애·건강분류모델(International Classification of Functioning: ICF; Disability and Health)이다. ICF는 ICD로 파악할 수 있는 질병 유무만으로는 건강을 충분히 이해할 수 없기 때문에, 건강의 개념을 구체적으로 설명한 모델이다. [그림 1-1]은 넓은 의미의 건강 개념을 포함한 ICF의 개념 도식이다. 그림처럼 사람의 건강을 ① 신체기능, ② 활동, ③ 참여가 기능하는지 세 가지 측면에서 이해하려 하고, 건강하지 못한 경우를 신체가 기능하지 못하는 경우의 손상 정도와 범위, 활동과 참여가 기능하지 못하는 경우 제한이나 제약이 어느 정도인지를 분류하며, 이 세 영역이 각각 서로 영향을 주는지, 세 영역의 기능에 영향을 미치는 환경과 개인의 요인은 어떤지 살필 수 있도록 구성되어 있다(함께걸음, 2018b). ICF는 WHO의 건강 정책이 질병 관리와 질병으로 인한 사망률 감소뿐만 아니라, 기능 중심의 접근이 필요하다는 요구와, 장애의 관점에서도 손상과 장애에 대한 사회적 이해와 환경 지원이 장애나 장벽을 줄이는 대책이 된다는 근거를 토대로, 인간의 건강을 개

ICF

세계보건기구(WHO)가 2001년 54차 총회에서 회원국의 승인을 받은 국제기능·장애·건강분류모델(International Classification of Functioning, Disability and Health: ICF)로 인간의 건강을 (1) 신체기능, (2) 활동, (3) 참여의 세 가지 측면에서 이해하려고 함. WHO가 1980년에 제시하였던 장애의 영향에 관한 최초의 분류, 즉 ICIDH(the International Classification of Impairments, Disabilities, and Handicaps)와 국제질병분류(International Classification of Diseases: ICD)를 기초로 함.

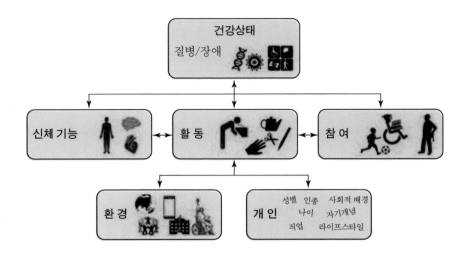

[그림 1-1] **건강의 개념을 포함한 ICF 도식**

출처: 함께걸음(2018a).

인의 신체건강, 정신건강, 관계와 참여를 통한 사회적 웰빙 개념을 포괄해 설명하고 있다(함께걸음, 2018a). 요약하자면, ICF는 크게 두 가지 부문 네 가지 요소, 즉 기능과 장애 부문(신체 기능과 구조 요소, 활동과 참여 요소)과 맥락적 요인(환경적 요소, 개인적 요소)을 포함한다.

2. 장애인의 정의와 유형, 현황과 등록 절차

1) 장애인의 정의와 유형

장애인복지법
장애인의 인간다운 삶과 권리보장을 위한 국가와 지방자치단체 등의 책임을 명백히 하고, 장애발생 예방과 장애인의 의료·교육·직업재활·생활환경개선 등에 관한 사업을 정하여 장애인복지대책을 종합적으로 추진하며, 장애인의 자립생활·보호 및 수당지급 등에 관한 필요한 사항을 정하여 장애인의 생활안정에 기여하는 등 장애인의 복지와 사회활동 참여 증진을 통하여 사회통합에 이바지함을 목적으로 [장애인복지법 제1조(목적)], 종전의 심신장애자복지법(1981. 6. 5. 제정)을 전부개정(1989.12.30.)하여 현재에 이른 법률.

「장애인복지법」에서는 장애인을 '신체적·정신적 장애로 오랫동안 일상생활이나 사회생활에서 상당한 제약을 받는 자'로 정의하고 있다. 그리고 여기서 '신체적 장애'란 주요 외부 신체 기능의 장애, 내부기관의 장애 등을 말하고, '정신적 장애'란 발달장애 또는 정신 질환으로 발생하는 장애를 말한다고 규정하고 있다(「장애인복지법」 제2조, 〈표 1-2〉 참고).

〈표 1-2〉 **장애의 분류**

분류		세부
신체적 장애	외부 신체기능	지체, 뇌병변, 시각, 청각, 언어, 안면장애
	내부 기관	신장, 심장, 간, 호흡기, 장루·요루, 뇌전증장애
정신적 장애	–	지적, 정신, 자폐성장애

그리고 「장애인복지법 시행령」 제2조(장애인의 종류 및 기준)에서 ① 「장애인복지법」 제2조제2항 각 호 외의 부분에서 "대통령령으로 정하는 장애의 종류 및 기준에 해당하는 자"란 별표 1에서 정한 자를 말한다. ② 장애인은 장애의 정도에 따라 등급을 구분하되, 그 등급은 보건복지부령으로 정한다고 규정하고 있다(법제처, 2018). 즉, 「장애인복지법 시행령」(대통령령) 제2조와 관련한 [별표]를 통해 장애인의 종류 및 기준을 제시하고 있는데, 이에 따르면 우리나라에서 장애인의 종류에는 지체장애인, 뇌병변장애인, 시각장애인, 청각장애인, 언어장애인, 지적장애인, 자폐성장애인, 정신장애인, 신장장애인, 심장장애인, 호흡기장

애인, 간장애인, 안면장애인, 장루·요루장애인, 뇌전증장애인 등 총 15가지가 있다. 그리고「장애인복지법 시행규칙」(보건복지부령) 제2조 관련 [별표]를 통해 각 종류별 장애인의 장애등급표를 제시하고 있는데, 신체 및 인지 기능의 손상 정도를 중심으로 1~6급으로 나누고 있다.

2) 장애인의 현황과 등록 절차

보건복지부(2018)에 따르면, 우리나라 전국 장애추정 인구는 267만 명으로 장애출현율은 5.4%이고, 인구 1만 명 중 539명이 장애인인 것으로 나타났다. 2017년 12월 기준 전국 등록 장애인은 총 2,545,637명으로, 2017년 현재 주민등록인구 51,778,544명(통계청 국가통계포털, 2018) 중 장애인 등록 비율은 4.91%이다. 장애등급별로는 6급(643,562명)이 가장 많고, 다음으로 5급, 4급, 3급, 2급, 1급 순으로 1급(199,186명)이 가장 적다.

장애유형별로는 총 15가지 장애 유형 중에서 지체장애인(1,254,130명)이 가장 많고, 그 다음으로는 청각장애인(302,003명), 뇌병변장애인(252,819명), 시각장애인(252,632명), 지적장애인(200,903명), 정신장애인(101,175명), 신장장애인(83,562명), 자폐성장애인(24,698명), 언어장애인(20,321명), 장루·요루장애인(14,718명), 간장애인(11,843명), 호흡기장애인(11,807) 등의 순으로 많고, 뇌전증(6,935명), 심장장애(5,399명), 안면장애(2,692명)를 가진 사람은 1만 명 이하인 것으로 나타났다. 그리고「장애인복지법」제31조에 따라 이루어진 2017년 장애인 실태조사 결과(보건복지부, 한국보건사회연구원, 2018)에 따르면, 장애발생 원인 측면에서, 질환(56.0%) 혹은 사고(32.1%) 등 후천적 원인에 의해 발생하는 비율이 88.1%로 나타났다. 선천적 요인에 의하여 장애를 갖게 된 사람은 전체 장애인의 12% 정도에 그친다는 것이다.

한편,「장애인복지법」제32조에서 장애인 등록 절차와 관련하여 '장애인, 그 법정대리인 또는 대통령령으로 정하는 보호자(이하 "법정대리인등"이라 한다)는 장애 상태와 그 밖에 보건복지부령이 정하는 사항을 특별자치시장·특별자치도지사·시장·군수 또는 구청장(자치구의 구청장을 말한다)에게 등록하여야 하며, 특별자치시장·특별자치도지사·시장·군수·구청장은 등록을 신청한 장애인이 제2조에 따른 기준에 맞으면 장애인등록증(이하 "등록증"이라 한다)을 내

주어야 한다.'고 규정하고 있다.

보건복지부(2018)는 인터넷 홈페이지를 통하여 '장애인 등록 및 장애등급 심사 제도'와 관련한 소개, 근거 규정, 장애인등록 신청 및 절차, 장애유형별 장애진단 전문기관 및 전문의, 장애유형별 장애진단 시기, 장애인증명서 발급에 관한 사항을 안내하고 있다(보건복지부, 2018). 여기서 주목할 부분은 우리나라에서 현재 '장애정도에 관한 심사 전문기관'은 국민연금공단이고, 공단은 2인 이상의 '전문의사'가 참여하는 의학 자문회의를 개최하여 장애등급심사를 한다는 점이다. 우리나라의 장애인의 정의와 등록/등급 심사 업무가 장애(인)의 개념 모델 중에서 '의학적 모델'에 따라 이루어지고 있다는 비판을 받을 수 있는 대목이다.

■ 장애인등록, 장애등급심사제도
○ 2011년 4월 1일부터 신규등록 및 등급조정, 재판정 대상자 모두 장애등급심사 시행
○ 2013년 1월 27일부터 외국인 및 재외동포도 장애인 등록 허용
※ 장애등록 허용 자격
　 : 주민등록을 한 재외국민, 외국국적동포(F-4), 한국영주권자(F-5), 결혼이민자(F-6)
○ 2015년 5월 5일부터 국가유공자 및 보훈보상 · 지원대상자의 상이등급 판정을 받은 부위와 동일부위에 대해 장애인 등록 허용

◆ 근거 규정
○ 「장애인복지법」 제32조(장애인 등록) 및 제32조의2(재외동포 및 외국인의 장애인 등록), 같은 법 시행규칙 제3조부터 제18조

◆ 장애인등록 신청 및 절차
■ 장애인등록 신청
- 장애인등록을 신청하고자 하는 사람의 주소지 관할 읍 · 면 · 동사무소를 방문하여 「장애인등록 및 서비스 신청서」를 작성하여 제출

> ※ 사진 1장 제출(3.5cm×4.5cm), 17세 이상 주민등록증 발급을 위한 사진자료 활용가능
> ※ 장애인 등록 신청은 본인이 하는 것을 원칙으로 하되, 다만, 만 19세 미만의 미성년자와 거동이 불가능한 경우 등 본인이 등록 신청을 하기 어려운 경우에는 보호자가 신청 대행 가능
> ※ 대리신청이 가능한 보호자의 범위: 장애인을 보호하고 있는 장애인 복지시설의 장, 장애인을 사실상 보호하고 있는 자(장애인의 배우자, 직계존 · 비속, 직계존 · 비속의 배우자, 형제 · 자매, 형제 · 자매의 배우자 등)

■ 장애진단 및 장애진단서 발급
- 신청인은 의료기관의 전문의사로부터 장애진단 및 검사를 통해 장애진단서를 발급받고, 장애유형별 필수 구비서류를 갖추어 주소지 관할 읍 · 면 · 동 주민센터에 제출
- 의료기관에서 장애진단 후 장애진단서와 구비서류를 갖춘 후 장애인등록을 신청하는 경우 장애진단의뢰 절차를 이행한 것으로 봄

■ 장애등급심사 의뢰 및 등급심사 실시
- 장애심사 전문기관인 국민연금공단(이하 '공단')에 장애정도에 관한 심사 의뢰
- 공단은 2인 이상의 전문의사가 참여하는 의학 자문회의를 개최하여 장애등급심사 후 심사결과를 해당 읍 · 면 · 동으로 통보
※ 정밀한 심사를 위하여 추가로 검사결과 등의 자료 보완 요구나 공단이 정한 장애진단기관 및 전문의로 하여금 직접 진단을 하게 할 수 있음.

■ 심사결과 확인 및 장애인 등록, 신청인에게 심사결과 통지
- 시 · 군 · 구(읍 · 면 · 동) 담당자는 공단의 장애등급심사 결과를 토대로 장애인 등록 및 신청인에게 결과를 통지

※ 장애등급심사 업무 흐름도

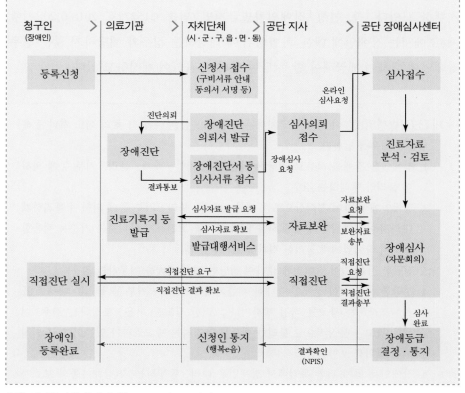

출처: 보건복지부 홈페이지(www.mohw.go.kr).

3. 장애인 학대 및 차별금지의 이해

1) 장애인 학대 및 차별 행위

　　우리나라 「장애인복지법」 제2조에서는 "장애인 학대"란 장애인에 대하여 신체적·정신적·정서적·언어적·성적 폭력이나 가혹행위, 경제적 착취, 유기 또는 방임을 하는 것을 말한다고 규정하고 있다. 그리고 우리나라에서는 모든 생활 영역에서 장애를 이유로 한 차별을 금지하고 장애를 이유로 차별받은 사람의 권익을 효과적으로 구제함으로써 장애인의 완전한 사회참여와 평등권 실현을 통하여 인간으로서의 존엄과 가치를 구현함을 목적으로 하는 「장애인 차별금지 및 권리구제 등에 관한 법률」(약칭 '장애인차별금지법')을 제정(2007.4.10.)하여 시행하고 있다. 즉, 현행 「장애인차별금지법」(법률 제15272호, 2018.6.20. 시행) 제4조에서는 장애인에 대한 '차별행위'에 해당하는 경우와 해당하지 않는 경우, 장애인에 대하여 제공해야 할 '정당한 편의'에 관하여 제시하고 있다.

장애인차별금지 및 권리구제 등에 관한 법률(약칭: 장애인차별금지법)

모든 생활영역에서 장애를 이유로 한 차별을 금지하고 장애를 이유로 차별받은 사람의 권익을 효과적으로 구제함으로써 장애인의 완전한 사회참여와 평등권 실현을 통하여 인간으로서의 존엄과 가치를 구현함을 목적으로 제정(2007.4.10.)된 법률.

> 제4조(차별행위) ① 이 법에서 금지하는 차별이라 함은 다음 각 호의 어느 하나에 해당하는 경우를 말한다.
> 1. 장애인을 장애를 사유로 정당한 사유 없이 제한·배제·분리·거부 등에 의하여 불리하게 대하는 경우
> 2. 장애인에 대하여 형식상으로는 제한·배제·분리·거부 등에 의하여 불리하게 대하지 아니하지만 정당한 사유 없이 장애를 고려하지 아니하는 기준을 적용함으로써 장애인에게 불리한 결과를 초래하는 경우
> 3. 정당한 사유 없이 장애인에 대하여 정당한 편의 제공을 거부하는 경우
> 4. 정당한 사유 없이 장애인에 대한 제한·배제·분리·거부 등 불리한 대우를 표시·조장하는 광고를 직접 행하거나 그러한 광고를 허용·조장하는 경우. 이 경우 광고는 통상적으로 불리한 대우를 조장하는 광고효과가 있는 것으로 인정되는 행위를 포함한다.
> 5. 장애인을 돕기 위한 목적에서 장애인을 대리·동행하는 자(장애아동의 보호자 또는 후견인 그 밖에 장애인을 돕기 위한 자임이 통상적으로 인정되는 자를 포함한다. 이하 "장애인 관련자"라 한다)에 대하여 제1호부터 제4호까지의 행위를 하는 경우. 이 경우 장애인 관련자의 장애인에 대한 행위 또한 이 법에서 금지

하는 차별행위 여부의 판단대상이 된다.

6. 보조견 또는 장애인보조기구 등의 정당한 사용을 방해하거나 보조견 및 장애인 보조기구 등을 대상으로 제4호에 따라 금지된 행위를 하는 경우

② 제1항제3호의 "정당한 편의"라 함은 장애인이 장애가 없는 사람과 동등하게 같은 활동에 참여할 수 있도록 장애인의 성별, 장애의 유형 및 정도, 특성 등을 고려한 편의시설·설비·도구·서비스 등 인적·물적 제반 수단과 조치를 말한다.

③ 제1항에도 불구하고 다음 각 호의 어느 하나에 해당하는 정당한 사유가 있는 경우에는 이를 차별로 보지 아니한다.

1. 제1항에 따라 금지된 차별행위를 하지 않음에 있어서 과도한 부담이나 현저히 곤란한 사정 등이 있는 경우

2. 제1항에 따라 금지된 차별행위가 특정 직무나 사업 수행의 성질상 불가피한 경우. 이 경우 특정 직무나 사업 수행의 성질은 교육 등의 서비스에도 적용되는 것으로 본다.

④ 장애인의 실질적 평등권을 실현하고 장애인에 대한 차별을 시정하기 위하여 이 법 또는 다른 법령 등에서 취하는 적극적 조치는 이 법에 따른 차별로 보지 아니한다.

> **정당한 편의**
>
> 장애인이 장애가 없는 사람과 동등하게 같은 활동에 참여할 수 있도록 장애인의 성별, 장애의 유형 및 정도, 특성 등을 고려한 편의시설·설비·도구·서비스 등 인적·물적 제반 수단과 조치를 말함(장애인차별금지법 제4조).

　　구체적으로 「장애인차별금지법」 '제2장 차별금지'의 제1절부터 제6절의 규정을 통하여 고용, 교육, 재화와 용역의 제공 및 이용, 사법·행정절차 및 서비스와 참정권, 모·부성권, 성 등, 가족·가정·복지시설, 건강권 등과 관련한 차별금지와 정당한 편의제공의 의무 사항들을 제시하고 있다. 교육 영역에서의 차별금지 사항을 살펴보면 다음과 같다(동법 제13조).

제13조(차별금지) ① 교육책임자는 장애인의 입학 지원 및 입학을 거부할 수 없고, 전학을 강요할 수 없으며, 「영유아보육법」에 따른 어린이집, 「유아교육법」 및 「초·중등교육법」에 따른 각급 학교는 장애인이 당해 교육기관으로 전학하는 것을 거절하여서는 아니 된다. 〈개정 2011.6.7.〉

② 제1항에 따른 교육기관의 장은 「장애인 등에 대한 특수교육법」 제17조를 준수하여야 한다. 〈개정 2010.5.11.〉

③ 교육책임자는 당해 교육기관에 재학 중인 장애인 및 그 보호자가 제14조제1항 각 호의 편의 제공을 요청할 때 정당한 사유 없이 이를 거절하여서는 아니 된다.

④ 교육책임자는 특정 수업이나 실험·실습, 현장견학, 수학여행 등 학습을 포함한 모든 교내외 활동에서 장애를 이유로 장애인의 참여를 제한, 배제, 거부하여서는

아니 된다.

⑤ 교육책임자는 취업 및 진로교육, 정보제공에 있어서 장애인의 능력과 특성에 맞는 진로교육 및 정보를 제공하여야 한다.

⑥ 교육책임자 및 교직원은 교육기관에 재학 중인 장애인 및 장애인 관련자, 특수교육 교원, 특수교육보조원, 장애인 관련 업무 담당자를 모욕하거나 비하하여서는 아니 된다.

⑦ 교육책임자는 장애인의 입학 지원 시 장애인 아닌 지원자와 달리 추가 서류, 별도의 양식에 의한 지원 서류 등을 요구하거나, 장애인만을 대상으로 한 별도의 면접이나 신체검사, 추가시험 등(이하 "추가서류 등"이라 한다)을 요구하여서는 아니 된다. 다만, 추가서류 등의 요구가 장애인의 특성을 고려한 교육시행을 목적으로 함이 명백한 경우에는 그러하지 아니하다.

⑧ 국가 및 지방자치단체는 장애인에게 「장애인 등에 대한 특수교육법」 제3조제1항에 따른 교육을 실시하는 경우, 정당한 사유 없이 해당 교육과정에 정한 학업시수를 위반하여서는 아니 된다. 〈개정 2010.5.11.〉

마음으로 들여다보기

1) 주지교과 수업시간에 정기적 · 계속적 참여 배제 유무

단위: 명(%)

구분		있음	없음	전체
전체		6,251(14.2)	37,693(85.8)	43,944(100)
배치유형	특수학교	565(5.0)	10,760(95.0)	11,325(100)
	특수학급	5,346(21.1)	20,029(78.9)	25,375(100)
	일반학급	340(4.7)	6,904(95.3)	7,244(100)
학교과정	초등학교	3,069(16.9)	15,110(83.1)	18,179(100)
	중학교	1,882(14.7)	10,931(85.3)	12,813(100)
	고등학교	1,300(10.0)	11,652(90.0)	12,952(100)

2) 주지교과 수업시간에 정기적·계속적 참여 배제 이유

단위: 명(%)

구분		수업 내용이 수준에 맞지 않아서	장애 특성에 맞는 교수·학습 자료가 없어서	특수교육보조 인력 등이 지원되지 않아서	필요한 의사소통기기나 학습 도구가 부족해서	기타	전체
전체		4,785(76.5)	653(10.4)	412(6.6)	293(4.7)	108(1.7)	6,251(100)
배치 유형	특수학교	275(48.7)	111(19.6)	100(17.7)	72(12.7)	7(1.2)	565(100)
	특수학급	4,275(80.0)	492(9.2)	283(5.3)	205(3.8)	91(1.7)	5,346(100)
	일반학급	235(69.1)	50(14.7)	29(8.5)	16(4.7)	10(2.9)	340(100)
학교 과정	초등학교	2,400(78.2)	285(9.3)	205(6.7)	136(4.4)	43(1.4)	3,069(100)
	중학교	1,423(75.6)	205(10.9)	124(6.6)	88(4.7)	42(2.2)	1,882(100)
	고등학교	962(74.0)	163(12.5)	83(6.4)	69(5.3)	23(1.8)	1,300(100)

※ 기타: 장애학생 이해 부족, 이동수업 시 보행이 불편 등

출처: 국립특수교육원(2014), pp. 74-75.

　　교육 영역에서의 정당한 편의 제공 의무 사항을 살펴보면 다음과 같다(동법 제14조).

제14조(정당한 편의제공 의무) ① 교육책임자는 당해 교육기관에 재학 중인 장애인의 교육활동에 불이익이 없도록 다음 각 호의 수단을 적극적으로 강구하고 제공하여야 한다. 〈개정 2014.1.28., 2016.2.3., 2017.12.19.〉

1. 장애인의 통학 및 교육기관 내에서의 이동 및 접근에 불이익이 없도록 하기 위한 각종 이동용 보장구의 대여 및 수리
2. 장애인 및 장애인 관련자가 필요로 하는 경우 교육보조인력의 배치
3. 장애로 인한 학습 참여의 불이익을 해소하기 위한 확대 독서기, 보청기기, 높낮이 조절용 책상, 각종 보완·대체 의사소통 도구 등의 대여 및 보조견의 배치나 휠체어의 접근을 위한 여유 공간 확보
4. 시·청각 장애인의 교육에 필요한 한국수어 통역, 문자통역(속기), 점자자료 및 인쇄물 접근성바코드(음성변환용 코드 등 대통령령으로 정하는 전자적 표시를 말한다. 이하 같다)가 삽입된 자료, 자막, 큰 문자자료, 화면낭독·확대프로그램, 보청기기, 무지점자단말기, 인쇄물음성변환출력기를 포함한 각종 장애인보

조기구 등 의사소통 수단

5. 교육과정을 적용함에 있어서 학습진단을 통한 적절한 교육 및 평가방법의 제공

6. 그 밖에 장애인의 교육활동에 불이익이 없도록 하는 데 필요한 사항으로서 대통령령으로 정하는 사항

② 교육책임자는 제1항 각 호의 수단을 제공하는 데 필요한 업무를 수행하기 위하여 장애학생지원부서 또는 담당자를 두어야 한다.

③ 제1항을 적용함에 있어서 그 적용대상 교육기관의 단계적 범위와 제2항에 따른 장애학생지원부서 및 담당자의 설치 및 배치, 관리ㆍ감독 등에 필요한 사항은 대통령령으로 정한다.

2) 장애인과 관련한 올바른 표현 등

장애는 상대적인ㆍ사회적인 개념이다. 장애의 범위와 대상은 상황에 따라 달라질 수 있다. 장애는 절대적인 것이 아니며, 장애의 정의는 문화적ㆍ시대적 기준에 의해 변화될 수 있다. 특정한 상황, 여건에서는 장애를 느끼거나 불리하지만, 다른 상황, 여건에서는 전혀 장애를 느끼거나 불이익을 경험하지 않을 수 있다. 특정 신체적ㆍ정서적ㆍ인지적 특성만으로 장애인을 대상화하는 것은 차별적이고 배제적인 행동으로 간주될 가능성이 있으므로 주의해야 한다.

(1) 장애우? 정상인?

〈표 1-3〉과 같이 장애를 가지고 있는 사람에 대한 올바른 호칭은 '장애인'이다. 장애인은 중립적인 용어이며, 법적으로도 통용된다. 반면 '장애우'나 '장애자'와 같은 표현은 바람직하지 않다. '장애우'라는 표현은 장애인을 '친구가 되어주어야 하는 존재'로 타자화하며, 장애인이 스스로를 지칭할 때 사용할 수 없다는 문제점도 가지고 있다. 장애자라는 표현은 '자(者)'라는 단어가 가진 비하적인 어감 때문에 권장되지 않는다. 장애를 가지고 있지 않은 사람을 지칭하는 표현으로는 '비장애인'이 권장된다. '정상인'이나 '일반인'과 같은 표현도 옳지 않다. 왜냐하면 이런 표현은 장애인을 '비정상'이거나 '일반적이지 않은' 존재로 여기고 타자화하기 때문이다(최종근, 2012a; 건양대학교 중등특수교육과 학생회, 2018).

〈표 1-3〉 장애에 대한 표현

구분	바른 표현(○)	틀린 표현(×)	차별적 발언과 욕설(×)
장애를 가진 사람	장애인	장애우, 장애자, 정신박약 등	병신, 등신, 애자, 불구자 등
장애를 가지지 않은 사람	비장애인	정상인, 일반인, 보통사람 등	

(2) 핸디캡의 유래와 의미

핸디캡(handicap, 불이익, 불리)이라는 용어는 영국의 경마 경기에서 같은 말이 계속 승리하면 재미가 없다는 이유로 말에 따라서 짊어지는 짐의 무게를 달리 하기로 하고, 제비뽑기를 하기 위해 '모자 안에 손을 넣는다(hand in cap)'는 데서 유래하였다고 한다(네이버 블로그 단언컨대, 2018). 지금도 핸디캡은 '운동경기 따위에서 기량의 차이가 나는 경기자에게 이길 기회를 공평하게 주기 위하여 우월한 경기자에게 지우는 불리한 조건으로, 경기 승패에 영향을 줄 수 있는 점수·횟수·거리·중량 따위를 조절하여 대등한 경기를 할 수 있도록 하는 것'을 말하고, 비슷한 말로 '핸디'가 있다(네이버 국어사전, 2018).

유래가 이러한 '핸디캡'이라는 용어가 시간이 흐르고 시대가 바뀌면서 점차 'Cap in Hand', 즉 '길거리에서 다른 사람의 도움을 청하거나 구걸해야 하는 무능력/저능력한 사람'을 의미하는 것으로 자주 사용되면서 부정적인 이미지가 고착되는 경향이 있으나, 이러한 현상은 바람직하지 않다. 앞 절에서 장애의 다양한 의미를 살피면서, 손상(impairment)이나 무능력(disability)으로 인하여 환경과의 상호작용에서 문제나 불이익을 경험하게 된 상태를 가리켜 '불리, 불이익(handicap)'이라 하였다. 핸디캡은 '개인이 가진 고유한 특성이 아니라, 그러한 신체적·인지적 특성으로 인하여, 특정한 상황, 조건에서 감당하게 된(다른 상황, 조건에서는 경험하지 않아도 되었을) 불리함'을 의미한다고 이해해야 할 것이다.

(3) 장특법?

「장애인 등에 대한 특수교육법」을 지칭하기 위하여 '장특법'이라고 줄여 말하는 경우가 많다. 그러나 법제처 국가법령정보센터에서 확인할 수 있는 바와 같이, 「장애인 등에 대한 특수교육법」에 대한 공식적인 약칭은 「특수교육법」이다. 「특수교육법」이 '장애인 등'을 포함하기는 하지만, 「특수교육법」에 따라 특수교육 서비스를 제공받는 특수교육대상자에는 '학습장애'나 '발달지체' 등과 같이 「장애인복지법」상의 '장애인'이 아닌 경우도 포함할 수 있으며, '장애인' 등록은 했더라도 특수교육대상자로 선정되지 않는 경우가 있다는 점을 간과해서는 안 된다(최종근, 2012b). 즉, 「장애인 등에 대한 특수교육법」을 '장특법'이라고 약칭하는 것은 자칫 '장애인=특수교육대상자'라는 오해를 불러일으킬 수 있다는 점에서 주의해야 한다.

더 알아보기

- '장애를 앓다', '장애를 극복하다'는 표현도 바람직하지 않다. '장애를 앓다'는 표현은 장애를 일종의 질환으로 간주하고, 장애인을 어떤 질환으로 고통받기 때문에 치료받아야 할 대상으로 타자화하며, 비하하는 느낌을 줄 수 있다. 따라서 '장애를 가지다'라는 표현을 권장한다. '장애를 극복하다'라는 표현이 언론매체 등을 통해 자주 사용되긴 하지만, 이 또한 주의가 필요하다. 장애는 '싸워서 이기거나 투쟁해야 할 대상'이 아니다. 장애는 단지 그 사람을 이루는 여러 가지 특성 중 일부이며, 장애인은 단지 (상황, 여건에 따라) 장애(불리함 또는 불편함)를 자신의 일부로 인정하고 그것과 함께 살아가는 사람일 뿐이다.

- 장애인에 대한 차별적 발언이나 욕설은 삼가야 한다. 흔히 사용되는 '병신'이라는 욕은 장애인을 비정상으로 취급하고 비하하는 단어다. '장애인 같다'는 표현도 모든 장애인은 무능력하거나 우수하지 못하다고 전제하며 상대방을 비난하는 의미로 쓰이므로 절대 사용하지 말아야 한다.

- 발달장애=자폐성장애?
우리나라에서 발달장애는 지적장애와 자폐성장애를 통틀어 지칭하는 용어다. 발달장애는 어떤 연령에서 이루어져야 할 신체적, 정신적 발달이 이루어지지 못해 일상생활에 제약이 있는 상태를 말한다. 지적장애는 비장애인에 비해 지능 발달이 현저히 더뎌 일상생활에 제약이 있는 상태를 의미하고, 자폐성장애는 사회적 상호작용 능력과 의사소통 능력의 결함, 타인과 연대 및 공감능력의 부족으로 일상생활에 제약을 겪는 상태를 말한다.

- 장애인을 처음 만났을 때는 우선 '장애'라는 프레임에서 벗어나 다른 비장애인을 처음 만났을 때와 마찬가지로 '인간 ○○○'로 동등하게 대하는 것이 바람

직하다. 장애인을 배려하고 도움을 주는 것도 좋지만, 절실히 도움을 필요로 하는 긴급한 상황이라고 판단되지 않는 한, "도와드릴까요?"라고 본인의 의사를 먼저 묻는 것이 바람직하다.

※장애인 차별, 비하에 해당하는 사례

(예) 술자리에서 '병신샷' 시키는 것(* '벌칙샷'으로 순화할 것을 권장함)

(예) 친구에게 농담 삼아 '장애인'이라고 하는 것

(예) '병신' '등신' '애자' '불구자' 등의 표현

(예) '병신 같아' '장애인 같아' 등의 표현

(예) '눈깔 삐었냐?' '벙어리야' '귀머거리야' 등의 표현

출처: 건양대학교 중등특수교육과 학생회(2018).

▌학교 및 교실 실천 사례 ▌

'다 함께 1등' 운동회 감동 사진 주인공 누나 "가족들 엉엉 울었다"

안녕하세요. 사진 속 주인공의 큰 누나입니다. 제 동생은 남들보다 높은 하늘을 가졌습니다. 그게 무슨 말이냐면요. 제 동생은 연골무형성증이라는 지체장애6급입니다. 쉽게 말하면 키가 작은 사람입니다.

한번은 동생이 놀이공원에 가서 자동차운전을 하는 놀이기구가 타고 싶다고 했는데 키 때문에 탈 수 없다는 직원분에 말에 언니와 저는 놀이공원에서 대성통곡을 했습니다. 괜히 데리고 와서 실망감만 안겨주었다는 미안함에… 또 괜찮다고 웃어넘기는 동생 마음에 남을 상처 걱정에 눈물이 쉬지 않고 흐르더라구요.

놀이공원쯤이야 안 가면 되지 하고 멀리하는데… 매년 동생에게 상처가 되는 날이 생깁니다. 바로 가을운동회, 특히 달리기요. 학년이 높아질수록 점점 더 벌어지는 친구들과의 격차…….

(중략)

이번 초등학교 6학년, 동생의 마지막 초등학교 가을운동회 날 사건이 터졌습니다. 같은 조 친구들이 계속 뒤를 보면서 달리더니 심지어 결승선 앞에서 뒤에 있는 동생에게 모두 달려와 손을 잡고 일렬로 다 같이 결승선을 넘었습니다. 누구 하나 꼴찌가 되지 않고 모두가 일등인 달리기 경기가 되었습니다. 매번 꼴찌를 하고 실망하는 동생을 위해 친구들이 담임선생님께 양해를 구하고 동생 몰래 준비한 선물이었습니다.

동생, 저희 가족, 선생님들, 학부모들 모두가 놀랐고 동생과 저희 가족은 엉엉 울었습니다.

친구들의 마음이 너무 예쁘고 고마워서요. 우는 제 동생에게 친구들은 해맑게 모두의 손등에 찍힌 1등 도장을 보이면서 "우리 다 1등이야."라고 말하더군요.

이렇게 예쁘고 멋진 친구들과 "○○이 형 이겨라."라고 크게 외쳐준 동생들까지… 좋은 추억을 선물해주고 싶었는데 이렇게 기사화되니… 감사합니다. 정말 착하고 소중한 친구들이 다니고 있는 용인시 처인구 양지면에 위치한 제일초등학교입니다.

출처: 오마이뉴스(2014.10.7.). (http://www.ohmynews.com/NWS_Web/view/at_pg.aspx?CNTN_CD= A0002041219)

4. 특수교육대상자의 개념과 유형, 선정 기준과 절차, 그리고 주요 현황

1) 특수교육대상자의 개념과 유형

우리나라 「장애인 등에 대한 특수교육법」(이하 '특수교육법')(제2조제3항)에서는 특수교육대상자를 '제15조에 따라 특수교육을 필요로 하는 사람으로 선정된 사

장애인 등에 대한 특수교육법
(약칭: 특수교육법)

「교육기본법」 제18조에 따라 국가 및 지방자치단체가 장애인 및 특별한 교육적 요구가 있는 사람에게 통합된 교육환경을 제공하고 생애주기에 따라 장애유형·장애 정도의 특성을 고려한 교육을 실시하여 이들이 자아실현과 사회통합을 하는 데 기여함을 목적으로, 기존의 「특수교육진흥법」(제정 1977.12.31.)을 폐지하고 새로이 제정(2007.5.25.)된 법률.

람'으로 정의하고 있다. '신체적·정신적 장애로 오랫동안 일상생활이나 사회생활에서 상당한 제약을 받는 자'로 정의되는 「장애인복지법」상의 장애인과는 개념적으로 구별된다. '특수교육대상자'를 선정하는 목적과 '장애인 등록' 또는 '장애등급 심사'를 하는 목적이 다르고, '특수교육대상자'와 '장애인'을 바라보는 관점이 다르기 때문이다. 즉, (특수)교육 서비스 제공 대상자와 (사회)복지 서비스 대상자로 선정될 경우, 제공하게 될 서비스 내용이 각각 다르다. 다만, 이러한 차이에도 불구하고, 학교 및 학업 상황을 중심으로 선정되는 '특수교육대상자'의 '특별한 교육적 필요(special education needs)'는 특정 유형의 '장애인'이 '일상생활이나 사회생활에서 받게 되는 제약'과 중첩되는 점이 많다. 개념적 차이에도 불구하고 제공되는 서비스 내용이 유사한 특수교육대상자와 장애인을 연결지어 보자면, 〈표 1-4〉와 같이 정리할 수 있다.

〈표 1-4〉 **법적 개념으로서 특수교육대상자와 장애인**

특수교육대상자(특수교육법)	장애인(장애인복지법)
1) 시각장애를 지닌 특수교육대상자	3) 시각장애인
2) 청각장애를 지닌 특수교육대상자	4) 청각장애인
3) 지적장애를 지닌 특수교육대상자	6) 지적장애인
4) 지체장애를 지닌 특수교육대상자	1) 지체장애인 2) 뇌병변장애인
5) 정서·행동장애를 지닌 특수교육대상자	8) 정신장애인
6) 자폐성장애를 지닌 특수교육대상자	7) 자폐성장애인
7) 의사소통장애를 지닌 특수교육대상자	5) 언어장애인
8) 학습장애를 지닌 특수교육대상자	–
9) 건강장애를 지닌 특수교육대상자	9) 신장장애인 10) 심장장애인 11) 호흡기장애인 12) 간장애인 13) 안면장애인 14) 장루·요루장애인 15) 뇌전증장애인
10) 발달지체를 보이는 특수교육대상자	–
11) 그밖에 대통령령으로 정하는 장애	–

* 각 장애인 종류 앞의 숫자는 관련 법에서 열거된 순서임.

2) 특수교육대상자의 선정 기준과 절차

우리나라 「특수교육법」 제15조에는 특수교육대상자의 선정에 관하여 '① 교육장 또는 교육감은 다음 각 호의 어느 하나에 해당하는 사람 중 특수교육을 필요로 하는 사람으로 진단·평가된 사람을 특수교육대상자로 선정한다'고 규정하면서, 시각장애, 청각장애, 지적장애, 지체장애, 정서·행동장애, 자폐성장애(이와 관련된 장애를 포함한다), 의사소통장애, 학습장애, 건강장애, 발달지체, 그 밖에 대통령령으로 정하는 장애를 열거하고 있다. 그리고, '② 교육장 또는 교육감이 제1항에 따라 특수교육대상자를 선정할 때에는 제16조제1항에 따른 진단·평가결과를 기초로 하여 고등학교 과정은 교육감이 시·도특수교육운영위원회의 심사를 거쳐, 중학교 과정 이하의 각급학교는 교육장이 시·군·구특수교육운영위원회의 심사를 거쳐 이를 결정한다'고 규정하고 있다.

특수교육대상자 선정 기준에 대하여는 「특수교육법 시행령」 제10조 관련 [별표]를 통하여 다음과 같이 보다 상세히 규정하고 있다. 〈표 1-5〉는 그 내용을 정리한 것이다.

특수교육대상자의 선정 절차에 대하여는 「특수교육법」 제17조에 다음과 같이 규정하고 있다. ① 특수교육지원센터는 진단·평가가 회부된 후 30일 이내에 진단·평가를 시행하여야 한다. ② 특수교육지원센터는 제1항에 따른 진단·평가를 통하여 특수교육대상자로의 선정 여부 및 필요한 교육지원 내용에 대한 최종의견을 작성하여 교육장 또는 교육감에게 보고하여야 한다. ③ 교육장 또는 교육감은 특수교육지원센터로부터 최종의견을 통지받은 때부터 2주일 이내에 특수교육대상자로의 선정 여부 및 제공할 교육지원 내용을 결정하여 부모 등 보호자에게 서면으로 통지하여야 한다. 교육지원 내용에는 특수교육, 진로 및 직업교육, 특수교육 관련서비스 등 구체적인 내용이 포함되어야 한다. ④ 제1항에 따른 진단·평가의 과정에서는 부모 등 보호자의 의견진술의 기회가 충분히 보장되어야 한다(「특수교육법」 제17조). [그림 1-2]는 이러한 특수교육대상자 선정 절차와 관련한 진단·평가 의뢰서 제출 및 처리 절차를 보여 준다.

〈표 1-5〉 **특수교육대상자 선정 기준**

장애명	선정 기준
시각 장애	시각계의 손상이 심하여 시각기능을 전혀 이용하지 못하거나 보조공학기기의 지원을 받아야 시각적 과제를 수행할 수 있는 사람으로서 시각에 의한 학습이 곤란하여 특정의 광학기구·학습매체 등을 통하여 학습하거나 촉각 또는 청각을 학습의 주요 수단으로 사용하는 사람
청각 장애	청력 손실이 심하여 보청기를 착용해도 청각을 통한 의사소통이 불가능 또는 곤란한 상태이거나, 청력이 남아 있어도 보청기를 착용해야 청각을 통한 의사소통이 가능하여 청각에 의한 교육적 성취가 어려운 사람
지적 장애	지적 기능과 적응행동상의 어려움이 함께 존재하여 교육적 성취에 어려움이 있는 사람
지체 장애	기능·형태상 장애를 가지고 있거나 몸통을 지탱하거나 팔다리의 움직임 등에 어려움을 겪는 신체적 조건이나 상태로 인해 교육적 성취에 어려움이 있는 사람
정서 · 행동 장애	장기간에 걸쳐 다음 각 목의 어느 하나에 해당하여, 특별한 교육적 조치가 필요한 사람 가. 지적·감각적·건강상의 이유로 설명할 수 없는 학습상의 어려움을 지닌 사람 나. 또래나 교사와의 대인관계에 어려움이 있어 학습에 어려움을 겪는 사람 다. 일반적인 상황에서 부적절한 행동이나 감정을 나타내어 학습에 어려움이 있는 사람 라. 전반적인 불행감이나 우울증을 나타내어 학습에 어려움이 있는 사람 마. 학교나 개인 문제에 관련된 신체적인 통증이나 공포를 나타내어 학습에 어려움이 있는 사람
자폐성 장애	사회적 상호작용과 의사소통에 결함이 있고, 제한적이고 반복적인 관심과 활동을 보임으로써 교육적 성취 및 일상생활 적응에 도움이 필요한 사람
의사 소통 장애	다음 각 목의 어느 하나에 해당하여 특별한 교육적 조치가 필요한 사람 가. 언어의 수용 및 표현 능력이 인지능력에 비하여 현저하게 부족한 사람 나. 조음능력이 현저히 부족하여 의사소통이 어려운 사람 다. 말 유창성이 현저히 부족하여 의사소통이 어려운 사람 라. 기능적 음성장애가 있어 의사소통이 어려운 사람
학습 장애	개인의 내적 요인으로 인하여 듣기, 말하기, 주의집중, 지각(知覺), 기억, 문제 해결 등의 학습기능이나 읽기, 쓰기, 수학 등 학업 성취 영역에서 현저하게 어려움이 있는 사람
건강 장애	만성질환으로 인하여 3개월 이상의 장기입원 또는 통원치료 등 계속적인 의료적 지원이 필요하여 학교생활 및 학업 수행에 어려움이 있는 사람
발달 지체	신체, 인지, 의사소통, 사회·정서, 적응행동 중 하나 이상의 발달이 또래에 비하여 현저하게 지체되어 특별한 교육적 조치가 필요한 영아 및 9세 미만의 아동

출처: 「특수교육법 시행령」 제10조 관련 [별표].

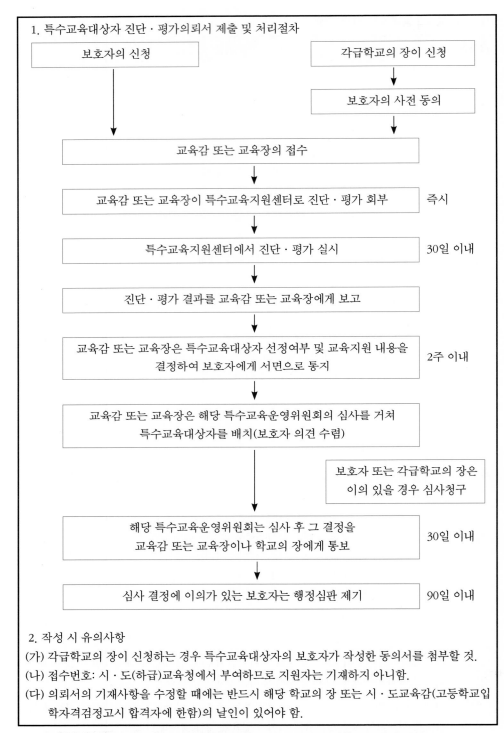

1. 특수교육대상자 진단 · 평가의뢰서 제출 및 처리절차

| 보호자의 신청 | 각급학교의 장이 신청 |

보호자의 사전 동의

교육감 또는 교육장의 접수

교육감 또는 교육장이 특수교육지원센터로 진단 · 평가 회부 — 즉시

특수교육지원센터에서 진단 · 평가 실시 — 30일 이내

진단 · 평가 결과를 교육감 또는 교육장에게 보고

교육감 또는 교육장은 특수교육대상자 선정여부 및 교육지원 내용을 결정하여 보호자에게 서면으로 통지 — 2주 이내

교육감 또는 교육장은 해당 특수교육운영위원회의 심사를 거쳐 특수교육대상자를 배치(보호자 의견 수렴)

보호자 또는 각급학교의 장은 이의 있을 경우 심사청구

해당 특수교육운영위원회는 심사 후 그 결정을 교육감 또는 교육장이나 학교의 장에게 통보 — 30일 이내

심사 결정에 이의가 있는 보호자는 행정심판 제기 — 90일 이내

2. 작성 시 유의사항
(가) 각급학교의 장이 신청하는 경우 특수교육대상자의 보호자가 작성한 동의서를 첨부할 것.
(나) 접수번호: 시 · 도(하급)교육청에서 부여하므로 지원자는 기재하지 아니함.
(다) 의뢰서의 기재사항을 수정할 때에는 반드시 해당 학교의 장 또는 시 · 도교육감(고등학교입학자격검정고시 합격자에 한함)의 날인이 있어야 함.

[그림 1-2] 특수교육대상자 진단 · 평가 의뢰서 제출 및 처리 절차

출처:「특수교육법 시행규칙」[별지 제1호 서식].

3) 특수교육 관련 주요 현황

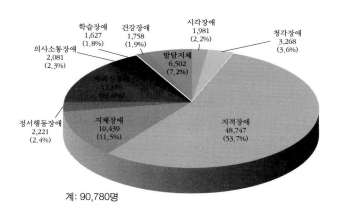

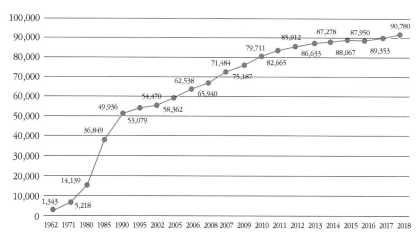

[그림 1-3] **2018년 유형별 특수교육대상자 현황 및 연도별 추이**

출처: 교육부(2018b), p. 3, 11.

    2018년 현재 우리나라 특수교육 주요 현황 및 장애영역별 현황은 [그림 1-3] 및 〈표 1-6〉과 같다(교육부, 2018). 1962년에 1,343명에 불과하던 특수교육대상자 수는 2018년 현재 총 90,780명에 이르기까지 지속적으로 증가하는 추세에 있다. 유형별로는 지적장애(53.7%), 자폐성장애(13.4%), 지체장애(11.5%), 발달지체(7.2%), 청각장애(3.6%), 정서·행동장애(2.4%), 의사소통장애(2.3%), 시각장애(2.2%), 건강장애(1.9%), 학습장애(1.8%)의 순으로 많다. 학교과정별로는 초등학교, 고등학교, 중학교, 유치원, 전공과, 장애영아의 순으로 많다.

⟨표 1-6⟩ 2018년 특수교육 주요 현황: 장애영역별, 학교과정별, 배치별 현황

배치별			특수학교	일반학교		특수교육 지원센터	계
				특수학급	일반학급 (전일제 통합학급)		
특수교육대상자 수			25,919	48,848	15,595	418	90,780
학생 수	장애 영역 별	시각장애	1,260	267	450	4	1,981
		청각장애	762	687	1,801	18	3,268
		지적장애	14,390	30,041	4,268	48	48,747
		지체장애	3,680	3,924	2,714	121	10,439
		정서·행동장애	214	1,337	670	–	2,221
		자폐성장애	5,065	6,283	803	5	12,156
		의사소통장애	124	1,150	802	5	2,081
		학습장애	20	1,062	545	–	1,627
		건강장애	30	154	1,574	–	1,758
		발달지체	374	3,943	1,968	217	6,502
		계	25,919	48,848	15,595	418	90,780
	학교 과정 별	장애영아	164	–	–	418	582
		유치원	944	3,058	1,628	–	5,630
		초등학교	7,245	24,169	6,617	–	38,031
		중학교	5,534	9,990	3,264	–	18,788
		고등학교	7,076	11,422	4,086	–	22,584
		전공과	4,956	209	–	–	5,165
		계	25,919	48,848	15,595	418	90,780
학교 및 센터 수			175	7,954	7,725	199	11,501
				11,127			
학급 수			4,747	10,676	14,712	77	30,212
특수학교(급) 교원 수			8,483	11,077	–	479	20,039
특수교육 보조인력 수			4,480	7,596	373	–	12,449

출처: 교육부(2018b), p. 3.

5. 특수교육의 개념과 서비스 전달체계

1) 특수교육의 개념

우리나라 「특수교육법」(제2조제1호)에서는 특수교육을 "특수교육대상자의 교육적 요구를 충족시키기 위하여 특성에 적합한 교육과정 및 제2호에 따른 특수교육 관련서비스 제공을 통하여 이루어지는 교육을 말한다."고 정의하고 있다. 그리고 "특수교육 관련서비스란 특수교육대상자의 교육을 효율적으로 실시하기 위하여 필요한 인적 · 물적 자원을 제공하는 서비스로서 상담지원 · 가족지원 · 치료지원 · 보조인력지원 · 보조공학기기지원 · 학습보조기기지원 · 통학지원 및 정보접근지원 등을 말한다."고 정의(제2조제2호)하고 있다.

권요한 등(2010)은 "특수교육이란 일반교육의 토대 위에서 특수학생의 특별한 교육적 요구를 충족시켜 주기 위해 교육내용, 교육방법, 교육환경 및 그와 관련된 서비스 등을 새롭게 설계하여 맞춤형 교육 프로그램을 제공하는 교육"이라고 하였다. 이소현과 박은혜(2011)에 따르면, Kirk와 Gallagher(1979)는 특수교육을 '특수학생의 잠재력을 개발하고 장애를 교정하기 위해서 제공되는 일반학교 프로그램 이상의 보충적인 서비스'라고 정의하였고, Heward(2009)는 특수교육을 '개별적으로 계획하고, 특별히 고안하고, 집중적으로 제공하고, 목표지향적인 성격을 지닌 교수'라고 정의하였다. Hallahan, Kauffman과 Pullen(2009)은 특수교육을 "특수학생(exceptional student)의 특별한 요구(unusual needs)를 충족하기 위하여 특별히 설계된 교수 활동으로서, 이를 위하여 특별한 교수자료, 교수 기법, 또는 장비나 시설을 필요로 할 수 있다."고 정의하였다.

요약하자면, 특수교육은 특수학생의 개별적인 요구를 충족시키기 위해서 특별하게 계획하고 체계적으로 실행되는 교수를 의미한다. 즉, 특수교육은 특수학생의 개별적인 요구를 충족시킨다는 분명한 목적을 지니고 있으며, 이러한 목적을 성취하기 위해서는 사전에 잘 계획하고 체계적으로 실행해야 한다는 것이다(이소현, 박은혜, 2011). 이를 위하여 특수교육은 직접적인 교수를 통하여 구체적으로 ① 예방(장애로부터 발생하는 문제나 장애가 심해지는 것을 막음), ② 교정(독립적이고 성공적으로 기능하게 하기 위하여 학업, 사회성, 직업 등의 기술을 교수함), ③ 보상

> **특수교육**
> 특별한 교육적 요구(Special Education Needs: SEN)를 가진 특수교육대상자를 대상으로, 개별화교육계획(Individualized Education Plan or Program: IEP)을 수립하여, 이들의 교육적 요구와 특성에 적합한 교육과정 및 특수교육 관련 서비스 제공 등을 통하여 이루어지는 교육.

(장애를 지니고 있으면서도 성공적으로 기능할 수 있게 하기 위하여 기술 및 도구 사용을 교수함)의 역할을 하게 된다(Heward, 2009; 이소현, 박은혜, 2011에서 재인용).

이상과 같은 특수교육의 정의들을 살펴볼 때, 특수교육을 특징짓는 세 가지 핵심요소로 ① 특별한 교육적 요구(Special Education Needs: SEN), ② 개별화교육계획(또는 프로그램)(Individualized Education Plan or Program: IEP), ③ 특별한 교수방법(교육과정 수정 또는 교수 적합화)과 관련서비스(Related Services)를 꼽을 수 있을 것이다.

첫째, 특수교육은 일반적인 학생을 대상으로 하는 게 아니라, 장애 등을 이유로 특별한 교육적 지원이 요구되는 학생을 대상으로 이루어지는 활동이다. 이러한 학생을 특수교육대상자(또는 특수학생, 특수교육 요구아동)라고 한다. 말하자면 특수교육대상자는 개별화교육계획을 필요로 하는 학생이라고 할 수 있다.

둘째, 특수교육대상자 개개인의 교육적 요구에 부합하기 위하여 수립된 계획(또는 프로그램)을 개별화교육계획(또는 프로그램)이라고 한다. 「특수교육법」(제2조제7호)에는 "개별화교육"이란 각급학교의 장이 특수교육대상자 개인의 능력을 계발하기 위하여 장애유형 및 장애특성에 적합한 교육목표·교육방법·교육내용·특수교육 관련서비스 등이 포함된 계획을 수립하여 실시하는 교육을 말한다고 정의되어 있다. 동법 시행규칙 제4조에는 매 학년의 시작일부터 2주 이내에 각각의 특수교육대상자에 대한 개별화교육지원팀을 구성하여야 하고, 개별화교육지원팀은 매 학기의 시작일부터 30일 이내에 개별화교육계획을 작성하여야 하며, 개별화교육계획에는 특수교육대상자의 인적사항과 특별한 교육지원이 필요한 영역의 현재 학습수행수준, 교육목표, 교육내용, 교육방법, 평가계획 및 제공할 특수교육 관련서비스의 내용과 방법 등이 포함되어야 한다고 규정하고 있다.

셋째, 특수교육은 일반적인 학생에게 적용되는 것과 동일해서는 안 된다는 의미에서 '특별한 교수방법'으로 실행된다. 특수교육대상자의 학습수행수준이나 특성에 부합하는 교육목표를 설정하고, 이 목표를 달성하기에 적합한 교육내용과 교육방법 및 평가계획을 강구하여야 하는데, 이를 '교육과정 수정' 또는 '교수 적합화'라고 한다. 필요한 경우 보조인력 지원 및 보조공학기기 활용과 같은 특수교육 관련서비스를 함께 제공함으로써 교육의 성과를 극대화하기 위하여 노력한다.

개별화교육

각급학교의 장이 특수교육대상자 개인의 능력을 계발하기 위하여 장애유형 및 장애특성에 적합한 교육목표·교육방법·교육내용·특수교육 관련서비스 등이 포함된 계획을 수립하여 실시하는 교육.

교육과정 수정(또는 교수 적합화)

장애학생이 일반학급에 물리적·사회적 통합뿐만 아니라 교육과정적으로도 통합되어야 한다는 의미에서 제기된 용어로, 일반학급에서 일상적인 수업을 할 때 장애학생의 수업 참여의 양과 질을 최고 수준으로 성취하려고 교수환경, 교수 집단화(grouping), 교수 방법(교수 활동, 교수 전략, 교수 자료), 교수 내용 또는 평가 방법을 수정·보완하는 것(특수교육학 용어사전(개정판), 2018, 국립특수교육원).

2) 특수교육 서비스 전달체계

특수교육은 대상학생의 특성과 필요에 따라 다양한 환경, 배치형태로 제공된다. Smith(2007)는 "특수교육이란 장애를 지닌 유·초·중·고 학생과 (경우에 따라) 21세까지의 장애인을 위한 것으로, 이들 개개인의 독특한 학업적 요구(unique learning needs)를 충족하기 위하여 특별히 설계된 교수이며, 이런 교수활동은 병원, 분리 시설, 가정과 같은 다양한 유형의 환경에서 전달될 수도 있지만, 학생이 속한 지역사회의 일반학교의 학급에서 또래친구들과 함께 전달되는 것이 가장 일반적이다."라고 하였다.

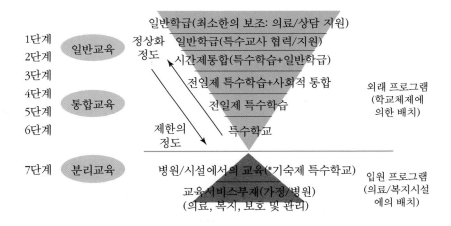

[그림 1-4] **특수교육의 연계적 서비스 체계**
출처: 박지연(2000), p. 58.

이처럼 특수교육 서비스가 전달될 수 있는 다양한 환경을 [그림 1-4]와 같은 연속적인 계층구조(cascade system of special education services) 모델로 파악한 사람은 Evelyn N. Deno 박사이다. 그녀는 일반교육 체제에서 실패한 학생을 특수교육이 받아서 '고쳐'주는 구조에 의문을 제기함과 동시에, 특수교육을 전반적인 교육 체제를 개선하는 '발전자본(developmental capital)'이자, '촉진제'로 보아야 한다고 주장하였다. Deno(1970)가 제안한 특수교육 서비스의 계층구조는 학생이 가진 장애의 정도와 그가 필요로 하는 서비스와의 함수관계를 논리적으로 시각화한 모델로, 1975년부터 지금까지 장애학생의 교육적 배치를 결정하는 원리로 계속 사용되고 있는 최소제한환경(Least Restrictive Environment: LRE)의 이론적 근거가 되었다(박지연, 2000).

Deno(1970)가 제안한 연계적 특수교육 서비스 전달 체계는 특수교육을 필요로 하는 아동이 가능한 한 일반교육 환경과 유사한 환경에 배치되어야 한다는 철학을 담고 있다. 물론, 이러한 철학이 모든 특수교육대상자를 일반학급에 배치하라는 의미는 아니며, 아동의 개별적인 학교생활 목표 성취를 위하여 가장 적절한 범위 내에서 가급적 덜 제한적인 환경에 배치하여야 한다는 의미이다. 이러한 원칙은 장애를 지닌 아동이 기본적으로 일반교육 현장에 소속되어 있으며 타당한 이유가 있을 때에만 분리가 가능하다는 사실을 명시하고 있는 미국의 장애인교육법(IDEA, 2004)의 철학에도 잘 나타나 있다(이소현, 박은혜, 2011).

우리나라 「특수교육법」(제17조)에서는 "교육장 또는 교육감이 특수교육대상자로 선정된 자를 배치할 때는 해당 특수교육운영위원회의 심사를 거쳐 1.일반학교의 일반학급, 2.일반학교의 특수학급, 3.특수학교 중 하나에 배치하여야 한다."고 규정함으로써 배치의 우선순위를 제시하고 있다. 그리고 동법 시행령 제11조에 "특수교육대상자를 일반학교의 일반학급에 배치한 경우에는 특수교육지원센터에서 근무하는 특수교육교원에게 그 학교를 방문하여 학습을 지원하도록 하여야 한다."고 규정하여 배치(placement)가 특수교육·통합교육의 완성이 아니며, 배치 이후에 제공되는 서비스(service)가 중요하다는 점을 시사하고 있다.

2018년 현재 교육환경별 특수교육대상자 현황을 살펴보면, 일반학교에 71%(일반학급 17.2%, 특수학급 53.8%), 특수학교에 28.5%, 그리고 특수교육지원센터에 0.5%가 배치되어 특수교육 서비스를 전달받고 있다(교육부, 2018; [그림 1-5] 참조). 주목할 점은 1971년 30명을 시작으로 1995년까지 급속도로 특수학급 학생이 증가하였고(특수학급 증설), 2018년 현재 48,848명(53.8%)에 이르기까지 지속적으로 특수학급에서 특수교육 서비스를 제공받는 학생이 증가하여 왔다는 점이다. 다만, 이러한 특수학급의 증설과 특수학급 배치 특수교육대상학생의 증가(또는 시간제 통합교육의 확대)를 그 자체로 통합교육의 확대와 발전으로 간주할 수는 없다. 이러한 양적 확대는 통합교육의 질적 발전의 필요조건은 되지만, 충분조건은 아니기 때문이다. 진정한 의미의 통합교육은 장소(place)의 문제가 아니라, 제공되는 서비스의 질의 문제로 보아야 한다. 이와 관련하여, 특

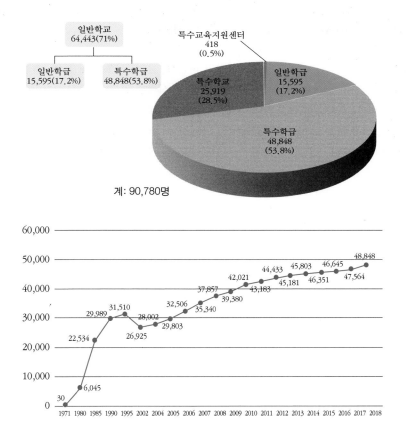

[그림 1-5] **2018년 교육환경별 특수교육대상자 현황 및 특수학급 학생수 추이**
출처: 교육부(2018b), p. 4, 11.

수교육대상학생을 일반학급과 특수학급에 배치하여 이루어지는 특수교육은 통합교육에 포함되고, 특수학교, 병원, 기숙제 시설에서 이루어지는 특수교육은 분리교육에 해당한다고 할 수 있다(통합교육에 대한 보다 상세한 이해를 위해서는 제3장을 참고하기 바란다).

요약

- 장애를 인식하는 시각을 장애 모델이라고 하는데, 윤리 모델, 의학 모델, 재활 모델, 인 권 모델을 포함하는 네 가지로 나누어 파악하는 시각도 있고, 개별적 모델과 사회적 모 델로 크게 대별하는 시각이 있다.
- 장애를 지칭하는 용어가 다양하지만, '손상'(impairment), '무능력'(disability), '불 리'(handicap) 등 의미를 구별하여 사용하여야 하며, WHO에서는 신체기능과 구조뿐 만 아니라 활동과 참여 요소 및 맥락적 요인(환경적, 개인적)까지 고려하여 설명한다.
- 「장애인복지법」에서는 장애인을 '신체적 · 정신적 장애로 오랫동안 일상생활이나 사회 생활에서 상당한 제약을 받는 자'로 정의하고 있다.
- 「장애인복지법」과 「장애인차별금지법」 등을 통하여 장애인에 대한 학대와 차별행위를 금지하고 있고, 장애인에게 제공해야 할 '정당한 편의'가 무엇인지 제시하고 있다.
- 장애우, 정상인, 장특법, 발달장애 등 장애(인) 및 특수교육과 관련하여 올바른 표현에 주의해야 할 용어들이 있으며, 장애인의 인권 및 차별금지에 대한 관심이 필요하다.
- 「특수교육법」에 따라 특수교육대상자로 선정될 수 있는 유형에는 10가지가 있고, 2018 년 현재 90,780명이 특수학교, 일반학교 특수학급, 일반학교 일반학급, 특수교육지원 센터 등에 배치되어 특수교육 서비스를 제공받고 있는데, (예비)교사는 진단 · 평가 의 뢰 등을 포함한 특수교육대상자 선정 · 배치 절차를 숙지하여야 한다.
- 특수교육을 특징짓는 세 가지 핵심요소로 ① 특별한 교육적 요구(SEN), ② 개별화교육 계획(또는 프로그램)(IEP), ③ 특별한 교수방법(교육과정 수정 또는 교수 적합화)과 관 련서비스를 꼽을 수 있다.
- 진정한 의미의 통합교육은 장소의 문제가 아니라, 제공되는 서비스의 질의 문제로 보 아야 하지만, 특수교육을 필요로 하는 학생이 가능한 한 일반교육 환경과 유사하고 덜 제한적인 환경에 배치하는 것이 바람직하다.

논의해 볼 문제

1. 장애에 관한 올바른 표현(용어)과 그릇된 표현을 정리하고 그 이유를 말해 보자.
   예: 장애자, 장애우, 정상인, 벙어리, 장애를 앓다.

2. 장애는 '무능력 또는 저능력'과 동의어인가? 핸디캡(handicap)이라는 어휘의 유래와 의미 변화를 살피고, 장애의 개념에 관하여 토론해 보자.

3. 올림픽이나 패럴림픽(paralympics) 등 세계수준의 경기 결과와 관련하여 "장애를 '극 복'한 ○○○ 선수" 등과 같은 언론 기사들이 많다. ① 기사 내용 중 기자가 지닌 장애

인에 대한 편견의 내용을 찾아보고, ② 어려움, 불편함에도 불구하고 해당 장애인이 일 귀낸 우수한 성과에 관한 기사가 장애인의 사회적 역할 강화(social role valorization) 또는 역량 강화(empowerment)의 측면에서 비장애인 또는 장애인에게 어떤 기여·시 사를 할 수 있는지 생각해 보자.

4. 장애인은 묻지도 따지지도 않고 도와주어야 할 사람일까? 비장애인이 장애인을 대할 때의 올바른 태도(에티켓)에 대하여 장애 유형별로 3~5가지씩 정리하여 보자.
   예: 먼저 묻기, 인권 존중, 동등하게 대하기

5. 장애인과 특수교육대상학생의 개념적 차이, 법적 근거, 하위 유형에서의 차이점을 다음과 같은 〈표〉의 형태로 비교·정리하여 보자.

구분	장애인	특수교육대상학생
개념	•	•
법적 근거	•	•
하위 유형	• • • • •	• • • • •

6. 우리나라 「장애인복지법」 상의 장애 유형과 등급 구분은 장애의 네 가지 모델 중 어느 것에 가까운가? 그렇게 생각하는 근거는 무엇인가?

7. 장애등급제를 폐지하자는 주장이 있다. 이러한 입장에 찬성하는가? 반대하는가? 왜 그 런가? 토론해 보자.

8. 2017년 우리나라 등록 장애인 약 255만 명 중에서 약 88%는 후천적 원인에 의한 장애 인이라고 한다. ① 이것이 의미하는 바가 무엇인지, ② 이러한 현황 통계를 반영한 바 람직한 장애인복지 정책 방향은 무엇인지 토론해 보자.

9. 장애인의 인권과 관련한 영화를 선정하여 함께 관람하고, 감상문을 작성한 다음 토론 해 보자.

제2장
특수교육의 역사와 특수교육법

┃홍성두┃

> "
>
> 역사 자체를 바꿀 정도로 위대한 사람은 드물다. 그러나 우리 각자는 사건들의 작은 부분들을 변화시킬 수 있고, 그런 행동들의 총계가 우리 세대의 역사로서 쓰여질 것이다.
>
> – 로버트 F. 케네디
>
> "

'특수교사가 없다'는 이유 등으로 장애아동의 입학 포기를 요구한 사립초등학교 교장을 국가인권위원회(아래 인권위)가 검찰에 고발했다. 인권위는 교장 고발에 이어 학교법인 재단 이사장에게 교직원을 대상으로 한 장애인 인권교육 시행도 권고했다.

2018년 초등학교 입학전형(추첨제)을 통과해 예비신입생이 된 A는 언어장애가 있는 아동이다. 학교장은 A의 부모님과 면담 자리를 갖고 "학교에 특수반이 없고, 특수교육을 전공한 교사도 없다."라며 입학 재고를 요청했다. A의 부모는 "특수교육대상자 선정을 포기하고 학교에 입학시키겠다."라는 의사를 학교장에게 전달했으나, 학교장은 "교사들의 부담이 크다." "부모 욕심이라는 생각이 든다." "학교 추첨권과 입학권이 나에게 있다." 등의 발언을 했다.

이러한 사실에 대해 학교장은 "A가 학교에 입학하게 되면 (언어장애로 인해) 친구들과 소통이 어려울 것으로 예상했기 때문에 입학 재고를 요청했던 것"이라며 "A에게 특수반이 있는 학교에서 필요한 교육을 받을 권리가 있다고 생각해 특수교육을 받을 수 있도록 호소한 것"이라고 해명했다.

이에 인권위는 학교장의 행위가 장애를 이유로 한 입학 거부 등 「장애인차별금지법」과 「특수교육법」을 위반한 차별행위로 판단해 학교장을 「특수교육법」 제4조제1항(차별금지) 위반 혐의로 검찰에 고발하고, 법인에는 교직원에 대한 장애인권교육 권고 등의 조처를 취했다고 밝혔다.

출처: 비마이너(2018.5.3.).

1. 특수교육의 역사는 어떠한가?
2. 우리나라 특수교육 관련 법은 무엇인가?

1. 미국에서는 19세기에 이미 장애인들의 인권이 자리를 잡았다?
미국에서도 20세기 중반의 시민권운동을 통해서 장애인들의 인권에 대한 논의가 활발히
이루어졌다. 장애인 인권의 문제는 비교적 최근에 다루지기 시작하였다. 이와 비슷한 맥
락에서 21세기 대한민국의 인권 운동은 장애인을 포함한 소수자 인권 운동에 있어서 중
요한 전환기가 될 것이다.

2. 우리나라 특수교육은 대한민국 정부 수립 이후에 시작됐다?
우리나라의 특수교육 역사는 문헌상의 기록만으로는 삼국시대까지 거슬러 올라갈 수 있
다. 삼국시대의 기록을 설화나 구휼제도에 국한된 것이라고 주장하더라도, 최소한 고려
시대에는 서경학교를 통해서 비교적 구체적인 특수교육이 시행되었음을 알 수 있다.

3. 우리나라의 헌법은 특수교육을 보장하고 있다?
특수교육 관련된 모든 법률은 「헌법」 제31조 "모든 국민은 능력에 따라 균등하게 교육을
받을 권리를 가진다"라는 근거를 가지고 있다.

1. 특수교육의 역사와 기원

1) 특수교육의 개척자들

특수교육 요구아동을 대하는 우리들의 사회적인 태도의 기초는 유럽의 다양한 철학자와 인본주의자들의 노력에 의해 세워졌다고 볼 수 있다. 이러한 헌신적인 개혁가들과 선구적인 사상가들이 특수교육의 변화에 중요한 촉매제였다. 전통적으로 교육사학자들은 특수교육의 기원을 18세기 후반에서 19세기 초로 보고 있다. 특수교육이라고 규정할 수 있는 문서화된 최초의 시도 중 하나는 야생소년 '12살 빅터'를 교육했던 프랑스의 내과의사 이타드(1774~1838)의 노력이었다.

설화에 의하면 빅터는 아베롱시 근처 숲에서 사냥꾼들에 의해 발견되었다. 발견 당시 그는 옷을 입지 않았고 말을 할 수 없었으며, 걷지 못하고 뛰었으며 동물 같은 행동을 보였다고 한다(Lane, 1979). 1799년 귀에 대한 질병과 청각장애 아동 교육에 권위자인 이타드는 빅터를 '문명화'하기 위해 노력을 다했다.

그는 감각훈련 프로그램을 통해 빅터를 가르치려고 했고 오늘날 이것은 행동수정으로 불리고 있다. 이타드의 헌신적인 교수에도 불구하고, 5세가 지난 이 아이의 언어를 발전시키는 데 완전히 실패했고 단지 기본적인 사회성과 자조기술만 습득했기 때문에 그의 노력은 실패했다고 생각했다. 하지는 그는 동시대인들에 의해 가망 없고 구제불능의 바보라도 학습이 가능하다는 것을 성공적으로 증명했다. 신기원을 이룬 그의 업적으로 인해 200년이 넘도록 이타드는 '특수교육의 아버지'로 불렸다.

또 다른 영향력이 있는 개척자로는 이타드의 제자인 세강(1812~1880)이 있다. 그는 그의 동료전문가들이 학습능력이 없다고 믿었던 보다 어린 아이들을 위한 교수프로그램을 발전시켰다. 그의 스승 이타드처럼 세강도 학습의 보조수단으로서 감각운동 활동들의 중요성을 확신하였다. 그의 방법론은 특별한 장애를 치료하기 위해 주의깊게 고안된 감각운동 활동계획과 짝을 이루는 학생들의 강점과 약점들에 대한 포괄적인 평가에 기초했다. 세강은 또한 조기교육의 가치를 깨달았다. 그는 최초의 조기 중재주의자 중 한 사람으로 여겨진다. 그의

책 『백치: 생리학적 방법에 의한 치료』에서 시술한 세강의 생각과 이론은 지적
장애를 가진 도시 빈민, 어린이들과 함께 한 마리아 몬테소리의 후기 작업에 기
반을 제공하였다.

이타드, 세강 그리고 그 시대 다른 혁신가들의 연구는 특수교육에 관한 오늘
날의 여러 가지 교수법의 토대를 세우는 데 도움이 되었다. 이런 기여의 예들로
는 '개별화 학습' '긍정적인 강화기술' '모든 어린이가 학습능력을 가지고 있다는
신념'이 포함된다.

1800년대의 유럽은 이상주의와 평등, 자유에 대한 새로운 생각들로 가득 찬
활기찬 장소였다. 그것은 또한 장애를 가진 개인들을 교육시키기 위한 새로운
개념과 접근법을 탄생하게 하였으며, 이는 미국에서 꽃을 피운다(Winzer, 1993).
예를 들면 세강은 1848년 미국으로 이민을 갔으며, 이후 수년 동안 그곳에서 미
국지적발달장애협회의 전신이 되는 조직을 세우는 데 도움을 준다. 미국 목사
토마스 홉킨스 갤로뎃(1787~1851)는 유럽을 여행하고 그곳에서 청각장애 어린
이들을 교육시키는 최신 기술과 혁신을 공부했다.

미국으로 돌아온 그는 청각 및 지적 장애인들을 교육하기 위한 코네티컷 보
호소를 세우는 데 주도적 역할을 했다. 1817년에 설립된 이 시설은 미국에서 세
워진 첫 번째 기숙학교였으며, 현재는 청각장애인을 위한 미국의 대표학교로 알
려진다. 청각장애인 학생들을 위한 교육에 헌신하는 교양대학인 갈루더대학은
그의 공로를 기념하기 위하여 명명되었다. 〈표 2-1〉은 초기 특수교육 발전에
심대한 영향을 끼친 진보적인 사상가들과 실천가들의 몇몇 업적들을 요약한 것
이다.

〈표 2-1〉 **특수교육의 초기 개척자들**

페레(1715~1780): 청각장애인들이 의사소통할 수 있는 방법을 도입했다. 초기 기호 언어
의 형식을 개발했다. 이타드와 세강의 일에 영감을 제공했다.

피넬(1745~1826): 정신장애를 가진 사람들의 인본주의적 처치에 관심을 가진 개혁사상의
프랑스 외과의사이다. 시설에 있는 환자들의 쇠사슬을 풀어줄 것을 주장했다. 작업요법
분야의 선구자이다. 이타드를 멘토로서 섬겼다.

가스파르(1774~1838): 프랑스의 의사로 전반적 지원을 필요로 하는 지적장애 청소년을 교
육하려는 체계적인 노력으로 인해 오래도록 명성을 지켜왔다.

갤로뎃(1787~1851): 청각장애아들이 조작적인 기호와 상징체계를 통해 의사소통할 수 있도록 가르쳤다. 미국에 청각장애인들을 위한 최초의 연구소를 설립했다.

호위(1801~1876): 내과의사이면서 교육자로서 시각, 청각장애인들을 가르치는 데 성공했기 때문에 국제적인 명성이 부여되었다.

딕스(1802~1887): 호위와 같은 시대에 정신장애를 가진 사람들을 대상으로 보다 나은 인간적인 처치를 위해 투사로서 활동했던 최초의 미국인 중 한 사람이다. 정신장애인들을 위한 연구소를 설립하는 데 앞장섰다.

브라뉴(1809~1852): 프랑스의 교육자로 그 자신이 시각장애인이고 맹인들을 위해 읽고 쓰는 촉각적인 점자시스템을 개발했다. 그의 점자법은 오늘날에도 여전히 사용되고 있고, 이 표준화 코드는 통합 영어 점자로 알려져 있다.

세강(1812~1880): 이타드의 제자이고 지적장애아를 위한 교수법을 개발하는 데 책임을 맡은 프랑스의 내과의사이다. 그는 훈련법으로 감각통합활동을 강조했다. 미국으로 이민 후 미국의 지적장애 및 발달장애 협회의 전신인 협회를 설립하는 데 기여했다.

갈톤(1822~1911): 개인의 차이에 관심을 가진 과학자로, 그는 우수한 사람들에 대한 연구들을 통해 천재는 오로지 유전된다고 믿었다. 뛰어난 능력을 가진 사람들은 타고난 것이지 만들어지는 것이 아니다라고 생각하였다.

벨(1847~1922): 공립학교에 다니는 장애아교육에 선구적인 주장을 했다. 청각장애 학생들을 가르치는 교사이기도 한 벨은 잔여청력 사용과 귀머거리인 학생들의 화술을 발달시키기 위해 노력했다.

비네(1857~1911): 프랑스의 심리학자로 지능의 활용도를 양적으로 측정할 수 있는 최초의 표준화된 발달 평가 척도를 만들었다. 이 시험의 원래 목적은 능력에 기반한 개인을 구분하기 위해서가 아니라 특수교육으로부터 부당이득을 취하는 학생들을 선별하기 위해서였다.

몬테소리(1870~1952): 지적장애를 가진 아이들과 청소년들과 함께 한 그녀의 선구적인 일은 세계적으로 인정받는다. 이탈리아에서 의학학위를 받은 최초의 여성이고 조기교육 전문가이다. 어린아이들은 조작할 수 있는 도구가 있는 풍부한 환경에 둘러싸여 있을 때 매우 이른 나이에도 학습이 가능하다는 것을 증명하였다. 아이들은 직접적이고 감각적인 경험에 있을 때 가장 잘 배울 수 있다고 믿었다.

톨만(1877~1956): 비네의 원래 평가도구를 수정한 미국의 교육자이자 심리학자이다. 그의 업적은 1916년에 스탠포트-비네 지능검사를 출판한 것이다. 톨만은 지능지수, IQ의 개념을 발달시켰다. 또한 평생 영재아에 대해 연구한 것으로도 유명하다. 영재교육의 대부로 여겨진다.

2) 20세기 초: 혼돈의 시대

(1) 고다드와 우생학

보다 나은 교배를 통한 인류발달에 대해 연구하는 과학은 20세기 초반 사람들의 사고를 지배하게 된다. 이런 식의 사고가 새로운 것은 아니었다. 고대 그리스 시절 플라톤은 선택적인 번식을 주장하였고, 19세기 중반에 칼톤은 찰스 다윈의 이론을 거론하며, 지능이 낮은 사람들이 지능이 좋은 사람들보다 더 많이 출생되는 것을 막지 않는 한 사회는 평범함에서 구원될 수 없다고 하였다. 이러한 사고에서 장애인은 우수한 유전적 혈통을 오염시키지 않도록 격리되고 불임되어야 할 대상이 되어버린다(Kauffman, 1981).

고다드에 의해 발표된 "캘리캑가: 지능유전에 대한 연구"에서는 정신적인 장애와 범죄성이 유전에 비롯되는 것은 과학적 사실이라고 주장하게 되었고, '과학'이라는 미명하에 고다드와 우생학자들은 범죄자, 매춘부, 바람직하지 않은 사회적 행동을 하는 자들은 자녀 갖는 것을 금지해야 하며, 자녀를 갖는 것이 허용되는 최소 연령을 '정신연령 12세'로 해야 한다고 하였다. 이러한 요구에 부응하여 미국에서는 거의 모든 주에서 지적장애인들을 시설에 격리하였다. 그리고 32개 주에서 의무적인 불임시술법을 입법화하여 약 6만여 명의 사람들이 강제로 불임시술을 받았다(Larson, 2002).

(2) 엘리자베스 파렐과 무등급학급

우생학의 광풍 속에서도 진보적 성향을 가진 교육자들은 주류사회와 다른 특성을 가진 학생들에게 필요한 서비스를 제공하였다. 엘리자베스 파렐의 경우는 1899년 이민자가 주로 거주하는 뉴욕의 로워 이스트사이드에서 잘못 판별된 아동들을 가르치기 시작하였다. 이러한 아동들을 성공적으로 교육한 것을 기반으로 하여 파렐은 1906년 새로이 설립된 도시의 무학년학급부의 책임자로 임명된다. 파렐의 교육과정은 주제중심활동과 함께 운동기술을 강조하였으며, 사회성과 자기표현에 중점을 두었다. 그녀는 자신이 가르친 학생들에 대한 사후 자료를 수집하였는데, 전체적으로 54.8%가 고용되었고, 단지 4%만이 시설에 거주하게 되었다(Safford & Safford, 1996).

3) 20세기 중반 이후: 시민권과 접근성

　20세기 중반의 시민권 운동은 장애를 가진 사람들을 포함하여 권리를 박탈당한 많은 사람들의 삶에 기념비적인 영향을 주었다. 사실상 인종을 기반으로 한 학생 분리와 배제 문제를 시정하기 위해 시행된 결정들은 장애학생들의 통합문제에도 확대 적용되었다(Murdick, Gartin, & Crabtree, 2002). 부모들과 시민권 주창자들은 주정부와 대단위 학교 교육청이 장애학생들의 개별적 요구를 충족시키기 위해 필요한 자원에 접근하는 것을 보장하도록 하였다. 장애아를 자녀로 둔 공인들―로이로저스와 같은 명사들과 케네디가 사람들과 같은 정치인들―은 장애인을 위한 서비스와 법적 권리를 위해 상당한 노력을 하였다.

　이 시기에 인간의 존엄성과 장애인 권리를 조명해 준 인물로는 블랫과 리베라를 들 수 있다.

　블랫은 1967년 인간정책센터를 설립한 작가이자 시러큐스 대학교의 교육자였다. 리베라는 1972년 뉴욕시의 WABC TV 방송국의 기자였다. 이 두 사람의 공통점은 시설 장애인들의 끔찍한 삶을 세상에 알렸다는 것이다.

　블랫은 『Christmas in Purgatory』와 같은 포토에세이[1]를 통해 시설 장애인들이 겪고 있는 비인간적인 상황을 폭로하였다. 블랫의 이러한 노력을 통해 장애

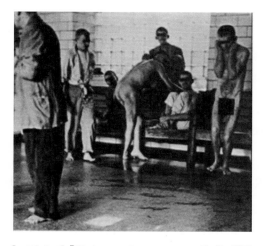

[그림 2-1] 『Christmas in Purgatory』의 한 삽화

---

1) http://www.disabilitymuseum.org/dhm/lib/detail.html?id=1815

인의 탈시설화와 그들을 위한 지역사회 기반 거주시설 개발에 대한 요구가 증가
되었다(Herr et al., 2004).

한편 리베라는 뉴욕시 스탠튼섬에 위치한 시설기관 윌로브룩 주립학교에 몰
래 잠입하였다. 이 시설에는 6,000명의 다양한 장애와 인지수준을 가진 사람들
이 거주하고 있었다. 리베라는 시청자들과 다음과 같은 내용을 공유하였다.

> 감금된 아이들이 어둡고 차가운 수용실의 딱딱한 나무 의자에서 잠을 자고
> 있었다. 어떤 아이들은 옷조차 입고 있지 않았다. 한 아이가 열려 있는 변기
> 통 속의 물을 마치 개처럼 핥아 먹고 있었다. 악취가 표현할 수 없을 만큼 심
> 하게 진동했다(Rothman & Rothman, 2004).

블랫과 리베라가 제시한 충격적인 사진과 영상들은 가족구성원들과 옹호자
들이 적절하고 통합된 지역사회 중심 교육과 거주 서비스를 위한 투쟁을 하기
위해 법정과 공론의 장을 활용할 수 있도록 고무하였다.

4) 미래의 역사: 특수교육의 진보

미래의 역사가들은 오늘날의 특수교육의 어떤 내용들을 기록하게 될까? 아마
도 특수교육 영역의 현안 중 통합교육, 책무성, 과잉판별에 대한 기록을 남기게
될 것으로 보인다. 즉, 서비스 전달체계, 장애를 가진 모든 학생들에게 적절한
교육이 제공되는 것에 대한 보장, 그리고 특정한 인종 및 민족 출신 학생들의 특
수교육 대상자로의 과잉판별에 대한 이야기이다.

통합주의자들은 배치연속체를 해체하고, 모든 학생에게 적합하도록 일반학
급을 개편해야 한다고 강력하게 주장하였다. 그러한 정책이 학생 성과에 어떤
영향을 미칠 지에 대해서는 아직까지 더 많은 연구의 시간이 필요하겠지만, 통
합철학이 특수교육에서 많은 역사적인 개혁을 이끌어 낸 것만큼은 사실이다.

현재 특수교육 요구 학생들을 위한 교수적 전달체계에서의 책무성에 대한 요
구는 이의 없이 받아들여지는 반면, 적절하게 수정된 평가를 실시하기 위한 타
당하고 신뢰성 있는 방법을 개발하는 것은 아직 먼 이야기이다.

그리고 미래의 역사가들은 분명히 이 세대의 지도자들이 특정 소수집단에서

특수교육 대상자가 과잉판별되는 것과 관련된 문제를 어떻게 다루었는지 기록
하게 될 것이다.

5) 우리나라 특수교육의 역사

우리나라 특수교육의 역사를 어떻게 볼 것인가에 대한 이야기는 아직까지 다
양한 학자들에 의해서 충분히 논의된 바는 없다. 또한 근대 특수교육의 역사는
그 자체가 아직 일천하여 쉽게 역사적 내용을 정리하기는 어려운 상황임에 틀림
없다.

역사 속에 등장하는 몇 가지 장애인의 사례와 정책을 통해서 우리나라 특수
교육 역사에 대해서 가늠해 보도록 하자.

(1) 삼국시대

우리가 흔히 들어본 이야기 중 문헌상의 기록으로도 확인할 수 있는 최초의
특수교육 관련 내용은『삼국사기』권 45, 열전 5, 온달조일 것이다.

온달조의 내용을 요약하자면, 고구려 평강왕 때의 바보, 곧 지적장애인 온달
은 시각장애인 어머니와 함께 살다가 공주의 신분을 포기하고 온달과 결혼한 평
강공주의 교육을 통해 고구려의 유명한 장수가 된다. 온달이 심각한 지적장애
인이었는지는 알 수 없지만, 온달조의 내용으로 보았을 때는 어릴 적 가난과 어
머니의 장애에 따른 문화적 결손 등에 의해 지적능력이 제대로 발현되지 못한
것으로 보인다.

『삼국사기』열전은 역사상 특기할 만한 개인의 행적을 후대에 전하여 교훈을
삼고자 하는 의도로 쓰여져서, 열전에 따라서는 역사적 사실에 설화적 요소를
가미하여 각색한 경우가 있는데, 온달조도 그렇게 볼 수 있다.

하지만 온달조의 내용에는 지적장애의 원인론, 개별화교육, 교육성과, 그리고
장애인의 결혼, 신분타파 등과 같이 현대적인 의미에서도 교육적으로 중요한 요
소들을 다루고 있는 것은 틀림없다. 따라서 그 내용 자체만으로도 특수교육 차
원에서 매우 가치가 있다고 하겠다.

삼국시대에 기록된 다른 장애인 관련 연구 내용들은 특수교육보다는 주로 복
지제도와 연결되어 있다. 고구려 태조왕 66년 8월에 현량과 효순을 천거하게 하

고, 환과고독(鰥寡孤獨)과 노병자로 자활치 못하는 사람을 위문하고 의·식을 주었고(『삼국사기』권15, 고구려본기 3, 태조대왕조), 백제 비류왕 9년 춘 2월에 백성의 질고를 묻고 환과고독, 불능자존자에게 곡식을 일인당 3석씩 주었다(『삼국사기』권24, 백제본기 2, 비류왕 9년 조). 신라 유리왕 5년 동 11월에 왕이 국내를 순행하다가 한 늙은 할미가 주리고 얼어 거의 죽어감을 보고 옷을 벗어 그를 덮어주고 음식을 먹인 후 유사에게 명하여 환과고독, 노병, 불능자존자에게 음식을 주어 부양케 하였다(『삼국사기』권1, 신라본기1, 유리왕조).

이상에서 살펴본 바와 같이 이 시대에는 장애인에 대한 독립된 명칭이 없고, 병자와 엄격한 구별이 없이 사용되었으며, 이들에 대한 구휼제도는 임시적이고 사후 대책적인 성격이었다.

(2) 고려시대

고려시대 특수교육분야에서 획기적인 사건은 장애인 특히 맹인들을 위한 교육이 실시되었다는 것이다.

고려 태조 13년에는 서경학교를 설치하고 의·복업을 가르쳤고, 광종 9년부터는 복업을 과거제도에 포함시켜 복인을 등용하였으며, 태복감을 설치하여 여기서 점복행정을 관장하게 하였다. 공양왕 원년에는 십학이 설치되었는데, 복업이 이에 포함됨에 따라 관학으로 확립되었다(『고려사』74권). 맹인들은 고려 23대 원종 때인 13세기 후반부터 점복업에 종사하게 되었다(『고려사』, 130권). 맹인들은 그때부터 공양왕 원년까지 약 130년간 맹승으로 점복업에 종사하였고, 맹승들은 검교직을 받아 남반의 대우를 받으며 살아왔다(『세종실록』75권).

또한, 맹인들은 관현맹(管絃盲)으로서도 활동해 왔다. 관현맹 제도는 고려 문종 30년에 처음으로 설치되었고, 이는 공양왕 3년까지 315년간 존속되었다(『고려사』31).

삼국시대와 마찬가지로 고려시대에 기록된 다른 장애인 관련 내용들은 특수교육보다는 주로 복지제도와 연결되어 있다. 성종 9년 10월에 왕이 서도에 행차할 때, 80세 이상 된 자와 독질이 있는 자에게 곡포를 차등있게 주었고(『고려사』권 3, 세가 권 3, 성종 9년 10월 갑자조), 동왕 10년 10월 왕이 서도에 순해할 때 질역으로 실농한 자에게는 조부를 면제해 주며, 독·폐질자에게는 약을 주었다(『고려사』권 80, 지34, 식화3). 독·폐질자에 대한 구휼정책에 있어서는 기민들과 같이 곡포를 사급하는 경우가 많았다. 장애인은 노동력이 없기 때문에 이들에게 곡포를 주는 것도 구제책이 되겠으나, 치료를 요하는 장애인들에게는 약을 주는 것도 중요한 구휼방법이라 하겠다.

(3) 조선시대

조선시대 특수교육적으로 가장 가치 있는 일 중에 하나는 국가가 인정한 최초의 장애인 교육기관인 명통시(明通寺)와 형식적 교육기관인 서운관(書雲觀)의 설립일 것이다.

실록들을 통해 명통시의 존재를 명확히 알 수 있다. 『세종실록』에 따르면 명통시는 태종 13년부터 나라의 지원도 받았는데, 평소에는 약학, 의학, 음양학을 가르치지 않았으나 필요에 따라 임시로 이를 고강하곤 하였다(『세종실록』 2). 『세조실록』에도 명통시에 대해서 기록하고 있다.

> 잔질, 독질로 인해 더욱 의탁할 곳이 없는 자와 맹인을 위해서는 이미 명통시를 설립하였고, 농아와 건벽 등의 무리는 한성부로 하여금 널리 보수할 바를 찾고, 동서활인원에서 후히 구휼하되 계절마다 계문할 것. 이 사항을 해당 관사에 알리도록 하라(『세조실록』 9권, 세조 3년 9월 16일).

한편, 세종 27년 3월에는 서운관에서 훈도 4~5명을 두고 총명한 맹인 10명을 선발하여 3일에 한 번씩 모이게 하여 음양학의 교육을 하였다(『세종실록』 107). 서운관은 세조 12년 1월에 관상감으로 바뀌었고, 음양학도 이때에 명과학으로 고쳐졌다(『세조실록』 33, 38). 명과학은 관상감의 음양 3과의 하나로 운명, 길흉, 화복을 판단하는 학문으로, 명과학 교육을 받은 맹인에게는 나라에서 보는 과시나 취재에 응시하게 하였고, 이 명과학 고시에 합격한 자에게는 임금이 검교직이나 체아직을 제수하고 녹봉을 주어 공무에 종사하게 하였다(오천균, 1988).

조선 중기 이후에 명통시가 없어지자 임진왜란 이후에는 맹인 8명이 맹청을 설립하였고, 맹인들은 이때부터 갑오개혁 때인 1894년까지 약 300년간 도가에서 유가로 전향하여 맹청 산하 10개 문생청을 중심으로 중인 대우를 받으며 점복업에 종사하였다. 맹청은 교육을 직접 하지 않았으나 맹인들에게 개별교육을 하도록 하였으며, 이 교육에서는 스승이 제자에게 가장 핵심이 되는 내용을 철저히 이해시키고, 제자가 그것을 절구로 만들어 외우게 하였으며, 다음날 어제 배운 것을 스승 앞에서 틀리지 않고 외우게 한 후에 새로운 학습을 하게 하였다 (임안수, 1986).

(4) 근대 이후

근대 특수교육의 시작점에 대해서 다양한 의견이 있을 수 있으나 로제타 홀의 역할은 중요한 것이었다. 1890년 미국 여선교부의 여의사 파견계획에 따라 로제타가 하워드 후임으로 서울에 파견되었다. 1887년 로제타는 여성만을 위해 서울에 세워진 병원인 보구여관에서 의료활동을 시작했다.

이후 1898년 5월 15일 평양에서 부인의료사업을 시작하면서 맹여아 교육사업을 시작하게 된다. 홀은 뉴욕점자에 기초하여 '조선훈맹점자'를 만들고, 초등 독본, 기도문, 십계명을 점역하였으며, 병원 한 구석에서 맹여아를 가르치기 시작하였다. 화재로 교실을 잃게 된 홀은 정진소학교의 건물을 빌려 수업을 계속하게 되었다(김승국, 1988).

1908년 홀의 요청에 따라 록웰이 파견되어 왔다. 그는 세들어 있던 정신소학교가 새 건물을 짓고 이사하자 그 건물을 인수하였으며, 홀의 뒤를 이어 그곳에서 교육사업을 계속하였다. 1910년 그가 세상을 떠난 다음에는 그의 부인과 딸이 그의 사업을 맡아 하게 되었다.

홀은 맹교육뿐만 아니라 농교육도 했는데, 1909년 그녀는 이익민을 중국에 보내어 농교육방법을 배워오게 하여 이익민과 함께 농교육을 시작하였다.

2. 특수교육 관련법

이 장에서는 특수교육 관련법에 대해서 알아보고자 한다. 모든 특수교육 관련 지원들은 다양한 법률적 근거를 가지고 있지만, 이 모든 법률적 근거들은 「헌법」 제31조 "모든 국민은 능력에 따라 균등하게 교육을 받을 권리를 가진다"에 입각하여 이루지고 있다. 특수교육 관련법은 매우 다양하기 때문에 모든 관련법을 검토해본다는 것은 현실적으로 어려움이 있다. 따라서 이 장에서는 특수교육 관련법 중 「장애인 등에 대한 특수교육법」 「장애아동복지지원법」을 중심으로 주요 내용을 살펴보고자 한다.

1) 장애인 등에 대한 특수교육법의 주요내용

「장애인 등에 대한 특수교육법」(이하 특수교육법)의 주요내용은 크게 장애인 등에 대한 특수교육의 체계, 교육기회의 확대, 특수교육 전달체계의 확립, 특수교육의 질 제고, 특수교육 복지 지원 확대, 학생과 보호자의 권리보장 차원에서 검토하여 볼 수 있다.

(1) 장애인 등에 대한 특수교육법(법률 제15367호, 2018.2.21., 일부개정)의 체계

이 법은 「교육기본법」 제18조에 따라 국가 및 지방자치단체가 장애인 및 특별한 교육적 요구가 있는 사람에게 통합된 교육환경을 제공하고 생애주기에 따라 장애유형·장애정도의 특성을 고려한 교육을 실시하여 이들의 자아실현과 사회통합을 하는 데 기여하고자 법적·제도적 기반을 마련하려는 것으로, 총 6장 38개 조문의 본칙으로 구성되어 있다.

〈표 2-2〉 장애인 등에 대한 특수교육법의 체계

장	조(제목)
제1장 총칙	제1조(목적)/제2조(정의)/제3조(의무교육 등)/제4조(차별의 금지)
제2장 국가 및 지방자치단체의 임무	제5조(국가 및 지방자치단체의 임무)/제6조(특수교육기관의 설립 및 위탁교육)/제7조(위탁교육기관의 변경신청)/제8조(교원의 자질향상)/제9조(특수교육대상자의 권리와 의무의 안내)/제10조(특수교육운영위원회)/제11조(특수교육지원센터의 설치·운영)/제12조(특수교육에 관한 연차보고서)/제13조(특수교육 실태조사)
제3장 특수교육대상자의 선정 및 학교배치 등	제14조(장애의 조기발견 등)/제15조(특수교육대상자의 선정)/제16조(특수교육대상자의 선정절차 및 교육지원 내용의 결정)/제17조(특수교육대상자의 배치 및 교육)
제4장 영유아 및 초·중등교육	제18조(장애영아의 교육지원)/제19조(보호자의 의무 등)/제20조(교육과정의 운영 등)/제21조(통합교육)/제22조(개별화교육)/제23조(진로 및 직업교육의 지원)/제24조(전공과의 설치·운영)/제25조(순회교육 등)/

	제26조(방과후 과정을 운영하는 유치원 과정의 교육기관)/ 제27조(특수학교의 학급 및 각급학교의 특수학급 설치 기준)/ 제28조(특수교육 관련서비스)
제5장 고등교육 및 평생교육	제29조(특별지원위원회)/제30조(장애학생지원센터)/제31조 (편의제공 등)/ 제32조(학칙 등의 작성)/제33조(삭제 2016.5.29. 제14154호 평생교육법) 제34조(삭제 2016.5.29. 제14154호 평생교육법)
제6장 보칙 및 벌칙	제35조(대학의 심사청구 등)/제36조(고등학교 과정 이하의 심사청구)/ 제37조(권한의 위임과 위탁)/제38조(벌칙)

(2) 교육기회의 확대

기존에는 8개 장애유형에 해당되는 자 중 특수교육을 필요로 하는 사람을 교육지원 대상자로 규정하고 있으나, 「특수교육법」에서는 발달지체와 자폐성장애를 신설하여 전체 10개 장애유형으로 그 유형을 확대하여, 현재 장애를 가지지 않았어도 장애발생 가능성이 높거나, 장애가 의심되는 자가 특수교육을 필요로 하면 특수교육을 지원할 수 있도록 규정하였다. 또한 기존의 8개 장애유형 중 언어장애와 정서장애는 최근의 변화된 상황을 고려하여 각각 의사소통장애와 정서·행동장애로 확대 변경되었다.

〈표 2-3〉 **특수교육지원대상 장애유형의 변화**

기존		특수교육법	비고
시각장애	→	시각장애	동일
청각장애	→	청각장애	동일
지체부자유	→	지체장애	변경
언어장애	→	의사소통장애	확대변경
정신지체	→	정신지체	동일
정서장애(정신장애) 정서장애(정신장애)	→	정서·행동장애	확대변경
		자폐성장애(이와 관련된 장애 포함)	신설
건강장애	→	건강장애	동일
학습장애	→	학습장애	동일
-	→	발달지체	신설

그리고 학령기 아동 중 특수교육 요구 아동뿐만 아니라, 그 이외의 장애영아, 장애대학생, 장애성인 등도 교육지원 대상으로 포함시켰다. 장애학생의 교육기회 확대를 위하여 무상 · 의무교육의 연한을 기존에 만 3세부터 만 17세까지였던 것을 만 0세부터 만 18세(19세까지 가능)까지로 확대하였고, 연령별이 아닌 교육과정별로 영아기와 전공과 과정을 무상교육으로 규정하였으며, 유치원 과정과 고등학교 과정을 의무교육으로 규정하여, 무상 · 의무교육의 연한 또한 확대하였다.

〈표 2-4〉 **무상 · 의무교육 연한 변화**

구분	기존	특수교육법	비고
영아기 과정(만 0세~2세)	없음	무상	변경
유치원 과정(만 3세~학령 전)	무상	의무	변경
초 · 중학교 과정(만 7세~14세)	의무	의무	동일
고등학교 과정(만 15세~17세)	무상	의무	변경
전공과 과정(만 18세 이상)	없음	무상	변경

전공과 설치 대상 교육기관을 기존의 특수학교에서 특수교육기관으로 확대함으로써 전공과를 특수학교뿐만 아니라 일반학교, 특수교육지원센터 등 지역에서 가까운 교육기관에서 설치할 수 있도록 하여, 일반학교 졸업생들도 이용할 수 있도록 하였다. 또한 전공과를 이수한 특수교육대상자는 학점인정 등에 관한 법률(법률 제8916호, 2008.3.21., 일부개정)에 따라 학점인정을 받을 수 있도록 조치하여, 이후 학사학위 취득에 도움이 되도록 하였다.

(3) 특수교육 전달체계의 확립

「특수교육법」에서는 조기발견, 진단 · 평가 및 선정 · 배치 체계의 확립을 위한 변화가 있었다.

조기발견 체계의 문제점을 개선하기 위하여 제14조를 통해 조기발견을 위한 홍보를 의무화하고, 선별검사를 무상으로 실시하도록 하였으며, 조기발견에 필요한 세부적인 절차를 제시하였다.

그리고 이를 위한 별도의 진단 · 평가팀 운영에 대한 근거를 마련하였다. 기

존의 특수교육대상자의 진단 · 평가는 사실상 각급학교의 특수교육교원에 의해
서만 수행되어 왔다. 물론 일부 시도에서는 특수교육운영위원회에 진단평가소
위원회를 구성하여 진단 · 평가 업무를 특수교육교원과 다양한 전문인력이 함
께 진단 · 평가를 공동으로 진행하도록 조치하였으나, 이 또한 형식적 모습에 불
과하였다.

「특수교육법」에서는 이런 문제에 적극적으로 대응하기 위하여 「특수교육법」
제11조(특수교육지원센터의 설치 · 운영), 제14조(장애의 조기발견), 제15조(특수교
육대상자의 선정) 및 제16조(특수교육대상자의 선정절차 및 교육지원 내용의 결정)
에 제시된 진단 · 평가 절차를 근거로 하여 특수교육지원센터가 진단 · 평가 업
무를 담당하도록 규정하고 있다.

그리고 보호자의 의견 수렴 근거를 명확히 마련하였다. 기존에 특수교육대상
자 여부만을 선정하여 보호자에게 통지하였던 것을, 교육지원 내용에 대한 최
종의견도 보호자에게 함께 통지하도록 규정하고 있고, 각급학교의 장이 진단 ·
평가를 의뢰할 때에는 보호자의 사전동의를 받을 수 있도록 하였다. 그리고 진
단 · 평가의 과정에서 부모 등 보호자의 의견진술의 기회를 보장하도록 규정하
고, 특수교육대상자를 배치할 때에는 보호자의 의견을 수렴하도록 하였다.

시군구 단위의 특수교육지원센터에 대한 설치 기준 및 역할 등을 구체적으로
명시하여, 특수교육지원센터가 보다 편리하게 접근할 수 있는 지역 내 특수교육
전달체계 중 하나가 될 수 있도록 하였다. 그리고 특수교육지원센터의 역할을
진단 · 평가, 교수 · 학습 지원, 순회교육 지원, 진로 및 직업교육 지원 등 교육
현장을 체계적으로 지원할 수 있는 것으로 명료화하였다.

(4) 특수교육의 질 제고

「특수교육법」에서는 특수교육의 질 제고를 위하여 학급당 학생 수 기준을 법
률로 명시하였다. 학급당 학생 수 기준 변경 현황은 〈표 2-5〉와 같다.

통합교육의 법률적 개념을 정립하기 위하여 제2조제6호 "통합교육"이라 함은
특수교육대상자가 일반학교에서 장애유형 · 장애정도에 따라 차별을 받지 아니
하고 또래와 함께 개개인의 교육적 요구에 적합한 교육을 받는 것을 말한다는
구체적인 내용을 명문화하였다.

〈표 2-5〉학급당 학생 수 기준 변화

구분		기존	특수교육법
법적 근거		법 제15조제3항 및 법에 근거한 시행령 제13조의2제1항	제27조제1항
기준 적용 대상		일반학교의 특수학급	일반학교의 특수학급 및 특수학교의 학급
설치 기준	유치원 과정	1인 이상 12인 이하 - 1학급 12인 초과 - 2학급 이상 (각 과정 공통)	1인 이상 4인 이하 - 1학급 4인 초과 - 2학급 이상
	초등학교 과정		1인 이상 6인 이하 - 1학급 6인 초과 - 2학급 이상
	중학교 과정		1인 이상 6인 이하 - 1학급 6인 초과 - 2학급 이상
	고등학교 과정		1인 이상 7인 이하 - 1학급 7인 초과 - 2학급 이상

그리고 개별화교육의 내실화를 위하여 제22조에 개별화교육 관련 규정을 포함시켰다. 구체적인 규정 내용은 다음과 같다.

〈표 2-6〉개별화교육 관련 규정

개별화교육지원 팀의 구성	• 보호자, 특수교육교원, 일반교육교원, 진로 및 직업교육 담당교원, 특수교육 관련서비스 담당인력 등으로 구성(제1항) • 개별화교육지원팀은 학기마다 개별화교육계획을 작성해야 함(제2항) • 특수교육교원이 개별화교육지원팀의 업무를 지원하고 조정함(제4항)
개별화교육계획의 운영	• 개별화교육지원계획의 수립 및 실시 등에 관한 사항은 교육부령으로 정함(제5항)
개별화교육계획의 법적 문서화	• 개별화교육계획 작성을 의무적으로 규정(제2항) • 특수교육대상자의 전학 또는 상급학교 진학 시 개별화교육계획을 송부(제3항)
IEP에 대한 불복신청	• 개별화교육지원팀에의 보호자 참여를 배제한 경우 차별행위로 규정(제4조제2항제3호) • 이 경우 보호자가 특수교육운영위원회에 심사청구를 할 수 있도록 함(제36조제1항) • 또한 이러한 차별행위를 한 자에 대하여 300만 원 이하의 벌칙 부과(제38조의2)

그리고 진로 및 직업교육의 내실화를 위하여 진로 및 직업교육 관련 규정을 포함시켰다. 구체적인 규정 내용은 다음과 같다.

〈표 2-7〉 **직업교육 관련 규정**

구분	특수교육법
개념 정의	"진로 및 직업교육"이라 함은 특수교육대상자의 학교에서 사회 등으로의 원활한 이동을 위하여 관련 기관의 협력을 통하여 직업재활훈련·자립생활훈련 등을 실시하는 것을 말한다(제2조제9호).
대상 범위	• 직업재활훈련: 직업평가, 직업교육, 고용지원, 사후관리(제23조제1항) • 자립생활훈련: 일상생활적응훈련, 사회적응훈련(제23조제1항)
협력체계	• 효과적인 진로 및 직업교육 실시를 위하여 대통령령으로 정하는 관련기관 협의체 구성 명시 　－ 관련기관: 특수교육기관, 한국장애인고용공단지부 등 해당 지역의 장애인 고용 관련 기관, 직업재활시설, 장애인복지관, 산업체 등 망라(동법 시행령 제18조제2항)

(5) 특수교육 복지 지원 확대

「특수교육법」에서는 특수교육 복지지원확대를 위하여 가족지원, 치료지원, 보조인력지원, 학습보조기기 및 보조공학기기 지원, 통학지원 등 관련서비스 지원 규정을 마련하였다.

그리고 유치원 종일반 지원을 위한 규정을 마련하여 특수학교 유치부, 유치원 과정만 운영하는 특수학교, 일반 유치원 등에도 특수교육대상자로 선정된 영·유아를 대상으로 방과 후 과정을 운영할 수 있도록 하였고, 방과 후 과정 운영을 담당할 인력을 학급당 1인 이상 추가로 배치할 수 있도록 규정하였다.

또한 대학의 장애학생을 위한 지원 규정을 마련하여, 대학에 입학한 장애학생과 그 보호자는 새 법률에 따른 각종 지원조치를 제공해 줄 것을 서면으로 제출할 수 있도록 하고, 대학의 장은 각종 학습보조기기 및 보조공학기기 등의 물적 지원, 교육보조인력 등의 인적지원, 취학편의 지원, 정보접근 지원, 편의시설 설치 지원 등에 대해 2주일 이내에 지원 여부 및 사유를 신청자에게 서면으로 통지하도록 하였다. 이를 통해 장애학생들이 대학에 들어가기 전에 필요한 교육 지원에 관한 사항을 대학과 사전에 협의하고, 대학이 충분한 교육지원을 할 수 있도록 하였다.

(6) 학생과 보호자의 권리 보장

「특수교육법」에서는 학생과 보호자의 권리 보장을 명확히 하기 위하여 다음과 같이 차별행위의 유형을 구체적으로 명시하였다.

〈표 2-8〉 **특수교육법에서 규정하고 있는 차별행위의 대상**

- 장애를 이유로 입학의 지원을 거부하거나, 입학전형 합격자의 입학을 거부하는 행위
- 제28조에 따른 특수교육 관련서비스 제공에서의 차별
- 수업, 학생자치활동, 그 밖의 교내외 활동에 대한 참여 배제
- 개별화교육지원팀에의 참여 등 보호자 참여에서의 차별
- 대학의 입학전형절차에서 장애로 인하여 필요한 수험편의의 내용을 조사·확인하기 위한 경우 외에 별도의 면접이나 신체검사를 요구하는 등 입학전형 과정에서의 차별
- 입학·전학 및 기숙사 입소 과정에서 비장애학생에게 요구하지 아니하는 보증인 또는 서약서 제출을 요구
- 학생 생활지도에서의 「장애인차별금지 및 권리구제 등에 관한 법률」 제4조의 차별

그리고 기존의 법률에서 규정하고 있는 심사청구 대상을 확대하여, 학생 및 보호자가 교육현장으로부터 그 권리를 구제받을 수 있도록 하였다.

〈표 2-9〉 **심사청구 관련 규정 사항**

구분	특수교육법
심사청구 대상	• 특수교육대상자의 선정 • 특수교육대상자의 배치 • 특수교육대상자에게 통지된 교육지원에 관한 결정 사항 • 제4조에 규정하는 각종 차별 행위에 관한 사항
심사청구 방식	유·초·중: 시·군·구특수교육운영위원회에 심사청구 고등학교: 시·도특수교육운영위원회에 심사청구
심사 기간	30일 이내에 심사하여 결정하고 청구인에게 통보
결정된 사항에 대한 이의 신청	90일 이내에 행정심판 제기 가능
공평한 청문의 기회	의견진술의 기회 제공 의견 청취

2) 장애아동 복지지원법에 대한 이해

「장애아동 복지지원법」의 주요 내용은 크게 「장애아동 복지지원법」의 체계, 장애아동의 권리와 국가와 지방자치단체의 의무, 장애아동 복지지원 전달체계-장애아동지원센터의 설립, 복지지원의 신청 및 복지지원대상자 선정, 복지지원의 내용, 복지지원 제공기관 차원에서 검토하여 볼 수 있다.

(1) 장애아동 복지지원법(법률 제14332호, 2016.12.2., 일부개정)의 체계

이 법은 국가와 지방자치단체가 장애아동의 특별한 복지적 욕구에 적합한 지원을 통합적으로 제공함으로써 장애아동이 안정된 가정생활 속에서 건강하게 성장하고 사회에 활발하게 참여할 수 있도록 하며, 장애아동 가족의 부담을 줄이는 데 이바지하는 목적을 달성하기 위하여 법적·제도적 기반을 마련하려는 것으로, 총 7장 41개 조문의 본칙으로 구성되어 있다.

〈표 2-10〉 장애아동 복지지원법의 체계

장	조(제목)
제1장 총칙	제1조(목적)/제2조(정의)/제3조(기본이념) /제4조(장애아동의 권리)/ 제5조(다른 법률과의 관계)
제2장 국가와 지방자치단체의 임무	제6조(국가와 지방자치단체의 임무)/제7조(장애아동 복지지원의 심의) 제8조(중앙장애아동지원센터)/제9조(지역장애아동지원센터) 제10조(관계기관 또는 단체와의 연계·협력)/제11조(장애아동 복지지원 실태조사)
제3장 복지지원 대상자의 선정 및 복지지원 제공의 절차	제12조(장애의 조기발견)/제13조(복지지원의 신청) 제14조(복지지원 대상자 선정)/제15조(금융정보 등의 제공) 제16조(복지지원 제공기관의 연계)/제17조(개인별지원계획의 수립) 제18조(장애아동과 그 가족의 개인정보보호)
제4장 복지지원의 내용	제19조(의료비 지원)/제20조(보조기구 지원)/제21조(발달재활서비스지원) 제22조(보육지원)/제23조(가족지원)/제24조(돌봄 및 일시적 휴식지원 서비스지원) 제25조(지역사회 전환 서비스지원)/제26조(문화·예술 등 복지지원) 제27조(취약가정 복지지원 우선제공)/제28조(복지지원의 제공) 제29조(복지지원 비용의 환수)

제5장 복지지원 제공기관 등	제30조(복지지원 제공기관)/제31조(복지지원 제공기관의 직무) 제32조(장애영유아 어린이집)/제33조(발달재활서비스 제공기관의 정보제공)
제6장 보칙	제34조(지도와 감독)/제35조(보고와 검사) 제36조(청문)/제37조(위임과 위탁) 제38조(이의신청)
제7장 벌칙	제39조(벌칙)/제40조(양벌규정)/제41조(과태료)

(2) 장애아동의 권리와 국가와 지방자치단체의 의무

장애아동의 구체적인 권리로 제반 생활영역에서의 보호와 지원을 규정하고 있다. 장애아동은 모든 형태의 학대 및 유기·착취·감금·폭력 등으로부터 보호받고, 장애아동은 부모에 의하여 양육되고, 안정된 가정환경에서 자라나야 한다. 인성 및 정신적·신체적 능력을 최대한 계발하기 위하여 적절한 교육을 제공받아야 한다. 가능한 최상의 건강상태를 유지하고 행복한 일상생활을 영위하기 위한 의료적·복지적 지원을 받아야 한다. 휴식과 여가를 즐기고, 놀이와 문화예술활동에 참여할 수 있는 기회를 제공받아야 한다. 장애아동은 의사소통 능력, 자기결정 능력 및 자기권리 옹호 능력을 향상시키기 위한 교육 및 훈련 기회를 제공받아야 한다(동법 제4조).

장애아동에 대한 보호를 권리성을 인정하는 차원을 넘어서 장애아동과 그 가족을 위한 복지지원대책의 강구, 장애아동을 위한 복지지원 사업의 연구·개발, 장애의 조기발견을 위한 홍보, 복지지원 전달체계의 구축, 복지지원 이용권의 수급 및 이용에 대한 관리·감독 등을 국가와 지방자치단체의 의무로 정하여 보호의 영역을 확대하였다(동법 제6조).

(3) 장애아동 복지지원 전달체계-장애아동지원센터의 설립

중앙과 지역에 장애아동지원센터를 설립하도록 함으로써 장애아동에 대한 복지지원이 통합적으로 이루어질 수 있도록 하고 있다. 장애아동지원센터는 보건복지부장관, 시장·군수·구청장이 설립하여 운영하거나, 공공기관에 위탁하여 운영할 수 있도록 하여 장애아동에 대한 지원이 국가적인 차원에서 이루어질 수 있도록 하고 있다.

중앙장애아동지원센터는 장애아동의 복지지원에 관한 조사·연구, 지역장애

아동지원센터에 대한 평가 및 운영지원, 장애아동의 복지지원 정책에 관한 정보 및 자료 제공, 장애아동의 장애유형별 지원 프로그램의 개발, 가족지원업무 수행기관에 대한 운영지원 및 평가, 지역장애아동지원센터와 복지지원을 제공하는 기관 등 복지지원 관련 기관에 대한 정보의 수집 및 제공 등 장애아동 지원에 관한 전반적인 체계 형성 및 모니터링 역할을 한다(동법 제8조).

지역장애아동지원센터는 장애의 조기발견을 위한 홍보, 장애아동의 복지지원 사업에 관한 정보 및 자료 제공, 장애아동과 그 가족에 대한 복지지원 제공기관의 연계, 장애아동의 사례관리, 장애아동 및 그 가족을 지원하기 위한 가족상담 및 교육의 실시 등 장애아동 지원에 관한 구체적인 서비스 제공을 위한 역할들을 수행한다(동법 제9조).

(4) 복지지원의 신청 및 복지지원대상자 선정

장애아동 및 그 보호자는 시장 · 군수 · 구청장에게 이 법에서 정하는 복지지원을 신청하고, 신청을 받은 시장 · 군수 · 구청장은 관련 법령에서 정하는 바에 따라 소득 · 재산, 장애정도, 가구특성 등을 고려하여 복지지원 대상자 여부를 심사하여 30일 이내에 복지지원 대상자로의 선정 여부, 복지지원의 내용 및 복지지원 이용권의 금액 등을 결정하여 복지지원 신청자에게 즉시 알려주어야 한다. 복지지원은 개별 복지지원의 목적에 따라 장애아동과 그 가족에게 현금 또는 현물로 제공한다. 이 경우 현물은 복지지원 이용권으로 제공할 수 있다. 또한 신청자를 복지지원대상자로 선정하고자 하는 경우 장애아동과 그 가구원에 대한 금융정보, 신용정보 및 보험정보를 요청할 수 있다(동법 제13조, 제14조, 제15조).

시장 · 군수 · 구청장은 장애아동에게 적합한 복지지원을 제공하기 위하여 개인별지원계획을 수립할 수 있으며, 시장 · 군수 · 구청장은 복지지원 대상자로 선정한 장애아동과 그 가족에게 복지지원 제공기관을 연계하여야 한다. 또한 복지지원대상자로 선정하고, 복지지원을 하면서 알게 된 정보에 대해서는 장애아동과 그 가족에 대한 정보의 수집과 관리에 있어 개인정보가 분실 · 도난 · 유출 · 변조 또는 훼손되지 아니하도록 필요한 조치를 하여야 하며, 보호자의 동의 없이 누설하거나 권한 없이 처리하거나 다른 사람이 이용하도록 제공하는 등 부당한 목적으로 사용하여서는 아니 된다(동법 제17조, 제18조).

(5) 복지지원의 내용

이 법의 장애아동 복지지원의 내용에는 의료비지원, 보조기구지원, 발달재활서비스지원, 보육지원, 가족지원, 돌봄지원 및 일시적인 휴식지원 서비스 지원, 지역사회전환서비스지원, 문화 · 예술 등 복지지원 등이 있다. 장애아동의 복지 문제와 관련된 모든 지원의 조항들을 하나의 법률 속에 포함으로써 장애아동에 대한 우리 사회의 복지적 지원이 전체적으로 어떤 내용으로 구성되어 있는지를 파악할 수 있다. 복지지원내용과 관련하여 모든 장애아동이 동일한 서비스 요구를 갖고 있지 않기 때문에 생애 주기적 특성, 소득수준별 특성, 장애정도를 고려하여 차등적으로 적정한 서비스를 제공할 수 있도록 하고 있다.

① 의료비 지원(동법 제19조)

국가와 지방자치단체로 하여금 장애아동의 의료적 욕구에 따라 적절한 의료비 지원을 할 수 있도록 규정하고 있다.

② 보조기구지원(동법 제20조)

국가와 지방자치단체가 장애아동의 학습과 일상생활 활동에 필요한 보조기구를 교부 · 대여 또는 수리하거나 구입 또는 수리에 필요한 비용을 지급할 수 있도록 규정한다.

③ 발달재활서비스지원(동법 제21조)

국가와 지방자치단체는 장애아동의 인지, 의사소통, 적응행동, 감각 · 운동 등의 기능향상과 행동발달을 위하여 적절한 발달재활서비스를 지원할 수 있고, 발달재활서비스를 지원할 때에는 장애아동의 장애유형 · 장애정도와 그 가족의 경제적 능력 등을 고려하여 지원할 대상 및 내용을 결정할 수 있다. 또한 지방자치단체는 발달재활서비스의 제공경험 및 전문성, 서비스 내용의 적정성 등을 고려하여 발달재활서비스 제공기관을 지정하여 운영할 수 있다.

④ 보육지원(동법 제22조)

국가와 지방자치단체는「영유아보육법」제27조에 따른 어린이집 이용대상이 되는 장애아동에 대하여 보육료 등을 지원하고,「영유아보육법」제10조에 따른 어린이집 또는 「유아교육법」 제2조제2호에 따른 유치원을 이용하지 아니하는 장애영유아에게 「영유아보육법」 제34조의2에 따라 양육수당을 지급할 수 있다.

　뿐만 아니라 보육과 관련하여 이 법에서는 제32조에 따라 장애영유아어린이집을 지정할 수 있도록 하고 있다. 시장·군수·구청장은 「영유아보육법」 제30조의 어린이집 평가인증, 「장애인·노인·임산부 등의 편의증진보장에 관한 법률」에 따른 편의시설, 보건복지부령으로 정하는 설치기준의 요건을 갖추어 신청을 하는 경우 「영유아보육법」 제10조에 따른 어린이집을 장애영유아를 위한 어린이집으로 지정할 수 있다. 이렇게 지정된 장애영유아를 위한 어린이집은 장애영유아에 대한 체계적인 보육지원과 원활한 취학을 위한 보육계획을 수립·실시하여야 하며 대통령령으로 정하는 자격을 가진 특수교사와 장애영유아를 위한 보육교사 등을 배치하여야 한다.

⑤ 가족지원(동법 제23조)

　이 법은 장애아동 본인에 대한 지원뿐만 아니라 국가와 지방자치단체로 하여금 장애아동의 가족이 장애아동에게 적합한 양육방법을 습득하고 가족의 역량을 키울 수 있도록 가족상담·교육 등의 가족지원을 제공하도록 하고 있다.

⑥ 돌봄 및 일시적 휴식지원 서비스지원(동법 제24조)

　장애아동 가족의 일상적인 양육부담을 경감하고 보호자의 정상적인 사회활동을 돕기 위하여 돌봄 및 일시적 휴식지원 서비스를 제공할 수 있도록 규정하고 있다. 장애아동의 경우 비장애아동에 비하여 정신적·경제적인 부담 등으로 부모 등 가족이 매우 힘든 상황으로 가족해체 등 사회적 문제가 야기되어 결국에는 국가의 사회적 비용의 과다발생이 우려되는 측면이 있음을 고려할 때 이런 서비스의 중요성은 더욱 강조될 필요가 있다.

⑦ 지역사회 전환 서비스지원(동법 제25조)

　이 규정은 새롭게 규정된 것으로 국가와 지방자치단체는 장애아동이 18세가 되거나 「초·중등교육법」 제2조의 고등학교와 이에 준하는 각종 학교 또는 「장애인 등에 대한 특수교육법」 제24조의 전공과를 졸업한 후 주거·직업체험 등의 지역사회 전환 서비스를 제공하도록 노력하여야 한다. 현재 장애인복지가 자립생활을 지향한다는 점에서 지역사회 전환서비스는 매년 일정시간의 직업 및 주거체험의 기회를 무상으로 제공함으로써 사회참여를 위한 적응훈련과정 이 이루질 수 있을 것으로 기대된다.

⑧ 문화 · 예술 등 복지지원(동법 제26조)

국가와 지방자치단체는 이 법에서 정한 복지지원 외에 문화 · 예술 · 스포츠 · 교육 · 주거 등의 영역에서 장애아동에게 필요한 서비스가 지원되도록 최대한 노력하여야 한다.

(6) 복지지원 제공기관 및 직무

장애인복지시설, 아동복지시설, 건강가정지원센터, 발달재활서비스 제공기관, 가족지원업무 수행기관, 장애영유아를 위한 어린이집과 그 밖에 보건복지부장관 또는 지방자치단체의 장이 필요하다고 인정하는 기관 또는 단체를 복지지원 제공기관으로 정하고 있다(동법 제30조).

복지지원 제공기관은 장애아동의 연령 및 장애 유형에 적합한 프로그램을 계획하고 실시하여야 하고, 복지지원 제공기관의 장이 시장 · 군수 · 구청장 또는 지역센터로부터 복지지원 제공의뢰를 받은 때에는 정당한 사유가 없는 한 지체 없이 복지지원을 제공하여야 한다. 보건복지부장관과 지방자치단체의 장은 복지지원 제공기관에 대한 지도 감독, 보고 검사를 할 수 있다(동법 제31조).

요약

특수교육 요구아동을 대하는 우리들의 사회적 태도의 토대는 유럽의 다양한 철학자와 인본주의자들의 노력에 의해 세워졌다고 볼 수 있다. 특수교육의 변화는 시대를 앞선 일부 헌신적인 개혁자들을 통해 이루어졌다고 할 수 있다. 20세기 중반 이후 시민권 운동은 장애인들을 포함하여 권리를 박탈당한 많은 사람들의 삶에 기념비적인 영향을 미치게 된다.

우리나라 특수교육의 역사에 대한 연구는 아직까지 다양한 연구가들에 의해서 체계적으로 이루어지고 있지는 못한 상황이다. 하지만 단순히 문헌상의 기록만을 살펴보더라도, 우리나라 특수교육의 역사는 길게는 삼국시대부터 이루어진 것으로 볼 수 있다. 앞으로 이 분야에 대한 보다 많은 연구들이 이루어질 필요가 있다.

이 책에는 특수교육 관련 법안으로 「장애인 등에 대한 특수교육법」 「장애아동 복지지원법」만을 소개하고 있으나, 「발달장애인 권리보장 및 지원에 관한 법률」 「장애인차별금지 및 권리구제 등에 관한 법률」 등 다양한 법률적 지식을 이해하고 있는 것은 특수교육 서비스를 제공하는 데에 있어서 필수적인 조건이라고 하겠다.

논의해 볼 문제

다음 동영상을 보고 우리나라는 역사적으로 장애인을 어떻게 생각했는지 논의해 보자. 그리고 현대 장애인 정책과 과거 장애인 정책 간에는 어떤 유사점과 차이점이 있는지 논의해 보자.

[유튜브] 조선시대 장애인 정책–세상에 버릴 사람은 아무도 없다
https://www.youtube.com/watch?v=SjNRUNNEnFA&t=30s

제3장 통합교육의 이해

▌연준모▐

아이들이 서로가 가진 차이에 대하여 알게 되는 것, 다른 사람들을 도와주는 것, 그리고 다른 집단을 억압하는 구조를 변화시키는 데 적극적으로 참여하게 되는 것은 모두 통합적인 교실에서 시작될 수 있다. 학생들은 학생 개개인의 관심, 필요, 가능성들을 다루어 주는 교실 속에서 민주적 구조를 경험할 수 있다.

- Mara Sapon-Shevin, 1992

　　중학교 2학년 자폐 아들을 둔 학부모 김가연(가명) 씨는 초등학교를 졸업한 아이가 중학교부터는 장애학생들만 따로 교육을 받는 '특수학교'로 진학하길 바랐다. 초등학교에서는 장애학생과 비장애학생이 한데 모여 '통합학급'에서 함께 지내다가 장애학생들만 따로 '특수학급'에 모여 일주일에 7~10시간 정도 교육을 받는 '통합교육'을 받았다. 그러나 초등학교를 졸업한 후에는 아이를 특수학교에 보내기로 결심했다. 그 이유는 중고등학교에 올라가면 통합교육이 제대로 이뤄지지 못한다는 주변 장애아 학부모들의 조언 때문이었다. 그러나 특수학교는 '자리가 없다'는 이유로 배정받지 못했다. 결국 일반중학교의 특수학급으로 진학하게 된 아이는 비장애학생들 사이에서 사실상 왕따와 다름없이 방치되고 말았다.

　　1학년 2학기, 김 씨의 아들은 비장애 여학생을 느닷없이 뒤에서 껴안아 담임교사의 주의를 받았다. 이후 그 기억이 '트라우마'처럼 남은 아이는 자신이 껴안았던 비장애 여학생이 눈에 띄기라도 하면 소리를 지르며 교실 밖으로 뛰어나갔다. 이후 아이는 통합학급에서 지내지 못하고 특수학급에 머물러야 했다. 김 씨는 "장애를 가진 아이는 통합학급에서 외딴섬과 같다. 고등학교만큼은 죽기 살기로 특수학교에 보낼 계획이다."라고 말했다.

출처: 한겨레신문(2014.4.28.).

1. 통합교육의 개념과 역사적 배경은 어떠한가?

2. 통합교육의 당위성과 효과는 무엇인가?

3. 통합교육의 최근 과제와 개선사항은 무엇인가?

4. 통합교육을 위한 수업의 실제는 어떠한가?

1. 통합교육은 장애학생을 일반학생과 같은 교실에 배치하는 것으로 충분하다?

진정한 의미의 통합교육은 물리적 통합, 사회적 통합, 정서적-행동적 통합, 그리고 교육적-학업적 통합이 모두 이루어진 것을 뜻한다.

2. 통합교육은 장애학생의 교육에 있어서 언제나 효과적이다?

다수의 연구들이 통합교육이 장애학생의 학업에 효과적이었음을 보여준 바 있으나(Ruijs & Peetsma, 2009), 이러한 통합교육의 효과는 연구에 따라 미미하기도 했으며, 장애유형, 수업방법, 평가방법 등의 다양한 변인에 의하여 달라질 수 있다는 점 또한 지적되어 왔다(Lindsay, 2007).

3. 장애가 심한 학생에게는 통합교육이 도움이 되지 않는다?

다수의 연구들은 장애가 심한 중도·중복장애아동도 통합교육을 통하여 도움을 받을 수 있다고 보고하고 있다. 예를 들어, 통합교실 내 중도·중복장애학생들은 또래와의 상호작용이나 학업기술 등이 증가한 것으로 나타났다(Fryxell & Kennedy, 1995; Gilbert, Agran, Hughes, & Wehmeyer, 2001).

1. 통합교육의 개념과 배경

1) 통합교육의 정의

통합교육은 여러 문헌과 연구자들에 의하여 다양하게 정의되어 왔으나(이대식, 김수연, 이은주, 허승준, 2011; Kauffman & Hallahan, 1995), 기본적으로 일반교육에 특수학생을 포함시키는 것을 공통적인 내용으로 삼고 있다(이소현, 박은혜, 2011). 즉, 통합교육이란 장애학생과 비장애학생이 함께 생활하고 배움으로써 서로를 이해하고 상호 협력하여 공동체의식을 함양하고자 하는 교육환경을 의미한다(김동일, 손승현, 전병운, 한경근, 2010). 우리나라의 경우 「장애인 등에 대한 특수교육법」 제2조제6호에서는 통합교육을 '특수교육대상자가 일반학교에서 장애유형·장애정도에 따라 차별을 받지 아니하고 또래와 함께 개개인의 교육적 요구에 적합한 교육을 받는 것을 말한다'라고 명시하고 있다.

한편 통합교육은 지금까지 주로 주류화(mainstreaming)의 개념으로 활용되었으나, 최근에는 포함(inclusion)을 점차 강조하는 방향으로 변화해 왔다(이소현, 박은혜, 2011). 먼저, 과거에는 장애학생과 비장애학생이 서로 다르다는 것을 전제하고, 이들이 분리된 채 서로 다른 환경에서 교육받는 것을 당연한 것으로 여겼다. 따라서 당시의 통합교육은 특수교육을 받는 소수의 장애학생이 주류 집단으로서의 일반학급으로 들어오는 것을 뜻하였으며, 이는 곧 장애학생들의 주류화를 의미함과 동시에 서로 분리된 집단 간의 결합(integration)을 의미하는 것이었다(Lewis & Doorlag, 1999; Lloyd, Singh, & Repp, 1991).

그러나 오늘날에는 장애학생과 비장애학생의 분리를 전제로 하는 주류화의 개념에서 벗어나, 처음부터 이들의 비분리를 전제로 하는 포함(inclusion)으로서의 통합교육이 강조되고 있다(이소현, 박은혜, 2011). 이러한 관점에서 통합교육은 처음부터 장애학생과 비장애학생이 분리되는 것이 아니라, 먼저 통합교육을 시작한 후 필요에 따라 분리할 수 있음을 의미하는 것이다(한국통합교육학회, 2009). 요약하자면, 오늘날의 통합교육은 '선 분리 후 통합'이라는 주류화(mainstreaming) 및 결합(integration)에서 '선 통합 후 필요에 따른 분리'라는 포함(inclusion)의 의미가 더욱 강조되는 방향으로 나아가고 있다.

2) 통합교육의 역사적 배경

(1) 정상화 원리와 탈시설화 운동

과거 1960년대에는 장애인들을 시설에 격리하여 수용하는 것이 보편적이었고, 이렇게 수용된 사람들에게는 적절한 교육과 처우가 잘 제공되지 않았으므로 생활이 매우 비참하였다(Blatt & Kaplan, 1966). 정상화(normalization)는 모든 인간이 문화적으로 정상적인 수단을 사용해야 한다는 철학적 신념(Biklen, 1985)에서 비롯된 것으로서, 스웨덴의 Nirje(1969)에 의하여 처음 사용되었다. Nirje(1969)는 정상화의 원리를 '장애인의 삶의 형태와 일상생활을 가능한 한 자신이 포함된 사회의 생활 방식과 유사하게 만들어 주는 것'이라고 하였으며, 이는 결국 장애인들이 가능한 한 자신이 속한 일반적인 사회로 통합되어야 한다는 것을 의미한다(이철수, 2009).

한편 이러한 정상화의 원리는 이어서 탈시설화(deinstitutionalization) 운동을 촉발시켰는데, 이러한 탈시설화는 장애인들을 거대한 시설에 수용시키는 것으로부터 벗어나 지역사회 기반의 생활로 이동시키는 것을 의미하는 것이다(Winzer, 1993). 이러한 탈시설화의 결과 점점 더 많은 장애인 및 장애아동들이 자신의 가정 또는 그룹홈(group home)과 같은 장애인 공동가정에서 생활할 수 있게 되었다.

(2) 최소제한환경

전장애아교육법(EHA)

미국에서 1975년에 공법(Public Law) 94-142조로 제정한 장애 아동을 위한 교육법이다. 이 법의 목적은 "모든 장애 아동들이…… 그들의 독특한 요구에 맞게 고안된 특수교육과 관련 서비스를 적절한 무상 공교육으로 이용할 수 있으며, 장애 아동과 부모 또는 보호자의 권리를 보호하고, 정부는 이를 지원하여야 하며, 교육의 효율성을 확인하고 평가하여야 한다."이다(국립특수교육원, 2009).

1975년 11월 미국의 Gerald Ford 대통령은 **전장애아교육법**(Education for All Handicapped Children Act: EAHCA)을 승인하였는데, 이 법은 장애학생들을 분리된 환경에 격리시키는 것에 대한 문제점을 국가에서 공식적으로 인정하였다는 것을 암시한다(Johnson & Cartwright, 1979). 또한 이 법은 기존의 특수교육의 개념을 정상화의 원리 및 최소제한환경의 맥락에서 해석하게 하였다(Karagianis & Nesbit, 1981). 여기서 최소제한환경(Least Restrictive Environment: LRE)이란 용어는 전장애아동교육법에 명시된 법적 용어로서 장애아동을 장애가 없는 또래, 가정, 지역사회로부터 가능한 한 최소한으로 분리시켜야 한다는 개념이다(국립특수교육원, 2009). 즉, 이러한 최소제한환경의 개념에 따르면, 학교는 장애학생들을 가능한 한 최대한 자신의 또래들과 함께 가르칠 필요가 있으며(Salend, 2011),

따라서 시간제 특수학급에서 충분히 원하는 도움을 받을 수 있는 학생을 전일제 특수학급에 격리하여 배치해서는 안 된다.

(3) 주류화

한편 앞서 다루어진 정상화 원리에 대한 논의가 학령기의 아동에게도 확장 되었고, 그것은 교육에서의 주류화(mainstreaming)로 나타났다(Winzer, 1993). 주류화는 1980년대 Will(1986)에 의해 제안된 **일반교육주도**(Regular Education Initiative: REI)의 흐름과 함께 등장한 개념이자 최소제한환경에 기반한 개념으로 서, 장애학생들을 특수교육 환경 대신 일반교육 환경에 배치시킴으로써 궁극적 으로 특수학생들을 일반적인 학교생활 속으로 통합시키는 것을 의미하며, 이는 곧 일반교육주도의 핵심적인 내용이기도 하였다(Lloyd et al., 1991). 이러한 주류 화를 통해서 장애학생들은 일반학생들과 더 많은 시간을 보낼 수 있으며, 이를 통해 자연스럽게 일반학생의 사회적 기능을 익힐 수 있게 된다. 또한 이러한 주 류화는 장애학생과 비장애학생 집단 간의 통합을 통해 학생 간 상호 이해를 증 진시킬 수 있으며, 일반교사들이 장애학생에 대하여 더 깊이 이해하게 됨으로써 자신의 태도를 변화시키는 데 기여할 수 있다(한국통합교육학회, 2009).

> **일반교육주도(REI)**
>
> 일반교육과 특수교육을 하나의 교육체계로 통일 함으로써 교육 개혁을 시 도하고자 한 정책이다. 미국 교육부 차관보 윌(M. Will)에 의해 처음 주장된 것으로 이 주장을 옹호하 는 측에서는 하나의 교육 체계 속에서 교육이 이루 어질 때 장애학생에 대한 표찰의 부정적 영향이 감 소되고, 장애위험 아동도 관련 혜택을 받을 수 있 다는 점을 강조한다(국립 특수교육원, 2009).

(4) 통합교육

주류화의 흐름은 1990년대에 이르러 특수교육 내에서 통합교육(inclusive education) 혹은 완전통합(full inclusion)으로 이어졌다. 먼저 여기서의 통합교 육은 장애학생과 비장애학생의 분리를 전제로 하는 주류화가 아닌, 이 두 집단 의 본질적인 비분리를 전제로 하는 포함(inclusion)을 의미하는 개념(Stainback & Stainback, 1992; Thousand & Villa, 1990)으로서, 특수교육대상자가 일반학교 에서 장애의 유형이나 정도에 따라 차별을 받지 않고 또래와 함께 개인의 교육 적 요구에 적합한 교육을 받는 것을 의미한다(국립특수교육원, 2009). 또한 보다 광의의 개념에서, 통합교육은 학생, 가족, 교육자와 지역사회의 사람들이 수용 (acceptance), 친밀감(belonging)과 공동체의식(community)에 기반한 학교를 창 조해 나가려는 하나의 철학을 가리키기도 한다(Salend, 2011).

한편 통합교육을 주장하는 일부의 사람들은 경도장애학생은 물론 중도장 애학생까지 일반학급에 포함시키는 완전통합을 이루어야 한다고 주장한다

(Stainback & Stainback, 1992). 그러나 이러한 주장에 대하여 다른 연구자들은 통합교육을 하는 것이 원칙적으로 타당하긴 하지만, 완전통합을 통해 장애학생 개개인의 요구를 충족시켜 주기 위해서는 우선 필요한 서비스 체계를 갖추어야 하며(Fuchs & Fuchs, 1994), 일반학급 교사들이 이러한 장애학생 교육을 효과적으로 해낼 정도로 준비되어 있지 않은 경우가 많고, 또 이들이 장애학생의 교육을 효과적으로 실천하도록 훈련시키는 것도 어렵다는 점 등을 들어 완전통합의 논리를 비판하기도 하였다(Cook, Cameron, & Tankersley, 2007; Palmer, Fuller, Arora, & Nelson, 2001; Siperstein, Norins, & Mohler, 2007). 한편, 이와 같이 완전통합에 대해서는 찬반 논란이 있기는 하지만, 장애아동을 일반교육에서 일반아동과 함께 교육시키기 위해 학교교육을 재구조화하여야 한다는 취지에 있어서는 기본적으로 일치를 보이고 있다. 이와 관련하여 최근에는 모든 장애학생들을 일반학급에서 교육한다는 고정된 관념에서 벗어나, 일반교육과 특수교육 간의 관계를 재구조화하는 방식으로 통합교육을 하려는 시도도 이루어지고 있는데(이소현, 박은혜, 2011), 특히 모든 학생과 교사를 위하여 보편적 학습설계(universal design for learning)의 원리가 적용된 보편적 교육과정(universal

더 알아보기

Integration vs. Inclusion

integration과 inclusion은 모두 '통합'을 나타내며 궁극적으로는 '학습공동체' '교육공동체'를 지향한다는 점에서 목적과 목표가 동일하다. 그러나 이 두 용어 간에는 다음과 같은 차이가 존재한다.

먼저 사전적 의미로서 Integration은 분리된 개체들을 목적에 따라 조합하거나 단일화하는 것을 의미한다. 여기에서는 두 집단이 서로 분리되어 있다는 것이 전제되며, 따라서 '선 분리 후 통합'을 지향한다. 이와 같은 맥락에서 사용된 통합교육의 용어로는 주류화(mainstreaming), 최소제한환경(least restrictive environment), 일반교육주도(Regular Education Initiative) 등이 있다.

반면 inclusion의 사전적 의미는 '어떠한 성분이나 요소가 내포된 또는 포함된 상태'이다. inclusion은 integration이 가지고 있는 장애학생과 비장애학생의 분리를 전제하는 개념적 한계를 극복하기 위해 급진적인 교육개혁주의자들이 주장한 것으로서, 두 집단이 분리되어 있다는 전제를 거부하며 '선 통합 후(필요에 따른) 분리'를 지향하고 있다.

출처: 한국통합교육학회(2009).

curriculum)을 만들고 이를 장애학생을 포함한 모든 학습자들이 교육과정에 접근할 수 있도록 하려는 노력이 이루어지고 있다(Pugach & Johnson, 2002; Thousand, Villa, & Nevin, 2002). 여기서 보편적 학습설계란 주로 건축물을 짓는 데 있어서 장애 유무에 상관없이 모든 사람들이 편리하게 사용할 수 있도록 설계를 하려는 노력으로서의 보편적 설계(universal design)를 교수학습에 적용한 것으로서, 모든 학습자들에게 접근성을 부여하고, 적절한 도전감을 주며, 학습에 몰입하게 하는 유연한 자료와 방법을 제공하고자 하는 교수학습설계에서의 노력을 가리킨다(국립특수교육원, 2009; 한국기업교육학회, 2010).

3) 통합교육의 단계 분류

통합교육은 다음과 같이 물리적 통합, 사회적 통합, 정서적 및 행동적 통합 그리고 교육적 및 학업적 통합의 네 단계로 나눌 수 있다(김동일 외, 2010; Wood, 2006a).

첫째, 물리적 통합이란 장애학생을 일반학생과 함께 일반학교 내 일반학급이나 특수학급에 배치하는 것을 의미한다. 그러나 물론 물리적 통합을 한 후에도 두 집단 간에 상호작용이 매우 적거나 또는 아예 일어나지 않을 수도 있다.

둘째, 사회적 통합은 장애학생들이 같은 학급에 배치되어 있는 또래들과 상호작용을 하고 이러한 긍정적 상호작용을 통해 일반학생들과 관계를 형성할 수 있도록 해 주는 것이다. 학생들은 교과 수업시간, 점심시간이나 쉬는 시간, 특별활동 시간에 사회적 통합을 위한 활동들을 계획할 수 있다.

셋째, 정서적 통합은 장애학생들이 같은 학급 내에서 행해지는 활동의 목적이나 가치들을 공유하고 다른 학생들과 감정적으로 연결되어 있는 상태를 말한다. 한편 행동적 통합은 장애학생이 통합된 상태에서 또래들과 같이 규칙을 준수하고 다른 또래들에게 적절한 행동을 하는 것을 의미한다.

넷째, 교육적 및 학업적 통합은 장애학생이 모든 교육적 활동을 일반학생과 똑같이 수행해야 하거나 수행할 수 있는 것은 아니지만 유사한 활동이나 일반아동이 받는 교육의 내용과 일관된 수행을 하는 상태를 가리킨다. 특히 학업적 통합에 있어서는 장애학생이 일반학급에서 공부할 때 교육과정 또는 교수방법의 수정이 없이는 얻을 수 있는 교육적 효과에 한계가 있을 수밖에 없으므로, 교육과정 및 교수방법의 수정이 반드시 필요하다(박승희, 2003).

4) 우리나라의 통합교육

우리나라의 통합교육의 역사는 미국에 비하여 매우 짧다(이대식 외, 2011). 우리나라의 통합교육은 1970년대 중반 초등학교에 특수학급이 설치되기 시작한 이래 양적이고 물리적인 측면에서 많은 발전이 있어 왔다(박현옥, 김은주, 2004). 통합교육이 공식적으로 적용된 것은 1994년 「특수교육진흥법」에 통합교육 내용이 포함되면서부터이며, 1990년 이후부터 통합교육에 대한 연구가 지속적으로 수행되었다. 1994년에는 「특수교육진흥법」이 전면 개정되는 과정에서 통합교육에 대한 제도적 기반이 마련되었는데(박승희, 1996), 이 개정에서 통합교육 및 개별화교육의 도입과 함께 장애학생을 일반학교에 통합시키기 위한 다양한 장치들이 포함되었다(김원경, 이석진, 김은주, 권택환, 2010; 정주영, 신현기, 2003). 그리고 2007년에 제정된 「장애인 등에 의한 특수교육법」에서는 통합교육을 '특수교육대상자가 일반학교에서 장애 유형 및 장애 정도에 따라 차별을 받지 않고 또래와 함께 개개인의 교육적 요구에 따라 적합한 교육을 받는 것'(제2조제6호)으로 정의하고 '각급 학교의 장은 교육에 관한 각종 시책에 있어서 통합교육의 이념을 실현하기 위하여 노력해야 한다'(제21조제1항)고 명시하였다.

최근의 특수교육 연차보고서(교육부, 2017)에 따르면, 2017년 9월 현재 우리나라의 전체 특수교육학생들 89,353명 중 일반학교의 특수학급에 재학 중인 학생은 모두 47,564명(53.2%)이며, 일반학급에서 특수교육을 받고 있는 학생은 총 15,590(17.5%)였다. 결국 일반학교에서 특수교육을 받는 특수교육대상학생의 수는 전체 학생들 중 70.7%에 달하고 있다.

> **특수교육진흥법**
>
> 장애인 교육을 국가 차원에서 보장하기 위해 1977년 12월 31일에 법률 제3053호로 제정·공포된 법이다. 「특수교육진흥법」은 1994년에 전면적인 개정이 이루어지는 등 모두 9차례에 걸쳐 개정이 이루어졌으며, 2007년 5월 25일 「장애인 등에 대한 특수교육법」이 법률 제8483호로 공포됨으로써 폐지되었다(국립특수교육원, 2009).

2. 통합교육의 당위성과 효과

그 동안 통합교육은 두 가지 측면, 즉 장애 학생도 일반 학급에 포함되어 교육받을 권리가 있다는 당위성의 측면과, 통합교육이 학생들에게 더 효과적이라는 효과성의 측면에서 지지되어 왔다(Lindsay, 2007). 여기서 통합교육의 당위성은 장애학생을 위한 동등한 교육 기회 보장이라는 도덕적 당위성에서 출발한다. 즉, 장애학생들에게는 비장애학생들과 주류 교육과정 및 교육실제로부터

나의 경험담

서울창신초 최원아 교사

이 글에서는, 그동안 통합학급 교사로 지내 오면서 통합학급 교사가 갖추어야 할 요건들을 필자가 생각하는 중요도의 순서대로 제시하고, 현장에서 요구되는 일반교사의 역할들을 활용할 수 있는 방법이나 사례와 함께 소개하고자 한다.

첫째로, 필자가 생각하는 통합학급 교사의 가장 중요한 역할은 장애학생을 바른 인식과 태도로 대하는 좋은 모델링을 해주는 역할이다. 학급 내에서 담임선생님은 '신(神)'이다. 그리고 필자가 느끼기에 교사가 '신'이라면 아이들은 '귀신'이다. 선생님의 말 하나하나, 행동 하나하나를 그림자처럼 따라하고, 말하지 않는 부분까지 그대로 받아들이고 있기 때문이다. 아이들의 세상을 보는 가치관과 특정 현상에 대한 시각은 절대적인 모방의 대상이 되는 교사의 관점에서 큰 영향을 받게 된다.

두 번째의 역할은 학급 분위기를 모든 학생들이 수용적인 분위기로 조성하는 것이다. 한 학급에는 정말 다양한 학생들이 있다. 특수교사로서 여러 일반학급에서 장애이해수업을 하다 보면 그 짧은 한 시간 속에서도 다양한 케이스들을 많이 발견하게 된다. 겉으로 보기에는 '동질 집단'으로 보이는 '학급'은 파헤쳐 보면 이렇게 모두 다른 아이들로 이루어져 있다.

세 번째로, 교과교육과정을 실행하는 주체자로서 통합학급 교사는 장애학생도 의미 있게 학습에 참여하기 위해 여러 측면에서 교육프로그램을 활용하는 역할을 해야 한다. 통합학급 교사와 이야기를 나누다 보면 장애학생이 통합학급에서 수업을 받을 때 해줄 수 있는 것이 없고, 많은 아이들 중에서 개별지도를 할 수도 없다는 점이 통합학급 교사의 마음에 늘 과제로 남는다는 이야기를 많이 듣는다. 세 번째 역할은 그런 어려움에 대한 방안이 되는 부분이라고 할 수 있다.

네 번째는 장애아동의 평가에 대한 의견을 특수교사에게 제공하고, 함께 문제를 해결해 나가는 역할이다. 통합학급 교사는 비장애학생들의 발달, 즉 학업, 기본생활습관, 연령에 맞는 적절한 행동에 대한 전문가이다. 그러한 전문가의 눈으로 장애학생의 수준이나 행동을 관찰하려 교실에서의 장애학생의 모습을 특수교사에게 객관적이고 정확하게 전달해줄 수 있다.

매년 통합학급에 지원수업을 하고, 통합학급 교사와 이야기를 듣다 보면 통합학급을 운영하는 것은 정말 쉽지 않은 일이라는 것을 깨닫는다. 그럴 때마다 가장 필요하고 중요한 것은 장애학생을 둘러싸고 있는 일반교사와 특수교사, 가족, 학교 행정가들의 협력이라는 것을 매번 확신하곤 한다.

출처: 한국교육신문(2006.6.1.).

격리되지 않을 권리가 있다는 것이다.

한편 효과성의 측면에서, 국내외의 여러 연구는 통합교육을 통해 장애학생의 사회성은 물론 학습과 태도적인 측면도 향상될 수 있었고, 더 나아가 일반학생들에게도 긍정적 효과를 제공했다고 보고해 왔다(Soukup, Wehmeyer, Ashinski, & Bovaird, 2007; 연준모, 김우리, 2015). 이하에서는 이러한 통합교육의 효과성에 대하여 중점을 두어 논의해 보고자 한다.

1) 장애학생에게 주는 효과

(1) 학습 측면

통합환경에서의 교육이 항상 장애학생의 학업적 향상을 보장해 주지는 않지만, 적절한 교육과정 및 교수적 수정을 제공하였을 때 장애학생들의 학업 수행이 향상되는 것으로 나타났다(Baker & Zigmond, 1995; Banerji & Dailey, 1995: Salend & Duhaney, 1999). 우선 경도장애학생은 통합교육의 환경에서 읽기와 쓰기 같은 여러 학습 영역에서 학업성취도가 높아진 것으로 나타났다(Banerji & Dailey, 1995; Cole, Waldron, & Majd, 2004; Fishbaugh & Gum, 1994). 또한 여러 연구에서 통합환경에서의 중도장애학생들 또한 학업성취가 더 향상되거나 적어도 하락하지 않고 유지되는 것으로 나타났다(Giangreco, Dennis, Cloninger, Edelman, & Schattman, 1993; Ryndak, Downing, Jacqeline, & Morrison, 1995). 그러나 통합교육 환경이라고 하더라도 차별화된 교육을 받지 못할 때에는 학업적 요구가 적절히 충족되지 않을 수 있다는 것 또한 연구를 통해 보고되었다(Baker & Zigmond, 1995).

(2) 사회성 측면

통합교육을 통해서 얻는 중요한 교육적 효과 중 하나는 장애학생들의 사회성 발달이 촉진된다는 점이다. 그들은 또래들과 함께 생활함으로써 각 상황에 대한 적절한 행동을 자연스럽게 학습하고 경험의 폭도 확장시킬 수 있다(Westling & Fox, 2009).

먼저 경도장애학생들은 통합교육의 상황에서 교육받았을 때 더 적극적으로 프로그램에 참여하였으며, 사회적 능력도 강화되고 행동도 개선되는 것으로 나타났다(Baker, Wang, & Walberg, 1994; Saint-Laurent & Lessard, 1991). 한편 중도
장애 학생들의 경우에는 교우관계가 더 폭넓어지고 사회적 상호작용도 더 많아
지는 것으로 나타났으며, 이러한 우정과 상호작용은 학교 안은 물론 방과 후에
도 이어질 수 있는 것으로 나타났다(Fryxell & Kennedy, 1995; Salisbury, Gallucci,
Palombaro, & Peck, 1995; Staub, Schwartz, Gallucci, & Peck, 1994). 특히 중도장애
학생의 경우는 주로 이러한 사회적 측면에서 통합교육의 효과를 보여주고 있다
(Fryxell & Kennedy, 1995).

2) 비장애학생에게 주는 효과

통합교육 시에 비장애학생 부모나 교사들은 비장애학생들이 장애아동을 모
방하여 좋지 못한 행동을 따라하거나 장애아동으로 인하여 학업성취도가 떨어
질 것이라는 우려를 나타내기도 한다(Palmer, Fuller, Arora, & Nelson, 2001). 따라
서 통합교육 프로그램의 효과성을 고려할 때는 일반학생의 학업적 및 사회적 행
동에 미치는 영향도 함께 살펴볼 필요가 있다.

나의 경험담

인천 동방중학교 이요섭 군

2학년 11반에는 장애친구가 있어 또래도우미 학생 2명을 신청 받아서 또래도
우미 활동을 신청했다. 나는 1학년 때부터 장애친구의 도우미를 했었다. 선생님
께서 장애가 있는 친구들을 괴롭히는 일을 하면 안 된다고 하시면서 장애친구가
일으키는 돌발행동들도 이해해야 한다고 하셨다.

그리고 또래 도우미는 봉사단에 가입하여 1주일에 한 번씩 장애친구와 함께
점심을 먹고 통합교육지원실에 있는 닌텐도 게임과 보드게임도 하면서 장애친
구와 어울려 노는 시간을 가지면서 장애친구와 더욱 친하게 되었다.

4월 과학의 날 행사에 참가하기 위해서 장애친구가 고무동력기 만들기를 하
게 되었는데 점심시간에 장애친구와 고무동력기를 같이 만들고 나니 뿌듯하기
도 했다. 그 모습을 보니 나도 덩달아 기분이 좋았다.

또 장애친구들이 나가는 교육감배 체육대회에 나가게 되어서 장애친구와 체
력단련실에 가서 역기들기 연습도 하여 장애친구가 은메달을 받아 우리 반에서
상장과 메달을 담임 선생님께 주실 때 장애친구를 도와 연습을 한 것이 내가 메
달을 받은 것처럼 뿌듯한 기분이 들었다.

> 그리고 전국스페셜올림픽대회 5인제 축구에 장애친구가 참가하기 위해 점심을 일찍 먹고 축구 경기를 함께 연습한 것도 재미있었다. 매주 장애친구와 함께 축구경기를 하는 시간이 되기만 기다렸다. 장애친구들 팀이 대회에서 2위를 하고 메달을 받았다고 들었을 때 내가 참가하여 받은 것 같은 기분이 들었다.
>
> 그 소식을 들으니 함께 더운 날 땀 흘리며 연습한 것이 보람있었다는 생각을 하게 되었다. 이 또래도우미 활동을 통해 장애친구들과 친해지고 장애친구들을 이해하는 계기가 되었다. 향후 계획은 내년 3학년 때에도 또래도우미를 할 기회가 있으면 꼭 하고 싶은 활동이다.

출처: 에이블뉴스(2017. 12. 27.).

(1) 학습 측면

여러 연구에서 일반학생에게도 통합교육이 도움이 되었다는 연구 결과를 제시해 왔다. 통합교육을 통한 일반학생들의 학업성취도 향상 정도를 조사한 연구에서는 학업성취도에서 차이가 없거나 증가하였으며(Fishbaugh & Gum, 1994; Sharpe, York, & Knight, 1994), 문제해결기술도 향상된 것으로 나타났다(Salisbury, Palombaro, & Hollowood, 1993). 그러나 최근 통합학급 내 비장애학생의 학업성취에 대한 연구들을 종합적으로 분석한 연구(Szumski, Smogorzewska, & Karwowski, 2017)에서는, 통합교육이 비장애학생의 학업성취에 전반적으로 유의한 효과는 있었으나 그 효과는 그리 크지 않았던 것으로 나타났다.

(2) 사회성 측면

통합교육의 결과 일반아동들은 장애아동과 함께 공부하는 것을 긍정적으로 보게 되고 장애를 비롯한 다양성에 대한 이해가 높아질 수 있다(Fryxell & Kennedy, 1995; Scruggs & Mastropicri, 1994). 일반아동들은 통합교육에서 장애아동을 통해 인간의 다양성과 존엄성을 생각해 볼 수 있고, 학교라는 지역사회가 장애아동도 포함하고 수용해야 한다는 일종의 사회적 책임감을 학습하게 되었다(Fisher, Pumpian, & Sax, 1998; Scruggs & Mastropieri, 1996). 또한 장애학생과 함께 교육받으면서 자존감이 향상되고 바람직한 행동도 늘어난 것으로 나타났다(Staub, Spaulding, Peck, Gallucci, & Schwartz, 1996).

3) 통합교육의 제한점 및 난점

지금까지 살펴본 바와 같이, 다수의 연구에서 통합교육이 가져다주는 효과에 대하여 보고해 왔다. 그러나 통합교육이 효과적이라는 결론을 내리기 위해서는 더 많은 연구 증거들이 필요하며, 따라서 장애학생들과 비장애학생들이 통합교육 상황에서 항상 더 좋은 성과를 보여 준다고 결론짓기에는 아직 어려운 측면이 있다(Kauffman, Nelson, Simpson, & Mock, 2011; Lindsay, 2007; Szumski et al., 2017). 실제로 Lindsay(2007)는 통합교육이 장애학생에게 주는 효과성에 대하여 그동안의 연구들을 종합하여 분석한 결과, 통합교육의 효과는 명확하게 드러나지 않았고, 그러한 효과에 대한 연구 증거 또한 부족한 편이었다는 것을 지적한 바 있다. 또한 Szumski 등(2017)은 통합교육이 일반학생에게 주는 학업적 효과에 대한 기존의 연구들을 종합하여 분석하였는데, 통합교육이 일반학생의 학업 성취에 유의한 효과를 나타냈지만 그 효과는 그다지 높지 않다고 보고하였다.

또한 장애학생이 통합되었을 때 항상 긍정적인 결과만 나타나는 것은 아니다. 특히 교사가 장애학생을 위해 적절히 교육과정 또는 교수적 수정을 하지 못한다면, 통합교육은 성공적으로 이루어질 수 없다. 다음은 교사 대상 설문 및 인터뷰 조사 결과를 통해 밝혀진 통합교육의 난점들이다(이대식 외, 2011; 이소현, 박은혜, 2011).

- 장애아동의 행동적인 특성으로 행동 문제가 나타날 수 있고, 이로 인하여 장애아동에 대한 거부감이나 편견을 가질 수 있다.
- 장애아동을 과잉보호하는 부모의 태도나 일반아동의 부모가 통합을 반대하거나 자신의 자녀와 장애아동이 교우관계를 맺는 것을 반대하는 경우 통합교육의 부정적 측면이 부각될 수 있다.
- 장애아동들은 일반학급 교사와 또래들이 보이는 부정적이거나 일관성 없는 태도로 사회적 어려움을 경험하기도 한다.
- 교사와 부모 간 협력의 부재로 인한 어려움이 발생할 수 있다.

> **마음으로 들여다보기**
>
> 다음은 학교에서 장애학생들이 일반학생에 비해 어떻게 차별을 당하고 있는 지를 보여 주는 사례이다.
>
> "서울 송파구 G중학교의 임희권(가명·14세·지적1급) 군은 장애를 이유로 학교에서 차별받았다. 학교 측은 학기 초 수련회 신청자를 모집했는데 희권 군의 부모는 수련회에 갈 수 없을 것 같아 안 가겠다고 학교 측에 전달했다. 하지만 희권 군이 수련회를 무척 가고 싶어 해 다시 신청했고, 학교는 이를 받아들이지 않았다. 그런데 이 과정에서 학교 측은 학부모에게 "참석해봐야 수련 프로그램 등 활동에서 배제될 게 뻔한데 뭘 하러 가려 하느냐."는 식으로 말했다. 이 뿐만 아니라 학교 측은 "특수반에나 있지 왜 (일반학급에서) 통합교육을 받으려 하느냐."는 발언까지 했다고 학부모는 전했다. 희권 군의 부모는 "현실이 답답하지만 우리 아이가 다칠까 봐 문제 제기를 못 하겠다."고 걱정했다.

출처: 함께걸음(2013.6.7.).

3. 통합교육의 최근 과제와 개선사항

지금까지 통합교육에 대한 관심이 증대하면서 어떻게 하면 통합교육을 성공적으로 실행할 수 있을지에 대한 연구가 다수 발표되어 왔다. 여기에서는 최근 교육부(2015)에 의하여 발표된「통합교육정책의 효과와 발전방안 연구」에서의 내용을 중심으로 통합교육의 최근 과제와 개선사항에 대하여 기술하고자 한다. 교육부(2015)는 통합교육에 대한 기존의 문헌을 종합적으로 분석한 후 오늘날의 통합교육의 개선을 위하여, ① 연수의 질적 수준 제고, ② 통합교육을 위한 물리적 환경에 대한 지원, ③ 통합교육을 위한 교수자료 지원, ④ 협력체제 구축 및 책임의 공유, ⑤ 보조인력제도 정비, ⑥ 관련서비스 제공에 대한 요구 등의 사항들을 제시하였다.

1) 연수의 질적 수준 제고

통합교육의 개선을 위해서는 무엇보다 질 높은 연수 프로그램 제공이 필요하다. 현재 대학에서 이루어지는 단편적인 이론수업과 개론 수준의 교사교육은 예비교사들이 통합교육에 대하여 준비하는 데 미흡하므로, 이들 예비교사가 현장에 투입되었을 때 어려움을 겪기 쉽다. 또한, 다수의 연구들은 교수교육 및 연수의 필요성을 제기하고 있다. 특히 통합교육에 관한 연수 경험이 있는 교사나 관리자가 통합교육에 있어서 보다 적극적일 수 있다는 선행연구(최진오, 2008)는 통합교육에 대한 교사연수의 중요성을 보여 준다. 교사연수의 형태 역시 기존의 개론 수준의 강의식 연수보다 현장 및 실습 중심의 연수로 진행될 필요가 있다(이승연, 2007).

2) 통합교육을 위한 물리적 환경에 대한 지원

통합학급의 경우 일반적으로 수업 준비와 진행에 있어서 더 많은 업무가 부과되고 있으므로, 질 높은 교육을 제공하기 위해서는 실질적으로 장애학생 대 교사의 비율을 낮추는 것이 중요하다. 특히 유아 교육현장에서의 교사 대 학생 비율 감축에 대한 요구가 높게 나타나고 있으며, 초중등학교에서도 과다한 교사의 행정적 업무와 높은 교사 대 학생 비율은 이러한 통합교육의 효과를 저해하는 결과를 나타내고 있다. 따라서 질 높은 통합교육을 위해서는 학급당 인원의 감소와 학교 내 업무 경감 등의 지원이 필요하다.

3) 통합교육을 위한 교수자료 지원

통합교육의 성공적인 실시를 위해서는 적절한 시설 및 교재교구 등이 마련되어야 한다. 즉, 통합학급에서 장애학생이 참여할 수 있도록 물리적 환경을 개선하는 것뿐만 아니라 다양한 교재교구 및 수업자료를 개발하여 교사들이 적극 활용할 수 있도록 지원하는 것이 필요하다. 또한 통합학급에서 청각장애 학생의 경우에는 청각보조기 지원, 시각장애 학생에게는 점자 단말기 지원, 중증중복장애학생에게는 의사소통 및 학습 능력 신장을 위한 보조기기 지원 등과 같이 장애 특성을 고려하여 보조기기들이 지원되어야 한다.

4) 협력체계 구축 및 책임의 공유

통합교육의 성과 개선을 위해 교사 간 협력체계가 구축되어야 한다. 그러나 현재 통합교육에서의 교사 간 협력 부재는 장애학생의 통합을 위한 체계적인 지원을 제한하고 있는 것으로 나타났다(이소현, 김수진, 2005). 그러므로 특수교사와 통합교사는 기본적으로 서로 간의 협력이 원활하도록 통합교육에 대한 적절한 자질을 갖추는 것이 요구되며, 이를 위해서는 통합교육이 특수교사만의 전문성과 헌신이 아닌, 학교 전체 구성원이 책임을 공유하고 연대 책임의식에 의한 것임을 인식하는 것이 중요하다.

5) 보조인력제도 정비

현재 우리나라에서는 통합교육의 환경에서 장애학생을 지원하기 위하여 특수교육 실무원(보조인력) 제도가 시행되고 있으나 이로 인한 문제도 여전히 제기되는 상태이다(김우리, 연준모, 고혜정, 2014). 성공적인 통합교육을 위해서는 특수교육 실무원의 역할에 대한 규정과 함께 이들에 대한 지속적인 교육, 교사와의 협력 등에 관한 체계적인 시스템이 구축될 필요가 있다.

6) 관련서비스 제공에 대한 요구

「장애인 등에 대한 특수교육법」에 따라 통합교육에 대한 관련서비스 제공이 법적 근거를 마련하였음에도 불구하고, 아직까지 통합학급에서 관련서비스를 제공 받는 것이 어려운 상황이다. 이를 위하여 특수교육지원센터의 기능과 전문성을 강화함으로써, 특수교육지원센터의 전문 인력이 통합교육을 적극 지원할 수 있도록 해야 한다.

▌학교 및 교실 실천 사례 ▌

장애 · 비장애 학생 함께 배우면 '편견'이 '이해'로 바뀝니다

'완전통합교육'을 지향하는 중앙기독초등학교는 한 학급에 1~2명의 장애학생이 함께 공부하는데, 초등학교 입학 순간부터 같은 반에 장애를 가진 친구가 항상 있다. '장애 · 비장애 학생이 함께 호흡하고 배우며 살아가는 것'이 이 학교 공동체의 문화다.

1학년 때부터 같은 교실에서 생활해 온 아이들은 5~6학년쯤 되면 오히려 새로 담임을 맡은 교사에게 장애학생에 대한 '안내'를 해주기도 한다. 이 학교 6학년 정세민 군은 "6년 동안 매일 같이 공부하고 놀아온 친구다. 장애는 그 친구와 저의 '다른 점'일 뿐"이라고 했다. 이렇듯 중앙기독초 아이들에게는 장애가 있는 친구들이 전혀 불편하거나 낯선 존재가 아니다.

1. 학부모 교육

중앙기독초는 완전통합교육을 위해 부모 교육도 철저히 진행한다. 입학을 원하는 학부모를 대상으로 장애 · 비장애 학생이 어우러지는 통합교육에 대한 안내뿐 아니라, 장애 관련 추천 도서를 읽은 뒤 모여 90분에 걸쳐 통합교육 세미나도 진행한다. 이 학교 송명숙 특수교사는 "장애가 왜 생겼는지, 장애인이 어떤 학습과 일을 할 수 있는지 등을 학부모에게 알려준다. 입학 전 필수과정"이라며 "완전통합교육을 통해 비장애학생들이 어떻게 성장할 수 있는지 등 교육 효과도 함께 알리고, 학교의 방침을 자세히 설명한다."고 했다.

2. 장애이해교육

'장애이해교육'은 보통 학교에서 연간 2회 이뤄지는데, 중앙기독초는 국어 등 교과와 접목한 융합수업의 형태로 연간 30회 진행한다. 이를 '협력교수제'라고 한다. 이렇게 일주일에 학급별로 한 시간씩, 일반교사와 특수교사가 학생들을 대상으로 '팀티칭'을 진행하면 비장애학생과 장애학생은 한글 교육부터 각 단원을 어떻게 이해하고 있는지까지 다양한 시각을 배우게 된다.

3. 사회성 기르기 활동

'그날의 놀이 친구'라는 프로그램도 아이들끼리 서로를 이해할 수 있도록 돕는 교육 방식 가운데 하나다. 송 특수교사는 "초등 시절에는 놀이를 통해 사회성을 키우는 것이 중요한데, 교사의 지도 · 중재와 수업 계획 안에서 아이들이 자연스럽게 함께 어울린다."고 했다. "장애학생은 모둠놀이를 통해 학교생활에는 규칙과 순서가 있다는 것을 배웁니다. 비장애학생은 '저 친구가 공부에는 관심이 없었는데, 놀이 시간에는 눈빛을 반짝이고 웃는 표정을 짓는다' 등을 느끼며 각자 잘하는 것과 못하는 것이 따로 있음을 자연스레 체화하는 겁니다."

출처: 한겨레신문(2017. 10. 9.).

4. 통합교육을 위한 수업의 실제

통합교육을 위한 수업에는 다양한 방법이 있다. 여기에서는 세종특별자치시교육청(2017)에서 발간한 『통합교육 실행 가이드북』을 중심으로 통합교육을 위한 주요 수업의 실제에 대하여 다루고자 한다.

1) 교육과정 수정

교육과정 수정(curriculum modification)이란 통합학급에서 장애학생과 비장애학생이 같은 학급에서 수업에 함께 참여할 수 있도록 장애학생의 개별적인 능력, 강점, 필요를 고려하여 교수목표 및 활동, 교수환경을 수정하는 것을 의미한다. 이를 위하여 ① 학생의 특성과 현행 수준을 파악하고 ② 일반교육과정의 기준과 환경을 분석한 후, ③ 학생의 수업참여를 위한 개별화된 목표 및 지원 계획을 수립한다. 마지막으로 ④ 학생의 평가를 통하여 개별화 목표의 달성 여부를 점검한다.

2) 평가 조정

평가 조정(assessment accommodation)이란 평가의 본래 목적을 해치지 않는 범위 내에서 문항의 제시형태(예: 점자 또는 문항 읽어주기), 응답형태(예: 키보드 입력, 녹취 등), 검사시간(예: 시간 연장, 중간휴식 제공), 검사환경(예: 특수학급에서 평가 실시) 등을 조정하는 것과 같이 평가 전-중-후에 이루어지는 일체의 노력을 의미한다. 이를 위하여 ① 장애유형과 특성, 교과목표를 고려하여 평가 조정의 요구를 파악하고, ② 평가 조정 요구를 토대로 평가 조정 계획을 협의한 후, ③ 협의 내용을 토대로 장애학생을 위한 평가 조정 내용을 반영한다.

3) 협력교수

협력교수(co-teaching)란 두 명 혹은 그 이상의 교사가 학생들을 같은 공간에서 함께 교수하는 것을 의미하며, 통합교실 환경에서 통합학급 교사와 특수교사는 교수, 평가, 자료수집, 행동지원 등 전 영역에서 서로의 책임과 전문성을 공유하게 된다. 이를 위하여 통합학급교사와 특수교사는 ① 교사 간 신뢰관계를 구축하고 협력교수 과목을 선정하는 등의 협력교수를 위한 사전 준비를 하고, ② 협력교수를 위한 수업일정과 수업활동 등을 계획한 후, ③ 계획에 따라 수업을 실시하고 수업 후 수업 결과에 대한 평가를 실시한다.

더 알아보기

협력교수의 유형

유형	정의	배치도(예시)
교수-관찰교수	한 교사가 전체 학생을 대상으로 수업 을 진행하는 동안 다른 교사는 한 명 혹은 소수의 학생을 특별한 목적을 가지고 면밀히 관찰하여 필요한 정보를 수집하고 함께 자료를 분석함.	
교수-지원교수	한 교사가 전체 학생을 대상으로 학습 지도에 우선적인 책임을 지고 교수하는 동안 다른 교사는 교실을 순회하면서 개별적인 도움이 필요한 학생들을 지원함.	
평행교수	두 교사가 수업을 함께 계획하고, 학급의 학생들을 다양한 수준의 학생이 섞여있는 두 그룹으로 나눈 후 같은 내용을 동시에 각 집단에게 교수함.	
스테이션 교수	수업내용을 나누어 독립적인 학습을 할 수 있는 3개 이상의 교사주도 또는 독립적인 학습 스테이션을 준비하고, 스테이션의 수만큼 학생들을 그룹으로 나누어 각 그룹이 준비된 각 스테이션을 차례로 이동하면서 학습을 함.	
대안적 교수	한 교사가 대집단의 학생을 대상으로 수업을 진행하는 동안 다른 교사가 도움이 필요한 소집단의 학생에게 수준을 고려한 보충학습 및 심화학습을 제공함(수업 내내 혹은 수업 중 몇 분 동안 운영가능).	
팀 티칭	두 교사가 전체 학생을 대상으로 동등 한 책임과 역할을 가지고 같은 내용을 동시에 교수하는 것으로 수업을 하는 동안 번갈아가며 다양한 역할을 함(개념교수, 시범, 역할놀이 등).	

출처: 세종특별자치시교육청(2017).

4) 또래지도 및 협동학습

또래지도(peer tutoring)는 동일한 연령이나 학년의 또래가 교사의 역할을 맡아 일대일 지도를 하는 방식을 가리킨다. 한편 협동학습(cooperative learning)은 학생을 팀으로 구성하여 집단 역학을 이용하여 학습을 공동으로 수행하는 것을 의미한다.

더 알아보기

또래지도 및 협동학습의 유형

1. 또래지도의 유형

  1) 상급학년 또래지도: 상급 학년 학생이 또래교사 역할을 하고 하급 학년 학생이 학습자 역할을 한다. 이 경우 서로 간의 역할은 고정적이다.

  2) 동학년 또래지도: 같은 학년에서 주로 좀 더 상위 수준의 학생이 또래교사 역할을 맡는다.

  3) 학급 전체 또래지도: 모든 학생이 둘씩 짝을 지어 또래지도를 실시하는 방법이다.

2. 협동학습의 유형

  1) 팀별 성취 향상도 인정방식(student teams-achievement division: STAD): 교사가 수업내용을 제시한 후 수준이 다양한 학생들이 팀을 이루어 학습과제를 수행한다. 팀 내 각자 학습 전후의 향상도를 따로 계산한 후 팀별로 비교하여 가장 잘한 팀을 보상해 준다.

  2) 팀 보조 개별화(team assisted individualization: TAI): 각 학생이 학습과제를 부여받고, 팀을 구성하여 서로 팀 구성원의 개별학습을 돕는다.

  3) 직소(jigsaw)방법: 각 학생이 전체 학습활동의 특정 부분을 각자 분담하여 완수한 후 팀 전체 학습활동에 기여하게 하는 방법이다.

  4) 집단탐구(group investigation): 팀 구성원이 주어진 주제에 대해 자신들의 탐구 주제, 방법, 내용 그리고 팀 내 구성원의 역할 등을 스스로 설정한 후 함께 과제를 수행한다.

출처: 이대식 외(2011).

요약

통합교육은 장애학생과 일반학생이 함께 생활하고 배움으로써 서로를 이해하고 편견 없이 상호 협조하여 공동체 의식을 함양하고자 하는 교육환경을 의미한다. 통합교육은 역사적으로 정상화, 최소제한환경, 주류화, (완전)통합교육 등의 흐름을 따라 왔으며 시대적, 사회적 요구에 따라 그 개념과 의미가 다듬어지고 변화해 왔다.

다수의 연구들은 통합교육이 장애학생은 물론 일반학생에게도 학업과 사회적 기능을 습득하는 데 있어 효과가 있음을 보고해 왔다. 그러나 그 동안 통합교육의 효과에 대하여 종합적으로 분석한 연구들은 이러한 효과가 다양한 변인들(예: 장애유형, 수업방법, 수업내용 등)에 의하여 달라질 수 있으며, 통합교육의 효과를 더욱 확실하게 입증하기 위해서는 더 많은 연구를 통한 증거가 필요하다고 지적하고 있다.

한편 오늘날 우리나라의 통합교육의 과제로는 연수의 질적 수준 제고, 통합교육을 위한 물리적 환경에 대한 지원, 통합교육을 위한 교수자료 지원, 협력체계 구축 및 책임의 공유, 보조인력제도 정비, 관련서비스 제공에 대한 요구 등을 들 수 있다. 그리고 이러한 통합교육을 위한 수업의 실제로서 교육과정 수정, 평가 조정, 협력교수, 또래지도 및 협동학습 등을 제시하였다.

논의해 볼 문제

다음 글을 읽고 통합교육의 현실과 개선방안에 대하여 논의해 보자.

통합교육은 좋은 것인가?

안승준(한빛맹학교 수학교사)

특수학교에 다니는 아이들 중에는 일반학교로의 전학을 꿈꾸는 아이들이 종종 있다. 중고등학교를 맹학교에서 보내야 했던 나 역시도 그중 하나였던 것 같다. 크지 않은 건물들과 몇 명 되지 않는 친구들, 무엇보다 장애인 학교라는 반갑지 않은 굴레는 일반학교를 동경과 이상의 대상으로 만들어주곤 했던 것 같다. 그러나 나는 고등학교를 마치는 졸업식 날까지 완전통합으로의 탈출에 성공하지 못했다. 점자책도 음성교재도 그 밖의 어떤 지원도 준비되어 있지 않은 일반학교는 내게 해 줄 수 있는 것이 별로 없었다. 선구자라는 타이틀과 유명 다큐프로에 출연할 소재는 되었을지 몰라도 물리적 통합 이상의 그 무엇도 바라기 힘들어 보였다.

교사로 일하는 요즘엔 통합교육을 꿈꾸는 학부모님들의 상담을 의뢰받곤 한다. 아이들의 의지 때문인 경우도 있지만 대부분은 자식에 대한 미안함과 보상심리와 관련된 부모님의 통합교육에 대한 동경인 경우가 많다. 나는 아주 특별한 경우가 아니라면 통합교육을 권하지 않는다. 물론 우리나라의 교육환경도 수십 년 동안 변화를 거치면서 통합교육을 위한 많은 제도와 시스템을 마련한 것도 사실이다. 특수교육지원센터에서 보조기기를 지원해 주기도 하고 보조교사를 지원해 주기도 한다. 운이 좋으면 특수학급 교사의 전문적인 지원을 받기도 하고 담임교사와 또래 친구들의 긍정적 지원으로 성공적인 결과를 낳기도 한다. 그렇지만 그런 사례는 아직 특별한 케이스에 속하는 매우 적은 수인 것 같다. 물리적 지원이 이루어져도 장애특성에 맞는 전문교육이 이루어지지 않기도 하고 또래와의 관계에서 상처를 받고 특수학교로 돌아오는 경우도 많다. 좋은 경험이라 위로하기엔 어린 학생들이 받는 상처의 크기는 너무 크다.

나는 장애학생들이 궁극적으로 가져야 할 목표는 통합교육이 아니라 사회통합이라고 생각한다. 그리고 무엇보다 교육은 새로운 무언가를 이루기 위해 학생들을 도구로 사용해서는 안된다고 생각한다. 선구자도 좋고 도전도 좋지만 누군가의 욕심과 이상 때문에 어떤 학생 하나도 희생되어서는 안된다고 생각한다. 우리 학교 아이들은 사회통합을 준비하기 위해 학창시절에 해야 할 것들이 너무도 많다. 밥을 먹고 옷을 입고 하는 작은 것에서부터 관계를 맺고 소통하는 방법까지도 각자의 것을 단단하게 만들어 놓아야만 큰 사회로 당당히 나갈 수 있다. 완전통합교육을 거부하고 부정하려는 것은 아니다. 이상적인 통합교육과 사회통합 모두를 구현할 수 있다면 누구보다 먼저 환영하고 찬성할 것이다. 그렇지만 탄탄한 준비 없는 교육환경에 통합이라는 그럴듯한 이름을 내세우고 아이들을 내몰지는 않았으면 좋겠다. 신대륙을 꿈꾸기 전에 큰 바다로 나갈 수 있는 단단한 배를 만들었으면 좋겠다.

출처: 허프포스트코리아(2015. 11. 20.).

특수교육대상학생의
선정과 특수교육평가

신재현

> 장애를 지닌 아동들의 특수한 교육적 요구를 충족시킬 수 있는 단 하나의 뾰족한 방안은 존재하지 않는다. 이러한 이유로 특수교육의 가장 큰 강점이자 과제는 개별화된 교육을 제공하는 것이다. 체계적인 평가절차를 통해 특수교육대상자를 선정하여 개별화 교육을 제공하는 것은 특수한 교육적 요구를 지닌 아동들을 위한 가장 검증된 방법이다.

– Borthwick-Duffy, Palmer, & Lane, 1996

김 교사는 ○○초등학교 2학년 3반 담임으로, 요즘 자신의 반 학생인 승연이의 심각한 학업부진으로 고민이 많다. 대부분의 아이들이 기본적인 글자 읽기에 별다른 문제를 보이지 않는 반면, 승연이는 유독 책을 읽히면 글자를 빼먹고 읽거나 심하게 더듬고 결국 끝까지 읽기를 마치지 못한다. 이러한 상황이 지속되다 보니 읽기 자체를 두려워하는 것이 느껴지고, 국어시간은 물론이고 다른 주지과목 수업시간에도 자신감이 많이 하락되어 있다. 이에 김 교사는 특수학급 교사에게 이러한 사실을 알리고 어떤 교육적 지원을 제공하면 좋을지 논의를 하였다. 특수학급 교사는 김 교사에게 아동의 현 상태로 봤을 때 특수교육이 필요할 것 같다는 조언을 해주었고, 우선 특수교육대상자 선정을 위한 선별·진단을 받아보라고 권유하였다. 하지만 김 교사는 선별이나 진단 등의 용어부터가 생소하였고 자신의 학급에 있는 학생이 특수교육대상자가 될 수 있다고 생각하니 마치 자신의 무능력으로 인한 일이라는 자괴감도 들기 시작했다. 그러나 더 지체하면 승연이의 읽기 부진이 더 악화될 것이기 때문에 김 교사는 교장, 교감, 특수교사, 그리고 승연이의 부모님께 협조를 구하고 본격적으로 특수교육대상자 평가절차에 대해 알아보기로 하였다. 이제 김 교사는 어떤 절차를 통해 승연이가 갖고 있는 문제의 원인과 해결방안을 찾을 수 있을까? 그리고 그 과정에서 담임교사인 김 교사가 할 수 있는 일은 무엇일까?

1. 특수교육대상자의 선별과 진단 그리고 배치의 절차와 기준은 무엇인가?
2. 특수교육대상자 선별 및 진단 과정에서 통합학급 교사의 역할은 무엇인가?
3. 특수교육평가에 사용되는 선별 및 진단도구에는 어떤 것들이 있는가?

1. 특수교육대상자의 선별과 진단은 의사나 전문가들의 몫이다?

특수교육대상자의 최종 진단 및 배치는 각 교육청(또는 교육지원청) 산하의 특수교육지원센터 및 특수교육운영위원회에서 이루어지며, 이 과정에 특수교사, 일반(통합학급)교사, 부모 등이 참여하게 되어 있다. 특히 특수교육대상자의 선별은 일반(통합)학급에서 주로 이루어지기 때문에 일반(통합)학급 담임교사의 역할이 매우 중요하다고 볼 수 있다.

2. 특수교육대상자 진단의 목적은 특수학급(또는 특수학교)으로 아동을 보내는 것이다?

많은 사람들이 특수교육대상자가 되면 아동을 일반학급이 아닌 특수학급이나 특수학교로 보내는 것이라고 생각한다. 그러나 특수교육대상자가 된다고 해서 무조건 특수학급이나 특수학교로 배치되는 것은 아니다. 특수교육대상자로 진단된 다음 다양한 평가결과를 토대로 어떤 교육환경이 해당 아동에게 가장 적합한지를 결정하게 되는데, 이를 배치라고 한다. 배치를 할 때 가장 기본적인 원칙은 통합교육의 원리인 최소제한환경에 배치하는 것인데, 아동의 특성과 필요한 교육의 종류와 정도에 따라 일반학급에 배치될 수도 있고 특수학교에 배치될 수도 있다.

일반학급에서 아동이 학업 또는 정서·행동상의 문제를 지속적으로 나타낼 때 교사는 특수한 교육적 도움을 고려하게 되는데, 이러한 특별한 교육적 도움(특수교육 및 관련서비스)을 제공하기 위해서는 체계적인 평가가 필요하다. 누가 특수교육대상자가 될 것인가 하는 문제는 법과 제도, 행정적 지원과 맞물리는 사안이기 때문에 진단과 평가의 정확성이 요구된다. 뿐만 아니라, 특수교육대상자를 최대한 빠른 시기에 정확하게 진단하고 평가함으로써 장애의 심각성 정도를 최소화할 수 있으며 특수교육의 효과를 극대화할 수 있을 것이다. 여기서 기억해야 할 것은 특수교육대상자로 진단하는 것이 일반학급과 분리된 환경으로 배치하는 것이 목적이 아니라 아동에게 가장 적합한 교육을 제공하기 위함이라는 사실이다.

이 장에서는 특수교육대상자에 대한 평가의 개념과 단계, 다양한 평가의 방법과 구체적인 검사도구 등에 대해 살펴볼 것이다. 이 장은 특히 일반학급에서 학업 및 정서·행동상의 문제를 보이는 아동에 대한 진단과 평가 절차에 있어 일반교사 역할의 중요성에 초점을 두고 있는데, 이는 아동을 가장 가까이에서 오랜 시간 관찰한 일반교사가 평가 초기인 선별과정에서 핵심적인 역할을 하게 되기 때문이다. 또한 이 장을 통해 현장에서 특수교사와 일반(통합)교사가 특수교육대상자 진단·평가에서 어떠한 역할을 해야 할 것인가에 대한 실제적인 지침을 얻을 수 있을 것이다.

1. 평가의 개념

평가와 사정, 측정 등은 서로 비슷하게 사용되기도 하지만 약간의 개념적 차이가 있다. 평가(評價, evaluation)는 본래 어떤 대상이 가진 속성에 값(value)을 매긴다는 의미로 "수집된 자료에 근거한 가치판단을 통하여 교육적 의사결정을 내리는 과정"(이승희, 2010)으로 정의되기도 하며, 대상의 장점과 가치를 결정하는 과정으로 정의하기도 한다(한국교육평가학회, 2004). 예를 들어, 학생들의 학업성적, 신체적·정서적·사회적 성장의 정도 등이 얼마나 성장했는지 그 정도를 잰다고 할 때 평가라는 용어를 사용할 수 있다. 측정(測定, measurement)이란 대상의 특정한 속성에 숫자를 부여하는 것을 의미하며, "양적 또는 수량적 자료를 수집하는 과정"(이승희, 2010)으로 정의된다. 일반적으로 측정을 위해 측정도구(예: 몸무게를 측정하기 위해 저울이라는 측정도구를 사용)를 사용하게 되는데, 학생들의 지능이나 학업성취를 측정하기 위해 다양한 지능검사와 학업성취도검사를 활용하는 것이 그 예다. 물론 측정도구에는 지능검사나 학업성취도검사와 같은 표준화검사도구뿐 아니라, 비형식적 검사, 체크리스트, 설문지, 면접, 관찰 등도 포함된다. 사정(査定, assessment)은 평가와 유사하지만 평가에 가치판단을 통한 교육적 의사결정이 포함되어 있다면 사정은 "교육적 의사결정에 필요한 양적 · 질적 자료를 수집(조사)하는 과정"(이승희, 2010)으로 볼 수 있다. 평가를 위해 필요한 정보의 수집과 자료의 해석 등을 포함하는 것이 사정이다. 즉, 사정은 체계적인 가치판단에 초점을 두기보다는 자료수집 과정과 그것을 수량화 및 지표화하는 데 중점을 둔다고 할 수 있다(한국교육평가학회, 2004).

정리하면 평가와 사정, 측정은 서로 긴밀히 연관된 개념이나, 측정은 평가와 사정을 위해 무엇인가를 재는 구체적인 행위라고 볼 수 있고, 사정은 측정을 포함하는 보다 포괄적이면서 측정과 평가의 중간정도 개념이라고 볼 수 있을 것이다. 그에 반해 평가는 사정과 측정을 포함하는 가장 넓은 개념이라고 할 수 있다. 그러나 학자에 따라서는 사정과 평가를 구분 짓지 않고 자료수집과 의사결정을 포괄하는 개념으로 보기도 한다.

2. 평가방법의 유형

특수교육평가는 일련의 단계로 이루어지며 각 단계에서 필요한 정보와 사정방법이 다를 수 있다. 학자마다 분류는 상이하나, 일반적으로 검사(test), 관찰(observation), 면접(interview), 교육과정중심사정(curriculum-based assessment), 수행 및 포트폴리오사정(performance/portfolio assessment) 등으로 나눌 수 있다.

검사는 양적인 자료 산출을 위해 사전에 결정된 반응 유형을 요구하는 문항 혹은 과제라고 할 수 있으며(이승희, 2010), 대표적으로 규준참조검사(norm-referenced test)와 준거참조검사(criterion-referenced test)로 구분된다. 규준참조검사는 또래 아동들이 점수 분포인 '규준'과 해당아동의 검사결과를 비교함으로써 집단 내에서 차지하는 상대적 위치를 알 수 있게 해준다. 반면에 준거참조검사는 사전에 미리 설정된 목표도달수준이 있고 아동의 수행 정도가 도달수준인 '준거'에 얼마만큼 미치는가를 평가할 때 쓰인다.

관찰은 교실상황이나 가정 등 아동의 일상을 자연스럽게 보거나 기록함으로써 관심 영역(예: 아동의 문제행동)에 대한 정보를 수집하는 방식이라고 볼 수 있다. 의사결정을 위한 객관적 정보수집이 되기 위해서는 관찰 시 기록방법이 필요한데, 특정 행동을 나타난 그대로 묘사하는 방법인 서술기록(narrative recording)이 있는가 하면 특정 행동이 일어난 빈도나 강도, 그리고 지속성 유무 등을 보다 객관적으로 기록하기 위한 방법들이 사용되고 있다. 여기에는 특정 행동이 일어난 빈도(frequency)에 초점을 두는 사건기록(event recording) 방식과 간격기록(interval recording) 방식이 있으며, 행동의 지속시간에 초점을 두는 지속시간기록(duration recording)과 지연시간기록(latency recording) 방식이 있다. 기록방식과 초점이 조금씩 다르기는 하나, 이들 기록방법의 목적은 관심 있는 특정 행동이 일어나는 양상을 보다 객관화하여 측정하고자 하는 데 있다.

면접은 대화를 통한 질문과 응답 반응을 기록하는 자료수집 방법이다. 질문이 제시되는 방식의 구조화 정도에 따라 비구조화면접(unstructured interview), 반구조화면접(semi-structured interview), 구조화면접(structured interview)으로 나뉜다(이승희, 2010). 비구조화면접에서 구조화면접으로 갈수록 미리 준비된 질문목록 및 순서에 따라 정확하게 면접을 실시하게 되며 면접자의 융통성은 줄어든다. 일반적으로 구조화면접은 이미 개발되어 있는 표준화된 면접도구를 사용하게 된다. 면접은 검사가 불가능하거나 아동의 연령이 매우 낮을 경우 부모나 교사면접을 통해 필요한 자료를 수집할 수 있는 장점이 있다.

교육과정중심사정은 교실상황에서 실제로 가르치는 내용(교육과정)에 대한 아동의 수행을 평가하는 것으로 교수프로그램에 아동이 어떻게 반응하는가에 초점을 둔다. 이를 통해 아동의 특정기술 결함 여부를 평가한다. 이와 동시에 현재 제공되는 교수프로그램의 효과성을 평가하여 교수의 수정 여부를 판단하는 데 관심을 둔다.

끝으로 수행사정 및 포트폴리오 사정은 아동의 직접적인 수행과 산출물에 대한 평가를 실시하는 것이다. 특정 과제를 수행하는 과정 또는 결과에 초점을 두거나 두 가지 모두에 초점을 두고 시행할 수 있다(이승희, 2010).

3. 특수교육대상자 평가과정

특수교육대상자의 평가는 대상자의 선정, 적합한 교육 프로그램 및 서비스의 제공, 그리고 특수교육의 효과성 평가에 이르기까지 광범위한 일련의 과정이다. 이처럼 특수교육은 평가와 매우 긴밀하게 연결되어 있다. 특히 특수교육대상자를 선정하기 위한 평가는 문제해결과정이라고 볼 수 있는데, 일반학급에서 학업 및 정서 · 행동상의 문제가 발생하면 일련의 절차에 의거하여 특수교육대상자 여부를 결정하게 된다. 이 문제해결과정을 간략히 도식으로 나타내면 [그림 4-1]과 같다. 여기에는 선별(screening), 진단(diagnosis), 적격성(eligibility) 여부 판단, 프로그램 계획 및 배치(placement), 그리고 프로그램의 효과성 및 아동의 진전도 평가를 위한 형성평가와 총괄평가와 같은 배치 이후의 평가과정이 포함된다. 각 단계별 평가의 중점과 방법을 정리하면 〈표 4-1〉과 같다.

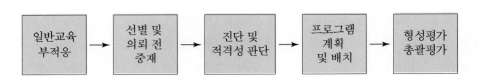

[그림 4-1] **특수교육대상자 평가과정**

1) 선별

(1) 선별의 개념

우선 일반교육 상황에서 어떠한 형태의 부적응(예: 학업, 정서 · 행동 문제)이 발생하면 특수한 교육적 도움을 제공하기 위한 평가단계에 돌입하게 되는데 가장 첫 번째 단계는 일반교사에 의한 선별이다. 즉, 잠재적인 문제가 발견되어 추후 보다 세밀한 진단이 필요한지 여부를 결정하게 되는 단계로, 해당 아동의 학업수행이나 행동이 또래아동들의 평균적인 수행에서 얼마나 벗어나는지를 평가하게 된다. 선별은 일반적으로 선별팀 구성, 의뢰 전 중재 및 중재에 대한 평가, 진단 의뢰의 과정으로 이루어진다.

〈표 4-1〉 **특수교육대상자 평가단계**

평가의 단계	평가의 중점	평가방법
선별 (screening)	보다 심층적인 진단평가에 의뢰할 것인가?	검사, 관찰, 교육과정중심사정
진단 (diagnosis)	아동이 장애를 가지고 있는가? 어떤 장애인가? 장애의 특성과 원인은 무엇인가?	검사, 관찰, 면접, 교육과정중심사정
적격성 판단 (eligibility)	특수교육대상자로 적격한가?	검사, 관찰, 면접, 교육과정중심사정
프로그램 계획 및 배치 (placement)	어떤 교육 서비스를 어디에서 얼마만큼 제공할 것인가?	검사, 관찰, 면접, 교육과정중심사정, 수행사정, 포트폴리오사정
형성평가 (formative evaluation)	프로그램에 배치된 이후 아동이 적절한 진전을 보이는가? 현재의 교수방법과 내용이 적절한가?	검사, 관찰, 면접, 교육과정중심사정, 수행사정, 포트폴리오사정
총괄평가 (summative evaluation)	아동이 계획한 만큼의 진전을 보였는가? 특수교육 서비스가 계속 필요한가?	검사, 관찰, 교육과정중심사정, 수행사정, 포트폴리오사정

출처: 김동일 외(2017), p. 45에서 내용을 일부 수정 · 보완함.

형성평가
수업방법이나 교육과정 개선을 위해 실시하는 평가.

총괄평가
계획한 기간 동안 교수 · 학습 전체의 효과에 대한 종합적 평가.

(2) 선별과정

교사나 학부모의 요청으로 아동의 문제가 접수되면 우선 선별팀이 구성되어 아동의 구체적인 문제가 무엇인지 파악하게 된다. 선별팀은 담임교사, 특수교사, 검사전문가, 교장, 언어임상전문가 등이 포함되며, 아동이 가진 문제의 특성에 따라 선별팀 구성은 달라질 수 있다. 선별팀이 구성되면 평가를 위한 다양한 정보를 수집하는데, 교실에서의 수업과 행동, 또래와의 관계에 대한 관찰, 각종 검사 기록, 그리고 학부모 면담 등을 통해 필요한 자료를 모은다.

아동의 문제가 구체적으로 파악되면 문제의 해결을 위한 목표를 설정하고 중재계획을 수립하는데, 이를 의뢰 전 중재라고 한다. 중재의 목표가 학업성취이든 행동이든 목표는 명료하고 관찰과 측정이 가능하도록 기술되어야 하며, 중재계획은 연구를 통해 해당 문제의 향상에 효과가 있다고 검증된 소위 연구기반(research-based) 혹은 증거기반(evidence-based) 교수법이어야 한다. 예를 들어, 아동의 문제가 심각한 읽기부진이라면 아동을 진단에 의뢰하기 전 일반학급 내에서 읽기부진에 효과적이라고 검증된 연구기반 읽기 교수방법이 적용되어야 한다. 다음으로 간편하게 사용 가능한 검사 도구를 활용하여 해당 교수방법에 대한 아동의 반응정도(responsiveness)를 모니터링함으로써 의뢰 전 중재가 효과적이었는지 여부를 평가한다. 진단절차에 의뢰하기 위해서는 이 의뢰전 중재기간에 실시한 중재에 대한 아동의 반응정도에 대한 면밀한 평가를 통해 의사결정을 내려야 한다. 만일 의뢰 전 중재 기간 동안 아동의 수행에 괄목할 만한 진전이 보인다면 진단절차에 바로 의뢰를 하지 않고 현재의 교수를 당분간 계속 투입하면서 진전도를 평가한다. 즉, 아동이 일반학급에 성공적으로 적응해 나갈 수 있도록 도움을 제공하면서 중재의 강도는 조금씩 줄여나가는 것이다. 그러나 아동의 진전도가 설정한 목표에 미치지 못할 경우에는 진단을 의뢰해야 하며, 선별 및 의뢰 전 중재 절차에서 수집한 자료를 모두 첨부하도록 한다.

이처럼 특수교육대상자 진단은 선별절차를 거친 후 진단평가절차에 의뢰된 아동만을 대상으로 이루어진다. 따라서 보다 심층적인 진단에 의뢰되기 전 체계적인 선별과정을 통해 정확한 의사결정을 내릴 수 있어야 한다. 선별이 정확하게 이루어지지 않을 경우 두 가지 문제가 발생할 수 있는데, 첫째는 특수교육진단이 필요한 아동들이 선별과정에서 누락되는 경우이고 둘째는 특수교육진단이 필요하지 않은 아동들이 과도하게 진단절차에 의뢰되는 경우이다. 교육적 측면에서 보자면 정말로 특수교육이 요구되는 아동들이 교육을 받지 못하게 되는 전자가 더 심각한 경우라고 볼 수 있겠으나, 후자의 경우에도 불필요한 행·재정적 낭비가 발생할 수 있기 때문에 두 경우의 발생을 최소화하도록 선별과정에 세심한 주의가 필요하다. 그러나 선별과정이 제대로 이루어지지 않고 곧바로 진단에 의뢰하는 경우가 현장에서 빈번하게 일어나고 있다(이대식, 김수연, 이은주, 허승준, 2011). 과잉진단과 오진단을 줄이기 위해서 선별과정에 더 많은 주의와 관심을 기울일 필요가 있다. 특히 일반교사의 역할이 중요한 만큼 교원양성과정과 연수 등을 통하여 특수교육대상자 평가에 관련한 교육을 강화해야 할 것이다.

(3) 선별도구

앞서 언급한 바와 같이 선별은 일반학급에서 또래에 비해 심각한 어려움을 보이는 아동에 대한 선별팀의 정보수집과 평가, 그리고 문제해결을 위한 의뢰 전 중재로 구성된다. 그러나 이 단계는 아동의 강점과 약점에 대해 심층적이고 종합적인 평가가 이루어지는 진단과는 달리 문제를 파악하고 특수교육대상자 진단의 가능성을 가늠해보는 것에 초점을 둔다. 따라서 선별단계에서는 간편하게 사용할 수 있는 검사도구를 주로 사용하며, 잠재적인 장애의 가능성을 평가할 수 있도록 다양한 정보를 활용하게 된다. 선별단계에서 주로 사용되는 도구들은 다음과 같다(이대식 외, 2011).

- 표준화된 선별검사도구(예: 학습준비도검사, 교육과정중심측정[BASA], 교육진단검사 등)
- 선별척도 또는 체크리스트(예: 국립특수교육원 학습장애 선별 체크리스트)
- 직접 관찰
- 의학적 검사결과
- 학교성적표
- 이전 중재기록
- 교육력(educational history)
- 부모면담 기록 등

더 알아보기

진단만큼 중요한 선별

선별(screening)이란 용어의 뜻에서도 알 수 있듯이 무엇인가를 걸러낸다는 의미로 일반학급에 있는 많은 학생들 가운데 특수한 교육적 도움을 필요로 하는 잠재적 특수교육대상학생을 일차적으로 파악해내는 단계라고 볼 수 있다. 대개 일반학급 교사의 판단에 의해 선별의 필요성이 제기되며, 선별팀에 의해 해당 아동의 수행(학업 및 행동)이 또래에 비해 얼마나 차이가 있는가에 관한 다양한 자료를 수집하게 된다. 또한, 의뢰 전 중재를 통해 진단에 의뢰하기 전 효과적인 중재에 아동이 반응하는지 여부를 일정기간에 걸쳐 평가하는데, 이 과정을 통해 무분별한 장애진단 의뢰를 줄이고 선별단계에서 발생할 수 있는 오류를 최소화할 수 있다. 그러나 우리나라의 교육현장에서 선별은 진단에 비해 그리 큰 관심을 받아오지 못했다. 선별과 의뢰 전 중재의 과정을 단순히 추가적인 행정처리라고 여기기도 하고 일반교사들의 경우 평가절차나 검사활용 등에 익숙하지 않아 꺼리기도 한다. 그럼에도 불구하고 진단에 앞서 잠재적 장애 가능성을 평가하는 단계인 선별은 그 중요성이 퇴색되어서는 안 된다. 일반학급 교사는 잠재적 특수교육대상학생을 세심하게 관찰하면서 일차적인 교육적 도움을 제공해야 할 것이며, 특수교사를 포함한 모든 학교 구성원들은 필요한 모든 지원을 제공해야 할 것이다.

2) 진단 및 적격성 판단

(1) 진단의 개념

진단은 선별결과를 토대로 아동에게 어떤 장애가 있는지 판단하기 위하여 관련된 모든 영역에 대한 심층적이고도 종합적인 평가를 실시하는 데 목적이 있다. 진단의 결과는 아동이 어떤 특수교육을 받을 것이며 어디에 배치될 것인지 등의 교육적 의사결정에 직접적으로 영향을 미친다. 진단의 과정에는 진단팀 구성, 진단평가, 장애진단이 포함된다.

(2) 진단과정

선별과 유사하게 의뢰가 접수되면 진단팀이 구성된다. 진단 의뢰는 해당 교육지원청 산하 특수교육지원센터에 하게 되며, 선별과정에서 수집한 모든 검사자료와 기타 정보를 첨부한다. 시 · 도 교육감(교육장)이 특수교육지원센터에 진단 · 평가를 의뢰하는 즉시 진단 · 평가를 실시하며, 그 결과를 30일 이내 시 · 도 교육감(교육장)에게 제출해야 한다. 시 · 도 교육감(교육장)은 특수교육대상자 선정여부 및 결정된 교육지원 내용을 2주 이내 보호자에게 통보해야 한다. 진단팀은 의심되는 장애를 명확히 진단해야 하는 만큼, 다양한 학문적 배경을 지닌 전문가들이 모인 다학문팀(multidisciplinary team)으로 구성된다. 진단팀은 일반적으로 담임교사, 특수교사, 언어임상전문가, 언어병리사, 사회복지사, 작업치료사, 상담전문가, 학부모 등이 포함된다. 또한 진단평가 실시를 위해서는 학부모 동의가 필수적이다. 요약하면 다양한 시각에서 장애의 가능성을 평가할 뿐만 아니라 해당 아동에게 가장 적합하고 효과적인 교육을 제공하는 것이 진단의 목적이라 할 수 있다.

진단팀이 구성되면 의심되는 장애에 초점을 두고 검사의 방향을 결정하며, 각 장애에 대한 진단은 「장애인 등에 대한 특수교육법」상의 특수교육대상자 진단기준에 의거한다. 장애의 유형에 따라 평가영역이 상이하나, 일반적으로 고려하게 되는 평가(검사) 영역들은 학업성취도(예: 읽기, 수학, 쓰기 등), 지각(예: 시 · 청각, 촉각, 운동감각 등), 인지기능(예: 지능), 심리 · 정서, 언어(예: 수용언어, 표현언어), 작업 및 물리치료(예: 신체 움직임, 동작과 걸음걸이 등) 등이다. 위 영역들에 대한 종합적이고 심도 있는 평가를 실시하여 특수교육대상자로서의 적격성(eligibility)을 판단한 후, 그 결과를 토대로 교육지원청 특수교육운영위원회에서 최종 진단을 내리게 된다.

특수교육대상자가 되어 관련서비스를 받기 위해서는 장애명이 부여되는데, 장애명칭이 가져올 수 있는 부정적인 측면에 대하여 교사와 학부모는 주의를 기울여야 한다. 장애라는 딱지가 아동의 자아개념 발달에 부정적으로 작용하지는 않는지, 교우관계나 교사와의 상호작용에서 부정적인 영향을 주지는 않는지 유의할 필요가 있다. 즉, 장애의 명칭 자체에 초점을 두기보다 특수교육이 아동에게 가장 적합하고 효과적인 교육서비스를 제공하기 위한 장치임을 인식하고 교

마음으로 들여다보기

올해 3학년인 유진이의 부모님은 큰 고민이 있다. 담임선생님이 유진이가 또래들과의 학업 격차가 크고 수업내용을 거의 따라오지 못한다는 판단을 하고 잠정적인 학습장애 위험군으로 간주하여 선별 및 진단의뢰를 해야 할 것 같다고 전해왔기 때문이다. 유진이가 평소 주의집중을 잘하지 못하고 또래들에 비해 학업성취수준이 낮다는 사실은 알고 있었지만 학습장애로 진단될 수도 있다는 생각에 걱정이 앞섰다. 장애라는 명칭이 주는 부담이 있기도 하였지만, 자칫 유진이가 자신이 특수교육대상자라는 사실을 부끄러워하거나 정서적으로 위축되지는 않을까 하는 우려에서였다. 그러나 학습장애로 진단이 되어 특수교육대상자가 되면 유진이가 받을 수 있는 교육이나 서비스들이 준비되어 있다는 사실을 담임선생님으로부터 전해 듣고 난 뒤, 정말 유진이를 위한 길이 무엇인지 고민에 고민을 거듭했다. 결국 유진이 부모님은 선별 및 진단절차를 수용하고 그 과정이 구체적으로 어떻게 이루어지는지 알아보기 위해 담임선생님과 면담 약속을 잡았다.

사를 포함한 학교 전체가 완벽한 조력체제를 구축하는 것에 힘을 기울여야 한다. 또한 장애의 명칭이 공개적으로 사용되는 것을 최대한 지양하고, 학부모, 교사, 또래들에게 아동이 가진 약점보다 강점을 발견함으로써 지지자·조력자가 될 수 있도록 해야 할 것이다.

(3) 진단도구

진단결과에 따라 장애명이 부여되고 특수교육서비스를 받게 되는 만큼, 어떤 진단도구를 사용하느냐는 매우 중요한 사안이다. 적합한 진단도구를 선정하기 위해서는 다음과 같은 사항들을 고려해야 한다. 첫째, 검사도구의 신뢰도와 타당도는 어떠한가? 둘째, 검사도구의 내용과 수준이 해당 아동의 연령과 학년수준에 적합한가? 셋째, 아동의 장애가 검사수행에 영향을 주지 않는가? 등이다 (이대식 외, 2011). 주요 진단영역별 진단검사도구는 다음과 같다.

① 지능검사

- 한국판 웩슬러 아동지능검사 5판(Korean Wechsler Intelligence Scale for Children-Fifth Edition: K-WISC-V)

만 6세부터 만 16세까지의 아동을 대상으로 지적 능력을 측정하기 위한 개별 지능검사로, 미국의 웩슬러 아동지능검사를 한국 아동 대상으로 표준화한 것이다. 총 16개의 소검사로 구성되어 있는데, 기존 4판의 소검사 13개(토막짜기, 공통성, 행렬추리, 숫자, 기호쓰기, 어휘, 동형찾기, 상식, 공통그림찾기, 순차연결, 선택, 이해, 산수)에 새로운 3개의 소검사(무게비교, 퍼즐, 그림기억)가 추가되었다. 총 다섯 가지 기본지표점수(언어이해, 시공간, 유동추론, 작업기억, 처리속도)와 다섯 가지 추가지표점수(양적추론, 청각작업기억, 비언어, 일반능력, 인지효율)를 제공한다. 만 6세~7세 3개월 아동의 경우 평균 이상의 지능과 보통 수준의 의사소통능력이 있다면 K-WISC-V를 사용할 수 있으나 지능과 의사소통능력이 평균 이하일 경우 한국판 웩슬러 유아지능검사(K-WPPSI) 사용이 권장된다(이승희, 2010).

- 한국 카우프만 아동 지능검사 2(Kaufman Assessment Batter for Korean Children-Second Edition: KABC-II)

미국의 카우프만 지능검사를 한국 아동 대상으로 표준화한 것으로 만 3세에서 만 18세에 이르는 아동 및 청소년의 인지능력과 정보처리능력을 측정하기 위한 개인 종합지능검사이다. 순차처리, 동시처리, 학습력, 계획력, 지식 이상 5개의 하위척도가 있으며, 기존 버전인 K-ABC의 16개의 하위검사를 유지하면서 10개의 새로운 하위검사를 추가하였다. 유지된 기존의 하위검사 문항들은 대상 연령대 확장을 위해 난이도가 수정되었다. KABC-II의 비언어성 하위검사의 경우 피검자가 언어가 아닌 동작으로 반응할 수 있게 함으로써 청각장애나 언어장애를 지닌 학생이라든가 언어능력이 낮은 다문화 학생들을 평가하기에 용이하다.

- 국립특수교육원 한국형 개인지능검사(KISE-Korea Intelligence Test for Children: KISE-KIT)

KISE-KIT는 우리나라의 사회·문화적 배경에 적합하게 개발된 개인용 지능검사로 만 5세부터 만 17세까지 아동 및 청소년을 대상으로 사용할 수 있다. 발달장애(자폐스펙트럼장애나 지적장애) 아동의 지능도 측정이 가능하다. 크게 동작성 검사와 언어성 검사로 나뉘며 총 12개의 소검사(2개의 보충검사 포함)로 구성되어 있다.

② 학습기능검사

- 한국교육개발원 기초학습기능검사(KEDI-Individual Basic Learning Skills Test: KEDI-IBLST)

만 5세부터 만 12세 11개월까지(유치원~초등 6학년)의 아동들을 대상으로 학습수준을 파악하는 검사이며, 정보처리기능(정보처리 소검사), 언어기능(읽기I, 읽기II, 쓰기 소검사), 수기능(셈하기 소검사)을 측정한다. 5개의 소검사 총 270개의 문항으로 구성되며 아동의 학년에 따라 검사지침서에 제시된 문항에서 시작한다.

- 국립특수교육원 기초학력검사(KISE-Basic Academic Achievement Test: KISE-BAAT)

만 5세부터 만 14세 11개월까지의 아동들을 대상으로 읽기, 수학, 쓰기영역에서의 기초학력을 측정하는 검사이다. 읽기검사는 선수기능, 음독능력, 독해능력 등 3개의 하위 영역으로, 수학검사는 수, 도형, 연산, 측정, 확률과 통계, 문제해결 등 6개의 하위 영역으로, 쓰기검사는 선수기능, 표기능력, 어휘 구사력, 문장 구사력, 글 구성력 등 5개의 하위 영역으로 이루어져 있다.

• 기초학습기능 수행평가체제(Basic Academic Skills Assessment: BASA)

BASA는 교육과정중심측정(Curriculum-Based Measurement: CBM) 절차에 의거하여 제작된 검사로 읽기, 수학, 쓰기영역에서 아동의 기초학습기능을 측정한다. 읽기검사는 초등학교 1학년 이상의 아동을 대상으로 적용되며 크게 기초평가(읽기유창성검사와 빈칸채우기검사)와 형성평가(읽기유창성 동형검사)로 구성된다. 수학검사는 초등 1~3학년을 대상으로 연산유창성을 측정하며, 각 학년별 수준의 검사와 통합검사를 함께 실시하게 된다(예: 1학년의 경우 I단계 검사와 통합검사 실시). 읽기검사와 마찬가지로 형성평가에서는 동형검사를 활용한다. 쓰기검사는 초등 1~6학년 대상으로 쓰기문제를 진단하며 앞의 두 검사와 같이 기초평가와 형성평가로 구성되어 있다. 서두제시형 문항으로 쓰기능력을 측정하며 쓰기유창성에 대한 정량적 평가와 쓰기의 질적인 측면에 관한 정성적 평가를 함께 실시한다. BASA는 선별과 진단에 활용됨은 물론, 교수에 대한 아동의 반응(진전도)을 주기적으로 점검하는 형성평가로서의 기능도 한다. 형성평가로 사용할 때에는 기초선(baseline)을 확인한 다음, 주기적으로(예: 주 1회) 동형검사를 통해 진전도를 측정해가면서 설정된 목표와의 차이를 평가하게 된다. 이를 통해 아동의 성취수준 향상 정도와 현재 교수방법의 효과성 여부를 확인할 수 있다.

③ 적응행동검사

• 국립특수교육원 적응행동검사(KISE-Scales of Adaptive Behavior: KISE-SAB)

일반아동의 경우 21개월부터 만 17세까지, 지적장애를 지닌 아동의 경우 만 5세부터 만 17세까지 적응행동을 측정할 수 있는 검사이다. KISE-SAB은 개념적 적응행동검사(언어이해, 언어표현, 읽기, 쓰기, 돈개념, 자기지시), 사회적 적응행동검사(사회성일반, 놀이활동, 대인관계, 책임감, 자기존중, 자기보호, 규칙과 법), 실제적 적응행동검사(화장실 이용, 먹기, 옷입기, 식사준비, 집안정리, 교통수단 이용, 진료받기, 금전관리, 통신수단 이용, 작업기술, 안전 및 건강관리)의 세 가지 소검사(총 242문항)로 구성된다. 이 검사는 아동을 6개월 이상 관찰하여 아동의 행동

특성을 익숙하게 파악하고 있는 정보 제공자(예: 담임교사, 부모 등)와의 면담을 통해 이루어진다(이승희, 2010).

• 사회성숙도검사(Social Maturity Scale)

미국의 바인랜드(Vineland) 사회성숙도검사를 기반으로 개발된 적응행동검사로 검사대상은 0세부터 만 30세까지이다. 자조, 이동, 작업, 의사소통, 자기관리, 사회화의 6개의 영역(총 117문항)으로 구성되며, 사회연령(social age)과 사회지수(Social Quotient: SQ)를 제공한다. KISE-SAB과 마찬가지로 대상아동을 잘 아는 부모(부모가 없을 경우 형제자매나 친지 또는 후견인)와의 면담을 통해 실시되는데, 정보제공자의 응답에 신뢰성이 없다고 판단될 경우에는 대상아동을 직접 만나 행동을 관찰하여 판단하는 것이 좋다(이승희, 2010).

• 지역사회적응검사(Community Integration Skills-Assessment: CIS-A)

국내에서 처음으로 그림을 이용하여 적응기술을 평가하기 위해 개발된 검사로 발달장애를 지닌 아동을 대상으로 지역사회 통합에 필요한 적응행동기술들을 포괄적으로 평가하기 위한 검사이다. 기본생활영역(기초개념, 기능적 기호와 상징, 가정관리, 건강과 안전), 사회자립영역(공공서비스, 시간과 측정, 금전관리), 직업생활영역(직업기능, 대인관계 및 여가)의 세 영역으로 구성되며 총 164문항으로 이루어져 있다.

④ 정서 및 행동검사

• 아동·청소년 행동평가척도(Korean-Child Behavior Checklist: K-CBCL)

미국의 Child Behavior Checklist를 기반으로 우리나라의 아동 및 청소년을 대상으로 표준화한 검사로 만 4세부터 만 17세까지의 아동 및 청소년들의 정서·행동 문제를 평가한다. 크게 사회능력척도와 문제행동증후군척도로 구분되며 각 척도는 3개, 13개의 하위척도를 포함하고 있다. K-CBCL은 부모가 대상아동에 대해 평정하도록 되어 있다.

⑤ 의사소통검사

• 아동용 한국판 보스톤 이름대기검사(Korean version-Boston Naming Test for Children: K-BNT-C)

이 검사는 성인용(만 15세 이상) 한국판 보스톤 이름대기검사를 기반으로 아동용으로 개발한 것으로, 성인용 검사는 Boston Naming Test를 토대로 만들어진 것이다. K-BNT-C는 만 3세부터 만 14세까지의 아동을 대상으로 사물의 그림을 보고 이름을 말하는 능력을 측정하고 표현언어장애 여부를 가려내기 위한 검사이다(이승희, 2010). 총 60개의 문항으로 구성되어 있다.

• 구문의미 이해력 검사

이 검사는 기존 개발된 문장이해력검사를 수정 · 보완한 것으로, 문장이해력검사는 본래 미국의 Test of Language Development-2nd Edition 중 문법이해력 하위검사를 우리나라 아동들을 대상으로 표준화한 것이다(이승희, 2010). 구문의미 이해력 검사는 만 4세에서 만 9세 수준의 구문의미 이해력을 측정하는 검사(장애아동의 경우 만 9세 이상이더라도 구문이해력이 3학년보다 현저히 낮을 경우 사용 가능)로, 검사자가 읽어주는 문장을 듣고 해당되는 그림을 가리키게 된다. 검사는 문법에 초점을 맞춘 문항(38문항)과 의미에 초점을 맞춘 문항(19문항)으로 구성되어 있다.

⑥ 지각 및 운동검사

• 오세레츠키 운동능력검사

미국의 Oseretsky Tests of Motor Proficiency를 번역하여 제작한 검사로 만 4세부터 만 16세까지의 아동 및 청소년을 대상으로 소근육 및 대근육 운동기술을 측정한다. 총 6개의 영역(일반적 정적 협응, 손동작 협응, 일반동작 협응, 운동속도, 동시적 자발동작, 단일동작 수행능력)으로 구성되어 있으며 총 60문항으로 이루어져 있다.

• 한국판 시지각발달검사-2(Korean Developmental Test of Visual Perception-2: K-DTVP-2)

미국의 Developmental Test of Visual Perception-2nd Edition을 우리나라의

아동들을 대상으로 표준화한 것으로 만 4세부터 만 8세까지의 아동이 대상이다. 총 8개의 하위검사로 구성되며, 공간관계, 공간위치, 도형-배경, 형태 항상성 등의 시지각 유형을 측정하게 된다. 또한 각각의 하위검사는 운동개입이 최소화된 검사와 운동개입이 뚜렷한 검사로 나뉜다(이승희, 2010).

⑦ **자폐스펙트럼검사**
• 아동기 자폐증 평정척도(Childhood Autism Rating Scale: CARS)

미국의 Childhood Autism Rating Scale을 번역한 것으로 만 2세 이상의 자폐스펙트럼장애와 기타 발달장애를 판별하기 위한 검사이다. 총 15개의 문항(사람과의 관계, 모방, 정서반응, 신체사용, 물체사용, 변화에 대한 적응, 시각반응, 청각반응, 미각·후각·촉각반응 및 사용, 두려움 또는 신경과민, 언어적 의사소통, 비언어적 의사소통, 활동수준, 지적 반응의 수준과 항상성, 일반적 인상)으로 구성되며 각 문항은 1~4점으로 평정된다. CARS는 관찰과 사례검토, 부모와의 면담 등을 통해 실시되며 전체점수를 근거로 진단적 분류를 실시한다.

• 이화 자폐아동 행동발달 평가도구(EWHA-Check List for Autistic Children: E-CLAC)

E-CLAC은 일본의 Check List for Autistic Child-II를 기반으로 우리나라 아동들을 대상으로 표준화한 검사이다. 만 1세부터 만 6세까지 아동을 대상으로 자폐 및 기타 장애(예: 지적장애)를 지닌 아동들의 발달수준을 파악하는 데 사용된다. 총 56문항으로 구성되며, 1~5단계로 체크해야 하는 척도문항(식사습관, 배설습관, 수면습관, 착탈의, 위생, 놀이, 집단적응, 대인관계, 언어, 지시따르기, 행동, 운동성, 안전관리 등 43문항)과 자유기술문항인 비척도문항(수면습관, 놀이, 운동성, 감정표현, 감각습관 등 13문항)으로 나뉜다. 이 검사는 부모와의 면담을 통해 실시하며, 학교 장면에서 관찰할 수 있는 부분에 대해서는 교사가 평정할 수 있다(이승희, 2010).

3) 프로그램 계획 및 배치

아동이 진단과정을 통해 특수교육대상자로 선정이 되면, 아동에게 제공될 교육 및 관련서비스를 위한 프로그램 계획의 단계로 이행하게 된다. 진단 시 프로그램 계획에 유익한 정보를 얻을 수 있으나 충분하지 않은 경우 이 단계에서 프로그램을 위한 사정을 통해 보다 구체적인 지침을 얻을 수 있다(이승희, 2010). 이러한 지침을 토대로 아동에게 제공할 교육 및 관련서비스의 내용과 범위를 정한 문서를 개별화교육계획(Individualized Education Plan: IEP)이라고 한다. IEP에는 아동의 인적사항, 현 수행수준, 장·단기 교육목표, 일반교육 참여정도, 관련서비스, 평가계획 등이 포함된다. 여기서 관련서비스란 특수교육대상아동 또는 가족에게 제공되는 서비스로 치료(언어, 물리 등)서비스, 보조공학서비스, 상담서비스 등이 포함된다. 또한, 「장애인 등에 대한 특수교육법」 시행규칙에 따르면 매 학년 시작일로부터 2주 이내에 개별화교육지원팀을 구성하고, 매 학기 시작일로부터 1개월 이내에 IEP를 작성하도록 하고 있다. IEP 작성의 예시는 〈표 4-2〉에 제시되어 있다.

　IEP는 법적문서로 진단 및 적격성 판단 시 참여했던 전문가와 부모, 그리고 필요시 아동이 참여한 가운데 작성된다. 미국의 경우 개별화교육프로그램이라는 용어를 사용하며 문서에 포함되는 요소 또한 우리에게는 없는 배치할 기관(장소)과 전환교육에 대한 내용을 담고 있다. 뿐만 아니라, 미국의 경우 장애인교육법(IDEA, 2004)에 의거 장애영유아 및 장애유아를 위해 부모가 동의할 경우 개별화프로그램 대신 개별화가족지원계획을 받을 수 있게 되어 있으나 우리나라는 아직 장애영유아를 위한 별도의 개별화교육계획에 대한 법적 근거가 마련되어 있지 않다(이승희, 2010).

　배치는 아동에게 가장 적합한 교육환경을 결정하는 절차로 통합교육 환경에서는 **최소제한환경**(Least Restrictive Environment: LRE) 원리에 의거하여 결정하게 된다. 진단팀은 선별과 진단과정에서 수집된 다양한 자료에 기반하여 해당 아동에게 가장 적절한 교육장소를 선정하게 되는데, 최대한 제한의 정도가 적은 교육환경에 배치하도록 한다. 일반학급에 배치되었더라도 보조교사나 특수교사의 지원을 받는 환경에 배치될 수 있으며, 시간제 특수학급 배치의 경우 일부 과목만을 일반학급에서 수업 받게 된다. 이보다 제한의 정도가 강한 배치로는 전일제 특수학급, 특수학교 기숙학교, 자택, 병원 또는 시설 등이 있으며 이 연속적 스펙트럼 가운데 가장 적합한 교육장소를 결정하는 것이 배치의 목표이다. 참고로 제한의 정도가 상대적으로 강한 특수학교 이상의 배치를 할 경우에는 일반학교에 배치할 수 없는 이유를 진단평가에 근거하여 작성해야 한다.

최소제한환경
일반적인 환경으로부터 분리가 최소화되는 환경.

〈표 4-2〉 개별화교육계획(IEP) 작성 예시

개별화교육계획					
이름			보호자		
생년월일			연락처		
학교/학년/반			주소		
언어 환경	1차 언어:		2차 언어:		
1학기 IEP	시작일:		종료일:		
2학기 IEP	시작일:		종료일:		
장애유형	1차 장애:		2차 장애:		
장애특성					
진단 · 평가	영역	도구명	검사일자	검사결과	검사자
	예) 지능				
	학습				
	행동				
	사회성				
	신체/감각				
학생의 강점					
학생의 약점					
기타사항					
현재 수행수준					
연간목표 및 단기목표	• 연간목표1: – 단기목표1: – 단기목표2: • 연간목표2: – 단기목표1: – 단기목표2:				
특수교육 및 관련서비스	서비스종류	장소	방법	시간	시작일	기간
	예) 행동지원					
	사회성 훈련					
	교육환경 조정					
일반교육 불참 정도					
전국 또는 지역 평가 참여					
전환교육					
목표달성 통보					

4) 형성평가 및 총괄평가

개별화교육계획이 작성되고 적절한 교육환경에 배치가 이루어진 후에는 효과적인 교수방법을 투입하면서 아동에게 얼마나 효과를 보이는지 평가해야 한다. 이때 형성평가(formative evaluation)를 실시하게 되는데 이는 수업방법이나 교육과정을 개선하기 위해 실시하는 평가로(한국교육평가학회, 2004), 현재 제공되는 교수방법의 효과성을 판단하여 교수방법에 수정이 필요한지 여부를 결정하기 위함이다. 뿐만 아니라 지속적이고 주기적인 형성평가를 통해 아동의 문제 영역(학업 또는 행동)에서의 수행 진전도를 확인할 수 있다. 형성평가는 배치환경이 어디냐에 따라 일반교사나 특수교사에 의해 실시될 수 있는데, 핵심은 쉽게, 자주 측정 가능한 검사도구를 활용하여 주기적으로 실시해야 한다는 점이다. 형성평가의 목적과 취지에 부합하는 평가방법으로 앞서 언급한 교육과정중심측정(CBM)을 들 수 있다.

CBM은 1970년대 미네소타대학의 학습장애연구소(Institute for Research on Learning Disabilities)에서 개발되었는데 본래 특수교사들의 교수적 의사결정(instructional decision making)에 도움을 주기 위해 고안된 측정학적으로 우수하면서도 간편하게 사용할 수 있는 검사도구이다(신재현, 2017). 교사들은 읽기, 쓰기, 수학 등의 주요 학업기술 영역에서 주기적으로 측정된(예: 주 1회) 학생들의 CBM 검사결과를 그래프로 나타낸 다음, 목표선(goal line)과의 비교를 통해 현재 적용 중인 교수의 효과성 여부를 판단하게 된다. 지난 30여 년간 축적된 연구에 따르면 교사들이 CBM을 사용하여 학생의 성취를 평가하고 그 결과에 기반하여 교수적 수정을 시행했을 때 학생의 학업성취 변화에 더 민감하게 반응하고 보다 역동적이고 체계적인 교수수정이 이루어졌으며, 그 결과 학생들의 학업성취에 긍정적인 효과를 보인 것으로 드러났다(Fuchs, Deno, & Mirkin, 1984; Fuchs, Fuchs, & Vaughn, 2014; Stecker, Fuchs, & Fuchs, 2005).

형성평가와 더불어 IEP에서 계획한 기간 동안 교수·학습 전체의 효과에 대한 종합적인 평가도 필요한데, 이를 총괄평가(summative evaluation)라고 한다. 즉, IEP를 통한 특수교육을 제공하기 전과 후의 차이를 종합적으로 판단하는 절차라고 볼 수 있다. 이 단계에서의 초점은 프로그램이 원래 계획했던 성취 기준에 비해 얼마만큼의 성공을 이루었는가 하는 데 있다. 최종적으로 총괄평가의 결과 특수교육을 더 받아야 한다는 결론이 모아지면 아동의 IEP를 수정하여 다시 적절한 교육환경에 배치하고 보완된 프로그램을 적용해야 할 것이다.

▌ 학교 및 교실 실천 사례 ▌

교육과정중심측정(CBM)을 활용한 특수교육대상자 선별·진단의뢰 사례

　행복초등학교 윤 선생님 반에는 학기 초부터 학습장애가 아닐까 의심되는 아동이 있다. 올해 2학년인 다빈이는 쓰기에 심각한 어려움을 가지고 있으며 받아쓰기 점수는 학급에서 가장 낮다. 거의 모든 받침을 제대로 쓰지 못하고 맞춤법과 구두점도 대부분 틀린다. 글씨도 알아보기 힘들 정도로 써서 윤 선생님은 다빈이가 국어시간뿐만 아니라 다른 수업시간에도 쓰기활동이 있으면 시무룩해져 있는 모습을 본다. 윤 선생님은 쓰기 학습장애가 아닐까 의심이 되어 특수학급 교사와의 협조하에 선별과 의뢰 전 중재를 실시해보기로 하였다. 쓰기 학습장애로 단정 지을 수는 없는 만큼, 최대한 많은 정보를 수집하여 학습장애 가능성을 확인하고, 진단의뢰에 앞서 일정기간 동안 일대일로 개별적인 교수적 도움을 제공하고 그에 대한 다빈이의 반응도를 살펴보고자 하였다.

　우선 다빈이의 국어시간 받아쓰기와 쓰기수행과제 등을 최대한 수집하여 쓰기 오류패턴을 살펴보았다. 또한, 기초학습기능수행체제(BASA) 쓰기검사를 활용하여 다빈이의 쓰기 성취도 수준이 2학년 또래들에 비해 얼마나 떨어져 있는지 확인하였다. 그 다음 의뢰 전 중재를 실시하기 위하여 특수학급 교사와 논의 후 다빈이에게 적합한 쓰기교수를 고안하였다. 다빈이의 경우 맞춤법, 구두점, 글씨쓰기 등에 어려움을 가지고 있었기 때문에 기존 연구들에서 효과적인 철자쓰기 교수법으로 검증된 것들을 찾아 총 5주짜리 쓰기중재 프로그램을 만들었다. 윤 선생님은 주 3회, 회기당 30분씩 방과 후 교실에서 개별 지도를 하기로 하였다. 또한, 쓰기중재에 대한 반응도를 점검하기 위해 BASA 쓰기의 형성평가를 활용하기로 하였다. 보다 빈번한 측정을 통해 쓰기중재에 대한 다빈이의 반응도를 확인하고 싶었기 때문에 주 2회 측정하기로 하였다. 이렇게 수립된 쓰기중재 프로그램과 BASA 쓰기를 통한 진전도 모니터링의 결과는 다음과 같았다.

　5주간 총 10회에 걸쳐 BASA 쓰기검사로 다빈이의 쓰기수행을 모니터링한 결과, 중재를 투입하기 전 기초선 점수(10점)와 중재 후 목표점수(18점)를 연결한 목표선(색 선)의 기울기가 다빈이의 실제 수행(색 점들) 진전도를 나타내는 선(검은색)보다 가파른 것을 확인할 수 있었다. 이는 철자쓰기에 효과적인 것으로 입증된 중재방법이 다빈이의 쓰기수행에 많은 도움이 되지 않았음을 보여 준다. 윤 선생님은 중재기간이 너무 짧지는 않았는지, 중재 프로그램이 다빈이의 쓰기문제를 향상시키는 데 적합한 것이었는지, 연구에서 제시한대로 자신이 제대로 중재 프로그램을 전달하였는지 등 여러 가지 사항들을 되돌아보았다.

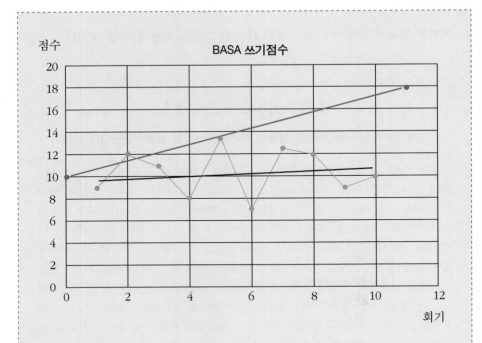

결과적으로 윤 선생님은 선별과정에서 수집한 자료들과 의뢰 전 중재 결과를 토대로 다빈이를 특수교육대상자 선정을 위한 진단절차에 정식으로 의뢰하기로 하였다. 특수학급 교사와 교장, 교감선생님도 동의하였다. 보다 구체적이고 심층적인 진단을 통해 다빈이가 가진 어려움을 정확히 파악하고 다빈이에게 가장 적합하고 체계적인 교수적 도움을 제공하기 위한 의사결정이었다.

요약

이번 장에서는 특수교육대상자의 선정과 평가절차에 대해 알아보았다. 특수교육은 평가로 시작해서 평가로 끝난다는 말이 있다. 특수교육대상자의 정확하고 효율적인 선정을 위한 선별 및 진단은 물론이거니와, 선정 이후의 진전도 파악을 위한 형성평가와 프로그램 종료 후 종합적 평가를 위한 총괄평가에 이르기까지 수많은 평가가 이루어진다.

기억해야 할 것은 이 모든 평가의 절차들이 시간과 노력을 요하는 단순한 행정업무가 아니라 특수한 교육적 도움을 필요로 하는 아동을 가려내고 해당 아동에게 가장 필요하고도 적절한 교육을 적기에 제공하기 위한 것이라는 점이다. 이는 일반학급 교사만의 의무도 아니고 그렇다고 특수교사만의 의무도 아니다. 이들을 포함한 학교 전체의 구성원들이 특수교육대상자 선정 및 평가의 모든 단계에 책임감을 가지고 체계적으로 조력해야 한다. 더불어 교사들이 선별, 진단, 배치 등 각 평가단계에서 전문가로서 기능할 수 있기 위해서는 지금보다 더 강화된 예비교사 교육 및 현직교사 연수·교육뿐만 아니라 아낌없는 행·재정적 지원이 요구된다.

논의해 볼 문제

이 장의 시작 부분에 제시된 김 교사의 사례는 나의 사례가 될 수도 있다. 특수교육대상자 선정과 평가에 대한 내용을 모두 학습하고 난 시점에서 다시 김 교사의 사례로 돌아가 보자. 당신이 김 교사에게 조언을 해준다면 어떤 것들을 이야기해 줄 수 있을까? 아니면 당신이 김 교사라면 어떻게 승연이를 도울 수 있었을까? 아래의 질문에 스스로 답해보도록 하자.

1. 승연이가 가지고 있는 문제를 돕기 위해 가장 먼저 해야 할 일은 무엇인가?
2. 일반학급 교사로서 할 수 있는 일은 구체적으로 무엇이 있을까?
3. 필요한 검사도구는 무엇이며 그 외에 필요한 자료는 어떤 방식으로 수집할 것인가?
4. 선별단계에서 어떤 확신이 들었을 때 승연이를 진단절차에 의뢰할 것인가?
5. 특수교사 및 관련 전문가(치료사, 상담가 등)와의 협력을 어떤 단계에서 어떻게 할 것인가?
6. 선별, 진단, 배치 각각의 단계에서 학부모와의 협력은 어떻게 해 나갈 것인가?

제5장

지적장애와 자폐성장애

정광조

"

지금까지 교육으로부터 배제되어 온 아동들을 교육하는 것은 워싱턴 D.C.의 재정적 관심보다 더 중요한 일이다. 만일 필요하고 바람직한 서비스나 프로그램을 재정적으로 모두 지원할 수 없다면, 다양한 교육적 요구를 가지고 있는 모든 아동에게 동등하게 혜택이 주어지는 방식으로 가용한 재원을 사용함으로써 공교육 프로그램을 운영해야 한다. 재정적 불충분성 또는 행정적인 비효율성으로 인해 발생한 워싱턴 D.C.의 부적절한 현 교육체계는 일반아동에 비해 특수학생의 교육적 요구를 부당하게 더 침해하기 때문에 허용될 수 없는 것이다.

– Mills V. Board of Education of the District of Columbia 재판, Waddy 판사 판결, 1972

"

다음 동영상을 보고 발달장애인법에 관하여 찬성과 반대로 나누어 토론을 해 보자.

[KTV 국민방송] 이슈 본-발달장애인법, 왜 필요한가?
https://www.youtube.com/watch?v=cK3sSL6OxcA

주제: 발달장애인법 실행에 대한 찬반 논쟁
입장: 발달장애인법 실행에 대한 찬성 입장, 발달장애인법 실행에 대한 반대 입장

1. 지적장애와 자폐성장애 특수교육대상자의 정의는 무엇인가?

2. 지적장애 특수교육대상자의 주요 특성은 무엇인가?

3. 자폐성장애 특수교육대상자의 주요 특성은 무엇인가?

4. 최근 자폐성장애 학생의 수가 12,156명으로 계속적으로 증가되는 추세를 보이고 있는 이유는 무엇이라 생각하는가?

5. 지적장애와 자폐성장애 같은 특수교육대상 학생을 위한 통합교육이 필요한 이유는 무엇인가?

6. 지적장애와 자폐성장애 같은 특수교육대상 학생을 위한 효과적인 개별화교육 방안은 무엇인가?

7. 지적장애와 자폐성장애 같은 특수교육 대상 학생을 위한 교육과정 운영 및 효과적인 상담 및 생활지도 방안은 무엇인가?

1. 지적장애는 치료 및 교육이 불가능하다?

의학의 발달로 지적장애의 원인 중 하나인 PKU(페닐케톤뇨증)가 신진대사의 이상이라는 것이 밝혀지고(Folling), 고단백 음식에 많은 페닐알라닌의 섭취를 제한하는 식이요법을 통해 지적발달이 가능하다는 것이 밝혀지면서 지적장애에 대한 절망적 견해가 변화되게 되었다(신종호 외, 2008).

지적장애 교육의 선구자인 Itard는 1799년 프랑스 아베뇽의 숲에서 발견된 원시소년, 즉 지적장애 학생인 Victor에게 체계적인 중재 프로그램을 실시하여 Victor가 사회적으로 성장할 수 있도록 교육하였다. 이후 많은 연구자들은(Blatt, 1987) Itard의 이와 같은 시도를 지적장애 최초의 교육적 노력으로 인정하였다(신종호 외, 2008).

1. 정의

지적장애와 자폐성장애의 정의는 학문적 정의, 법적 정의 그리고 의학적 정의 등 다양한 내용으로 제시되고 있다. 최근에는 지적장애와 자폐성장애를 포함하는 발달장애가 사용되고 있다. 그리고 발달장애와 혼동될 수 있는 발달지체라는 용어도 사용되고 있다.

따라서 특수교육을 처음 접하는 독자들은 지적장애와 자폐성장애에 관련된 다양한 용어로 인해 지적장애와 자폐성장애 이해에 어려움을 가질 수 있다. 이 장에서는 이 정의들을 쉽게 이해할 수 있도록 학문적 정의, 의학적 정의 그리고 법적 정의를 모두 제시하였다.

1) 지적장애

지적장애의 정의는 크게 학문적 정의, 의학적 정의 그리고 법적 정의로 구분되며, 교육 분야인 「장애인 등에 대한 특수교육법」상의 정의와 사회복지분야인 「장애인복지법」상의 정의로 나눠진다. 참고로 지적장애라는 용어는 처음에는 바보, 천치, 백치 등으로 불리다가 정신박약과 정신지체로 사용되었다(신종호 외, 2008).

(1) 학문적 정의: 미국 지적발달장애협회의 정의

미국 지적발달장애협회에서는 지적장애를 지적 기능과 개념적, 사회적, 실제적 적응기술로 표현되는 적응행동에서 유의미한 한계를 나타내는 것으로 보았으며, 이 장애는 18세 이전에 발생하는 것으로 정의하고 있다(AAIDD, 2010).

(2) 의학적 정의: DSM-5(미국 정신의학회 정신질환의 진단 및 통계 편람)

DSM-5에서는 지적장애 진단 기준을 다음과 같이 제시하고 있다.

지적장애는 발달 시기에 시작되며, 개념, 사회, 실행 영역에서 지적기능과 적응기능 모두에 결함이 있는 상태를 말한다. 다음의 세 가지 진단기준을 충족해야 한다.

- 임상적 평가와 개별적으로 실시된 표준화된 지능 검사로 지적 기능(추론, 문제해결, 계획, 추상적 사고, 판단, 학업, 경험학습)의 결함이 있다.
- 적응 기능의 결함으로 인해 독립성과 사회적 책임 의식에 필요한 발달학적·사회·문화적 표준을 충족하지 못한다. 지속적인 지원 없이는 적응 결함으로 인해 다양한 환경(가정, 학교, 일터, 공동체)에서 한 가지 이상의 일상활동(의사소통, 사회적 참여, 독립적 생활) 기능에 제한을 받는다.
- 지적 결함과 적응 기능의 결함은 발달 시기 동안에 시작된다.

(3) 장애인 등에 대한 특수교육법의 정의

「장애인 등에 대한 특수교육법 시행령」 제10조에서는 지적장애를 지적기능과 적응행동상의 어려움이 함께 존재하여 교육적 성취에 어려움이 있는 사람으로 정의하고 있다.

(4) 장애인복지법 및 발달장애인 권리보장 및 지원에 관한 법률의 정의

「장애인복지법 시행령」 제2조에서는 지적장애를 정신 발육이 항구적으로 지체되어 지적 능력의 발달이 불충분하거나 불완전하여 자신의 일을 처리하는 것과 사회생활에 적응하는 것이 상당히 곤란한 사람으로 정의하고 있다.

2) 자폐성장애

(1) 의학적 정의: DSM-5(미국 정신의학회 정신질환의 진단 및 통계 편람)

자폐성장애에 대한 의학적 정의는 DSM-5의 진단 준거를 통해 그 내용을 알 수 있다. 참고로 DSM-5에서는 자폐성장애를 자폐스펙트럼장애라는 용어로 사용하고 있다. DSM-5 이전에는 자폐성장애는 전반적발달장애로 불렸다. 그리고 전반적발달장애의 하위 유형으로 자폐증, 아스퍼거장애, 소아기붕괴성장애 그리고 불특정 전반적발달장애를 포함시켰었다. DSM-5에 따른 자폐스펙트럼장애의 정의(진단준거)는 다음과 같다.

- 다양한 분야에 걸쳐 나타나는 사회적 의사소통 및 사회적 상호작용의 지속적인 결함

- 제한적이고 반복적인 행동이나 흥미, 활동이 다음 네 가지 중 두 가지 이상 나타나는 경우(① 상동증적이거나 반복적인 운동성 동작, 물건 사용 또는 말하기. ② 동일성에 대한 고집, 일상적인 것에 대한 융통성 없는 집착, 의례적인 언어 또는 비언어적 행동양상. ③ 극도록 제한적이고 고정된 흥미. ④ 감각 정보에 대한 과잉 또는 과소 반응, 또는 환경의 감각 영역에 대한 특이한 관심.)
- 위와 같은 증상이 초기 발달 시기부터 나타나야 한다.
- 이러한 증상은 사회적, 직업적 또는 다른 중요한 기능 영역에서 임상적으로 뚜렷한 손상을 초래해야 한다.
- 이러한 장애는 지적장애 또는 전반적인 발달지연으로 더 잘 설명되지 않는다.

(2) 장애인 등에 대한 특수교육법의 자폐성 장애 정의

「장애인 등에 대한 특수교육법 시행령」 제10조에서는 자폐성장애를 사회적 상호작용과 의사소통에 결함이 있고, 제한적이고 반복적인 관심과 활동을 보임으로써 교육적 성취 및 일상생활 적응에 도움이 필요한 사람으로 정의를 하고 있다.

(3) 장애인복지법 및 발달장애인 권리보장 및 지원에 관한 법률의 정의

「장애인복지법 시행령」 제2조에서는 자폐성장애를 소아기 자폐증, 비전형적 자폐증에 따른 언어, 신체표현, 자기조절, 사회적응 기능 및 능력의 장애로 인하여 일상생활이나 사회생활에 상당한 제약을 받아 다른 사람의 도움이 필요한 사람으로 정의를 하고 있다.

3) 발달장애

발달장애는 「발달장애인 권리보장 및 지원에 관한 법률」 제2조에서 위 「장애인복지법」상의 지적장애인과 자폐성장애인을 포함한다. 참고로 지적장애인 및 자폐성장애인이 아닌 경우에 그 밖에 통상적인 발달이 나타나지 아니하거나 크게 지연되어 일상생활이나 사회생활에 상당한 제약을 받는 사람으로서 대통령령으로 정하는 사람도 발달장애인에 포함될 수 있다.

4) 발달지체

발달지체는 「장애인 등에 대한 특수교육법 시행령」에서 신체, 인지, 의사소통, 사회 · 정서, 적응행동 중 하나 이상의 발달이 또래에 비하여 현저하게 지체되어 특별한 교육적 조치가 필요한 영아 및 9세 미만의 아동을 말한다.

2. 진단 · 평가 및 분류

1) 지적장애 및 자폐성장애 진단 및 평가 기관

지적장애와 자폐성장애의 진단 및 평가는 크게 특수교육분야(장애인 등에 관한 특수교육법)와 장애인복지분야(장애인복지법)로 나눠 살펴 볼 수 있다.

(1) 특수교육대상자 진단 · 평가 및 선정

먼저, 특수교육 분야에서 지적장애 및 자폐성장애 특수교육대상자로 진단 및 평가받기 위해서는 시 · 도 교육청 하급교육행정기관별로 설치된 「특수교육지원센터」에 보호자 또는 각급학교의 장이 진단 · 평가를 의뢰하여야 한다.

「특수교육지원센터」에서는 30일 이내에 지적장애의 경우에는 〈지능검사〉, 〈사회성숙도 검사〉, 〈적응행동검사〉, 〈기초학습검사〉 그리고 〈운동능력검사〉를 실시하여야 한다. 그리고 자폐성장애의 경우에는 적응행동검사, 성격진단검사, 행동발달평가 그리고 학습준비도검사를 실시하여야 한다.

(2) 지적장애인 및 자폐성장애인 진단 · 평가 및 선정

장애인 복지 분야에서 지적장애인 및 자폐성장애인으로 진단 및 평가받기 위해서는 각 시 · 군 · 구 자치단체에서 장애유형별 해당 전문의에게 장애진단을 의뢰하여야 한다. 지적장애 전문의는 정신건강의학과 · 신경과 또는 재활의학과 전문의이고 자폐성장애는 정신건강의학과(소아정신건강의학과) 전문의이다.

지적장애 판정 절차는 웩슬러 지능검사 등 개인용 지능검사를 실시하여 얻은 지능지수(IQ)에 따라 판정하며, 사회성숙도검사를 참조한다. 추가로 GAS 및 비언어적 지능검사도구(시각-운동통합발달검사: VMI, 벤더게슈탈트검사: BGT)와 바인랜드 사회성숙도검사와 바인랜드 적응행동검사 그리고 발달검사를 실시하기도 한다(장애등급판정기준. 보건복지부, 2018.7.27.).

자폐성장애 판정 절차는 공식적인 자폐성장애 분류체계로 사용하고 있는 국제질병분류표 ICD-10의 진단지침에 따른다. 즉, ICD-10의 진단명이 F84 전반성발달장애(자폐증)인 경우에 자폐성장애 등급판정을 한다. 자폐증상의 심각도는 전문의의 판단에 따르는데, K-CARS 또는 여러 자폐증 척도를 이용하여 한다(장애등급판정기준. 보건복지부, 2018.7.27.).

2) 지적장애 및 자폐성장애 분류

(1) 지적장애 분류
① 특수교육 학문 분야상 지적장애 분류
특수교육 분야에는 지적장애를 크게 지능과 적응행동상 분류와 지원 강도에 따른 분류로 나눌 수 있다.

먼저, 지적장애는 지능과 적응행동을 고려하여 크게 경도지적장애와 중도지적장애로 구분할 수 있다. 예를 들어, 경도지적장애의 경우에는 지능지수가 50~52에서 67~70에 이르는 경우를 말한다. 그리고 중도지적장애는 50~52 이하인 경우로 볼 수 있다(신종호 외, 2008). 그리고 지원 강도에 따라 지적장애를 간헐적(필요에 따라), 제한적(시간에 따라 일관적으로, 시간제한을 두고), 확장적(정기적인 지원), 전반적(높은 강도의 지원을 거의 모든 환경에서 지속적으로)으로 분류할 수 있다(신종호 외, 2008).

② 의학적 원인에 따른 지적장애 분류
지적장애는 의학적 원인에 따라 크게 다운증후군, 프래더-윌리증후군 그리고 윌리암스증후군 등으로 나눠 볼 수 있다.

먼저, 다운증후군의 경우에는 염색체 이상에 따른 경우로 21번의 염색체가 세 개가 됨에 따른 삼염색체성(Trisomy)에 따른 유전병의 일종이다. 다운증후군 청소년은 지능지수가 50 정도로 경도지적장애, 즉 8, 9세 어린 아이와 비슷한 지능을 가지게 된다.

프래더-윌리증후군은 15번 염색체의 이상으로 발생하는 염색체 이상 질환이다. 이 질환의 대표적 특성은 비만증과 지적장애인데, 아동기에 지능지수가 평균 65로 경도지적장애 수준으로 나타난다. 일부 아동은 정상 범주의 지능지수로 보이나 강박적인 경향이나 학습장애를 보이기도 한다(서울아산병원, 한국프래더윌리증후군 환우회).

윌리암스증후군은 염색체 7번 이상과 관련된 증후군이다. 윌리암스증후군의 주 증상은 일반적인 겉모습이 요정과 같고 매우 작으며 사교성이 뛰어나고 언어적 능력이 정상 범주에 있다는 점이다. 하지만, 윌리암스증후군의 55% 아동들은 지능이 69에서 40으로 지적장애로 진단 및 평가되고 교육을 받고 있다는 점이다.

③ 장애인복지법상의 지적장애 분류

「장애인복지법」에서는 지적장애를 1급, 2급, 3급으로 분류하고 있다. 이와 같은 지적장애 등급은 지능지수 외 GAS 및 비언어적 지능검사, 적응행동검사 그리고 사회성숙도검사를 종합하여 다음과 같이 분류한다(장애등급판정기준. 보건복지부, 2018.7.27.).

〈표 5-1〉 **지적장애 등급 판정기준**

장애등급	장애 정도
1급	• 지능지수가 35 미만인 사람으로 일상생활과 사회생활의 적응이 현저하게 곤란하여 일생 타인의 보호가 필요한 사람
2급	• 지능지수가 35 이상 50 미만인 사람으로 일상생활의 단순한 행동을 훈련시킬 수 있고, 어느 정도의 감독과 도움을 받으면 복잡하지 아니하고 특수기술을 요하지 아니하는 직업을 가질 수 있는 사람
3급	• 지능지수가 50 이상 70 이하인 사람으로 교육을 통한 사회적 · 직업적 재활이 가능한 사람

(2) 자폐성장애 분류

① 특수교육 학문 분야상 자폐성장애 분류

자폐성장애는 크게 Kanner가 정의한 자폐증, Askperger가 정의한 아스퍼거장애 그리고 서번트증후군(Savant Syndrome)을 포함한 고기능성 자폐증으로 분류할 수 있다. 참고로 DSM-4에서는 이들 유형을 통틀어 전반적 발달장애로, 그리고 최근 DSM-5에서는 이 모든 유형을 통틀어 자폐스펙트럼장애라는 용어로 변경하여 사용하고 있다(김동일 외, 2016). 그리고 고기능성 자폐증은 지능 지수가 70 이상으로 지능이 정상 범주에 있는 경우를 말한다.

자폐성장애는 통계적 접근에 따라 네 가지 유형으로 분류할 수 있다. 예를 들어, 하위 유형 1은 반향어의 양상으로 의미 없는 말을 반복하는 유형으로 이런 행동을 보일 때는 다른 세계에 빠져 있는 듯한 특징을 보인다. 하위 유형 2는 외부에 반응하지 않고 끊임없이 자기자극 행동을 보인다. 하위 유형 3은 언어 사용이나 사회적 상호작용에 큰 어려움이 없지만, 약간의 특이성으로 인해 타인에게 불편함을 주거나 거부감을 주는 경향이 있다. 마지막으로 하위 유형 4는 사회적 접촉을 적극적으로 거부하는 유형이다(이승희, 2009).

자폐성장애는 임상적 접근에 따라 세 가지 집단으로 분류가 된다. 첫 번째 무관심한 집단은 혼자 남겨졌을 때 가장 행복해 하는 집단으로 신체 접촉을 싫어하고 사람을 물건처럼 취급하며 다른 사람들의 느낌이나 감정에 대해 무관심한 집단이다. 두 번째 집단인 수동적인 집단은 접촉을 피하지는 않지만, 접촉을 위한 시도를 하지 못하는 집단이다. 세 번째 집단인 적극적이지만 이상한 집단의 아동들은 지적 능력도 높고 눈맞춤도 가능하지만, 사회적 관계에 대한 이해 부족과 적절한 사회적 기술 부족으로 공격 성향을 보이기도 한다(이승희, 2009).

② 의학적 원인에 따른 자폐성장애 분류

자폐성장애는 DSM-5 이전인 DSM-4와 DSM-TR에서는 전반적발달장애 하위 유형으로 자폐장애, 아스퍼거장애, 소아기붕괴성장애, 레트장애, 기타 전반적인 발달장애가 포함되어 있었다. 그러나 DSM-5에서는 전반적발달장애라는 용어 대신에 자폐스펙트럼장애로 그 용어가 통합되었다(레트장애는 제외).

가장 대표적인 자폐성장애 하위 유형인 자폐장애(자폐증)는 1943년 Kanner가 처음 사용하였다. 그리고 자폐장애는 사회적 상호작용의 질적 손상, 의사소통의 질적 손상 그리고 제한적이고 반복적이며 상동적인 행동, 관심, 활동이 나타나며 3세 이전에 나타나는 유형이다.

레트장애는 1966년 Rett와 Hagberg가 처음 소개하였다. 레트장애는 출생 후 6개월간은 정상적으로 발달한다. 그러나 출생 후 5개월 이후부터 48개월 사이에 머리 성장의 감소, 출생 후 5개월부터 30개월 사이에 이전 습득된 손 기술의 상실과 뒤따르는 상동적 손동작 발달이 일어나는 특성이 있다. 그리고 출현 초기 사회적 참여의 상실, 협응이 서툰 걸음걸이나 몸동작, 심한 정신운동성 지체와 표현언어와 수용언어의 심한 손상을 보이는 특성을 가지고 있다.

아동기붕괴성장애는 1908년 Heller가 처음 소개하였다. 아동기붕괴성장애는 출생 후 적어도 2년 동안은 정상적인 발달이 이루어져 연령에 적절한 언어적·비언어적 의사소통, 사회적 관계, 놀이, 적응행동이 나타난다. 그러나 10세 이전에 습득한 표현언어와 수용언어, 사회적 기술, 운동 및 놀이 기술들이 상실된다. 그리고 자폐장애 특성인 사회적 상호작용의 질적 손상, 의사소통의 질적 손상 그리고 동작성 상동증과 매너리즘을 포함하는 제한적이고 반복적이며 상동적인 행동, 관심 및 활동 세 가지 중 두 가지 영역에서 이상이 나타나는 경우이다.

아스퍼거장애는 1944년 Asperger가 처음 소개하였으며 1981년 Wing에 의해 전 세계적으로 알려지게 되었다. 아스퍼거장애는 인지적 발달, 자조기술, 적응행동, 환경에 대한 호기심 발달 그리고 언어 지연이 없다. 따라서 아스퍼거장애는 자폐장애와 같이 사회적 상호작용의 질적 손상이 2개 이상 그리고 제한적이고 반복적이며 상동적인 행동, 관심 및 활동이 1개 이상 나타나지만, 의사소통의 질적인 손상은 없다는 차이점을 가지고 있다.

불특정 전반적발달장애는 자폐장애와 같이 사회적 상호작용의 질적 손상, 의사소통의 질적 손상 그리고 제한적이고 반복적이며 상동적인 행동과 관심을 보이지만, 그 정도나 증상이 다른 전반적인 발달장애의 진단 준거를 충족시키지 못하는 경우이다. 즉, 이 범주는 늦은 출현 연령, 비전형적인 증상, 뚜렷하지 않은 증상 혹은 이 세 가지 모두 때문에 자폐장애의 준거에 맞지 않는 경우인 '비전형 자폐증'을 포함한다(이승희, 2009).

③ 장애인복지법상 자폐성장애 분류

자폐성장애 등급은 지능지수 외 GAS와 K-CARS 등 여러 자폐증 척도 검사를 종합하여 다음과 같이 분류할 수 있다(장애등급판정기준, 보건복지부, 2018.7. 27.).

〈표 5-2〉 **자폐성장애 등급 판정기준**

장애등급	장애 정도
1급	• ICD-10의 진단기준에 의한 전반성발달장애(자폐증)로 정상발달의 단계가 나타나지 아니하고 지능지수가 70 이하이며, 기능 및 능력장애로 인하여 GAS척도 점수가 20 이하인 사람
2급	• ICD-10의 진단기준에 의한 전반성발달장애(자폐증)로 정상발달의 단계가 나타나지 아니하고 지능지수가 70 이하이며, 기능 및 능력장애로 인하여 GAS척도 점수가 21~40인 사람
3급	• ICD-10의 진단기준에 의한 전반성발달장애(자폐증)로 정상발달의 단계가 나타나지 아니하고 지능지수가 70 이하이며, 기능 및 능력장애로 인하여 GAS척도 점수가 41~50인 사람

3. 출현율

1) 지적장애 출현율

교육부 국립특수교육원에서 조사 발표한 2018 특수교육통계에 따르면 전체 특수교육대상자는 90,780명에 이르는 것으로 나타났다. 그리고 이 중에서 지적장애 학생의 수는 48,747명인 것으로 나타났다. 이것은 전체 특수교육대상자 중 지적장애 학생의 수가 차지하는 비율이 53.7%에 이르는 것으로 국내 특수교육대상자 10개 유형 중 가장 수가 많은 유형임을 보여 주고 있다.

2) 자폐성장애 출현율

교육부 국립특수교육원에서 조사 발표한 2018년 특수교육통계에 따르면 자폐성장애 학생의 수는 12,156명인 것으로 나타났다. 이것은 전체 특수교육대상자 중 13.4%를 차지하는 것으로 지적장애 다음으로 그 수가 많은 유형임을 보여 준다. 참고로 자폐성장애는 2014년에 9,334명에서 2015년에는 10,045명, 2016년에는 10,985명으로 지체장애보다 더 많은 출현율을 보였다. 그리고 2017년에는 11,422명 그리고 2018년에는 12,156명으로 계속적으로 증가하는 추세를 보이고 있다.

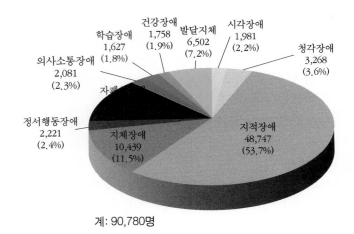

계: 90,780명

[그림 5-1] 국내 장애 영역별 특수교육대상자 현황

출처: 교육부(2018b).

4. 원인 및 특성

1) 지적장애의 원인과 특성

(1) 지적장애의 원인

지적장애의 원인은 크게 생물학적 범주와 환경적(심리 사회적) 범주로 나눠 볼
수 있다. 주의해야 할 점은 이들 지적장애의 원인 중에 50%만이 그 원인이 밝혀
졌다는 점이다. 특히, 경도지적장애의 경우에는 그 원인을 설명할 수 없는 경우
가 많다(신종호 외, 2008).

① 생물학적 원인

지적장애의 생물학적 요인으로는 유전적 전달, 염색체 이상, 두개골 기형, 기
타 선천적 요인 등을 들 수 있다.

유전적 전달의 대표적인 예는 우성유전인 신경섬유종증, 열성 유전인 페닐케
톤뇨증, 테이-삭스병(Tay-Sachs disease), 갈락토스혈증이 있다. 특히, 페닐케톤
뇨증은 식이요법을 통해 지적장애를 치료하거나 예방할 수 있다는 점에서 지적
장애에 대한 편견 및 선입견을 해소하는 데 큰 역할을 하였다. 성염색체 유전으

로는 레쉬-니한 증후군(Lesch-Nyhan syndrome)을 들 수 있다. 그리고 유약 X증후군은 다운증후군 다음으로 지적장애의 원인이 되는 것으로 보고되고 있다.

염색체 이상의 대표적인 예는 다운증후군, 프래더-윌리증후군, 윌리암스증후군, 성염색체 이상인 클라인펠터증후군과 터너증후군을 들 수 있다. 예를 들어, 클라인펠터증후군은 1942년 Klinefelter 박사에 의해 소개된 증후군으로 남성이 여분의 X염색체를 더 받아서 XXY 배열을 이루는 증후군이다. 그리고 터너증후군은 X염색체가 하나 없어 OX 배열을 이루는 증후군이다. 두개골 기형에는 무뇌증, 소뇌증 그리고 소두증을 들 수 있다. 무뇌증은 말 그대로 두뇌의 중요 부분이 없어서 지적장애의 원인이 된다. 소뇌증은 태생기에 있어 발육억제 또는 붕괴에 의해 뇌가 이상하게 작아져 지적장애의 원인이 된다. 소두증은 두개골 내의 뇌척수 흐름의 방해로 인해 뇌의 점진적 확장에 따른 뇌손상으로 지적장애의 원인이 되는 경우이다.

② **환경적 원인**

환경적 원인으로는 기타 선천적 요인, 조산과 출생 시 문제, 출산 후의 문제로 나눠 볼 수 있다.

기타 선천적 원인으로는 모체에 의한 장애와 유해 물질 및 약물의 오·남용을 들 수 있다. 모체에 의한 장애로는 선천성 매독, 풍진, 그리고 혈액형 불일치 등을 들 수 있다. 그리고 유해 물질 및 약물의 오·남용으로는 태아알코올증후군을 들 수 있다.

조산과 출생 시 문제로는 조산(37주 미만의 임신 기간), 저체중(2,500그램 이하의 몸무게), 저산소증(무산소증)을 들 수 있다. 그리고 출산 후의 문제로는 주로 각종 사고에 의한 뇌손상, 아동학대(때리는 것과 심하게 흔드는 것 포함), 납중독, 영양결핍을 들 수 있다.

(2) 지적장애의 특성

지적장애의 특성에 대한 결론은 다음과 같다. 지적장애는 지적기능과 적응행동의 어려움을 동시에 가지고 있다. 즉, 지적기능만 낮다고 해서 지적장애로 진단되는 것이 아니라 적응행동에서도 어려움이 동시에 나타나고 학령기 아동이어야 지적장애로 진단이 된다.

하지만, 지적장애 학생들은 지적능력과 적응행동에만 어려움이 있기 때문에 교사와 학부모와 같은 환경, 동기, 정서지능 등 다른 능력을 통해 다양한 경험을 쌓고 풍부한 교수적 환경과 상호작용하게 되면 학습 능력이 향상되어 늦지만 인지 발달을 이루어 나갈 수 있다는 점이다.

① 지적장애의 지적 능력 특성

지적장애는 지적기능에 어려움이 있는 특수교육대상자로 표준화된 개인지능검사 결과 지능지수가 70 이하인 경우에 지적장애로 진단될 수 있다.

지적장애는 장애명에 나타난 바와 같이 지적능력에만 장애가 있는 특수교육대상자이다. [그림 5-2]에서 나타난 바와 같이 표준화된 개인지능검사를 통해 지능검사결과가 70 이상이면 정상 범주로, 70 이하이면 지적장애 장애 범주에 해당하는 것으로 해석한다.

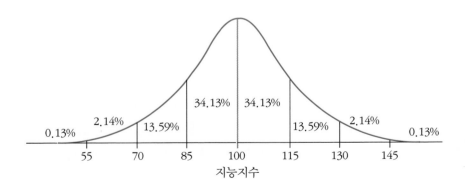

[그림 5-2] **지능의 정상분포곡선**

지적장애는 지능이 50에서 70 사이에 있는 경우를 경도지적장애로 그리고 지능이 50 이하인 경우에는 중도지적장애로 분류한다.

참고로 지적능력은 지적능력을 측정하는 검사도구를 통해 그 내용을 확인할 수 있다. 예를 들어, 국내에서 개인 지능검사를 실시할 때 가장 많이 적용하는 검사는 한국판 웩슬러 아동용 지능검사이다. 이 검사는 6세에서 16세 11개월까지의 아동의 인지능력을 평가하기 위해 개발된 검사도구이다. 이 검사에서는 지적능력을 측정하기 위해 언어성 검사와 동작성 검사를 실시한다. 언어성 검사에는 상식, 공통성, 산수, 어휘, 이해, 숫자, 단어추리, 행렬추리가 있다. 그리고 동작성 검사에는 빠진 곳 찾기, 기호쓰기, 차례 맞추기, 토막 짜기, 모양 맞추기, 동형찾기, 공통그림 찾기가 있다. 검사 결과를 통해 언어이해, 지각추론, 작업 기억, 처리속도 그리고 전체검사로 합산하여 지능지수를 산출한다(김동일 외, 2016).

따라서 지적장애 학생들은 지적능력인 언어이해, 지각추론, 작업 기억 그리고 처리속도에서 같은 연령대의 정상아동에 비해 수준이 낮다고 할 수 있다. 하지만 표준화된 개인지능검사에서 나온 지능지수는 검사를 받은 아동의 점수를 같은 연령대의 다른 아동들의 점수와 비교한 점수라는 점에 유의해야 한다. 즉, 연령에 영향을 많이 받기 때문에 지적장애 학생의 지능지수가 낮다고 해서 지적능력이 낮을 거라고 생각해서는 안 된다. 왜냐하면 지능지수는 연령에 따른 상대적 위치를 말하는 것이기 때문이다. 참고로 같은 지능검사 점수를 연령이 낮은 정상 아동과 비교했을 때는 지능지수가 다르게 나와 정상 범주에 속할 수도 있다. 예를 들어, 14세 지적장애 학생이 14세 정상 범주의 학생들과 비교한 지능지수가 70 이하이지만, 10세 정상 범주의 학생들과 비교하면 지능지수가 70 이상이 나올 수 있다는 것이다.

따라서 많은 학자들은 지적장애를 지능지수만을 가지고 진단·평가하는 것에 대한 위험성을 경고하면서 이에 대한 대안들을 제시해 왔다. 예를 들어, Piaget(1896~1980)는 지능을 환경과의 상호작용을 통한 발달과정으로 이해하면서 지적장애의 지적 능력의 발달 가능성에 주목을 하였다. 그리고 Sternberg와 Gardner는 지적장애의 생물학적 원인 외에 환경과 경험의 중요성을 강조하면서 지능을 보다 넓고 다양하게 정의를 하였다. 예를 들어, Sternberg는 환경도 지능이라는 관점을 제시하였다. 그리고 Gardner는 일곱 가지 다른 지능을 제시하면서 지능에 대한 새로운 관점과 접근 방법을 제시하였다(신현기, 2008). 이에 따라 지적장애의 진단에는 지능지수 외에 적응행동도 함께 중요하게 여겨지게 되었다.

가. 지적장애의 정보처리모형 특성

지적장애 학생들의 지적 특성은 정보처리모형을 통해 보다 쉽게 이해할 수 있다. 왜냐하면 지적능력의 하위 요인인 언어이해, 지각추론, 작업기억 그리고 처리속도를 보다 구체적으로 이해하도록 해 주는 모형이 바로 정보처리모형이

기 때문이다. 실제로 초기 지적장애 연구에서는 정보처리모형을 가지고 정상아
동과 지적장애 아동을 비교하는 연구들이 많이 이루어졌다(정정진 외, 2010).

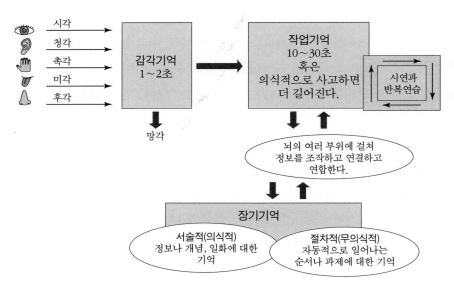

[그림 5-3] **정보처리모형에 따른 정보처리과정**

예를 들어, 지적장애 학생들은 위 정보처리모형에서 감각기억과 작업기억까
지는 정상 범주의 아동과 차이가 없다. 하지만 선택적 주의 집중에 어려움을 보
인다. 즉, 지각된 자극에서 적절하지 않은 자극은 버리고 필요한 자극만을 선
택하고 분류하여 작업기억을 보내는 데 어려움을 보인다(Cha, 1992; 신종호 외,
2008에서 재인용). 또한, 작업기억에서 처리된 정보를 장기기억화하는 데 필요한
시연, 반복학습, 심상 전략 등 전략의 사용에 어려움을 보인다. 특히, 정보처리
전 과정을 이해하고 자신이 알고 있는 것과 모르는 것, 해야 하는 과제를 알고
이 전 과정을 통제하는 능력인 초인지(상위인지) 및 실행기능에 어려움을 보인
다. 즉, 지적장애 학생의 경우에는 장기기억에 쌓인 지식, 즉 언어, 정보, 개념,
과제에 대한 기억 등이 매우 제한적이어서 문제해결이나 학습에 어려움을 보이
게 된다. 예를 들어, 읽기, 쓰기, 말하기, 듣기와 관련된 과제 수행 시, 이들 지적
장애 학생들은 이와 관련된 지식이 제한적이어서 읽기, 쓰기, 말하기, 듣기 등
기초학습기능에 어려움을 보이는 것이다. 그리고 이와 같은 기초학습기능의 어

려움은 국어, 수학, 사회, 과학 등과 같은 교과학습의 어려움으로 작용하여 지적
장애 학생들이 발달에 어려움을 겪게 되는 직접적인 원인으로 작용한다.

나. 지적장애의 인지발달적 특성

지적장애는 Piaget의 인지발달이론상으로 2세 수준의 감각운동기, 4세까지
의 전조작기, 그리고 7세에서 11세까지의 구체적 조작기 수준에 머무는 특성을
보인다. 즉, 11세 이후의 형식적 조작기까지 발달하는 데 상당한 어려움을 보
인다.

그리고 지적장애 학생은 감각운동기, 전조작기, 구체적 조작기에 도달하는 시
기도 늦거나 도달하지 못할 수도 있다. 특히, 경도지적장애 학생들은 구체적 조
작기까지 도달할 수 있으나, 중도지적장애 학생들은 전조작 단계를 넘기가 힘들
수도 있다(Inhelder, 1968; Woodward, 1979; 신종호 외, 2008에서 재인용).

참고로 감각운동기에는 감각경험과 운동 활동을 통해 주위 환경을 인식하면
서 자신과 다른 사람들을 구별하기 시작한다. 그리고 전조작기에서는 주위 사
람들과 사물들에 대해 상징을 사용하기 시작하면서 모방을 통해 새로운 경험들
을 습득해 나간다. 그 다음 단계인 구체적 조작기에서는 사물들의 순서를 정하
고, 분류하는 능력을 발전시켜 나간다. 그리고 구체적으로 경험한 문제들만을
해결할 수 있다. 형식적 조작기는 추상적 사고가 가능한 시기로 복잡한 문제해
결을 위한 가설 설정을 통해 추론 활동이 가능한 시기이다.

② 지적장애의 적응행동상의 특성

지적장애 학생들은 적응행동에 어려움이 있다. 지적장애 정의에서도 살펴본
바와 같이 지적장애 특수교육대상자로 선정되기 위해서는 지능지수가 70 이하
이면서 동시에 적응행동상에도 어려움이 함께 존재해야 한다.

그렇다면 적응행동이라는 용어는 무슨 의미일까? 적응행동에 대해서는 오래
전부터 정의가 이루어져 왔다. 예를 들어, Grossman(1983)은 적응행동을 "개인
이 자신이 속한 연령 및 문화집단에서 기대하는 개인적 독립성 및 사회적 책임
성 기준에 부합하는 정도"라고 정의를 하였다. 그리고 미국 정신지체협회에서
는 1992년 AAMR 정의에서 적응행동이라는 추상적인 용어보다는 정의 가능한
기술 영역들을 강조하였다. 즉, 적응행동은 "일상생활에서 기능하기 위해 사람

들에 의해 학습되어 온 개념적, 사회적, 그리고 실제적 기술의 모음"이라고 정의를 한다.

구체적인 적응행동 내용은 다음 〈표 5-3〉과 같다.

〈표 5-3〉 **적응행동 기술의 예**

개념적 적응행동	언어(수용 및 표현), 읽기/쓰기, 돈의 개념, 자기지시
사회적 적응행동	대인관계, 책임감, 자기 존중감, 타인에게 잘 속는 정도, 순진한 정도 규칙 따르기, 법 준수하기, 손해 보지 않기
실제적 적응행동	일상생활 활동(식생활, 기동성/이동성, 용변처리하기, 옷입기), 일상에서 도구 활용하기(식사 준비하기, 가사활동, 교통수단 이용하기, 약물 복용하기, 돈 관리하기, 전화기 사용하기), 직업 기술, 환경 속에서 안전 유지하기

지적장애 학생들은 경도지적장애 및 중도지적장애 등 다양한 원인 및 하위 유형에 따라 위에서 제시한 적응행동에 어려움을 나타낸다. 예를 들어, 중도지적장애의 경우에는 용변 처리하기와 옷입기 등과 같은 일상생활 활동과 수용언어에서 어려움을 겪을 수 있다. 그리고 경도지적장애 아동의 경우에는 수용 언어보다는 표현 언어에서 상당한 어려움을 보이며 교통수단 이용하기 등과 일상에서 도구 활용하기와 학교에서 생활하는 데 어려움을 겪게 된다.

③ 지적장애 원인 및 유형에 따른 특성

지적장애의 원인에 따라 다양한 하위 유형들이 있다. 이들 지적장애 하위 유형들은 공통적으로 지적능력과 적응행동에 어려움을 보인다. 하지만 이 외에도 원인에 따른 다양한 특성을 보일 수 있다.

가. 다운증후군(Down syndrome)

다운증후군은 지적장애의 가장 대표적인 하위 유형이다. 다운증후군은 학생들은 키가 작고 뚱뚱하며 특징적인 얼굴 모양을 보인다. 즉, 얼굴 형태가 둥글고 납작하며 목이 짧고 작은 눈, 작고 낮은 코 그리고 작은 입에 비해 상대적으로 큰 혀를 가지고 있다. 손은 짧고 뭉뚝하며 일반적으로 키가 작고 팔다리가 짧다. 또한, 첫 번째 발가락과 두 번째 발가락 사이가 지나치게 넓고 주변 안구에 작고 하얗거나 회색의 점들이 있다. 감각적인 측면에서는 듣기와 보기에서 어려움을 보일 수 있다. 지능은 평균적으로 60 정도로 경도지적장애에 해당한다고 할 수 있다. 하지만 모자이크형인 경우에는 훨씬 더 지능이 높을 수도 있다. 참고로 다운증후군의 경우에는 염색체 이상의 유형과 부모의 사회·경제적 지위에 따라 그 지적 능력이나 적응행동 그리고 언어 능력이 아주 다양하기 때문에 다운증후군의 지적 능력이나 언어 능력에 대한 정확한 진단 및 평가를 실시하는 것이 필요하다.

나. 프래더-윌리증후군(Prader-Willi syndrome)

프래더-윌리증후군의 중요 신체적 특징은 키가 작고 지나치게 매우 뚱뚱하다는 점이다. 그리고 지적장애, 끝없는 식욕과 포만감의 결여, 저신장, 강박-충동성 장애를 보인다. 예를 들어, 지능은 20~90 정도로 다양하지만, 대부분은 지능지수와 상관없이 학습성취에 어려움을 보인다. 그리고 행동 측면에서는 음식을 찾기 위해 뒤지거나, 남모르게 많은 양의 음식을 먹거나, 계속 먹으려는 변이적인 행동을 보인다. 또한, 말이나 행동을 할 때, 공격성을 보일 수 있으며, 거짓말을 하거나, 훔치거나, 할퀴고, 찌르거나 하는 행동을 나타낼 수 있다(한국프래더윌리증후군 환우회 인용).

다. 윌리암스증후군(Williams syndrome)

윌리암스증후군은 저체중으로 태어나 체중이 늘지 않는 특성을 보인다. 몸집이 매우 작아 겉모습이 요정과 같다. 윌리암스증후군의 학생들은 과잉친화적이고 매우 열정적이다. 예를 들어, 윌리암스증후군 학생들은 매우 사교적이고 친숙한 성격을 나타낸다. 그리고 지나칠 정도의 정중함과 친밀감을 표시하기도 하고, 낯선 사람을 두려워하지 않고 남에게 지나치게 관심이 많은 특성을 보인다(국립보건연구원). 특히, 윌리암스증후군 학생들은 언어발달이 지연되어 3세 이후에 첫 단어를 사용하는 경우도 있지만, 일부 학생들의 경우에는 어휘가 발달되어 있어 상호 대화하는 데 어려움이 없다. 하지만 윌리암스증후군 학생들 중 50% 이상이 지능이 70 이하이며(Searcy et al., 2004) 평균 지능지수는 58 정도이다(국립보건연구원). 그리고 성장발달지연을 보이는데, 미세한 운동이나 공간적인 사고를 필요로 하는 능력이 떨어지는데, 일부 학생들의 경우에는 소근육

협응의 어려움을 보이거나 수학에서의 어려움을 보인다.

라. 레쉬-니한 증후군(Lesch-Nyhan syndrome)

레쉬-니한 증후군은 주로 남아에게서 발생한다. 대사 장애 질환으로 3개월에서 6개월경에 근긴장 저하와 발달지연을 보이며, 앉는 것이 힘들고 걷지 못하는 보행장애를 보인다. 그리고 2~3세경에는 인지장애와 함께 손가락과 손등을 물거나 머리와 팔을 세게 흔드는 행동장애를 보인다. 특히, 강박적인 공격성을 보이며, 다른 학생들을 꼬집거나 때리고 언어폭력을 통해 남에게 해를 입히는 행동을 자주할 수 있다. 그리고 레쉬-니한 증후군 학생들의 평균 지능지수는 40~80 사이이다. 언어발달에서는 근육 조절의 어려움으로 불완전한 마비성 구음장애와 말더듬 현상이 나타난다. 또한, 요산 과다로 통풍성 관절염 등이 나타날 수 있다.

2) 자폐성장애의 원인과 특성

(1) 자폐성장애의 원인

자폐성장애의 원인은 아직도 정확하게 밝혀지지 않고 있다. 하지만 여러 가지 자폐성장애의 원인에 대한 가설들이 제기되어 왔다. 자폐성장애의 원인에 관한 가설들은 자폐성장애의 하위 유형만큼 다양하다.

① 심리 · 사회적 원인

자폐성장애 중에서 Kanner가 제기한 자폐증의 원인으로 부모의 부적절한 양육 방식, 즉 냉장고처럼 차가운 양육 방식에서 자폐증이 비롯된다고 하였다. 이 가설은 정신분석학 이론을 토대로 제기된 것으로 유사 자폐증에는 적용이 가능하다. 하지만 뇌의 구조나 뇌 이상 그리고 뇌 신경전달물질 등의 기질적 문제에 따른 자폐성장애의 원인을 설명하는 데는 한계가 있다.

② 유전적 원인

자폐성장애가 유전인지를 알아보기 위한 가족 연구 결과에서는 자폐성장애의 원인으로 유전적 요인이 작용한다고 보는 것이 일반적인 견해이다(이승희, 2009).

③ 의학적 원인

자폐성장애는 출산 전후의 문제나 태아알코올증후군, 임신부의 영양섭취 부족, 그리고 MMR(홍역, 볼거리, 풍진) 백신 접종과 관련이 있다는 가설이 제기되어 왔다. 그리고 뇌 구조의 이상, 신경전달물질의 이상 그리고 유전자나 염색체 이상이나 뇌 손상이 자폐성장애의 원인이 된다는 가설도 제기되고 있다(이승희, 2009).

특히, 최근에 서울아산병원 뇌신경연구단에서는 뇌 발달 과정에서 아연 분포의 균형이 깨지면 MMP효소가 활성화되어 비정상적인 신경세포의 연결이 증가하면서 다른 사람들에게 관심을 보이지 않는 자폐증 증상이 나타난다는 가설을 제기하였다(YTN science).

그리고 KAIST 의과대학 연구팀에서는 후천적 뇌 돌연변이로 신경세포 이동장애로 자폐증장애(후천적 자폐성장애는 레트장애, 아동기붕괴성장애 등이 포함됨)의 원인이 될 수 있다는 가설을 제시하였다. 예를 들어, 엠토르(mTOR) 돌연변이를 가진 신경세포에서 일차 섬모(후각, 시각에서 중요 역할)의 생성 기능이 망가지면 신경세포 이동장애를 일으켜 레트나 아동기붕괴성장애와 같은 후천적 자폐성장애의 원인이 된다는 것이다.

이 외에도 제초제에 사용되는 클리포세이트와 GMO 옥수수와 콩 등과 같은 환경유해물질들이 자폐증의 원인이 될 가능성이 상당히 높다는 연구 결과가 제시되고 있다(Kalkbrenner et al., 2014).

④ 기타 원인

최근에 자폐성장애의 원인으로 아버지의 연령이 높을수록(Karimi et al., 2017), 그리고 부모의 연령이 높아질수록(Janecka et al., 2017) 자폐증 위험도가 높아질 수 있다는 연구들이 발표되고 있다. 이 외에도 남아에서 자폐성장애가 많이 발견되고 있는 현상을 통해 자폐성장애가 성호르몬(Bolte et al., 2019)과 관련이 있을 수도 있다는 연구도 발표되고 있다.

(2) 자폐성장애의 특성

자폐성장애의 핵심 결함은 크게 사회적 의사소통 및 상호작용의 질적 결함, 제한적이고 반복적인 행동이나, 흥미, 활동을 보인다는 점이다. 참고로 DSM-4

에서는 이 외에도 의사소통의 질적 결함이 포함되어 있었다.

① 사회적 의사소통 및 사회적 상호작용의 질적 결함

먼저, 자폐성장애 아동은 사회적-감정적 상호성에 결함을 보인다. 구체적으로 비정상적인 사회적 접근, 정상적인 대화의 실패, 흥미나 감정 공유의 감소, 사회적 상호작용의 시작 및 반응에 실패를 한다. 예를 들어, 자폐성장애 아동들은 처음 보는 사람에게 접근하지 않거나 접근하는 경우에는 가까이 다가와 손을 꼬집고 가는 등의 비정상적인 접근을 한다.

둘째, 자폐성장애 아동은 사회적 상호작용을 위한 비언어적인 의사소통 행동의 결함을 보인다. 예를 들어, 자폐성장애 아동은 타인에게 가까이 다가오는 행동을 보이는 것과 가까이 다가와 눈을 맞추는 데 어려움 그리고 타인의 표정이나 몸짓을 보고 이해하는 데 어려움을 보인다.

마지막으로 자폐성장애 아동은 타인과의 관계 발전, 유지 및 관계에 대한 이해의 결함을 보인다. 예를 들어 자폐성장애 아동은 대화 시 자신만의 관심을 가지고 이야기를 하고 다른 사람들이 관심있는 주제를 가지고 대화하는 데 어려움을 보인다. 하지만 자신의 신변과 관련된 일이나 요구에 대해서는 정상아동과 같은 대화를 할 수 있다. 따라서 처음 보는 아동과 상호작용을 통해 친구 관계 맺기 및 유지와 발전하는 데 상당한 어려움을 보여 친구 사귀기에 문제를 보일수 있다.

주의해야 할 점은 자폐성장애가 최근에 자폐스펙트럼장애로 불리는 것에서알 수 있듯이, 자폐성장애 아동의 사회적 상호작용의 문제 양상이나 유형이 환경의 차이에 따라 그 만큼 다양하다는 점이다. 그리고 자폐성장애 아동은 발달장애 아동이기 때문에 이와 같은 사회적 상호작용에 대한 기술을 가르치고 훈련하게 되면 연령이 발달하게 되면서 다양한 경험과 자신의 의지와 생각을 통해 발달이 가능할 수 있다는 점에 유의해야 한다.

② 제한적이고 반복적인 행동이나 흥미, 활동

자폐성장애 학생들은 상동증적이거나 반복적인 운동성 동작, 물건 사용 또는 말하기, 동일성에 대한 고집, 일상적인 것에 대한 융통성 없는 집착, 또는 의례적인 언어 또는 비언어적 행동 양상, 강도나 초점에서 있어서 비정상적으로 극도로 제한되고 고정적인 흥미, 감각 정보에 대한 과잉 또는 과소 반응, 또는 환경의 감각 영역에 대한 특이한 관심을 보인다. 구체적인 내용은 다음과 같다(김동일 외, 2016).

첫째, 자폐성장애 아동은 상동증적이거나 반복적인 운동성 동작, 물건 사용 또는 말하기 특성을 보인다. 즉, 자폐성장애 아동은 하나의 동작은 계속해서 반복하는 행동을 보인다. 예를 들어, 손을 비틀거나 목을 돌리는 행동을 계속해서 반복한다. 그리고 특이한 반향어를 사용하거나 특정 문구를 계속적으로 반복해서 말하는 행동을 보인다.

둘째, 자폐성장애 아동은 동일성에 대한 고집, 일상적인 것에 대한 융통성 없는 집착, 또는 의례적인 언어 또는 비언어적 행동 양상을 보인다. 즉, 자폐성장애 아동은 작은 변화에도 극도로 저항하거나 원래 상태로 되돌려 놓으려는 행동을 보인다. 또한 행동 패턴이 정해지면 그 행동 패턴을 계속해서 반복하려고 하고 새로운 활동을 통해 행동 변화를 하거나 같은 행동을 반복하지 않으려고 하면 공격행동이나 문제행동을 보인다. 예를 들어, 어떤 자폐 학생은 특정 음식을 계속해서 먹기를 원한다. 이와 같은 요구가 채워지지 않으면 부모나 교사에게 문제행동을 하고 문제행동을 통해 먹기 요구가 채워지도록 한다.

셋째, 자폐성장애 아동은 강도나 초점에서 있어서 비정상적이며, 극도로 제한되고 고정적인 흥미를 보인다. 즉, 자신이 관심있는 특정 활동만을 계속해서 반복한다. 예를 들어, 그림 그리기를 좋아하는 자폐성장애 아동은 하루종일 그림만을 쉬지 않고 그릴려고 한다. 또한 어떤 자폐성장애 아동은 하루종일 컴퓨터나 영화 관련 동영상만을 보려고 한다.

넷째, 자폐성장애 아동은 감각 정보에 대한 과잉 또는 과소 반응, 또는 환경의 감각 영역에 대한 특이한 관심을 보인다. 예를 들어, 자폐성장애 아동은 특정 소리(예: 자동차 경적 소리 등)에 발작 등을 보이는 과도한 반응을 보인다. 그러나 상처가 날 정도로 다쳐도 울지도 않는 등 과소 반응을 보이기도 한다. 또한, 특정 감각을 선호하여 과도하게 물체 등을 만지거나 특정 빛이나 움직임에 대해 시각적으로 매료되는 등의 특성을 보인다.

③ 지적 및 언어 특성
특수교육대상자 자폐성장애로 진단되는 학생들의 지적 특성은 지능지수가

70 이하인 경우가 대부분이다. 왜냐하면 「장애인복지법」상의 자폐성장애로 진단되기 위해서는 지능지수가 70 이하여야 하기 때문이다. 그리고 특수교육지원센터에서는 특수교육대상자를 자폐성장애로 진단 및 평가할 때는 「장애인복지법」상의 자폐성장애로 선정된 학생들을 자폐성장애 특수교육대상자로 선정할 가능성이 높다. 왜냐하면 자폐성장애 진단 및 평가에 소아정신과 의사들의 전문적인 판단이 필요하며 교육 분야에서도 이들의 판단을 신뢰하기 때문이다. 또한, 특수교육지원센터에서 자폐성장애 학생에 대한 전문적인 진단 및 평가가 쉽지 않다는 점도 고려되기 때문이다.

그리고 이들 자폐성장애 학생들의 언어 특성은 앞서 자폐성장애 특성에서 제시한 것과 같이 수용언어와 표현언어에서 상당한 어려움을 보이는 경우에서부터 간단한 대화가 가능한 학생들까지 그 특성이 아주 다양하다. 하지만 대부분 자신만의 관심이나 일상적인 대화는 가능하지만 친구관계나 전문적인 학습 과정에 요구되는 언어 능력에는 못 미치는 경우가 대부분이다. 특히, 1급 자폐성장애 학생들은 수용언어나 표현언어에서 중도지적장애 학생 수준의 언어 능력으로 거의 의사소통이 되지 않는 경우가 많다.

주의해야 할 점은 이들 자폐성장애 학생들은 다른 사람들과 상호작용하고 의사소통하는 것을 불안해하고 불편해 할 수 있어서 말을 하지 않고 있을 수 있다. 그리고 자신만의 세계에 빠져 상상을 하거나 상동행동을 하는 성향으로 말을 하지 않고 있을 수 있다는 점이다. 따라서 수용언어에서는 상당 수준 이해를 하고 있지만 이를 적절하게 표현하는 것을 싫어하거나 불편해 해서 표현을 하지 않고 있을 수 있다는 점이다.

④ 정서·행동적 특성

자폐성장애 학생들은 자신만의 세계에 빠져 있지 못하거나 정해진 패턴에서 벗어나면 정서적으로 상당히 불안해하거나 화가 나서 문제행동을 보일 수 있다. 또한, 자신이 좋아하는 음식이나 활동 그리고 흥미롭지 못한 상황이 되면 문제행동을 통해 이를 거부하는 행동을 하는 경향이 있다.

또한, 자폐성장애 학생들은 자기자극을 즐기는 형태로 손을 꼬집거나 손을 물어뜯고 심한 경우에는 머리를 손으로 때리거나 머리를 벽이나 책상에 박는 등의 자해행동을 보일 수 있다.

5. 교육적 배치, 통합교육 및 개별화교육계획

1) 교육적 배치

지적장애 및 자폐성장애 학생들의 교육적 배치는「장애인 등에 대한 특수교육법」에 따라 이루어지고 있다. 예를 들어,「특수교육지원센터」에서 지적장애 및 자폐성장애 특수교육대상자로 진단·평가되고「특수교육운영위원회」에서 특수교육대상자로 선정된 학생들은 시·도 및 시·군·구「특수교육운영위원회」의 심의를 거쳐 일반학교의 일반학급(통합학급), 일반학교의 특수학급, 특수학교에 배치된다. 이때「특수교육운영위원회」에서는 특수교육대상자의 장애정도 능력, 보호자의 의견을 종합적으로 판단하여 거주지에서 가장 가까운 곳에 배치해야 한다.

(1) 통합학급(일반학교의 일반학급)

지적장애 및 자폐성장애 특수교육대상 학생들은 최소제한환경의 원리에 따라 일반학교의 일반학급인 통합학급에 배치되어 통합교육을 받을 수 있다. 일반학교의 일반학급에 특수교육대상자가 배치된 곳에 특수학급이 설치되지 않아 특수교육 교원이 없는 경우에는 특수교육지원센터에서 근무하는 특수교육 교원이 그 학교를 방문하여 학습을 지원하도록 하여야 한다(「장애인 등에 대한 특수교육법 시행령」제11조). 참고로 현재 국내에는 일반학교의 일반학급에 특수교육대상자가 배치된 통합학급의 수는 14,712개이다. 그리고 특수교육지원센터는 각 교육지원청별로 설치되어 있는데, 그 수는 현재 국내에 199개가 설치되어 있다(국립특수교육원, 2018).

(2) 특수학급

지적장애 및 자폐성장애 특수교육대상학생들은 일반학교의 특수학급에 배치되어 통합교육을 받을 수 있다. 특수학급은 유치원의 경우에는 4명 이하, 초등학교와 중학교는 6인 이하 그리고 고등학교는 7인 이하인 경우에 1학급을 설치하고 이를 초과하는 경우에는 2개 이상의 학급을 설치해야 한다(「장애인 등에 대한 특수교육법」제27조).

참고로 특수교육대상자를 배치받은 일반학교의 장은 교육과정 조정, 보조인력의 지원, 학습보조기기의 지원, 교원연수 등의 통합교육계획을 수립 시행하기 위해 특수학급 설치해야 한다(「장애인 등에 대한 특수교육법」제21조). 특수학급은 특수교육대상자의 교내 이동이 쉽고, 세면장, 화장실 등과 가까운 곳에 위치한 66제곱미터 이상의 교실이어야 한다(「장애인 등에 대한 특수교육법 시행령」제16조). 현재 국내 일반학교에 설립된 특수학급 수는 10,676개가 설치되어 있다(국립특수교육원, 2018).

(3) 특수학교

지적장애 및 자폐성장애 특수교육대상자로 선정된 학생들은 특수학교에 배치되어 교육을 받을 수 있다. 그리고 지적장애 및 자폐성장애 특수학교에서는 기본 교육과정과 특수교육대상자의 진로 및 직업에 관한 교과로 교육과정을 편성하여 장애종별과 정도, 연령, 현재 및 미래의 교육요구 등을 고려하여 교육과정의 내용을 조정하여 운영한다(「장애인 등에 대한 특수교육법」제20조). 참고로 현재 국내에서는 175개의 특수학교가 개설되어 운영되고 있는데, 지적장애 학생을 위한 학교는 121개 그리고 정서장애 및 자폐성장애 학생들을 위한 특수학교 수는 7개교가 설립되어 운영 중에 있다(국립특수교육원, 2018). 하지만 실제로는 특수학교에 다양한 장애 유형의 학생들이 함께 교육을 받고 있는 경우가 많다. 왜냐하면 부모들이 집에서 가까운 거리에 있는 특수학교에 배치되는 것을 원하기 때문이거나 지적장애와 달리 자폐성장애 학생만을 위한 특수학교가 제한적이기 때문이다.

2) 통합교육

지적장애 및 자폐성장애 학생들은 통합교육을 받을 권리를 가지고 있다. 그리고 특수교육대상학생을 배치받은 일반학교에서는 이들 학생들에게 통합교육을 제공할 의무가 있다.

통합교육은 특수교육대상자가 일반학교에서 장애유형 장애정도에 따라 차별을 받지 아니하고 또래와 함께 개개인의 교육적 요구에 적합한 교육을 받는 것을 말한다(「장애인 등에 대한 특수교육법」 제2조). 따라서 지적장애 및 자폐성장애 특수교육대상자로 선정된 학생들은 일반학교의 일반학급과 특수학급에서 통합교육을 받을 수 있다. 예를 들어, 일반학교의 장은 교육에 관한 각종 시책을 시행함에 있어 통합교육의 이념을 실현하기 위해 노력하여 한다. 그리고 이를 위한 각종 통합교육 계획을 수립하여 시행하여야 한다(「장애인 등에 대한 특수교육법」 제2조). 통합교육에 대한 보다 구체적인 내용은 본 교재의 통합교육 관련 장을 참고하길 바란다.

3) 개별화교육

지적장애 및 자폐성장애 학생들은 개별화교육을 받을 권리를 가지고 있다. 그리고 일반학교 및 특수교육기관은 이들 학생들에게 개별화교육을 제공할 의무를 가지고 있다.

개별화교육은 각급학교의 장이 특수교육대상자 개인의 능력을 계발하기 위하여 장애유형 및 장애특성에 적합한 교육목표·교육방법·교육내용·특수교육 관련서비스 등이 포함된 계획을 수립하여 실시하는 교육이다(「장애인 등에 대한 특수교육법」 제2조). 각급 학교장의 장은 특수교육대상자에게 적합한 교육을 제공하기 위하여 보호자, 특수교육교원, 일반교육교원, 진로 및 직업교육 교원, 특수교육 관련서비스 담당 인력 등으로 개별화교육지원팀을 구성하여 학기마다 개별화교육계획을 작성 실시하여야 한다(「장애인 등에 대한 특수교육법」 제22조).

보다 구체적으로 개별화교육지원팀은 학년 시작 2주일 이내에 구성하여야 하며, 개별화교육지원팀은 학기 시작일로부터 30일 이내에 개별화교육계획을 작성하여야 한다. 개별화교육계획에는 특수교육대상자의 인적사항과 특별한 지원이 필요한 영역의 현재 학습수행수준, 교육목표, 교육내용, 교육방법, 평가계획 및 제공할 특수교육 관련서비스 내용과 방법이 포함되어야 한다. 특히, 각급 학교의 장은 학기마다 개별화교육계획에 따른 각각의 특수교육대상자의 학업성취도 평가를 실시하고, 그 결과를 특수교육대상자 또는 보호자에게 통보하여야 한다(「장애인 등에 대한 특수교육법 시행규칙」 제4조). 개별화교육계획에 관한 보다 구체적인 내용은 이 책의 개별화교육계획 관련 장을 참고하길 바란다.

6. 교육과정 운영, 특수교육 관련서비스, 학급운영 및 수업, 상담과 생활지도

1) 교육과정 운영

(1) 지적장애 및 자폐성장애 교육과정 운영

① 통합학급·특수학급에 배치된 지적장애 및 자폐성장애 특수교육대상 학생 교육과정 운영

통합학급 및 특수학급에 배치된 지적장애 및 자폐성장애 특수교육대상 학생은 해당 학교급 및 학년의 해당 교육과정을 적용받게 된다. 예를 들어, 초등학교나 중학교의 특수학급에 배치된 지적장애 및 자폐성장애 특수교육대상 학생은 초·중등학교 교육과정과 특수학교 교육과정 중 기본교육과정의 적용을 받게 된다. 주의해야 할 점은 통합학급에 배치된 특수교육대상학생은 해당 초·중등학교 교육과정만을 적용받게 된다. 왜냐하면 이들 특수교육대상학생은 특수학급에서 수업을 받지 않고 모든 교육과정을 일반학급에서 수업을 받기 때문이다.

이와 관련하여 초·중등학교 교육과정 총론(2018-162호)에서는 모든 학생을 위한 교육기회의 제공을 위해 "특수교육대상학생을 위해 특수학급을 설치·운영하는 경우, 학생의 장애 특성 및 정도를 고려하여 이 교육과정을 조정하여 운영하거나 특수교육 교육과정 및 교수·학습 자료를 활용할 수 있다."라고 제시하고 있다(교육부 고시 제2017-108, 2017). 교육과정 조정에 대한 내용은 이 책의 교육과정 조정, 수정 그리고 적합화와 관련된 장을 참고하길 바란다.

② 특수학교에 배치된 지적장애 및 자폐성장애 특수교육대상학생을 위한 교육과정 운영

특수학교에 배치된 지적장애 및 자폐성장애 특수교육대상 학생 교육과정은 특수학교 교육과정 중 기본교육과정을 적용받게 된다. 참고로 특수학교 교육과정은 유치원교육과정, 공통 교육과정, 선택 교육과정 그리고 기본교육과정으로 이루어져 있다. 예를 들어, 특수학교 유치원교육과정은 기존 유치원교육과정에 준하여 편성되었으며, 특수학교 공통 교육과정은 초등학교와 중학교 교육과정에 준하여 편성되었다. 그리고 특수학교 선택 교육과정은 고등학생을 대상으로 고등학교 교육과정에 준하여 편성되었다. 마지막으로 특수학교 기본교육과정은 유치원교육과정, 공통 및 선택교육과정을 적용하기 힘든 지적장애나 자폐성장애 학생을 위해 마련된 교육과정이다(「장애인 등에 대한 특수교육법 시행규칙」 제3조의2).

2) 특수교육 관련서비스

(1) 지적장애 및 자폐성장애 특수교육 관련서비스

① 통합학급 · 특수학급에 배치된 지적장애 및 자폐성장애 특수교육대상학생 특수교육 관련서비스

각급학교의 장은 통합학급 · 특수학급에 배치된 지적장애 및 자폐성장애 특수교육대상학생에게는 보조인력 제공, 장애인용 각종 교수, 각종 학습보조기, 보조공학기기, 통학차량 지원, 통학비 지원, 통학 보조인력 지원 및 정보지원을 해야 한다(「장애인 등에 대한 특수교육법」 제28조). 왜냐하면 특수교육대상자는 특수교육을 필요로 하는 사람이고, 특수교육은 교육과정 및 특수교육관련서비스를 통해 이루어지는 교육이기 때문이다(「장애인 등에 대한 특수교육법」 제2조).

② 특수학교에 배치된 지적장애 및 자폐성장애 특수교육대상학생 특수교육 관련서비스

교육감은 특수학교에 배치된 지적장애 및 자폐성장애 특수교육대상학생에게는 특수교육대상자와 그 가족에 대한 가족상담 등 가족지원, 물리치료, 작업치료를 제공해야 한다. 그리고 각급학교의 장은 보조인력 제공, 장애인용 각종 교수, 각종 학습보조기, 보조공학기기, 통학차량 지원, 통학비 지원, 통학 보조인력 지원 및 정보지원을 해야 한다(「장애인 등에 대한 특수교육법」 제28조).

더 알아보기

현재 일반학교 특수학급에 재학 중인 특수교육대상자에게 제공되고 있는 특수교육 관련서비스는 다음과 같다.

1. 치료지원

가. 지원대상
유·초·중·고 과정에 재학하는 특수교육대상자 중 치료지원이 필요한 학생 및 만 3세 미만의 장애영아

나. 치료영역
물리치료, 작업치료, 언어치료, 청능치료, 미술치료, 음악치료, 행동치료, 놀이치료, 심리운동치료, 감각통합치료

다. 지원금액
월 12만원을, 1일 3만원 이내에서 횟수 제한 없이 이용 가능

2. 학습보조 공학기기 및 촉각교구 지원

가. 목적
의료적인 처치로 극복하기 힘든 신체기능의 장애를 경감 또는 완화시켜 줌으로써 교육, 직업 활동을 가능하게 하고 사회심리재활을 지원

나. 예시
1) 학습보조기기
   - 의사소통학습기: GOTALK, 이지컴, 위드톡 10.1, 키즈보이즈, 4종 스캐닝커뮤니케이션, 미니컴, 플랫폼 커뮤니케이터, 싱글메세지 커뮤니케이터, 칩톡, 말하는 책 book worm, 모모야 모모 언어훈련패키지, 솔이가 있는 세상, 킹킹아 학습별 패키지 등.
   - 쓰기보조기기: 무게조절 펜, 자석쓰기 도구, 필기보조 도구 등
   - 감각훈련학습보조기: 에듀메쓰 액션B세트, EZ손조작운동기 등

2) 보조공학기기
   - 컴퓨터보조기기: 빅 트랙마우스, 조이스틱 룰러, 터치모니터, 킹 키보드, 젤리빈 스위치 등

3) 촉각교구
   - 촉각 자극 기구: 촉각자극세트, 자극 체험 상자, 압력매칭, 도미노게임, 감각구슬과 주머니세트, 감각교구별 게임세트, 모래놀이용 라이트 등

> **3. 교통비 지원**
> - 초 · 중 · 고 특수교육대상학생: 학교와 거리가 멀리 떨어져 차량을 이용
> 하여 최소 2km 이상 통학하는 특수교육대상학생
> - 지원비: 1일 1,500원 지원(교육지원청별로 예산액에 따라 차등 지원)

출처: 서울특별시교육청 특수교육지원센터(http://www.sen.go.kr/sedu/sedu/index.do).

3) 학급운영 및 수업

(1) 통합학급에 배치된 지적장애 및 자폐성장애 특수교육대상 학생 학급운영 및 수업

통합학급에 배치된 지적장애 및 자폐성장애 특수교육대상학생을 위한 학급 운영 및 수업은 일반교사가 전적으로 제공해야 한다. 따라서 통합학급에 배치 될 정도의 지적장애 및 자폐성장애 특수교육대상이라면 수업을 따라가는 데 큰 어려움이 없을 수도 있지만 그렇지 않은 경우가 많다는 점에 주의를 해야 한다. 그리고 이런 학생들의 경우에는 학부모가 자기 자녀의 장애를 인정하지 않을 수 있기 때문에 특히 더 주의를 해야 한다.

또한, 이들 지적장애 및 자폐성장애 특수교육대상학생들은 다른 학생들과 비 교하여 장애 유형, 장애 특성 그리고 장애 정도에 따른 다양한 인지적, 정서적 그리고 행동적 문제에 대한 확대된 지원이나 서비스가 필요하다.

따라서 통합학급을 담당하게 된 일반교사는 특수교육 관련 연수를 받는 것이 무엇보다 필요하다. 그리고 특수교육지원센터의 지원을 받아 다양한 교수 · 학습 관련 지원을 받는 것이 중요하다(「장애인 등에 대한 특수교육법 시행령」 제11조). 예 를 들어, 지적장애 학생이나 자폐성장애가 포함된 교실에서의 수업은 그렇지 않 은 경우의 수업과는 달리 개별화교육계획에 따른 교육과정 조정을 통해 이 학생 들이 수업에 참여하여 성공경험을 할 수 있도록 하는 수업이 이루어져야 한다는 점이다. 이를 위한 수업 모형으로는 직접교수, 간접교수 그리고 협동학습 등이 적용될 수 있다. 이와 관련된 내용은 이 책의 해당 장을 참고하길 바란다.

이 외에도 학급운영에서는 장애인식개선교육 및 장애인권교육 방안 그리고 문제행동 예방을 위한 학교 및 학급 차원의 긍정적 행동지원 등에 대한 내용 숙 지를 통해 학급에서 이런 프로그램들이 적용될 수 있도록 관련 전문가들 및 학

부모들과 협력하여 적극적으로 개입하는 것이 중요하다. 참고로 장애인식개선 교육 및 장애인권교육 그리고 긍정적 행동지원에 관한 내용은 이 책의 해당 장을 참고하길 바란다.

(2) 특수학급에 배치된 지적장애 및 자폐성장애 특수교육대상 학생 학급운영 및 수업

특수학급에 배치된 지적장애 및 자폐성장애 특수교육대상학생을 위한 학급운영 및 수업은 원칙적으로는 일반학급에 배치되어 일반교사로부터 수업을 받게 되지만, 개별화교육계획에 따라 특정 교과 시간에 특수학급에서 특수교사로부터도 수업을 받게 된다. 예를 들어, 서울시교육청의 초등학교의 경우에는 지적장애 및 자폐성장애 학생의 수준에 따라 혹은 학년에 따라 대부분의 교과 수업은 일반학급에서 교육을 받고 특정 교과, 즉 수학, 영어 교과와 같은 어려운 교과는 특수학급에서 수업을 받는 경우가 있다. 그리고 중학교의 경우에는 주로 대부분이 교과는 일반학급에서 수업을 받지만, 국어, 영어, 수학의 경우에는 특수학급에서 수업을 받는 형태를 취하는 경우가 많다.

일반교사가 제공하는 일반학급의 수업은 위에 제시된 내용과 같다. 하지만 다른 점은 특수교사가 같은 학교에서 근무를 하고 있다는 점이다. 따라서 일반교사의 경우에는 특수교사와의 협력과 자문을 통해 개별화교육을 작성하고 함께 통합학급을 운영할 수 있다는 장점이 있다. 그리고 특수교사가 주도적으로 장애인식개선교육 및 장애인권교육 방안 그리고 문제행동 예방을 위한 학교 및 학급 차원의 긍정적 행동지원 등의 내용에 대한 연수와 실행을 주도할 수 있다는 점에 장점이 있다. 이 외에도 특수학급에서 특수교사가 이들 학생들에게 적합한 개별화교육을 통해 통합학급에서의 적응과 수업 참여를 지원할 수 있다는 장점이 있다.

(3) 특수학교에 배치된 지적장애 및 자폐성장애 특수교육대상학생 학급 운영 및 수업

특수학교에 배치된 지적장애 및 자폐성장애 특수교육대상학생을 위한 학급운영 및 수업은 특수교사가 기본교육과정에 따라 제공하는 수업을 받게 된다. 참고로 특수학교 기본교육과정에서는 국어, 사회, 수학, 과학, 실과, 체육, 음악, 미술 및 진로와 직업 교과가 포함된다.

4) 상담과 생활지도

(1) 지적장애 및 자폐성장애 상담과 생활지도

일반학교에 지적장애 및 자폐성장애 특수교육대상자가 배치되면 학교에서는 일반교사와 특수교사가 학생들에 대한 상담 및 생활지도를 해야 한다. 참고로 상담은 내담자가 와서 자기를 드러내고 표현하고 탐색하게 하는 일, 내담자가 원하는 변화가 무엇인지를 확인하고 규정하는 일, 내담자 원하는 변화를 성취하는 방법을 찾아내는 일, 내담자가 원하는 변화를 성취하도록 돕는 일 그리고 언제 내담자가 상담을 그만 해도 되는지를 아는 일이다(김동일 외, 2002). 그리고 생활지도는 학생을 대상으로 자신과 자신이 처한 환경을 이해할 수 있도록 조력을 제공하는 활동이다(나무위키).

지적장애 및 자폐성장애 특수교육대상학생을 상담과 생활지도를 할 때는 무엇보다 지적장애 및 자폐성장애 학생들이 자신의 장애를 이해하고 받아들이도록 하는 것이 중요하다. 그리고 학교 활동을 하면서 받게 되는 과제나 친구 관계에서 오는 스트레스를 이해하고 해소하는 방안에 대해 아는 것이다. 이 외에 보다 바람직한 개인 변화를 위해 적응행동, 문제행동, 정신건강, 학습상담, 진로상담 등이 포함될 수 있다.

주의해야 할 점은 일반교사나 특수교사가 이들 지적장애 및 자폐성장애 학생과의 상담을 진행할 때는 래포 형성, 문제의 규정과 역동 확인, 구조화, 목표 수립, 자기이해, 자신의 관점이나 태도가 자신의 문제와 어떤 관계가 있는지를 탐색과 통찰 및 수용을 통해 알게 되는 과정을 거칠 필요가 있다는 점이다(김동일 외, 2002). 특히, 지적장애 및 자폐성장애 특수교육대상자들의 경우에는 교사가 이들 학생들과 래포를 형성하는 것이 매우 중요하다. 왜냐하면 이들 학생들의 경우에는 교사와 같은 성인이나 또래 친구들에 대한 부정적인 경험이나 다른 사람들과 상호작용하는 것을 불편해 하는 장애 특성으로 인해 이들이 교사에게 마음의 문을 쉽게 열지 않을 수 있기 때문이다.

교사가 이들 지적장애 및 자폐성장애 학생 간에 래포가 형성되면 그 다음부터는 다양한 활동을 통해 이들 학생들의 문제를 확인하고 그리고 도달 가능한 목표를 위계적으로 수립해야 한다. 그리고 이와 같은 목표가 달성될 수 있도록 개인상담 및 집단상담 그리고 또래상담 및 부모상담 다양한 상담 방법을 적용한다. 그리고 여러 가지 상담 방법 중에서 이들 학생들의 인지적 및 언어적 어려움을 고려하여 인지나 정서의 변화보다는 행동을 변화시키는 접근을 적용하는 것이 필요하다. 즉, 목표 행동을 설정한 후, 이와 같은 목표 행동이 이루어질 수 있도록 과제 분석을 하고 각 단계별로 과제 수행을 하면 행동계약에 따라 강화를 하여 목표를 달성하도록 하여야 한다(김동일 외, 2002).

① 통합학급에 배치된 지적장애 및 자폐성장애 상담 및 생활지도

일반학교의 일반학급에 지적장애 및 자폐성장애 특수교육대상학생이 배치되면 일반교사 중에서 담임교사가 학생들에 대한 상담과 생활지도에 대한 책무성을 갖게 된다. 일반학급 담임교사는 이들 지적장애 및 자폐성장애 학생이 통합교육을 받는 상황에서 발생하게 되는 부적응 또는 바람직한 방향으로의 변화를 위한 상담 및 생활지도를 해야 한다. 주의해야 할 점은 먼저 일반교사 스스로 자신이 이들 지적장애 및 자폐성장애 학생들에 대한 자신의 선입견 및 편견은 없는지를 확인하는 것이 필요하다. 예를 들어, 일반교사들은 지적장애 및 자폐성장애 학생들이 발달장애로 지적 능력과 언어 능력이 떨어져 상담을 제공하기 쉽지 않거나 불필요하다고 생각할 수 있다. 하지만 최근 교육상담 및 특수교육분야에서 지적장애나 자폐성장애 학생들에 대한 상담의 필요성과 가능성을 확인하고 이들 학생들에 대한 효과적인 상담을 제공하는 노력과 연구들이 이루어지고 있다는 점을 고려할 필요가 있다. 그리고 교육상담 및 특수교육분야에서 제시하는 이론과 실제를 바탕으로 지적장애 및 자폐성장애 학생들의 교육권과 교육 가능성을 존중 및 확인하고 이들 학생들과의 상호작용을 편안하게 인식할 수 있도록 의도적으로 노력할 필요가 있다(이효정 외, 2012). 참고로 특수아상담은 교육상담전공에서는 필수과목으로 되어 있다. 지적장애 및 자폐성장애의 상담에 대한 보다 자세한 정보를 원하는 독자는 해당 과목의 교재들을 참고하길 바란다.

② 특수학급에 배치된 지적장애 및 자폐성장애 상담 및 생활지도

일반학교 특수학급에 지적장애 및 자폐성장애 특수교육대상학생이 배치되면 우선 특수교사가 이들 학생들에 대한 상담 및 생활지도에 대한 책무성을 갖게 된다. 주의해야 할 점은 이들 지적장애 및 자폐성장애 학생들의 담임교사인 일반교사도 이에 대한 책무성을 갖게 된다는 점이다. 왜냐하면 통합교육을 위해 학생들의 담임이 일반학급 담임교사인 일반교사일 뿐만 아니라 이 학생들이 주로 일반학급에서 수업을 받으면서 학교생활을 하고 있기 때문이다. 학생들의 성공적인 통합교육과 개별화교육을 위해서는 담임인 일반교사와 특수교사가 개별적인 상담 및 생활지도 외에 학생들의 문제 영역을 함께 확인하고 이를 해결하기 위해 서로 협력하는 것이 필요하다. 왜냐하면 특수학급에 배치된 지적장애 및 자폐성장애 학생들은 일반학급과 특수학급을 오가면서 수업을 받게 되는데, 이로 인한 또래들로부터의 놀림 등으로 스트레스를 받을 수 있다. 이 외에도 장애 정도에 따라 경도의 지적장애 학생과 자폐성장애 학생들 일부는 특수학급에 오는 것을 극도로 싫어할 수 있다. 하지만 중도의 지적장애 학생들과 일부 자폐성장애 학생들은 특수학급에만 있으려고 하고 일반학급의 통합상황을 싫어하여 가지 않으려고 할 수 있다.

위와 같은 특수교육대상학생과 관련된 다양한 문제상황들은 일반교사와 특수교사가 서로 협력하여만 해결할 수 있다. 따라서 일반교사와 특수교사는 특수교육대상학생 개인에 대한 개인 상담을 적극적으로 제공하면서 동시에 특수교육대상자의 학교에 배치된 전문 상담교사와 연계하여 반 전체 아이들에 대한 집단 상담을 적극적으로 제공할 필요가 있다. 이를 통해 지적장애 및 자폐성장애 특수교육대상학생들은 자신의 적응유연성을 향상시키면서 동시에 환경에서 사회적 지지망을 구축할 수 있도록 해야 한다.

③ 특수학교에 배치된 지적장애 및 자폐성장애 상담 및 생활지도

특수학교에 지적장애 및 자폐성장애 학생이 배치되면 담임교사인 특수교사가 상담 및 생활지도에 책임을 진다. 주의해야 할 점은 특수학교에 배치된 지적장애 및 자폐성장애 학생들은 장애정도가 심하거나 일반학교의 특수학급에서 적응하는 데 어려움을 보여 전학을 온 경우가 많다. 특히, 이들 학생 중에는 교사에 대한 폭력적 태도 및 행동을 보이거나 위축 및 우울증 등의 정서적인 문제를 가진 경우가 있을 수 있다. 또한, 중ㆍ고등학생들의 경우에는 성문제 등의 일탈과 관련된 어려움을 보일 수 있다. 따라서 특수교사는 지적장애 및 자폐성장애들의 문제행동과 일탈행동에 초점을 두고 학급 차원의 긍정적 행동지원과 학부모 상담을 적극적으로 실시할 필요가 있다.

요약

1. 지적장애 특수교육대상자는 시·도교육청 또는 시·군·구교육지원청 소속 특수교육지원센터의 진단 및 평가를 통해 지능이 70 이하이고 적응행동상의 어려움이 함께 존재하여 특수교육이 필요하다고 시·도교육청 또는 시·군·구교육지원청 소속 해당 특수교육운영위원회에서 특수교육대상자로 선정한 학령기 아동이다.

2. 자폐성장애 특수교육대상자는 시·도교육청 또는 시·군·구교육지원청 소속 특수교육지원센터의 진단 및 평가를 통해 사회적 상호작용과 의사소통에 어려움이 있고, 제한적이고 반복적인 관심을 보임으로써 특수교육이 필요하다고 시·도교육청 또는 시·군·구교육지원청 소속 해당 특수교육운영위원회에서 특수교육대상자로 선정한 학령기 아동이다.

3. 지적장애 특수교육대상자의 핵심 결함은 지적 능력 및 적응행동의 어려움이다. 그리고 자폐성장애 특수교육대상자의 핵심 결함은 사회적 의사소통 및 사회적 상호작용의 질적 결함, 제한적이고 반복적인 행동이나 흥미, 활동이다. 이외에 의사소통 능력에 어려움을 들 수 있다(DSM-5 이전 진단 준거에 해당됨).

4. 지적장애는 다운증후군, 윌리엄스증후군, 프래더윌리증후군 그리고 레쉬-니한 증후군 등으로 그 유형을 분류할 수 있다. 그리고 자폐성장애는 크게 Kanner가 정의한 자폐증, Askperger가 정의한 아스퍼거증후군 그리고 서번트증후군을 포함한 고기능성 자폐증으로 그 유형을 분류할 수 있다. 이 외에도 Rett와 Hagberg가 소개한 레트장애, Heller가 소개한 아동기붕괴성장애가 있다.

5. 지적장애와 자폐성장애 특수교육대상자는 통합교육을 받을 권리를 가지고 있으며 동시에 각급 학교에서 개별화교육을 받을 권리를 가지고 있다. 즉, 각 학교는 지적장애와 자폐성장애 특수교육대상자에게 통합교육과 개별화교육을 실시할 책무성이 있다.

6. 일반학교에서 통합교육을 받는 지적장애와 자폐성장애 특수교육대상자는 해당 학교급 및 해당 학년의 교육과정을 적용받을 권리를 가지고 있다. 즉, 각 학교는 지적장애와 자폐성장애 특수교육대상자에게 해당 학교급 및 해당 학년의 교육과정을 적용해야 할 책무성이 있다. 단, 지적장애와 자폐성장애 학생의 장애 특성 및 정도를 고려하여 해당 교육과정을 조정하여 운영하거나 특수교육 교육과정 및 교수·학습 자료를 활용할 수 있다.
   특수학교에 배치된 지적장애와 자폐성장애 특수교육대상자는 특수학교 교육과정 중 기본교육과정을 적용받을 권리를 가지고 있다. 즉, 특수학교는 지적장애와 자폐성장애 특수교육대상자에게 기본교육과정을 적용해야 할 책무성이 있다.

7. 일반학교에서 통합교육을 받는 지적장애와 자폐성장애 특수교육대상자는 해당 학교
급 해당 학년의 교육과정을 적용받을 때, 장애 정도 및 장애 특성에 적합한 교육을 받
을 권리를 가진다. 따라서 일반학교의 일반교사와 특수교사는 이들 특수교육대상 학
생에게 효과적인 증거-기반의 실제에 해당하는 직접교수, 전략교수 및 협동학습 등을
활용한 다양한 교수 적합화(교육과정 수정 방안)를 적용하여야 한다.
특수학교에서 교육을 받는 지적장애와 자폐성장애 특수교육대상자는 기본교육과정
을 적용받을 때, 장애 정도 및 장애 특성에 적합한 교육을 받을 권리를 가진다. 따라서
특수학교에서는 이들 학생들의 장애 정도 및 장애 특성에 적합한 증거-기반의 실제를
적용하여야 한다.

8. 일반학교의 일반교사 및 특수교사 그리고 특수학교의 특수교사는 지적장애 및 자폐성
장애 특수교육대상자에게 효과적인 상담 및 생활지도를 실시해야 한다. 이를 위해서
는 이들 학생들과 레포 형성, 문제 규정 및 역동 확인, 목표 수립, 자기이해, 통찰 및 수
용 등과 같은 효과적이고 다양한 개인 및 집단 상담 및 생활지도 방안을 마련하여 실
시해야 한다.

논의해 볼 문제

1. 지적장애와 자폐성장애 특수교육대상자의 공통점과 차이점은 무엇인지 알아보자.

구분	공통점	차이점
정의		
특성		
원인		
출현율		
통합교육 방법		
교육과정 적용 방법		
상담 방법		
생활지도 방법		

2. 지적장애와 자폐성장애 특수교육대상자에게 통합교육을 실시할 때 발생하게 되는 긍정적 효과와 통합교육 실시에 따른 학교에서의 장벽은 무엇인지 알아보자.

	내용
통합교육의 긍정적 효과	
통합교육 실시에 따른 학교에서의 장벽	

3. 지적장애 학생의 지적 및 적응행동상의 어려움을 극복할 수 있도록 하는 다양한 방안은 무엇인지 알아보자.

	내용
지적장애 특수교육대상자의 지적 능력 향상을 위한 방안은?	
지적장애 특수교육대상자의 적응 행동 능력 향상을 위한 방안은?	

4. 자폐성장애 특수교육대상자의 사회적 의사소통 및 사회적 상호작용의 질적 결함과 제한적이고 반복적인 행동이나 흥미 및 활동의 결함이 무엇인지 알아보자.

	내용
사회적 의사소통 및 사회적 상호작용의 질적 결함의 예	
제한적이고 반복적인 행동이나 흥미 및 활동의 예	

5. 지적장애와 자폐성장애 특수교육대상 학생에게 효과적인 교수 학습 방안은 무엇인지 알아보자.

	내용
지적장애 학생에게 효과적인 교수 학습 방안 예	
자폐성장애 학생에게 효과적인 교수 학습 방안 예	

6. 지적장애와 자폐성장애 특수교육대상 학생에게 효과적인 상담 및 생활지도 방안은 무엇인지 알아보자.

	내용
지적장애 학생에게 효과적인 상담 및 생활지도 방안 예	
자폐성장애 학생에게 효과적인 상담 및 생활지도 방안 예	

제6장

시각 · 청각 · 지체 · 의사 소통 · 건강장애 학생의 교육지원

‖ 이기정 ‖

> "형, 시계는 몇 시인지 알려주는 물건이야."
> "그렇지 않아. 시계는 심장을 가진 작은 나무상자라고. 들어봐."
>
> "형, 전에 말한 적 있지? 비누는 씻을 때 쓰는 거야."
> "비누는 닳아 없어지는 향기 좋은 돌인걸. 쥐어봐."
>
> "밤이 되면 온 세상은 잠이 들어."
> "아냐! 밤이 되면 아주 작은 것들이 잠에서 깨어나는 거야. 내가 몰랐던 비밀을 알려주지."
>
> "엄마, 난 형에게 설명해주려 하는데 형이 내 말을 듣지 않아요."
> "아마 형에게도 이유가 있을 거야. 왜 그런지 알고 싶니? 그럼, 눈을 감아보렴."
>
>   - Escriva, 2016

청각장애 2급 판정을 받은 고등학교 3학년 유소영 학생은 부모님의 권유로 유치원 때부터 줄곧 통합교육을 받았다. 보청기를 착용한 한쪽 귀를 통해 어느 정도 소리를 듣는 동시에 입모양을 보고 정확한 의미를 추측하기 때문에, 멀리서 나는 소리를 들을 때는 다소 어려움을 겪는다. 때문에 선생님이 칠판을 바라보며 설명을 하거나, 2명 이상이 동시에 발언하게 되는 조별활동 시간 등에는 내용을 이해하지 못한 채 수업을 마쳐야 했던 적이 많았다. 공부욕심이 있는 유소영 학생의 경우 몇 번이고 다시 내용을 묻는 편이지만, 질문이 반복될수록 "왜 그걸 이해하지 못하냐"며 오히려 질책하는 선생님들도 있었다. 피구, 농구 등 의사소통과 팀워크가 중요한 활동이 이뤄지는 체육시간에는 선생님께 양해를 구하고 수업에서 아예 빠졌다. 유소영 학생은 "그 어디에서도 학교 내 청각장애 학생을 위한 지원에 대한 이야기를 들을 수 없었기 때문에 이것들을 당연하게 여기며 지금까지 학교생활을 해왔다."고 말했다.

출처: 함께걸음(2017.12.6.).

1. 시각 · 청각 · 지체 · 의사소통 · 건강장애의 정의는 무엇이며 하위 유형에는 어떤 장애들이 있는가?

2. 시각 · 청각 · 지체 · 의사소통 · 건강장애 학생의 발달특성은 어떠한가?

3. 통합교육환경에서 시각 · 청각 · 지체 · 의사소통 · 건강장애 학생에게 어떤 교수적 지원을 제공해야 하는가?

1. 시각장애인은 볼 수 없기 때문에 촉각이나 청각이 일반인들에 비하여 매우 뛰어나다?
시각장애인 중에는 전혀 시력을 가지고 있지 못한 경우도 있지만 그렇지 않은 경우도
있어 일반인과 마찬가지로 잔존시력을 가지고 일상생활이나 학습을 하는 경우도 많다.
물론 점자를 읽는 학생들의 경우 우리가 느끼는 촉각의 정도보다는 훨씬 민감하게 인식
하고는 있지만, 이 역시 선천적으로 타고난다기 보다는 많은 시간 이를 읽기 위한 연습
과 노력이 필요하다. 시각장애인이 볼 수 없기 때문에 보상차원에서 다른 감각이 자동적
으로 더 발달된다는 것은 편견일 수 있다. 실제로 시각장애인 유형 중 하나인 당뇨망막
병증 환자의 경우 오히려 촉각이 둔해져 점자를 읽지 못하는 경우도 있다.

**2. 청각장애를 가진 학생 중 인공와우 수술을 하거나 보청기를 끼면, 또래 친구들과 마
찬가지로 일상생활에서 듣기 능력에 전혀 문제가 없다?**
인공와우 수술을 하거나 보청기를 착용하면 소리를 들을 수 있고 구화에도 많은 도움이
되지만 일반학생들과 마찬가지로 생활할 수 있는 것은 아니다. 특히 수술시기가 늦어지
는 경우 말소리를 구분하여 듣거나 필요한 소리에 집중하여 정확하게 인지하기 쉽지 않
아 지속적으로 훈련이 필요한 경우가 많다.

3. 뇌병변장애인은 뇌의 문제로 인하여 반드시 지적장애를 가진다?
장애와 개인에 따라 다르지만, 뇌병변장애가 언제나 지적장애를 동반하는 것을 의미하
진 않는다. 대표적인 뇌병변장애인 경직성 뇌성마비의 경우, 얼굴과 구강 근육의 마비로
구화의 유창성이 떨어지거나, 사지의 마비 등으로 학습에 어려움을 느끼는 경우는 많지
만 뇌 손상 부위에 따라 인지적 능력에는 전혀 문제가 없는 경우도 많다.

1. 시각장애 학생의 교육

시각장애 학생은 전체 장애학생 중 약 2.2%(2018년 4월 기준 1,981명)를 차지하고 있다. 이들 대부분은 시각장애 학생을 위한 특수학교에서 교육받고 있으나, 시각장애 학생의 약 36%(717명)는 일반학교(특수학급)에서 교육받고 있다(교육부, 2018b). 이는 미국의 시각장애 학생 교육현장과는 매우 큰 차이를 보이는데, 미국의 경우 일반 학급(65.2%) 및 특수학급(12.9%)에서 교육을 받는 시각장애 학생이 특수학교 혹은 기관에서 교육을 받는 학생(11.3%)의 비율보다 월등하게 높다(Garguilo & Bouck, 2018). 이는 IDEA에서 감각장애를 가진 시민의 완전 사회 통합을 위하여 교육기관에서 교육지원 서비스를 제공할 수 있도록 강조하고 있는 데서 기인된 것으로 보인다.

일반적으로 시각장애만 가지고 있는 학생들의 경우 인지적 문제를 동반하지 않는다고 알려져 있으며, 이러한 특성 때문에 특수교사뿐 아니라 일반교사 및 동료, 주변인들의 긍정적인 인식과 정확한 요구 파악에 기초한 지원이 이들의 교육성과에 큰 영향을 미친다. 뿐만 아니라 의료적 지원과 다양한 보조공학 서비스를 통하여 시각장애 학생의 통합교육이 증가할 가능성은 점점 높아진다.

1) 시각장애의 이해

(1) 시각장애의 정의 및 분류

「장애인 등에 대한 특수교육법」제15조 및 시행령 제10조에 따르면, 시각장애인이란 시각계의 손상이 심하여 시각기능을 전혀 이용하지 못하거나 보조공학기기의 지원을 받아야 시각적 과제를 수행할 수 있는 사람으로서 시각에 의한 학습이 곤란하여 특정의 광학기구·학습매체 등을 통하여 학습하거나 촉각 또는 청각을 학습의 주요 수단으로 사용하는 사람을 의미한다. 이 정의에서는 시각장애를 맹과 저시력 학습자 모두를 포함하고 있는 정의로, 이들의 시각적 능력 차이는 그 범위가 매우 넓으며 다양한 수준의 교육적 지원이 필요함을 의미한다. 즉, 어떤 학습자는 글씨가 확대된 교육자료만 있어도 학습을 할 수 있는 반면, 어떤 학생은 점자로만 학습이 가능하다든지 혹은 확대경과 같은 보조도구와 오히려 축소된 글씨자료가 함께 필요한 학생도 있을 수 있어, 매우 개별적이고 다양한 지원이 제공되어야 한다는 것이다.

시각계의 손상이란 시력(visual acuity)과 시야(visual field)에서의 손상 모두를 포함한다. 시력은 볼 수 있는 명료한 정도를 의미하며, 시야는 정면을 보고 있을 때 사방으로 보이는 범주를 의미한다. 시력에 문제가 있는 학생이라면 칠판의 글을 읽거나, 멀리 있는 지도나 그림을 인식하는 데 어려움을 가질 것이다. 또한 시야에 문제가 있는 학생이라면 교실 앞에 있는 칠판의 글을 보거나 그림을 보기 위해서 또래와 다른 자세를 취하거나 교실 및 운동장 등에서 안전에 위협을 받는 경우에 잘 피하지 못할 수 있다. 일반적으로 이러한 시력 및 시야를 측정하기 위해서는 안과 전문의의 진단이 필요하며, 이러한 시각장애의 진단은 장애의 원인 등에 대해 수술이나 충분한 치료 후에 판정된다. 「장애인복지법」에서는 시각장애의 정의를 시력과 시야를 함께 고려한 정의를 내리고 있는데, 그 정의는 다음과 같다.

정의	가. 나쁜 눈의 시력(만국식 시력표에 따라 측정된 교정시력을 말한다. 이하 같다)이 0.02 이하인 사람 나. 좋은 눈의 시력이 0.2 이하인 사람 다. 두 눈의 시야가 각각 주시점에서 10도 이하로 남은 사람 라. 두 눈의 시야 2분의 1 이상을 잃은 사람

(2) 시각장애 학생의 원인 및 시력 특성

시각장애의 원인은 다양하며 그 원인에 따라 시각적 어려움과 교육적 요구가 달라질 수 있다. 학령기 가장 흔하게 접할 수 있는 것은 근시와 원시, 난시가 있으며 이들은 안경이나 콘택트렌즈로 교정이 어느 정도 가능하다. 근시는 시각의 상이 망막보다 앞에 맺혀 가까운 사물만 볼 수 있고 시각적 정확성이 떨어지는 것이고, 원시는 반대로 시각의 상이 망막보다 뒤에 맺히는 것, 난시는 각막이나 수정체의 표면이 균일하지 않는 경우이다(김동일 외, 2010). 근시 혹은 난시 등 동일한 원인으로 시각장애가 되더라도 진행 정도에 따라 다른 지원이 요구되기 때문에 규칙적으로 시력을 진단하는 것이 필요하며, 위와 같은 원인 외에도 심각한 시각장애의 원인이 되는 기타 질환은 〈표 6-1〉과 같다.

〈표 6-1〉 **시각장애의 원인 및 특성, 그리고 가능한 지원**

원인	보기 상태	주된 어려움	지원 요구
정상			
백내장		• 비진행성 • 시력감소 및 전반적으로 흐릿하게 보임. • 낮은 대비감도를 가져, 저대비 자료 보기 어려움. • 눈부심 현상 강함.	• 확대기구 및 대비증진기구 지원 • 고대비 학습 자료 제공 • 중심부 백내장 경우 낮은 조명, 주변부 백내장 경우 높은 조명
녹내장		• 진행성 • 주변시야 감소 및 눈부심 호소 • 야맹증으로 밝은 조명 선호 • 안압에 따른 눈의 피로와 두통 있음.	• 정기검진과 약물관리 • 추시, 추적, 주사 등 시기능 훈련 • 눈부심 감소를 위한 색안경과 개인용 스탠드(밝은 조명) • 좌우시야 손상 정도 비교하여 자리 배치 • 휴식을 통한 안피로와 안압관리
망막색소변성		• 진행성(유전에 의한 실명) • 주변시야 감소(터널시야) • 야맹증, 밝은 조명 선호 • 읽기 중 글의 줄을 놓침.	• 잔존시야를 고려한 적절한 확대 및 시기능 훈련 요구됨. • 눈과 자료 간의 적정거리 유지를 통한 시야 조절 • 실명 이전 점자교육 • 글의 줄을 놓치는 경우 대조강화경 사용
황반변성		• 진행성 • 중심 시야암점과 시력 감소, 눈부심 있음. • 낮은 대비감도로 저대비 자료 보기 어려움. • 정면으로 보기 어려움.	• 중심 외 보기 기술 교육 • 암점이 크면 고배율 확대 제공 • 눈과 자료 간의 근접거리 유지를 통한 암점 감소 효과
당뇨병성 망막증		• 진행성 • 시야감소(불규칙한 암점) • 잦은 시력 변동과 감소 • 촉각 둔감화	• 촉각 둔감화로 점자 읽기에 어려움 있을 수 있어, 음성자료 활용 추천 • 정기 검진과 당뇨 관리
안진		• 정지성 • 안구의 불수의적 움직임으로 글의 줄을 놓치는 경우가 있음. • 눈의 피로감	• 한점 주시 훈련 • 정지점 찾기 • 글의 줄을 놓치는 경우 대조강화경 사용 • 주기적인 휴식으로 눈 피로 관리

출처: 광주광역시 교육청(2017a), pp. 14-15에서 발췌 후 수정.
　　Gargiulo, M. R. & Bouck, C. E. (2018), pp. 452-453에서 발췌 후 수정.

2) 시각장애 학생의 발달특성

시각장애는 학생의 생활, 환경, 학습 전반적으로 영향을 미칠 수 있으며, 이는 시력 상실 유형, 정도 등에 따라 달라진다. 일반적으로 시각장애 학생들은 또래보다 기본 개념 습득에 어려움을 보이는 것처럼 보이며, 기타 다른 감각을 사용하더라도 또래에 비하여 범주와 깊이에서 제한된 정보를 습득하는 것으로 알려져 있다(Vaughn, Bos, & Schumm, 2018). 이 장에서는 시각장애 학생이 전형적으로 영향을 받게 되는 영역, 즉 개념발달, 의사소통 능력, 운동능력과 이동성, 자조능력, 그리고 사회성 및 정서적 발달로 분류하여 살펴보겠다.

- 개념발달: 시각장애 학생이 직접 경험해 보지 못한 영역의 경우 그 능력을 개발하기 어렵다. 특히 시각장애 학생은 색깔과 같은 추상적인 영역에서의 개념 발달에 어려움을 가진다.
- 의사소통: 시각장애는 의사소통 능력에 직접적으로 영향을 미치지는 않는다(Rosel, Caballer, Jara, & Oliver, 2005). 그러나 서면자료와 같은 경우 접근성이 떨어질 수 있으며(Steinman, LeJeune, & Kimbrough, 2006), 어휘 이외에 얼굴 표정과 행동 등에서 관찰할 수 있는 비언어적 의사소통 기술 습득에 어려움이 있을 수 있다.
- 운동능력과 이동성: 시각-운동능력에서의 문제는 대근육 운동에서의 발달(달리기, 높이뛰기, 공차기 등)과 미세한 운동기능 발달(쓰기, 자르기, 등)에 영향을 미칠 수 있다(Wagner, Haibach, & Lieberman, 2013). 또한 시각적 제약에서 오는 안전문제로 인하여 이동능력에도 영향을 받을 수 있다.
- 자조능력: 시각장애 학생에게 직접 지도하거나 안내하지 않는다면 스스로 옷을 입거나 식사를 하는 등 독립생활에 어려움을 겪을 수 있다.
- 사회적 기술 및 정서적 발달: 시각장애 학생들은 호명하지 않는다면 누가 누구에게 이야기를 하는지, 혹은 타인 간 일어나는 의사소통의 형태, 비언어적 상호작용, 감정의 교환 등을 관찰하거나, 보고 배울 수 없다(Sacks, Lueck, Corn, & Erin, 2011). 그 결과 시각장애 학생들은 또래로부터 고립되거나 또래 활동에 참여하는 데 어려움을 가진다고 보고된다.

이와 같은 특성 때문에 시각장애 학생에게 환경과 직접적으로 상호작용을 하는 것은 매우 중요하다. 시각장애 학생은 나머지 감각, 즉 촉감, 청각 등을 활용하고 잔존 시력을 활용하여 새로운 개념을 익히고 활동을 할 수 있는 기회를 최대한 제공받아야 한다.

3) 시각장애 학생을 위한 교육적 지원

시각장애 학생의 경우 시각장애 정도뿐 아니라 시각장애의 발생시기, 중복장애 여부 등에 따라 교육적 요구가 다를 수 있으나 공통적인 것은 객관적이고 체계적인 진단 및 평가에 기초해야 한다는 것이다. 시각장애 학생의 교육지원 영역은 학습뿐 아니라, 자립생활, 사회성 역량, 진로교육 등이 될 수 있으며, 모든 영역에서 다양한 보조도구들이 활용될 수 있다.

일반적으로 시각장애 학생의 학습을 촉진하기 위하여 교사는 청각, 촉각, 시각적 조정(잔존 시력의 활용) 등을 고려할 수 있다. 시각장애 학생이 일반 서면자료를 읽기 어렵다면, 이를 확대하여 잔존 시력을 활용하도록 하거나 음성 대체자료나 점자자료로 지원할 수 있다. 또한 개념도와 같은 큰 그림을 한눈에 이해하는 자료 대신 시각장애 학생의 선행지식에 기초한 어휘를 활용한 청각적 자극을 주로 이용하여 정보를 제공할 수도 있다. 특히 아동의 경우라면 양손을 활용하여 반복적으로 만질 수 있는 촉각 교수자료를 활용하는 것이 매우 효과적이다(Garguilo & Bouck, 2018). 시각장애 학생들의 평가를 위해 **검사 조정**(test accommodation)이 필요한 경우도 있다. 시각장애 학생의 경우, 점자자료나 확대자료로 평가를 받을 수 있도록 지원해 주어야 하며, 이런 경우 시험시간을 연장해 주거나, 밝기 조절이 가능한 환경으로 옮겨 평가를 받을 수 있도록 하여 각종 시험에서 장애로 인한 불편이나 불리는 겪지 않도록 해주어야 한다. 〈표 6-2〉는 시각장애 학생을 위한 대학수학능력시험 평가 조정 내용이다(한국교육과정평가원, 2018).

시각장애 학생의 학습 및 생활지원을 위하여 다양한 보조공학 도구들이 활용되고 있다. 맹 학생은 점자정보단말기 등의 촉각 활용 보조공학이나 화면 읽기 프로그램, 광학문제 판독기 등의 청각 활용보조기기의 지원이 필요하며, 저시력 학생은 화면확대 프로그램, 확대 독서기 등의 시각활용 보조공학 기기의 지원이

검사 조정
장애를 가진 학생이 평가에 참여할 수 있도록 하기 위해 검사를 적응하거나 수정(modification)하는 것.

〈표 6-2〉 **2019 대학수학능력시험 검사조정 내용(시각장애)**

중증 시각장애 수험생	경증 시각장애 수험생
가. 대상자: 시각장애 1급~3급에 해당하는 수험생 중 점자로 제작된 문제지를 사용하고자 하는 수험생 나. 시험운영 • 매 교시별로 일반 수험생의 1.7배로 하되, 점심시간 및 휴식시간을 단축하여 운영 (단, 4교시 종료 후 간단한 음식물을 섭취할 수 있도록 휴식시간을 15분 운영) • 점자 문제지 제공 • 1, 3, 4교시에는 음성평가자료(화면낭독프로그램용 파일 또는 녹음테이프) 제공 • 2교시 수학영역 필산기능 활용 가능한 점자정보단말기 제공	가. 대상자: 1) 시각장애 1급~3급에 해당하는 수험생 중 점자로 제작된 문제지를 신청하지 않은 수험생 2) 시각장애 4급~5급에 해당하는 수험생 3) 시각장애 6급에 해당하는 수험생으로서 종합병원장 발행 진단서/검사기록 및 학교장 확인서 또는 특수학교 재학(졸업) 증명서에 의거 특별관리 필요성이 인정된 수험생 나. 시험운영 • 매 교시별로 일반 수험생의 1.5배로 연장하되, 점심시간 및 휴식시간을 단축하여 운영 (단, 4교시 종료 후 간단한 음식물을 섭취할 수 있도록 휴식시간을 13분 운영) • 확대 문제지 제공(118%, 200%, 350% 중 택 1) • 확대 독서기 사용 가능(개인 지참 가능) • 희망하는 경우 A4 크기의 축소(71%) 문제지 제공

필요하다(광주광역시교육청, 2017a). 이러한 보조공학의 활용 역시 시각장애 학생의 개별적 요구를 진단한 후 적용되어야 하며 익숙해지기까지는 시간이 걸릴 수 있음을 인식해야 한다. 타당하고 적절한 보조공학 도구는 학습뿐 아니라 일반생활기술 및 이동, 독립적 생활 등에 긍정적인 역할을 한다.

이 외에도 시각장애 학생들은 가정과 학교, 그리고 지역사회에서 이동하는 데 어려움을 가질 수 있기 때문에 필요하다면 보행훈련을 실시해야 하며, 독립생활이 가능하도록 단장하기, 혼자 식사차리기 등 필요한 일상생활 기술 역시 훈련해야 한다. 나아가 이들이 사회에서 독립적 생활을 유지할 수 있도록 가장 큰 도움이 될 만한 진로 · 직업교육을 함께 제공해야 한다. 이때 시각장애 학생 역시 또래들과 마찬가지로 다양한 진로의 가능성을 탐색할 수 있도록 정보를 제공해야 하며, 시각장애로 인해 정보 접근 및 경험의 제한을 고려하여 체계적인 정보제공과 활동을 구성하여 제공해야 한다.

2. 청각장애 학생의 교육

시각과 마찬가지로 청각능력이란 태어나면서 저절로 가지고 태어나는 능력 중 하나로, 이를 통하여 환경의 변화를 인지하고, 나아가 의사소통 능력이 발달된다. 그러나 선천적인 청각장애인들의 경우 이러한 변화를 전혀 인지하거나 언어를 통한 의사소통 기술을 발전시키기 위한 기회가 차단되어 결국에는 의사소통 기술뿐 아니라 언어능력, 나아가 학습능력을 발전시키는 데에도 어려움을 겪게 된다.

현재 청각장애 학생은 전체 장애학생의 3.8%(3,268명)로 이 중 21%가 특수학급(687명)에, 55.1%가 일반학급(1,801명)에, 23%가 특수학교(762명)에 배치되어 있다. 2011년 전체 청각장애 학생 중 31%가 특수학교에 배치되어 있었던 것에 비하면 약 10%가 일반학교로 통합된 것을 알 수 있다. 이러한 이동은 다양한 보조공학 도구의 발전, 인공와우 수술에 대한 건강 보험적용의 확대(연령 등), 통합교육의 강화 등과도 연관이 있는 것으로 보이며, 청각장애 학교 수의 변화(18개에서 14개로 축소)에까지 영향을 미친 것으로 보인다.

> **인공와우 수술**
>
> 달팽이관(와우)의 질환으로 전혀 듣지 못하는 환자에게 남아있는 청신경에 전기자극을 가함으로써 음을 들을 수 있게 해주는 와우이식기 이식 수술. 와우이식은 보청기를 사용하여도 도움을 받지 못하는 양측고도 감각신경성난청 환자에게 유용한 청력을 제공함.

1) 청각장애의 이해

(1) 청각장애의 정의 및 분류

청각장애란 소리를 전달하는 특정 기관의 손상으로 일상적인 소리를 듣고 생활하는 데 어려움이 있는 경우를 의미하며(광주광역시교육청, 2017b), 농(deaf)과 난청(hard of hearing)으로 나눌 수 있다. 농이란 청력 손실이 심하여 보청기를 착용해도 의사소통이 어려운 경우를 의미하며, 난청이란 청력이 남아 있어 보청기를 착용하면 의사소통이 가능한 경우를 의미한다(김동일 외, 2010).

「장애인복지법」에서는 청력 손실의 수준 정도로 청각장애를 정의하고 등급을 나누고 있다(예: 2급 두 귀의 청력을 각각 90dB 이상 잃은 사람). 이는 장애등급을 나누는 데에는 확실한 기준이 될지 모르나, 청각장애 학생의 일상생활이나 학업 영역에서 학생의 요구를 그대로 반영한 것은 아니기 때문에 등급에 따라 지원을 결정하는 것에는 무리가 있다. 이와 달리 「장애인 등에 대한 특수교육법」에는 청각장애가 의사소통 및 교육적 성취에 미치는 영향을 중심으로 청각장애를 선정하도록 하고 있다. 따라서 특수교육대상자 선정 시에는 객관적이고 체계적인 진단을 통하여 청력 손실이 학습 및 일상생활에 어느 정도의 그리고, 어떤 영향을 미치는지를 정확하게 파악하는 것이 필요하다. 다음은 「장애인 등에 대한 특수교육법」에서 청각장애를 정의한 내용이다.

> 청력 손실이 심하여 보청기를 착용해도 청각을 통한 의사소통이 불가능 또는 곤란한 상태이거나, 청력이 남아 있어도 보청기를 착용해야 청각을 통한 의사소통이 가능하여 청각에 의한 교육적 성취가 어려운 사람

(2) 청각장애의 원인 및 특성

귀는 외이, 중이, 내이의 세 부분과 청력을 담당하는 청각 신경계로 구성된다 (Garguilo & Bouck, 2018). 외이는 중이를 보호하고, 소리를 외이도를 통하여 전달하며, 소리를 증폭시키는 역할을 한다. 중이는 측두골 내, 고막 내측에 위치한 공동(고실)으로 고막, 이소골, 이관 등으로 구성되어 있으며, 고막에서 소리를 진동으로 바꾸며 이소골이 진동을 내이로 전달한다. 내이는 달팽이 모양의 와우와 전정기관으로 구성되어 있는데, 와우는 청각을 담당하는 기관으로 진동을 소리신호로 바꾸어 주며, 이러한 신호가 청각신경계를 통하여 뇌까지 소리를 전달한다. 또한 내이의 전정기관은 균형을 제어하는 역할을 한다(안회영, 2005).

청각장애는 청력 손실의 유형과 손상 시기 등이 매우 중요하다. 청력 손실의 유형에 따라 청각적 정보를 받아들이는 특징이 다르기 때문에 이에 대한 교육적 지원이 달라질 수 있으며 의사소통에 미치는 영향도 다르기 때문에 교육적 지원을 달리 해야 한다. 또한 청력 손실의 시기가 언어습득 전인지 혹은 후인지에 따라 교육 프로그램이 언어와 의사소통 방법의 습득에 초점을 두어야 할지 적절한 언어발달 및 말소리의 명료성 강화에 초점을 두어야 할지 결정하게 된다(김동일 외, 2010). 청각장애 학생의 청력 손실 정도, 시기, 유형에 따른 청각장애 특성 및 의사소통에 미치는 영향은 〈표 6-3〉과 같다.

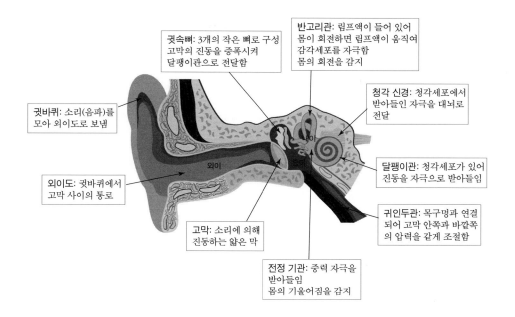

[그림 6-1] 귀의 구조

〈표 6-3〉 청력 손실 정도, 시기, 유형에 따른 의사소통 능력 및 교육적 지원 내용

구분		의사소통 능력 및 교육적 지원 내용
청력 손실 정도	5~24dB (정상)	• 의사소통에 아무런 영향을 미치지 않음.
	27~40dB (경도)	• 흐리거나 적은 말소리에 곤란한 느낌. • 조용한 환경이어도 소리가 작거나 원거리 말소리는 듣기 어려움.
	41~55dB (중등도)	• 일상대화 말소리는 듣기 어렵고, 아주 가까운 거리에서는 들을 수 있음. • 90~150cm의 얼굴을 마주 대하는 대화는 이해 가능하나 학급토의 50% 정도는 이해 못함.
	56~70dB (중등고도)	• 크고 명백한 말소리도 가끔 듣기 어려우며 집단 상황에서는 어려움. • 큰소리의 회화만 이해 가능하고, 집단토의는 곤란함.
	71~90dB (고도)	• 큰소리도 들리지 않아 많은 단어가 인지되지 않음. • 30cm 내의 큰소리만 이해할 수 있음.
	90dB 이상 (최고도)	• 대화 말소리는 들을 수 없으나 일부 큰 환경음을 들을 수도 있음. • 큰소리도 이해 못하며 소리의 진동에 거의 의존함.

청력 손실 시기	언어습득 전	• 언어에 대한 경험 및 정보가 없어 말소리에 대한 이해력이 낮으며, 체계적인 언어재활이 요구됨. • 일반적으로 언어와 의사소통 방법 습득이 주 교육 목표가 됨.
	언어습득 후	• 언어를 완전히 습득 후 청력을 잃을 경우, 청각보조기기의 착용으로 의사소통이 가능할 수 있으나, 점차 발음이 왜곡될 수 있음. • 적절한 언어발달과 명료한 말소리 유지가 주 교육 목표가 됨.
청력 손실 유형	전음성	• 전도성이라고도 하며 일반적으로 청력 손실의 정도가 심하지 않아 대개 난청에 해당함(대체로 청력이 70dB을 넘지 않음, 경도 혹은 중등도의 청력 손실). • 외이나 중이의 이상으로 내이까지 도달하는 소리의 양이 줄어들기는 하나 보청기를 착용하면 일반적인 대화가 가능함.
	감음신경성	• 감각신경성이라고도 하며, 내이나 청신경에 손상을 입은 경우로, 전음성보다 청력 손실 정도가 심하고 예후가 좋지 않아 농으로 분류되어 청각적 의사소통에 어려움을 겪음. • 청신경이 기능하는 경우, 인공와우 이식수술과 수술 후 언어치료 및 청능훈련을 통하여 언어습득을 기대할 수 있음.
	혼합성	• 전음성과 감음신경성이 혼합된 상태이지만 손실정도에 따라 의사소통에 미치는 영향은 다양할 수 있음. • 만성중이염에서와 같이 염증에 의해 중이의 증폭기능에 장애를 받고 내이까지 염증이 번져 내이의 감각신경성 장애를 받는 경우임.

출처: 김동일 외(2010), pp. 165-166에서 발췌 후 수정.
　　　광주광역시교육청(2017b), p. 11에서 발췌 후 수정.

2) 청각장애 학생의 발달특성

청각장애 학생의 경우 역시 타 장애와 마찬가지로 매우 다양한 특성을 보이기는 하나, 일반적으로 인지발달, 말과 언어, 사회적 상호작용, 그리고 교육적 성취 등에서 건청인들과 비교하여 그 특성에 대해 많이 언급되고 있다.

• 인지적 발달: 또래 건청인들과 비교하여 청각장애 학생의 지능 분포는 차이가 없는 것으로 보고되고 있으며(Kuder, 2013), 이는 청각장애의 문제가 인지보다는 언어능력에 더 영향을 미치는 것으로 해석될 수 있다.
• 말과 언어: 어휘발달 수준에서 건청 학생에 비하여 난청 학생은 2년, 농의 경우 4~5년의 지체를 보인다고 하며, 관용적 표현 습득이나 문맥을 이해

하는 데 어려움을 겪는다. 특히 조사의 사용과 문법규칙 습득에 제한을 보여 전반적으로 문법적인 오류가 높다(김동일 외, 2010).

- **사회적 상호작용**: 난청 학생의 경우 건청 학생보다는 덜 사회적 상호작용 활동을 보이고, 건청 학생보다는 같은 청각장애 학생과의 의사소통을 선호한다고 알려져 있다(Antia, Kreimeyer, Metz, & Spolsky, 2011). 이는 의사소통 기술을 바탕으로 사회적 상호작용이 이루어진다고 보았을 때 당연한 결과로 보인다. 한 연구에서는 동일한 의사소통 기술을 학습하기 위하여 일반 학생들에게 수어를 교수하고 동시에 청각장애 학생에게 사회적 기술을 교수하였을 때, 두 집단 간 친밀도와 사회적 상호작용의 양과 질이 상승하였다고 보고하였다(Antia, Kreimeyer, Metz, & Spolsky, 2011).
- **교육적 성취**: 지능에서는 차이를 보이지 않으나 학업성취에서는 또래 건청 학생들에 비하여 낮은 성취를 보인다(Qi & Mitchell, 2012; Garguilo & Bouck, 2018). 읽기 능력이 초등학교 4~5학년 수준을 넘지 못하는 경향을 보이기도 하는데, 이는 청각적 정보처리의 어려움과 표현 능력에서의 제약뿐 아니라 구화교육 위주의 경우 학습정보를 충분히 입수하지 못하는 점이 그 원인이 될 수 있다(김동일 외, 2010).

3) 청각장애 학생을 위한 교육적 지원

청각장애인의 교육적 지원에 앞서 가장 먼저 선행되어야 하는 부분은 의사소통 지원이다. 청각장애 학생의 경우 듣기와 말하기에 어려움이 있기 때문에 대안적 의사소통 방법인 수어와 지화(지문자) 그리고 구화와 큐드 스피치를 사용하기도 한다. 각각의 자세한 설명은 다음과 같다(김동일 외, 2010).

- **구화법**: 청각장애 학생들에게 말하는 방법과 잔존청력을 발달시키기 위한 훈련을 실시하고, 이를 위해 청능훈련, 독화, 보청기 및 증폭기 사용 등을 통하여 '말하는 방법'을 교육시킨다.
- **큐드 스피치**: 구화 의사소통을 보충하기 위한 방법으로 뺨 근처에 수신호 형태로 단서를 추가하는 것으로, 독화만으로 구별하기 어려운 음소를 인식할 수 있게 하여 구어적 의사소통을 원활하게 한다.

- 수어: 단어와 아이디어, 개념을 표현하기 위하여 손짓과 몸짓을 사용하는 표현법으로, 한국어와는 달리 독립적인 문법체계를 갖추고 있어 또 하나의 언어로 인식된다.
- 지문자: 지화로도 불리며, 다른 의사소통 방법과 함께 사용되고 있다. 각각 한글 자 · 모음을 나타낸다.

이러한 방법들을 통하여 청각장애 학생의 의사소통을 지원하게 되는데, 일반적으로 이러한 방법을 함께 사용하거나 모두 함께 사용하여 지원이 가능하다. 이러한 다양한 방법을 교육현장에서 활용할 수 있는 방법을 〈표 6-4〉에서 정리하였다. 미국의 경우 대부분의 공립학교에서는 종합 의사소통 접근법을 사용하고 있으며, 특수학교나 중등 이후의 프로그램에서는 이중언어-이중문화 접근법을 적용한 사례가 많다고 한다(Garguilo & Bouck, 2018). 대부분의 연구에서는 한 가지 방법을 적용하는 것보다는 다양한 접근법을 함께 활용하는 것이 효과적이며(Swanwick & Marschark, 2010), 무엇보다도 청각장애 학생의 요구와 교수내

〈표 6-4〉 **청각장애 학생에게 사용가능한 의사소통 접근법**

	기본입장	목표	의사소통 방법
이중언어-이중문화 접근	수어를 농 문화의 자연적이고 일차적인 언어로 인정하고, 구화(한국어)를 제2언어로 인식	수어 어휘와 문법과 함께 제공하면서, 구화(한국어) 교수를 실시하되, 이를 제2언어로 학습할 수 있게 지원함.	수어
종합 의사소통 접근	의사소통하고, 이해하며, 학습할 수 있도록 개인의 능력을 강화하기 위한 다양한 의사소통기술을 동시적으로 사용	개인의 능력을 최대로 촉진하기 위하여 다양한 의사소통 방법을 한 번에 제공	수어와 지화, 독화(구화)를 종합적으로 사용
청능-구화 중심 접근	청각장애 학생도 듣기/수용언어와 말하기/표현언어 기술을 습득 · 발달시킬 수 있다고 믿으며, 잔존청력 훈련과 증폭기 등을 활용하고 말하기/언어 훈련을 실시	구화 발달의 촉진	구화

출처: Garguilo, M. R. & Bouck, C. E. (2018), p. 424에서 발췌 후 수정.

용에 적합한 방법을 선정하는 것이 필요하다고 강조하고 있다.

학급 내 학습을 지원하기 위해서 청각장애 학생의 의사소통 특성을 파악하여 물리적 환경을 조성하고, 필요하다면 교사의 입술을 읽을 수 있도록 자리를 배치한다. 가능하면 수업 시간 내 음성 정보는 시각 정보(그림 및 도식, 자막 혹은 서면 자료)와 함께 제공하고, 수업시간 내 중요하거나 새로운 어휘는 미리 준비할 수 있도록 지원하여, 수업시간에는 알고 있는지 확인할 필요가 있다. 뿐만 아니라 듣기평가와 같이 청각장애 학생이 참여하기 어려운 평가의 경우 대안적인 문항을 제공하거나, 대본 및 수어통역 서비스 등으로 대체해 줄 수 있다.

3. 지체장애 학생의 교육

지체장애 학생은 전체 장애학생의 11.5%(10,439명)를 차지하고 있으며, 이 중 35%는 특수학교(3,680명)에, 37.5%(3,924명)는 특수학급에, 약 30%는 일반학급 (2,714명)에 배치되어 있다. 신체적 능력에만 결함이 있는 학생도 있을 수 있으나, 다른 장애와의 중복장애를 가지는 경우 복합적인 지원이 필요한 경우가 많다. 게다가 「장애인복지법」에서 뇌병변장애를 지체장애와 분리하여 정의함으로써, 이와 다른 교육영역의 법인 「장애인 등에 대한 특수교육법」에 따른 특수교육대상자 선정에 있어 일선 교육현장과 학부모의 혼란이 생기기도 하였다. 이 장에서는 「장애인 등에 대한 특수교육법」에 따라 뇌병변장애(예: 뇌성마비)를 따로 분리하여 설명하지 않고, 지체장애의 한 영역으로 함께 설명하고자 한다.

1) 지체장애의 정의 및 분류

「장애인 등에 대한 특수교육법」에서는 지체장애를 기능·형태상 장애를 가지고 있거나 몸통을 지탱하거나 팔다리의 움직임 등에 어려움을 겪는 신체적 조건이나 상태로 인해 교육적 성취에 어려움이 있는 사람이라고 정의하고 있다. 「장애인복지법」에서는 지체장애와 뇌병변장애를 분리하여 정의하고 있지만 복지법상에서 뇌병변장애로 진단된다 하더라도 특수교육대상자 신청을 하게 되면 지체장애를 지닌 특수교육대상자로 선정될 수 있다. 「장애인복지법 시행령」에서의 지체장애와 뇌병변장애의 정의는 다음과 같다.

지체장애인	가. 한 팔, 한 다리 또는 몸통의 기능에 영속적인 장애가 있는 사람 나. 한 손의 엄지손가락을 지골(指骨: 손가락 뼈) 관절 이상의 부위에서 잃은 사람 또는 한 손의 둘째 손가락을 포함한 두 개 이상의 손가락을 모두 제1지골 관절 이상의 부위에서 잃은 사람 다. 한 다리를 리스프랑(Lisfranc: 발등뼈와 발목을 이어주는) 관절 이상의 부위에서 잃은 사람 라. 두 발의 발가락을 모두 잃은 사람 마. 한 손의 엄지손가락 기능을 잃은 사람 또는 한 손의 둘째 손가락을 포함한 손가락 두 개 이상의 기능을 잃은 사람 바. 왜소증으로 키가 심하게 작거나 척추에 현저한 변형 또는 기형이 있는 사람 사. 지체(肢體)에 위 각 목의 어느 하나에 해당하는 장애정도 이상의 장애가 있다고 인정되는 사람
뇌병변장애인	뇌성마비, 외상성 뇌손상, 뇌졸중(腦卒中) 등 뇌의 기질적 병변으로 인하여 발생한 신체적 장애로 보행이나 일상생활의 동작 등에 상당한 제약을 받는 사람

일반적으로 지체장애는 신경계 손상, 퇴행성 질환, 근골격계 이상 그리고 사고 등으로 인해 나타날 수 있다(Garguilo & Bouck, 2018). 신경계 손상의 경우 뇌, 척추, 혹은 신경계 이상으로 나타나며, 대표적으로 뇌성마비(cerebral palsy)와 이분척추(spina bifida)가 있다. 대표적인 퇴행성 질환으로는 근위축증(duchenne muscular dystrophy)이 있으며, 근섬유의 질환 때문에 진행적으로 근육이 약해지는 것이 특징이다. 근골격계 이상 학생의 경우 그 정도에 따라 장애의 정도가 다양한데, 이는 일반적으로 인지나 학습, 인지 혹은 언어나 감각 이상을 항상 동반하지는 않으며 학령기 학생에게서는 주로 청소년 특발성 관절염(juvenile idiopathic arthritis), 사지결핍(Limb deficiency) 등으로 나타난다. 대표적인 지체장애의 유형과 특성은 〈표 6-5〉와 같다.

〈표 6-5〉 **대표적인 지체장애의 유형 및 특성**

유형	특성
뇌성마비	• 하나의 질병이 아니라 유사한 임상적 특징을 가진 증후군들을 집합적으로 일컫는 개념으로, 임신 중, 출생 시, 출생 후의 여러 원인에 의해 뇌 혹은 중추신경계에 손상이나 비진행성 병변으로 영구적인 운동장애 등이 나타나는 장애(국립특수교육원, 2016) • 운동장애는 뇌의 손상된 부위와 정도에 따라 양상이 다르고 지적장애나 시각장애, 청각장애, 뇌전증, 언어장애를 동반하는 경우가 있음. • 마비된 신체부위에 따른 분류: 단마비, 편마비, 삼지마비, 사지마비, 대마비, 양마비, 중복마비 • 근긴장도에 따른 분류: 경직형, 무정위운동형, 운동실조형, 강직형, 진전형, 혼합형
이분척추	• 척추 발생상의 결함으로 척추의 융합이 완전하지 않은 신경과 형성의 선천 기형(김동일 외, 2010) • 하반신 근육과 감각을 조절하는 척수와 신경이 정상적으로 발달하지 못하여 척추 손상 부위가 많을수록 신체 기능에 미치는 영향이 큼.
근위축증	• 근섬유의 진행적으로 약화되며 유전질환으로 특정지워지는 퇴행성질환의 대표 질환 • 출산 시기에는 정상발달을 보이다가 3세경 다리근육의 약화가 나타나기 시작하여 대부분 10~12세 정도에는 더 이상 걷기에 제한으로 보여 휠체어를 필요로 하는 경우가 많음(Garguilo & Bouck, 2018). • 청소년기나 청년기에는 호흡 관련 근육이 위축되는 등 심정지나 호흡기관 정지 등으로 10대 말이나 20대 초기에 사망에 이르는 경우가 많았으나, 최근에는 3·40대까지 수명을 기대하는 경우가 늘어나고 있음(Muscular Dystrophy Association, 2016).
청소년 특발성 관절염	• 16세 이전에 발생하고 6주 이상 지속적으로 관절에 영향을 미치는 만성 질환으로, 여러 가지 종류가 있으며, 주된 특징은 관절의 부종으로, 운동 범위 감소, 통증 및 발열 등이 있고, 특히 아침에 마비가 전형적인 특징임(Garguilo & Bouck, 2018). • 시간이 지나면 완화, 안정화 또는 진행형으로 관절의 영구 변형 등을 유발할 수 있으며, 구축(오그라듦)이나 시각장애를 동반하기도 함.

출처: 김동일, 손승헌, 전병운, 한경근(2010), pp. 172-174에서 발췌 후 수정; 국립특수교육원(2016), p. 14에서 발췌 후 수정; Garguilo, M. R. & Bouck, C. E. (2018), pp. 498-503에서 발췌 후 수정.

2) 지체장애 학생의 발달특성

지체장애 학생들은 뇌의 손상 정도와 범위, 근육 긴장 등 각 지체장애 원인과 상태에 따라 운동발달, 언어 및 의사소통, 인지 및 학업, 사회 · 정서적으로 매우 다양하게 발달하기 때문에 지체장애 범주 내에서 일반적인 특성을 정의하기는 어려움이 있다. 따라서 교사는 이들 각각의 지체장애 원인과 특성에 따라 개별적인 지원을 제공하려는 노력이 필요하다.

- 인지적 · 학업적 특성: 뇌성마비의 학생의 경우 약 40~60%가 IQ 70 이하를 보인다고 하나(이미숙 외, 2013), 이를 제외한 지체장애 학생의 지적 능력은 일반학생과 비슷하며, 보통 혹은 그 이상의 지적 발달을 보이는 경우도 있다. 그러나 일부 지체장애 학생은 치료나 병원 입원, 신체 운동 능력의 제약으로 인한 기회 부족 등의 문제로 정상적인 학교생활에 어려움을 겪는 경우가 있어 학업성취에서는 또래에 비해 떨어지는 경우도 많다.
- 사회 · 심리적 특성: 지체장애 학생의 장애 특성에 따른 동작의 제한이나 자세의 이상, 학교 활동 참여 제한, 그리고 이들에 대한 부모의 태도 등은 지체장애 학생의 사회성 및 정서적 안녕감 등에 영향을 미칠 수 있다. 주변의 과보호, 경험 부족, 학습된 무기력 등은 지체장애 학생의 의존성을 높이거나 자존감에 부정적인 영향을 미치기도 하며, 또래관계를 어렵게 하기도 한다(김동일 외, 2010; 이미숙 외, 2013). 그러나 모든 지체장애 학생이 그런 특성을 가지는 것은 아니기 때문에 편견을 가지고 접근해서는 안 된다.
- 의사소통 능력 특성: 지체장애 학생들의 경우 의사소통 방법 중에서도 특히 표현언어 측면에서 많은 어려움을 보인다. 뇌성마비 학생의 경우 구강 조음기관의 움직임에 장애를 가지고 있거나 나아가 중추성 언어장애, 인지능력의 결함으로 의사소통에 장애를 보이는 경우가 많다(이미숙 외, 2013; 국립특수교육원, 2016). 뿐만 아니라 얼굴표정이나 몸짓 등을 통한 언어 표현 능력에서 어려움을 가지거나, 팔의 기능이 떨어지는 경우 쓰기 능력에서 제한을 보인다.

학습된 무기력

피할 수 없거나 극복할 수 없는 환경에 반복적으로 노출된 경험으로 인하여, 실제로 자신의 능력으로 피할 수 있거나 극복할 수 있음에도 불구하고 스스로 그러한 상황에서 자포자기하는 것.

3) 지체장애 학생을 위한 교육적 지원

교사는 지체장애 학생의 학교생활을 지원하기 위하여 이들의 개별적인 요구를 파악할 필요가 있으며, 이에 기초하여 환경 수정, 의사소통 방법의 개발, 보조도구의 적용 등을 통하여 학생의 학습과 생활을 지원해야 한다(Garguilo & Bouck, 2018).

- 환경 배치 수정: 교사는 휠체어를 사용하는 학생을 위한 이동 통로를 넓게 만들기 위하여 교실 내 책상 배열을 변경하거나, 학생의 자리를 칠판을 향할 수 있도록 수정 배치할 수 있다. 수업 시간 내 교구를 사용해야 할 때에는 학생의 팔의 움직임 정도를 고려하여 비치하고, 필요하다면 노트, 스케치북 등을 책상에 고정하여 학생이 필기를 하거나 그림을 그리는 데 어려움이 없도록 한다(이미숙 외, 2013). 이 외에도 긴 시간 같은 자세로 앉아 있는 데 어려움을 가지는 학생이라면 수업 시간 내 활동을 세분화하여 활동 사이에 지체장애 학생이 쉬는 시간을 가지거나 자세를 변경할 수 있도록 한다.
- 의사소통 지원: 모든 지체장애 학생이 반드시 의사소통지원이 필요한 것은 아니지만, 뇌성마비 등으로 의사소통(표현언어)에 어려움을 가지는 학생의 경우 **보완대체 의사소통**(Augmentative and Alternative Communication: AAC)을 지원한다. 교사와 또래는 지체장애 학생의 AAC에 대해 이해하고 이를 통하여 의사소통할 수 있는 방법을 먼저 학습할 필요가 있다.
- 보조공학 도구의 활용: 지체장애 학생의 경우 교과목, 활동, 이동방법 등에 따라 다양한 보조공학 도구가 필요할 수 있다. 예를 들어, 어떤 지체장애 학생의 쓰기 활동을 위해 컴퓨터를 사용할 때, 학생의 개별적 특성에 따라 한 손 키보드, 자판이 큰 키보드 혹은 음성인식 도구가 필요할 수 있는 등 개인차를 고려하여 지원해야 한다. 따라서 보조공학 도구를 선택할 때에도 교사는 학생의 장애 특성을 반드시 이해해야 한다.
- 과제와 시험의 조정: 몇몇 지체장애 학생은 신체적 제약이나 높은 근긴장도에 의한 피로 때문에 교외활동이나 과제 등을 하는 데 어려움을 가지기도 한다. 따라서 필요하다면 대안적인 과제를 제공하거나 과제 제출의 시간

보완대체 의사소통
말과 언어 표현 및 이해에 크고 작은 장애를 보이는 사람들에게 의사소통을 할 수 있는 기회를 주고 의사소통 능력을 향상시키도록 말을 보완하거나(augment) 대체적인(alternative) 방법을 사용하는 것.

연장, 혹은 과제를 세분화하여 부분적으로 참여하게 하는 등의 조정이 필요하다(Garguilo & Bouck, 2018). 시험을 치를 때에도 쓰기에 많은 시간이 걸리는 주관식 문제의 경우, 작성 시간을 추가로 주거나 컴퓨터 활용, 구술시험 대체로 조정해줄 수 있으며, OMR카드 작성이 어려운 경우 시험지에 직접 표기하도록 할 수 있다.

마음으로 들여다보기

휠체어를 타고 있는 학생인 호연이는 초등학교 2학년이다. 호연이는 학교 수업시간이 가장 즐겁다. 수업시간이나 쉬는 시간, 점심시간에 선생님과 친구들은 호연이가 수업에 잘 참여할 수 있도록 많은 도움을 준다. 그리고 항상 옆에 계신 보조 선생님과 특수학급 선생님도 너무 친절하셔서 매일매일이 행복하다. 그러나 점심시간이 되거나 학교 수업을 마치면 친구들은 모두 운동장으로 나가 버리거나 동네 놀이터로 가버린다. 함께 놀고 싶지만 매번 운동장으로 데려다 달라고 부탁하기도 어렵고, 방과 후 놀이터는 모래가 너무 많아 도저히 같이 놀 수 있을 것 같지 않다. 함께 그네도 탈 수 없고 미끄럼틀도 탈 수 없다는 것이 너무 슬프다. 부모님께 말씀드렸더니 어렸을 땐 아빠가 호연이를 안고 함께 미끄럼틀을 탄 적도 있다고 하시는데, 기억도 나지 않는다. 그리고 이젠 친구들과 놀고 싶다. 친구들은 점심시간과 방과 후 놀러갈 시간만 손꼽아 기다리는데, 호연이는 친구들이랑 함께 할 수 있는 수업시간이 오히려 가장 좋다.

---

4. 의사소통장애 학생의 교육

이 절에서 설명하는 의사소통장애는 다른 장애의 결과로써 혹은 다른 장애와 직접적인 연관이 있어 의사소통상에 어려움을 가지는 것이 아니라, 말장애 혹은 언어장애(speech and language impairments)만을 포함한 장애 영역을 의미한다. 우리나라에서는 전체 장애 학생 중 약 2.3%(2,081명)가 의사소통장애로 진단 · 교육지원을 받고 있으며, 이 중 대부분의 학생이 특수학급(1,150명)과 일반학급(802명)에 배치되어 있다(교육부, 2018b).

1) 의사소통장애의 정의 및 분류

　의사소통장애 학생이란 지식, 개념, 의견, 요구, 감정 등을 타인과 교환하는데 어려움을 가지는 학생들로(Owens et al., 2015), 말장애와 언어장애를 포함한다. 「장애인 등에 대한 특수교육법」에서는 의사소통장애라는 용어를, 미국의 IDEA에서는 말 혹은 언어장애라는 용어를 사용하지만 그 의미는 같다(이미숙 외, 2013). 〈표 6-6〉을 살펴보면, IDEA와 「장애인 등에 대한 특수교육법」에서 언급하고 있는 각각의 장애 유형은 같은 대상을 설명하는 것으로 말더듬과 유창성 문제, 언어장애와 언어 수용 및 표현능력의 부족 등이 연결되는 것을 알 수 있다.

　언어장애 학생은 언어의 수용 및 표현 능력에 어려움을 보이는 학생으로, 단어를 올바르게 이해하고, 자신을 표현하고 다른 사람들의 말에 귀를 기울이는데 어려움을 겪는 학생이다(Owens et al., 2015). 이들은 언어의 다섯 가지 요소, 즉 음운론적, 형태학적, 구문론적, 의미론적, 화용론적 활용 중 한 영역 이상에서 지체 혹은 현저한 어려움을 가진다(Garguilo & Bouck, 2018). 실어증은 언어장애의 하나로 말소리를 만들어 내는 근육을 선택하고 계획하여 소리가 나도록 실행하는 능력의 손상으로 인한 신경계적 음성학적 장애이다. 대표적인 실어증의 유형으로는 브로카 실어증과 베로니케 실어증이 있다(김동일 외, 2010).

브로카 실어증

뇌의 브로카 영역이 손상된 경우로 말을 유창하게 하지 못함.

베로니케 실어증

뇌의 베로니케 영역의 손상으로 말은 유창하나 의미가 맞지 않으며, 청각적 처리가 필요한 말을 이해하지 못함.

〈표 6-6〉 **한국과 미국의 의사소통장애 학생 정의**

장애인 등에 대한 특수교육법	의사소통장애	다음 각 목의 어느 하나에 해당하여 특별한 교육적 조치가 필요한 사람 가. 언어의 수용 및 표현 능력이 인지능력에 비하여 현저하게 부족한 사람 나. 조음능력이 현저히 부족하여 의사소통이 어려운 사람 다. 말 유창성이 현저히 부족하여 의사소통이 어려운 사람 라. 기능적 음성장애가 있어 의사소통이 어려운 사람
장애인복지법	언어장애인	음성 기능이나 언어 기능에 영속적으로 상당한 장애가 있는 사람
IDEA	말 혹은 언어장애	아동의 교육 성과에 부정적인 영향을 주는 말더듬, 조음장애, 언어장애, 혹은 음성장애와 같은 의사소통장애

말장애의 하위 유형으로는 조음장애, 유창성장애, 음성장애가 있다(이미숙 외, 2013). 조음장애는 말소리를 산출할 때 오류를 보이는 장애로, 소리를 생략(비밀 대신 비미), 대치(풍선 대신 풍턴), 첨가(유치원 대신 츄지원), 왜곡(ㅅ 혹은 /s/ 발음 대신 /θ/)하는 특성을 보인다. 유창성장애는 말의 리듬과 속도에서 문제를 보이는 장애로, 전형적이지 않은 말속도, 리듬(흐름), 소리 · 어절 · 단어 · 구문 등에서의 반복 등으로 자연스러운 말하기 흐름에 방해를 받는 경우이다(Garguilo & Bouck, 2018). 말더듬이 가장 대표적인 유형으로 특히 단어의 처음 시작에서 폭발적으로 자음이나 모음을 반복 혹은 소리를 지속적으로 내거나, 아예 말소리가 막혀 나오지 않는 특징이 있다. 음성장애는 후두라는 기관의 장애로 목소리를 사용하는 데 문제가 있거나, 소리의 질에 문제가 있는 경우이다. 조음장애는 목소리의 질, 높낮이, 크기, 공명, 길이 등이 또래(나이, 성)에 비하여 적절하게 산출되지 못하는 경우로(American Speech-Language-Hearing Association, 1993), 만성적인 경우도 있지만 목소리의 과다 사용이나, 알레르기, 화학적 손상 등 일시적으로 겪게 되는 경우도 있다.

2) 의사소통장애 학생의 발달특성

의사소통장애는 어린 나이에 출현하는 경향이 있어 조기진단 및 중재로 그 문제가 최소화되는 경우가 많이 보고되는 편이나, 여전히 의사소통상에서의 장애 경험은 학생들이 사회 · 정서적 발달 및 학업 등에서 어려움을 동반할 수 있다. 학교 현장에서 수용언어에 문제를 보이는 학생의 경우 교사의 지시를 따르는 데 어려움을 보이고, 유머나 비유적 표현을 이해하지 못하며, 질문을 이해하지 못해 정확한 답을 하지 못한다(Garguilo & Bouck, 2018). 반면 표현언어 영역에 문제를 보이는 학생은 어휘가 제한되고, 문법이나 의미상의 오류를 많이 보이며, 질문을 하는 데 어려움을 가진다(Vaughn et al., 2018).

정도에 따라 다르겠지만 이러한 의사소통상의 장애는 학생에게 좌절이나 무력감을 주고, 나아가 정신병리를 보이는 경우도 자주 보고된다(김동일 외, 2010). 또한 의사소통장애 학생은 말 혹은 언어 특성 때문에 또래로부터 외면당하거나 놀림의 대상이 되거나, 스스로 또래들과 어울리는 것을 꺼리는 등 부정적인 또래 및 타인과의 상호작용을 경험하게 된다. 이러한 경험은 의사소통장애 학생의 낮은 자존감이나 타인에 대한 적대감을 가지게 되는 데 원인이 되며 평소에도 위축된 모습을 보이는 등 정서와 행동상에 이차적인 문제의 원인이 된다(이미숙 외, 2013).

3) 의사소통장애 학생에 대한 교육적 지원

교사가 학급 내에서 의사소통장애를 가진 학생을 위한 교육지원 계획을 수립할 때에는 학생의 자리 위치, 물리적 환경의 소음, 교수방법 등을 다양하게 고려해야 한다. 그 몇 가지 예는 다음과 같다(Garguilo & Bouck, 2018).

- 그래픽 조직자와 다양한 시각적 자료의 활용
- 짧은 문장의 지시문을 천천히, 그리고 반복적으로 제시
- 학생이 반응할 만한 충분한 시간 제공
- 정보를 명확하게 할 만한 제스처 사용
- 중요한 문장(정보)의 경우 반복적으로 제시
- 짧은 문장 사용
- 명확한 표현이나 소리의 모델링
- 말 실수에 대한 부정적 표현 절대 피하기
- 인내심 갖고 기다리기

5. 건강장애 학생의 교육

건강장애라는 장애명은 2005년 「특수교육진흥법」에 처음 포함되어, 2007년 「장애인 등에 대한 특수교육법」으로 이어진 짧은 역사를 가진 장애영역이다. 이들은 대부분 일반학급에 소속되어 있으나 치료상의 이유로 병원학교나 원격수업, 순회교육을 통하여 교육을 받고 있다. 다른 장애와 달리 특수교육대상자이면서 동시에 질환자의 특성을 가지고 있다는 점, 병이 완치되면 특수교육대상자에서 제외되어 특수교육 및 관련서비스를 받을 수 없다는 점에서 다른 장애영역과는 차이를 보인다. 따라서 이들의 교육지원 이 외에도 학교 복귀 후 생길 수

있는 다양한 학업 및 정서·심리적 문제 등이 최근 건강장애 학생의 교육에서 다양하게 논의되고 있다.

1) 건강장애의 정의 및 분류

우리나라에서 건강장애라는 장애명은 2005년 처음 「특수교육진흥법」이 일부 개정(2005.3.24. 법률 제7395호)되면서 「특수교육진흥법 시행령」(대통령령 제19056호, 2005.9.29. 공포)에서 정의되었다. 이후 「장애인 등에 대한 특수교육법」에서는 "만성질환으로 인하여 3개월 이상의 장기입원 또는 통원치료 등 계속적인 의료적 지원이 필요하여 학교생활 및 학업 수행에 어려움이 있는 사람"으로 정의하고 있다. 여기에서 언급하고 있는 만성질환의 유형을 「장애인 등에 대한 특수교육법」에서 특별히 지정하고 있지는 않고 있으나, 「장애인복지법 시행령」 제2조에서는 관련 질환으로 신장장애, 심장장애, 호흡기장애, 간장장애를 포함하고 있다. 또한 2016년 교육부에서 제작한 건강장애 학생 이해자료(인천광역시교육청, 2016)에서는 소아암, 신장장애, 심장장애, 소아당뇨, 소아천식, 재생불량성빈혈, 그리고 이 외에도 결핵, 류머티즘, 혈우병, 납중독과 같은 희귀난치성 질환을 건강장애로 포함하고 있다.

미국의 「장애인교육향상법(the Individuals with Disabilities Education Improvement Act: IDEIA, 2004)」에서는 우리나라의 건강장애와 비슷한 범주로 기타 건강장애(other health impairment)를 지정하고는 있다. 그러나 미국의 경우, 건강장애의 범주에 소아암, 신장애와 같은 만성질환과 지속적으로 아동의 교육에 부정적인 영향을 미치는 제한된 체력이나 활동성, 주의력과 관련된 ADD/ADHA, 태아알코올증후군(Fetal Alcohol Syndrome: FAS), 양극성장애, **연하장애**(dysphagia, 연하곤란), **근육통뇌수막염/만성피로증후군**(Myalgic Encephalomyelitis/Chronic Fatigue Syndrome: ME/CFS), 기타 유기적인 신경장애 등까지도 포함하고 있어 정의 및 범주에서 차이를 보인다. 우리나라의 대표적인 건강장애의 유형은 〈표 6-7〉과 같다.

연하장애

음식물이 구강에서 식도로 넘어가는 과정에 문제가 생겨 음식을 원활히 섭취할 수 없는 증상으로, 삼키기 장애라고도 불림.

근육통뇌수막염/만성피로증후군

충분한 휴식을 취한 뒤에도 극심한 피로 증상이 풀리지 않고 6개월 이상 지속되는 경우로, 일반적인 만성피로와는 다른 개념이며 신체와 뇌를 움직여 활동하면 증상이 더욱 악화됨.

〈표 6-7〉 **건강장애 학생의 유형 및 특성**

유형	특성
소아암	• 국내 건강장애 학생 중 가장 많은 수를 차지하는 질환으로 성인암과는 달리 조기진단이나 예방이 어려우나 항암화학요법에 반응이 좋아 치료효과가 좋으며, 완치율은 70% 이상임. • 치료기간은 2~3년에 이르며, 항암화학요법과 방사선 치료의 부작용은 매우 다양하여 치료기간 중 신체적·정신적 스트레스가 크고 치료를 마친 후에도 합병증 등으로 사회 심리적 문제를 겪기도 하여 학교 복귀 후에도 특수교육서비스와 사회적·정서적 지지가 필요함. • 종류: 백혈병, 뇌종양, 악성림프종, 신경 모세포종, 횡문 근육종, 윌름즈 종양 생식선 종양, 골종양, 망막 모세포종 등 • 추가 정보 사이트: 한국백혈병소아암협회(http://www.soaam.or.kr/), 한국소아암재단(http://angelc.or.kr/), 한국백혈병어린이재단(https://www.kclf.org/)
신장 장애	• 신장의 기능 부전으로 혈액투석이나 복막투석을 지속적으로 받아야 하거나 신장의 기능에 영속적인 장애가 있어 일상생활 활동에 현저한 제한을 받음. • 만성빈혈, 각종 내분비 장애 등으로 인한 사춘기의 지연, 성적 성숙의 지연을 가져올 수 있으며, 어린 연령의 발병은 인지 기능의 손상 등 심각한 부작용 초래할 수 있음. • 추가 정보 사이트: 한국신장장애협회(http://www.koreakidney.or.kr/)
심장 장애	• 심장의 기능 부전으로 일상생활 정도의 활동에도 호흡곤란 등의 장애가 있어 일상생활 활동에 현저한 제한을 받음. • 심장질환의 경우 태어날 때부터 병으로 인해 정상적인 신체적 발달을 하지 못하고 잦은 호흡기 질환 등으로 건강상태가 취약한 경우가 대부분이라, 활동적인 참여가 요구되는 학교생활에 많은 어려움이 있음. • 종류: 선천성 심장병, 류마티스성 열, 심부전, 부정맥 등 • 추가 정보 사이트: 한국심장재단(http://www.heart.or.kr/)
소아 당뇨	• 제1형 당뇨로 인슐린을 만들거나 사용하는 능력이 부족한 만성질환으로, 적절한 혈당 상태를 유지하기 위해 하루에도 여러 번 혈당검사 및 인슐린 주사를 실시해야 하고, 적정 영양수준을 고려한 규칙적인 식사와 꾸준한 운동 등이 필수임. • 완치가 불가능하여 일생동안 질병을 조절해야 하며, 합병증이 나타날 수 있어 학생의 학교생활 적응에 어려움을 유발할 수 있음. • 추가 정보 사이트: 한국소아당뇨인협회(http://www.iddm.kr/)
소아 천식	• 천식이란 숨 쉴 때 들어오는 여러 가지 자극 물질에 대한 기관지의 과민 반응으로, 기관지를 비롯한 기도 점막에 염증이 생겨 부어오르며 기관지가 좁아져서 천명(쌕쌕거리는 호흡음)을 동반한 기침과 호흡곤란이 발작적으로 나타나는 질환임. • 무산소증으로 인한 뇌손상, 주의산만 등이 있을 수 있으며, 귀의 감염으로 인한 청각장애, 수면부족, 약물 부작용으로 인한 침체된 기분, 두려운 느낌, 단기기억장애 등이 있을 수 있음. • 추가 정보 사이트: 대한 소아알레르기 호흡기학회(http://www.kapard.or.kr/), 대한천식알레르기학회(http://www.allergy.or.kr/main.html)

재생 불량성 빈혈	• 혈액세포를 만드는 골수의 기능이 여러 원인으로 혈액이 잘 재생되지 않는 질병으로 잦은 피로감을 느끼며 두통, 발열, 피부에 멍이 자주 생기고, 출혈이 멎지 않는 증상을 보임. • 동양이 서양보다 2~5배 발생빈도가 높으며, 주로 15~30세 및 60세 이상에서 호발하며, 골수이식의 경우 70%의 완치를 기대할 수 있고, 면역억제요법 역시 70~80%의 치료성적을 보임. • 피곤함, 수면 과잉, 쇠약함, 현기증, 어지럼증, 불안함, 두통, 창백한 피부, 호흡곤란, 심 증상을 경험하며, 가벼운 손상에도 점막 특히 잇몸이나 코의 점막에 심한 출혈이 발생할 수 있고, 여성에선 생리과다가 발생할 수 있음. • 추가 정보 사이트: 한국혈액암협회(http://www.bloodcancer.or.kr/), 재생불량성빈혈환우회(http://cafe.daum.net/kh0904)

출처: 인천광역시교육청(2016), pp. 9-11에서 발췌 후 수정; 이미숙 외(2013), pp. 140-141에서 발췌; 질병관리본부 희귀질환 헬프라인 홈페이지(http://helpline.nih.go.kr/cdchelp/index.gst)내 질환정보 참고.

2) 건강장애 학생의 특성

(1) 인지·학업 특성

건강장애 학생들은 질병 특성과 약물의 부작용 등으로 인하여 인지 결손이나 학업 제한 등 다양한 특성을 보인다. 그러나 일반적으로 건강장애 학생의 경우 치료로 인한 결석·조퇴, 장기입원으로 인한 결석 등으로 제한된 학업결손과 학교 부적응 등을 겪는다. 지속적인 스테로이드 복용이나 기타 약물치료, 방사선 치료나 화학요법과 같은 치료는 다양한 인지능력에 손상을 가할 수 있을 뿐 아니라, 이로 인한 불면·우울·주의집중 저하 등으로 학업을 유지하는 데 어려움의 원인이 되기도 한다(류신희, 2008; 이미숙 외, 2013; Thies, 1999). 또한 학교 결석이 장기간 지속되는 경우 직접적으로 학업수행에 영향을 받을 수 있으며(김은주, 2008), 치료가 완료된 후에라도 심리 정서적 문제 때문에 오는 학교 부적응, 만성적인 피로감 등은 학업수행에 부정적인 영향을 미칠 수 있다.

(2) 신체적 특성

건강장애 학생들의 신체적 특성 역시 질병의 차이에 따라 다양하게 나타날 수 있으나, 기본적으로 이들은 만성적인 질환과 치료과정에서 겪은 지속적인 신체적 고통을 가지고 있는 학생들이다. 신장장애와 같이 호르몬 분비 이상을 야기하는 질병은 신체적 미성숙이나 성장장애 등의 원인이 되기도 하고, 천식과 같은 호흡기성 질병은 귀의 감염으로 인한 청각장애와 같은 합병증을 가지고 오기도 한다. 또한 선천성 심장장애로 인하여 정상적인 신체발달이 제한되고, 잦은 호흡기 질환 등으로 취약한 건강상태에 놓이게 되며, 체육활동이나 학외활동 등 학교생활에 어려움이 야기될 수 있다(류신희, 2008). 이러한 질병 특성의 부작용 외에도 건강장애 학생의 경우 화학요법이나 방사선 치료 등으로 인한 탈모, 체중 증가 등은 질병 이전과 달리 스스로에게 부정적 신체상과 낮은 자존감 등을 가지게 하고 스스로를 고립시키는 등 또래·교사와의 관계나 학교적응에 부정적인 영향을 미칠 수 있다(최영민, 2013).

(3) 심리 및 사회 정서적 특성

건강장애 학생이 겪는 입원 및 투병생활은 일상생활에서 우울, 신체적인 무기력, 학습능력의 저하, 수치심, 분노, 낮은 자아존중감 등 매우 큰 스트레스를 받기 쉽다. 일반적으로 건강장애 학생은 일상에서 소외되고 질병과 치료, 고통과 재발에 대한 염려로 인해 스트레스를 받는다(오진아, 2004). 건강장애학생의 장기결석이나 오랜 병원입원은 또래와의 접촉을 불가능하게 하여 고립감을 느끼게 하고, 사회·정서적 어려움을 느끼는 원인이 된다. 주변사람들과의 관계형성과 학교 및 지역사회 적응에서 많은 심리·정서적 어려움을 표출하고(박은혜, 이정은, 2004; 이소현, 박은혜, 2010), 지나치게 낮은 타인의 기대나 과잉보호로 인해 여러 가지 내면적 문제가 야기되기도 한다(이소현, 박은혜, 2010). 특히, 장기입원을 요하는 소아암 등의 건강장애학생은 불안, 우울, 어머니에 대한 지나친 의존성, 대인관계의 회피, 자존감 저하 등과 같은 어려움을 겪게 되며(오진아, 2004), 학교생활 부적응과 또래와의 부정적인 관계형성은 이질감과 소속감의 부재로 이어져 자아형성에도 부정적 영향을 미친다.

3) 건장장애 학생을 위한 교육적 지원

매년 교육부에서 발표하는 특수교육통계에 의하면 2018년 4월 기준으로 전체 장애학생 중 건강장애 학생의 비율은 1.9%, 1,758명이다(교육부, 2018b). 매년 차이는 있었으나 인원과 비율에서 장애영역 중 가장 작은 비율을 차지하고 있고, 각 장애영역 중 일반학급에 속한 비율이 가장 많은 장애영역이다(〈표

〈표 6-8〉 **2018년 건강장애 학생 배치 현황**

	건강장애 학생 수					전체 장애학생 수
특수학교	일반학교		특수교육지원센터	소계		
	특수학급	일반학급				
30	154	1,574	–	1,758(1.94%)		90,780

출처: 교육부(2018b), p. 3에서 발췌 후 수정.

6-8〉 참고). 특히 건강장애는 질병의 시작과 함께 장애로 선정되었다가 완치와 함께 장애범주에서 제외되어 장애학생이 일반학급 소속으로 돌아가는 특성을 가지는 장애 영역으로 타 장애와는 다른 교육적 지원이 요구된다. 건강장애 학생의 장기간 치료 및 입원으로 인한 유급과 학력 저하를 예방하기 위하여 병원학교, 원격수업, 순회교육 서비스가 제공되고 있으며 시도교육청과 병원(학교)에서는 다양한 심리 · 정서적 지원을 위한 프로그램을 개발 · 제공하고 학교 복귀를 위한 지원 등을 제공하고 있다.

(1) 병원학교

병원학교는 만성질환으로 인해 3개월 이상 입원치료나 잦은 통원치료로 인해 학교출석을 제대로 할 수 없는 학생을 위해 병원에 설치된 학급이다(인천광역시 교육청, 2016). 대부분의 병원학교는 교사 1인이 운영하는 파견 학급의 형태이나 여러 학교급, 학년의 학생이 함께 공부하기 때문에 병원학교라고 명명한다.

병원학교에서 대상으로 하는 학생들은 모두 특수교육대상자이기 때문에 타 장애학생들과 마찬가지로 개별화교육계획(IEP)을 수립하도록 하고 있으며, 학적은 소속학교에 두고 병원학교의 수업은 위탁교육 형태로 진행되고, 출석확인서를 소속학교에 통보하여 출결을 처리한다. 출석확인서는 해당교육청(초, 중 - 지역교육청, 고-시교육청)에서 발급하며 초등학생 1시간 이상, 중 · 고등학생은 2시간 이상을 1일 최소 수업시수로 하고 있다(이미숙 외, 2013). 병원학교의 교육과정 내용은 〈표 6-9〉와 같으며, 2018년 4월 현재 병원학교는 전국 33개가 개설 · 운영되고 있다(교육부, 2018a).

〈표 6-9〉 **병원학교 학습활동 내용**

구분		내용
교과활동		병원학교의 운영 특성과 학생의 건강 상태 및 학습능력을 고려하여 주요 교과를 중심으로 다양한 교육방법을 통하여 개별학생의 요구에 따른 교육을 제공. 주요교과(국어, 수학, 사회, 과학, 영어) 위주의 수업을 개별적으로 제공
창의적 체험활동	특별활동 프로그램	학생의 심리적 안정과 정서함양 도모, 사회성 증진을 위한 다양한 활동을 실시. 종이접기, 마술, 영화상영, 동화 구연, 미술 치료, 놀이 치료 등 전문 인력과 자원봉사자를 활용한 다양한 특별활동 프로그램을 운영
	다양한 행사	어린이날 행사, 체험학습, 사생 대회, 독후감 대회 등 병원학교 주최의 다양한 행사

출처: 전국병원학교 홈페이지(http://www.ice.go.kr/main.do?s=hoschool) 및 건강장애학생 이해자료; 인천광역시교육청(2016).

┃ 학교 및 교실 실천 사례 ┃

"학교에 입학할 수 있어 너무 좋아요."…전국 첫 '중도중복장애학생 병원학교' 개교

　　2018년 5월 18일 화성시 팔탄면의 브론코 기념병원 6층에는 전국에서 처음으로 중증 뇌병변 장애 학생을 위한 병원학교 꿈나래 교실이 개교하였다. 경기도교육청은 인근에 위치한 화성나래학교에서 교사들을 파견했고, 학생들은 치료와 함께 특수교육을 병행하게 된다. 대부분의 병원학교가 소아암이나 백혈병 등 건장 장애 학생들을 대상으로 운영되고 있는 것에 반하여 이 병원학교는 뇌병변을 포함한 중증 및 중복장애 대상의 장애학생을 대상으로 운영되고 있다는 점에서 많은 장애학생들과 학부모에게 희소식이 되고 있다. 병원은 화성에 있지만 중증 장애를 가진 아이라면 주소지와 관계없이 입학이 가능하며, 현재는 특수교사 2명이 유치원 1학급(정원 4명), 초등학교 1학급(정원 5명)을 맡아 진행하고 있다.

출처: 브론코 병원학교 꿈나래 교실 홈페이지(http://broncokids.co.kr/class01.php).

(2) 원격수업

원격수업이란 만성질환을 앓고 있는 초 · 중 · 고 건강장애 학생들이 인터넷 상 실시간 양방향 화상수업 혹은 동영상기반의 원격교육 등 원격수업 교사와 학생들이 학습하는 학교를 의미한다(인천광역시교육청, 2016). 원격수업은 장기 입원 또는 장기 치료로 인해 학습이 지체되거나 유급 위기에 있는 건강장애 학생들의 학습권 보장하고, 개별화된 학습지원과 다른 친구 및 교사와의 교류를 통해 학교생활 적응을 도모하며, 다양한 서비스로 삶에 대한 희망과 용기를 심어주고 치료효과를 증진하는 데 그 목적이 있다(http://www.ice.go.kr/main. do?s=hoschool). 운영방법은 기관마다 차이가 있을 수 있으나, 기본적으로 원격수업 시 필요한 기자재 및 물품은 해당 시도교육청에서 임대 형태로 무상지원을 받을 수 있다. 자세한 학습활동 및 내용은 〈표 6-10〉과 같다.

〈표 6-10〉 **원격수업 학습활동 내용**

구분		내용			
학습 활동	수업교과	국어, 수학, 영어, 과학, 사회에 대해 각 학년 담당교사가 지도			
	수업시수	교급	초등학교	중학교	고등학교
		시수(주단위)	6~8시간	14시간	16시간
	수업방법	• 인터넷을 통한 녹화방송 및 실시간 양방향 원격수업 제공 • 모니터 화면을 통해 마주보며 교실에서처럼 수업진행을 기본으로 하며, 녹화된 동영상 수업자료 역시 제공			

출처: 전국병원학교 홈페이지(http://www.ice.go.kr/main.do?s=hoschool); 인천광역시교육청(2016).

원격수업을 수강하기 위해서는 소속학교에 진단서를 제출하고, 소속학교에서 시도교육청(교육지원청)을 거쳐 원격수업 기관으로 수강신청공문을 발송하게 된다. 특히 원격수업 운영기관 입교 및 퇴교 등을 담당하는 교육(지원)청의 담당 부서는 교육청 특수교육담당과 특수교육지원센터이다. 원격수업 기관에서는 건강장애 학생의 원격수업 출석을 관리하여 해당학교로 출석확인서를 발송하고 이를 통하여 소속학교는 출결관리를 한다. 병원학교와 마찬가지로 원격수업 기관에서는 평가(성적 및 수행평가)를 실시하지 않으며, 소속학교의 교육과정을 따르도록 하고 있다.

(3) 순회교육

순회교육이란 특수교육교원 및 특수교육 관련서비스 담당 인력이 각급학교나 의료기관, 가정 또는 복지시설(장애인복지시설, 아동복지시설 등) 등에 있는 특수교육대상자를 직접 방문하여 실시하는 교육을 말한다(「장애인 등에 대한 특수교육법」). 「장애인 등에 대한 특수교육법」 제25조에서는 순회교육에 대해 언급하면서, 교육감은 장애 정도가 심하여 장·단기의 결석이 불가피한 특수교육대상자의 교육을 위하여 필요한 경우 순회교육을 실시하여야 하며, 복지시설·의료기관 또는 가정 등에 거주하는 학생들이 지원을 받을 수 있도록 의료기관 및 복지시설 등에 학급을 설치·운영하는 등 필요한 조치를 강구하여야 한다고 하고 있다(신설 2015.12.22.). 건강장애 학생의 경우 병원에서 집중적인 치료를 마치고 가정에서 치료를 받거나 통원치료를 받는 학생들이 여기에 포함된다.

요약

이 장에서는 감각(시각 및 청각), 지체, 의사소통 및 건강장애 학생의 유형과 발달 특성, 그리고 이들을 위한 교육지원을 중심으로 알아보았다. 각각의 장애는 그 원인과 특성이 다르며, 동일 장애영역 내에서도 개별 장애 특성에 따라 차별화된 교육지원을 제공해야 한다는 점에서 기본적으로 학생 개개인의 개별적인 요구를 정확하게 파악하는 것이 매우 중요하다. 특히 이 장에 소개된 대부분 장애학생의 경우 특별히 다른 중복장애를 가지지 않는 이상 인지적인 문제는 없음에도 불구하고, 그 장애로 인한 학습기회나 정보 접근성, 다양한 경험에서의 제한 등으로 학습에 어려움을 겪거나 또래와의 관계(사회성), 그리고 정서적 발달에서의 문제가 야기되기도 한다는 점을 기억할 필요가 있다. 뿐만 아니라 교사는 이들의 장애를 배려라는 이름으로 학교생활에서 제외하려고 하기보다는 학교 환경이나 다양한 보조도구를 활용하여 활동에 참여시키려는 노력을 지속적으로 해야 한다.

논의해 볼 문제

다음은 건강장애 학생의 수기 중 일부이다. 읽고 다음의 질문에 대해 생각해 보자.

치료를 마치고 조금 회복이 되어 건강 상태가 좋아져서 학교를 다녀도 되겠다는 생각을 했다. 1학년 2학기 중반에 학교로 복귀하면서 담임 선생님과 전화로 의논을 드린 후에 4교시만 하고 집에 올 수 있게 선생님들이 배려를 해주셔서 감사했다. 완전한 건강 상태의 회복이 아니었기에 원격수업과 학교수업을 병행하기로 했다. 그런데 학교과정을 2년 정도 쉬었다 가니 어색한 것도 있었지만 반에 아는 친구들이 없어서 조금 힘들었다. 그나마 아는 친구들이 몇명 있어서 다행이었다. 그리고 수업을 듣는데 수업 내용이 무엇인지도 모르겠고, 모르는 상태에서 공부를 하려고 보니 더욱 힘들게 느껴졌다. 중학교 과정에서 중단하고 고등학교 과정으로 2년여간의 공백을 두고 학교를 복귀하다 보니 공부 방식도 다르고 해서 시험 준비가 어려웠다. 시험을 준비하는 과정에서 워낙 힘들다 보니 내가 이 병에 걸린 것과 좋아하는 운동을 못하는 것과 친구들과 어울려서 놀지도 못하는 부분들이 짜증나고 슬프게 느껴졌다. 하지만 내가 가지고 있던 부정적인 생각들을 다른 방향으로 생각하니 나에게 큰 휴식을 준 것이 아닌가라는 생각을 하게 되었다. 학교를 다니면서 친구들과 점점 친해지게 되었고 학교 다니는 것이 처음 학교 복귀했을 때보다는 조금 나아졌다고 생각한다. 지금은 성적만 안 나올 뿐이지 다른 것은 좋아졌다고 생각한다.

출처: 경상남도교육청(2016), p. 105.

1. 건강장애 학생들이 치료를 마친 후 학교로 복귀하기 전, 교사는 어떤 준비를 해야 할까?

2. 건장장애 학생들이 치료를 마치고, 소속학교에 돌아오면 더 이상 특수교육대상자가 아니다. 이런 경우 건강장애 학생들의 학교 적응 및 학습지원, 그리고 다양한 건강 관련 지원을 위하여 담임교사는 어떤 교내 인력들과 협력해야 하고, 어떤 지원을 제공할 수 있을까?

제7장

정서·행동장애 학생의 교육

▌고은영▌

"정서·행동장애 학생들을 위한 특수교육은 특별합니까? 그것은 분명합니다. 그리고 우리가 현재 가능한 행동 및 교수적 중재 기술을 최대한 활용한다면 그것은 더욱 특별할 수 있습니다."

- Landrum, Tankersley, & Kauffman, 2003

초등학교 4학년 교사인 은정 씨는 교실에서 수업시간에 멍하니 앉아 있는 정은이를 이해하기 어렵다. 매번 주의를 주고 수업에 집중하도록 이끌지만, 지적하는 잠깐 동안에는 주의를 기울이지만 이내 창밖을 보고 멍하니 딴생각에 잠겨 있는 듯이 보인다. 정은이는 과제를 자주 가져오지 않거나 가져와도 은정 씨가 내 준 과제의 일부분만 해오고, 시험을 봐도 실수가 많다. 처음에는 반항을 하는 건지 혹은 기초학습능력이 부족하여 수업을 따라오지 못하는 상황인지를 파악하려 따로 불러 상담도 해보았다. 그러나 언어구사나 이해에는 문제가 없었고 학습능력도 문제가 없는 것으로 파악되었다. 정은이 부모님에게 학교에서의 모습에 대해 이야기하고 상담을 받도록 하였더니, ADHD 부주의형인 것으로 진단을 받고 치료를 하게 되었다는 소식을 들었다.

1. 정서 · 행동장애의 정의 및 분류는 어떠한가?

2. 정서 · 행동장애의 원인은 무엇인가?

3. 어떻게 정서 · 행동장애로 평가하고 판별하는가?

4. 정서 · 행동장애 학생을 어떻게 교육하고 다루는가?

1. 정서 · 행동장애 학생은 알아차리기 쉽다?

정서 · 행동장애 학생에는 공격적 행동, 충동성, 품행문제 등 외적으로 쉽게 관찰되는 외현화 장애를 가지고 있는 경우도 있으나, 우울, 불안 등 외부로 잘 드러나지 않는 내현화 장애를 가지고 있는 경우도 있다. 이렇듯 내현화 장애를 가지고 있는 학생들에 대한 교사나 부모의 파악이 어렵기 때문에, 이들에게 적합한 교육적, 치료적 개입 및 지원이 적절하게 주어지기 쉽지 않다. 이로 인해 이들의 어려움은 더욱더 심화될 가능성이 높다.

2. 집중력이 부족하면 모두 ADHD이다?

많은 사람들이 매스미디어에서 주의집중의 문제를 갖는 대표적인 장애로 ADHD에 대한 정보를 접하기 때문에, 주의집중에 문제를 보이기만 하면 ADHD인 것으로 생각한다. 그러나 집중력의 문제는 지적장애, 학습장애, 불안장애 등 많은 다른 장애에서 증상의 일부로 나타날 수 있다. ADHD는 12세 이전부터 산만하고 부주의하고, 자신의 행동에 대한 적절한 통제에 어려움을 느끼며 충동적이고 과잉행동을 보인다. 따라서 주의집중에 어려움을 보이는 학생이 있다면 ADHD로 단정 짓기보다는 ADHD평정척도와 같은 간단한 선별검사를 교사가 실시해 보고, 결과를 첨부하여 정확한 평가를 전문기관으로 의뢰하는 것이 필요하다.

1. 정서·행동장애의 정의

정서·행동장애(emotional and behavioral disorder)는 오랫동안 '정서장애' '사회적 부적응' '행동장애' '정서적 일탈' '정서·행동장애' '심한 정서장애' 등 다양한 용어로 사용되었고, 정의에 있어서 끊임없는 논쟁이 되고 있다. 그 이유는 정서·행동장애의 특성들이 일반 아동 및 청소년에게서도 하나 혹은 그 이상 나타나고, 정서 및 행동문제들은 경미하고 일시적인 수준에서 장기적이고 심각한 수준에 이르기까지 연속선상에 존재하여 정신건강이 무엇인지에 대한 명확한 기준이 부재하고, 집단에 따라 적절한 행동에 대한 기대와 규준이 상당히 다르기 때문이다(Heward, 2006). Hallahn, Kauffman, Pullen(2009)은 모든 정서·행동장애의 정의에는 일반적으로 조금 다른 것이 아닌 극단적 행동, 지속적이고 진행되고 있는 만성적 문제, 사회적 또는 문화적 기대들에 대한 위반을 포함한다고 결론을 내린 바 있다. 우리나라에서는 1977년 「특수교육진흥법」 제정 이후 계속하여 정서·행동장애와 자폐장애를 정서장애(자폐증 포함)로 일컬어 왔으나, 2008년 「장애인 등에 대한 특수교육법」 시행 이후로는 자폐성장애를 별도로 분리하고 '정서·행동장애'라는 용어로 규정하여 사용하고 있다. 「장애인 등에 대한 특수교육법 시행령」(2008.5.26.)은 다음과 같이 정의하고 있다(법률 제8483호).

정서·행동장애를 지닌 특수교육대상자

장기간에 걸쳐 다음 각 목의 어느 하나에 해당하여, 특별한 교육적 조치가 필요한 사람

1. 지적·감각적·건강상의 이유로 설명할 수 없는 학습상의 어려움을 지닌 사람
2. 또래나 교사와의 대인관계에 어려움이 있어 학습에 어려움을 겪는 사람
3. 일반적인 상황에서 부적절한 행동이나 감정을 나타내어 학습에 어려움이 있는 사람
4. 전반적인 불행감이나 우울증을 나타내어 학습에 어려움이 있는 사람
5. 학교나 개인 문제에 관련된 신체적인 통증이나 공포를 나타내어 학습에 어려움이 있는 사람

정의를 살펴보면, 정서 및 행동상의 문제를 가졌을 뿐 아니라 이로 인해 학습 문제를 동반해야 한다는 조건을 포함하고 있다. 이는 정서 및 행동에 문제가 있으나 학습 능력이 현저히 떨어지지 않을 경우에는 정서 · 행동장애로 규정할 수 없다. 이에 따라 심한 정서 및 행동 문제가 있다 하더라도 학습문제가 나타나지 않는 한 특수교육 서비스를 제공받기 어려운 경우가 나타나기 때문에 정서 · 행동장애 적격성의 범위가 축소되는 문제점이 발생한다.

2. 정서 · 행동장애의 분류

정서 · 행동장애는 매우 다양한 대상자를 포함하는 이질적 집단으로, 정서 · 행동장애에서 보이는 다양한 문제가 다른 장애에서도 나타나기 때문에 이들을 어떻게 분류할 것인가는 쉽지 않은 일이다. 정서 · 행동장애로 분류되었을 때 교사나 다른 학생들에게 낙인효과를 줄 수 있으며, 정서 · 행동장애의 각 개별 특성에 따라 교육적 요구 사항이 다르기 때문에 혼란과 오해를 불러올 수 있다 (Kauffman, 2015).

가장 광범위하게 사용되는 분류로는 정서 · 행동장애를 외현화 행동과 내재화 행동의 두 가지 차원으로 분류하는 것이다(Sourander & Helstelä, 2005). 외현화 행동은 과소통제라고도 부르며, 외적으로 직접적으로 표출되는 행동으로 공격성, 불복종, 폭발적 행동, 파괴, 비행, 행동화(acting-out) 등이 포함된다. 품행장애, 주의력결핍과잉행동장애(ADHD), 적대적 반항장애 등이 해당된다. 이러한 외현화 문제행동을 보이는 학생들은 문제가 잘 드러나기 때문에 학교에서 주목받기 쉽다. 내재화 행동은 과잉통제라고도 부르며, 우울, 불안, 위축 등 개인의 정서 및 행동상의 어려움이 외적으로 표출되기보다는 내면적인 어려움을 야기하는 상태들을 포함한다. 불안장애, 반응성애착장애, 외상후 스트레스장애 (PTSD), 틱장애, 우울장애 등이 해당된다. 내재화문제를 가진 학생들은 외적으로 드러나는 문제를 일으키지 않는 경우가 많기 때문에 교사들이 이들의 어려움을 인지하지 못할 가능성이 높으며, 따라서 적절한 치료적 개입이나 지원을 받지 못하는 가운데 내재화 문제가 더욱 심각해질 가능성이 크다. 또한, 한 학생이 두 가지 유형의 문제를 모두 보일 수 있으며 동시에 나타나거나 혹은 번갈아 나타날 수 있는데, 특정 개인이 동시에 다른 장애가 나타나는 경우에는 공존장애 (comobidity)라고 한다(Hall, Bowman, Ley, Frankenberger, 2006). 정서 · 행동장애를 가진 경우 외현화 행동문제와 내재화 행동문제의 공존장애를 가진 경우가 우연을 훨씬 능가하는 수준에서 임상군뿐 아니라 비임상군에서도 발견된다(Lahey et al., 1999; Loeber & Keenan, 1994). 공존장애가 있을 경우에는 문제의 심각도가 더 높아지기 때문에 공존장애 유무에 대한 평가와 치료적 개입은 중요하다.

〈표 7-1〉 **외현화 행동문제와 내재화 행동문제의 예**

외현화 행동문제	내재화 행동문제
• 사물이나 사람을 향한 공격적 양상을 반복적으로 보인다. • 과도하게 언쟁한다. • 신체적이거나 언어적 방법으로 다른 사람의 복종을 강요한다. • 합리적인 요청에 응하지 않는다. • 지속적인 성질부리기(tantrum)의 양상을 보인다. • 지속적인 거짓말 또는 도벽의 양상을 보인다. • 자기조절력 결핍 및 과도한 행동을 자주 보인다. • 만족할 만한 인간관계를 개발하고 유지하는 데 방해가 될 정도로 다른 사람이나 교사 또는 물리적 환경을 방해하는 기타 특정 행동을 보인다.	• 슬픈 감정, 우울함, 자기비하 감정을 보인다. • 환청이나 환각을 경험한다. • 특정 생각이나 의견이나 상황에서 벗어나지 못한다. • 반복적이고 쓸모없는 행동에서 벗어나지 못한다. • 갑자기 울거나, 자주 울거나, 특정 상황에서 전혀 예측하지 못한 비전형적인 감정을 보인다. • 공포나 불안의 결과로 심각한 두통이나 기타 신체적인 문제(복통, 메스꺼움, 현기증, 구토)를 보인다. • 자살에 대하여 말한다. • 자살 생각을 이야기하고 죽음에 대하여 몰두한다. • 이전에 흥미를 보였던 활동에 대한 관심이 줄어든다. • 과도하게 놀림을 당하거나, 언어적으로나 신체적으로 학대를 당하거나, 무시되거나 또래들에 의하여 기피된다. • 활동수준이 심각하게 제한된다. • 신체적, 정서적 또는 성적 학대의 증후를 보인다. • 만족할 만한 개인적인 관계 형성 및 유지에 방해가 될 정도의 위축, 사회적 상호작용 회피 또는 개인적인 돌봄의 결여와 같은 기타 특정 행동을 보인다.

출처: Tumbull, R., Tumbull, A., Shank, M., & Smith, S. J. (2004). 이소현, 박은혜, 2011에서 재인용.

3. 정서·행동장애의 하위 유형

1) 품행장애

품행장애(conduct disorder)는 폭력, 방화, 거짓말, 도벽, 가출 등이 반복적으로 나타나는 경우로, 학교에서는 주로 비행청소년으로 언급되는 학생의 경우가 이에 해당한다. 사람이나 동물에 대한 공격, 재산파괴, 사기 및 절도, 중대한 규칙 위반 등을 보이며, 난폭하고 무책임한 모습을 보인다.

2) 주의력결핍과잉행동장애

주의력결핍과잉행동장애(Attention-Deficit/Hyperactivity Disorder: ADHD)는 산만하고 부주의하고, 자신의 행동에 대한 적절한 통제에 어려움을 느끼며 충동적이고 과잉행동을 보이는 경우를 말한다. 주로 12세 이전에 이러한 증상이 나타나고, 학교 혹은 가정, 지역사회 등 2장면 이상에서 이러한 문제들이 관찰되어야 한다.

핵심 증상은 세부에 주의를 기울이지 못하고 실수가 잦고 지속적인 집중이 어려운 등의 부주의(inattention)와 끊임없이 꼼지락거리고 가만히 있기 어려우며 차례를 기다리지 못하고 다른 사람을 훼방 놓고 간섭하는 등의 과잉행동-충동성(hyperactivity-impulsivity)이다.

3) 적대적 반항장애

적대적 반항장애(Oppositional Defiant Disorder: ODD)는 어른에게 적대적, 거부적이고 반항적인 행동을 지속적으로 보이는 경우로, 쉽게 화를 내거나 짜증을 내고, 어른의 요구와 규칙을 무시하고 논쟁적이고 반항적 행동을 보이며, 복수심 등을 나타내는 특징을 보인다.

4) 불안장애

불안장애(anxiety disorders)는 병적인 불안으로 인해 심리적 고통을 극심하게 느끼거나 적응에 어려움을 겪는 경우로, 분리불안장애(seperation anxiety disorder), 선택적 무언증(selective mutism), 범불안장애(generalized anxiety disorder), 특정공포증(specific phobia), 광장공포증(agoraphobia), 사회불안장애(social anxiety disorder), 공황장애(panic disorder)가 포함된다. 이 중 분리불안장애는 애착대상과 떨어지는 것에 대한 심한 불안을 나타내는 경우로, 주요 애착대상을 잃을 것에 대한 과도한 걱정과 불안이 지속되고, 분리불안으로 인해 학교나 밖에 나가는 것을 거부하는 모습을 보인다. 선택적 무언증은 언어구사에 어려움이 없으나 특정 상황에서 지속적으로 말을 하지 않는 경우로 부모나 형제 등 가족과 함께 있는 상황에서는 말을 잘 하나 주로 사회적 상황(학교, 친척, 또래와의 만남 등)에서 지속적으로 말을 하지 않는다. 이들은 학교 등교를 거부하는 것이 흔하게 나타난다.

5) 우울장애

우울장애(depressive disorders)는 하루의 대부분, 거의 매일 지속되는 우울한 기분이 주관적 보고나 객관적 관찰을 통해 나타나는 경우로 슬픔, 공허감, 짜증스러운 기분과 불면/과다수면, 피로감 등이 2주 이상 나타난다. 주요우울장애, 지속성 우울장애, 파괴적 기분조절곤란장애, 월경전기 불쾌장애가 포함된다. 이 중 파괴적 기분조절곤란장애(disruptive mood dysregulation disorder)는 심한 분노 폭발을 평균적으로 매주 3회 이상 반복적으로 보이는 경우이다. 이들은 거의 매일 하루 대부분 짜증이나 화를 내는데 이는 발달수준에 부적절한 정도이다.

4. 정서 · 행동장애의 원인

정서 · 행동장애는 단일한 요인에 의해 발생하는 것이 아니라 다양한 원인에 의해 복합적 양상을 나타내며, 아직까지는 어떠한 요인도 직접적인 장애의 원인으로 판단할 만한 증거가 확인되지 않았다. 또한 특정 아동에게 그러한 문제가 발생하는 이유는 대개 정확하게 판별하기 어려우며, 여러 요소가 겹치는 결과 일 수 있다(Walker & Sprague, 2000). 대부분의 정서 행동문제는 가정, 학교, 사회적 위험요인, 생물학적 요인 등 다양한 요인들과 관련된 결과라 할 수 있다(Heward, 2006). 여기서는 정서·행동장애에 기여하는 요인으로 생물학적 요인, 가정과 학교를 포함하는 환경 요인으로 구분하여 살펴보고자 한다.

1) 생물학적 요인

생물학적 요인은 생화학적 이상, 뇌손상과 신경기능장애, 유전 등을 포함한다. 의학, 유전학, 생화학 등의 발달로 인해 정서·행동장애에 대한 생물학적 및 유전적 요인이 점점 더 많이 밝혀지고 있다(Forness & Kavale, 2001). 생화학적 이상은 중추신경계나 신진대사 물질의 이상에 의한 요인이며, 이는 도파민, 세로토닌, 아세틸콜린 및 노르에피네프린 신경전달물질의 불균형 또는 신체의 아연, 마그네슘 또는 칼륨과 같은 무기질의 불균형으로 인해 발생한다. 뇌손상과 신경기능이상은 뇌 또는 중추신경계의 특정한 상해나 손상으로 인한 기능이상에 의한 것이다. 그리고 유전 요인은 부모나 가족력에 의해 전달되어 내려온 유전자에 의한 것이다. 출생 전 약물 노출(Sinclair, 1998), 우울증에서 중독에 이르기까지 정신 건강 문제에 대한 가족력이 있는 경우(Bronfenbrenner, 2005), 주요 우울장애 부모(Klein, Lewinsohn, Seeley, & Rohde, 2001), 정신분열증이 있는 가족(Gottesman, 1991), 어린 시기의 까다로운 기질(Caspi, Henry, McGee, Moffitt, & Silva, 1995)의 경우 정서·행동장애를 가질 확률이 높아진다는 연구결과들이 있다. 이렇듯 생물학적 요인들과 정서·행동장애의 관련성이 있다고 밝혀지고 있으나 결정적인 증거를 단정하기는 어려우며, 생물학적 요인이나 환경적 요인의 단독의 영향이라기보다는 서로 영향을 주는 복합적인 요인으로 간주되고 있다.

2) 환경 요인

환경과 문화는 행동이 펼쳐지는 맥락으로, 사회와 분리되어 홀로 사는 사람은 없다. 모든 사람은 직계 가족, 확장 가족 또는 지역사회의 구성원으로 주변 환경 및 문화에 의해서 영향을 받는다. 이러한 모든 환경은 긍정적이든 부정적이든 개인의 성장과 발달을 형성하고 영향을 준다. 드물게 단 하나의 부정적인 경험이 정서 및 행동 문제로 이어지거나 악화되지만 빈곤, 학대, 방치, 부모의 스트레스, 부모의 불일치하는 기대(Hosp & Reschly, 2002), 부모의 비일관적인 훈육, 지나친 처벌의 사용(McEvoy & Welker, 2000), 가족과의 갈등(Forgatch & Paterson, 1998), 부모와의 애착 형성에서의 어려움(Bronfenbrenner, 2005), 가정 내 학대, 부모의 폭력(Hallahan & Kauffman, 2006; Rudo, Powell, & Dunlap, 1998), 반사회적 생활양식을 허용하는 지역사회분위기(Walker et al., 1995), 미디어에 나타난 폭력물의 수준 등은 정서 · 행동장애와 관련되는 환경 요인으로 볼 수 있다.

또한, 학교는 아동 및 청소년들이 대부분의 시간을 보내는 장소로, 교사와 학교는 학생들에게 엄청난 영향을 줄 수 있다(Tolan, Gorman-Smith, & Henry, 2001). 학생은 교실에서의 실수에 환호하는 또래들의 주의를 끌거나 까다로운 학업과제를 회피하기 위해 부적절한 행동을 할 수 있으며, 적절한 행동에 대한 명시적인 제시 여부, 교사의 기대, 일관성 있는 보상 및 처벌 등은 영향을 미친다. 교사의 행동으로 인해 문제가 좋아질 수 있으며 같은 이유로 더 악화될 수도 있다. 예를 들어, 교실 행동을 관리하는 데 능숙한 교사는 학생들의 행동에 맞는 개입을 체계적으로 선택하여 일관되게 적용하고 효과적인 교수 및 행동 관리 방법이 마련되면 학생들의 어려움이 개선된다(Rivera & Smith, 1997). 그러나 교실을 관리하는 데 익숙하지 않거나 학생 개개인의 차이에 무감각한 교사는 학생의 정서 행동문제에 부정적 영향을 미칠 수 있는 환경을 조성하여 문제를 유지시키고 심화시킨다.

5. 정서 · 행동장애의 특성

1) 인지적 및 학업적 특성

정서 · 행동장애를 가진 아동 및 청소년들이 일반 아동 및 청소년에 비해 실제로 지능이 더 낮다고 단정하기는 어려우나, 이들이 지능검사가 실시되는 상황에서 자신의 능력을 발휘할 만한 동기 수준을 갖춰서 일정시간 집중하여 수행에 임하기는 어렵다. 따라서, 실제 능력보다 평가상황에서 낮은 수행을 보이기 쉽고, 실제 지능보다 저평가될 가능성이 있으며, 이러한 특성이 학업장면에서 나타나면 결과적으로 저성취를 보이게 된다. 또한, 정서 및 행동에서의 기능 수준은 학업적 성공에 중요한 역할을 하는데, 정서 및 행동 기능 저하와 낮은 학업 성취도, 교실에서의 부적응적 행동, 높은 결석률 등이 관계가 있었다(Eklund, Tanner, Stoll, & Anway, 2015). 특히 외현화 행동문제는 학교에서의 학업활동수행 및 교사의 요구 및 기대를 충족시키는 능력에 부정적 영향을 미쳐 징계나 처벌의 대상이 되고, 이에 따른 좌절감, 낮은 자부심, 낮은 사회화는 학업 실패, 높은 중도 탈락률에 영향을 줄 수 있는 요소이다.

2) 대인관계 특성

또래, 교사 등과 원만한 대인관계를 형성하고 유지하는 능력은 교육 환경에서 학생들의 적응에 큰 역할을 담당한다. 많은 정서 · 행동장애 학생들은 친구를 사귀기가 어려우며(Gresham, Lane, MacMillan, & Bocian, 1999), 빈약한 사회기술, 일탈 행동, 또래로부터의 거부 및 괴롭힘, 이에 대한 공격적 대응 등으로 인해 일반 교육 장면에서 통합되기 어려운 학생들 중 하나이다(Useche, Sullivan, Merk, & Orobio de Castro, 2014). 또한, 정서 · 행동장애 학생들이 과제를 수행하지 않거나 미제출하는 경우 교사들은 이들을 자신의 권위에 도전하는 것으로 인식할 수 있기 때문에 이들에게 부정적인 인식을 갖게 될 수 있다.

3) 학교장면에서의 특성

외현화 행동문제를 가진 아동들의 경우, 자리이탈, 소리지르기, 또래 방해하기, 때리거나 싸움하기, 교사를 무시하기, 불평하기, 지나친 논쟁, 훔치기, 거짓말, 물건 파괴, 지시를 따르지 않음, 울화, 또래활동에 참여하기 어려움, 교사의 훈계를 무시함, 숙제 불이행 등의 행동을 자주 보인다(Jimerson, 2004).

내재화 행동문제를 가진 학생들의 경우, 또래와 잘 어울리지 못하고, 미숙하고 위축된 행동을 자주 보이는데, 외현화 행동문제를 가진 경우에 비해 교사들을 덜 방해하고 쉽게 확인되지 않는다.

　　정서 · 행동장애 학생들이 학교에서 3배나 더 많이 정학 처분을 받을 가능성
이 크다는 연구결과가 있는데(Townsend, 2000), 정학 처분은 학교에서 학생들의
문제를 복잡하게 만드는 악순환의 한 부분으로, 정학 처분을 받은 학생은 학교
에서의 학업 학습 기회에 참여할 수 없고, 학교 문화 규범과 기대되는 행동에 대
해 더 많이 배우기를 놓치게 되는데, 이 상황은 학업 성취도가 낮아지고 미래의
행동문제 발생 확률을 높이게 된다.

6. 정서 · 행동장애의 평가 및 판별

　　정서 · 행동장애는 아동, 청소년에게 가장 흔한 장애 중 하나이다. 많은 아동,
청소년들이 정서 · 행동장애로 고통을 겪고 있지만, 정확하게 진단된 사례는 많
지 않다(Epstein, 1998). 이는 장애 증상의 대부분이 성장 및 발달 단계에서 아동
청소년의 정상적인 행동과 유사하게 나타나기 때문이다. 부모와 교사가 자녀의
행동을 민감하게 관찰하지 않는 한, 이러한 장애를 인식하지 못할 수도 있다. 또
한, 교사들이 정서 · 행동장애 학생들을 1차적으로 선별하는 것이 가능하지만
이들은 문제가 없는 학생들을 문제가 있는 것으로 잘못 판별하거나 낙인을 찍을
것에 대한 두려움에 이들에 대한 1차적 탐지를 망설이는 것처럼 보이기도 한다.
　　정서 · 행동장애를 판별할 수 있는 단일 도구는 존재하지 않으며, 평정척도,
표준화 검사, 투사 검사, 면접, 관찰, 기록물 검토(성적표, 생활기록부 등)를 포함
하는 다양한 평가 절차 및 도구가 필요하다. 정보수집에 있어서 학생본인, 부
모, 교사, 또래 등을 포함하는 다중 정보원(informant)을 활용하는 것은 상황이
나 대상에 따른 일관성을 교차타당화할 수 있다는 점에서 도움이 된다. 많은 연
구자들은 평가 및 판별의 정확성을 높이는 방법으로 다관문절차(multiple gating
procedure)를 언급하는데, 단일 측정에 의한 평가보다 다관문절차를 사용하는
것이 진단의 정확성을 높이는 것으로 나타났다(Kilgus, Chafouleas, Riley-Tillman,
& Welsh, 2012). 다관문절차는 판별을 내리기 위해 순차적으로 보다 정밀한 일
련의 평가방식들, 즉 다중방법 평가(multi-method assessment)를 구성하여서 각
관문에서 설정한 기준에 따라 다수의 학생에서 점차 문제가 있는 학생들의 하위
집단이 효율적으로 판별되는 일반적인 절차를 의미한다. 일반적으로 각 관문을

거치면서 판별의 정확성이 높아지고 적은 수의 피검자에게 좀 더 집중적인 평가를 할 수 있도록 설계된다.

면접(interview)은 문제를 확인하기 위한 가장 기본적인 평가 형식으로 대화를 통하여 현재 드러나는 문제를 탐색할 수 있다. 또한, 이에 대한 interviewee의 지각(perception)을 확인할 수 있고, 개인력, 환경적 배경 등에 대한 정보를 수집할 수 있다. 연령이 낮을수록 문제를 인식하고 가치 있는 정보를 제공하는 의사소통이 빈약하므로, 정서·행동장애를 평가하기 위하여 당사자를 포함하여 부모 혹은 양육자를 면접하는 것이 필요하다. 면접은 구조화된 면접(structured interview), 반구조화된 면접(semi-structured interview), 비구조화된 면접(unstructured interview)으로 구분한다. 구조화는 미리 정해진 질문의 내용, 언어적 표현, 순서를 구체화하는 정도로 구분되고, 구조화될수록 임상적 판단의 영향은 최소화되고 면접자 간 신뢰도가 증가되며, 비구조화 면접은 면접자의 숙련도, 전문성에 의존도가 높다.

관찰(observation)은 피검자 및 부모를 처음 보는 순간부터 시작되는데, 면접 과정과 검사 실시 과정에서 정보를 얻을 수 있다. 그들에 대한 인상, 상호작용방식, 평가상황에서 나타나는 반응, 행동특성 등을 확인할 수 있으며, 자연스러운 일상적 환경에서 관찰하여 평가하는 방법과 구조화된 상황에서 관찰하여 평가하는 방법으로 나눌 수 있다.

평정척도로는 아동행동평정척도(Child Behavior Checklist: CBCL; Achenbach & Rescorla, 2001)가 가장 광범위하게 사용된다. CBCL은 표준화된 양식으로 부모 혹은 보호자가 자녀의 행동 및 정서적 문제의 빈도(frequency)와 강도(intensity)를 평정하도록 되어 있다. 총 120문항으로 증후군 척도는 내재화 문제행동, 외현화 문제행동, 총 문제행동으로 분류되며, 9개의 하위 척도(증후군 척도 8개, 기타 척도 1개)로 구성되어 있다.

표준화검사(standardized test)로는 주로 지적능력, 학업적 기능에 대한 평가가 있으며, 웩슬러지능검사(K-WISC-V: 6세 0개월에서 16세 11개월, K-WAIS-IV: 16세 0개월~69세 11개월)가 인지기능을 측정하는 지능검사도구 중 가장 많이 사용되며, 언어이해(Verbal Comprehension Index: VCI), 지각추론(Perceptual Reasoning Index: PRI), 처리속도(Processing Speed Index: PSI), 작업기억(Working Memory Index: WMI), 전체 지능점수를 제공한다. 학습 기능에 대한 평가는 기초학습기능 수행평가체제(Basic Academic Skills Assessment: BASA), 국립특수교육원 기초학력검사(Korea National Institute for Special Education-Basic Academic Achievement Test: KISE-BAAT), 기초학습기능검사 등이 실시될 수 있다. BASA는 교육과정기반 측정(Curriculum-Based Measurement: CBM) 도구로 학습의 기초가 되는 기능인 읽기, 수학, 쓰기 영역과 관련된 기초학습기능 수행수준을 파악하고 중재에 따른 진전도를 모니터링할 수 있는 선별진단평가체제이다.

투사검사(projective test)는 애매모호한 자극을 제시하고 자유로운 반응을 유도하여 무의식적 성격특성 및 정서상태 평가를 목적으로 하는 로샤검사(Rorschach), 주제통각검사(Thematic Apperception Test: TAT), 집-나무-사람검사(House-Tree-Person Test: HTP) 등을 들 수 있다. 해석은 정신역동이론을 기반으로 한다. 자아(ego)는 받아들이기 어려운 충동을 다루는 방식으로 외부대상에 이를 투사하는데, 모호한 자극에 반응하는 과정에서 개인마다 독특한 반응양식과 내용이 드러나게 된다. 따라서, 투사검사 반응을 해석하면 개인의 심층의 정서 상태, 욕구, 내적갈등, 성격, 방어기제 등 고유한 내적 정신활동을 확인할 수 있다.

「특수교육법 시행령」(2008)에서는 정서·행동장애의 선별을 위해 적응행동검사, 성격진단검사, 행동발달평가, 학습준비도 검사를 실시하도록 규정하고 있다.

7. 정서·행동장애 학생의 교육 및 치료적 개입

최근 교육부(2013)에서 학생들의 정서·행동 발달상의 문제를 발견하고 악화하는 것을 사전 예방하기 위해 실시한 '학생 정서행동특성검사'의 결과 교육지원청의 Wee센터와 시·군·구 보건소·정신건강증진센터 등에서 상담이 필요할 것으로 분류되는 '관심군' 학생은 7.2%, 이들 중 자살생각 등 위험수준이 높아 우선 조치가 필요한 학생은 2.2%에 이르고 있다. 2017년 정서·행동장애를 지닌 특수교육대상학생은 전체 특수교육대상학생 88,353명 중에서 2.5%에 해당하는 2,269명이다(교육부, 2017). 이러한 통계치로 확인할 수 있는 것은 특수교육 지원이 필요한 학생들이 일반 학교 현장에서 별다른 교육이나 치료적 개입과 지원 없이 배치되어 있다는 것이다.

행동주의적 모델 중재는 많은 연구자들에 의해 가장 효과적인 중재방법으로 알려져 왔다(Hallahan & Kauffman, 2009; Kauffman & Landrum, 2006, 2009; Stichter et al., 2008). 이는 행동 방식에 대한 교수와 바람직한 행동에 대한 지지를 강조하며, 문제행동의 확인과 행동기능평가, 행동 변화에 대한 평가를 바탕으로 한다. 주로 활용되는 행동주의 원리로는 역조건화(counterconditioning), 정적 강화(positive reinforcement)와 부적 강화(negative reinforcement), 소거(extinction), 행동조성(shaping), 타임아웃(time-out), 토큰경제(token economy), 처벌(punishment) 등을 포함한다. 문제행동에 대한 행동주의적 교수방법으로 기능행동평가(Funtional Behavioral Assessment: FBA)를 포함하는 긍정적 행동지

행동주의 원리에 입각한 기법들

1. **역조건화(counterconditioning):** 자극에 대한 정서반응을 새로운 반응으로 대체하는 고전적 조건형성방식의 일종. 원하지 않는 행동/정서를 원하는 방향으로 바꾸는 것(예: 담배나 술을 허용한 다음 메스꺼움 유발 약물 제공을 반복하여 흡연이나 음주에 대한 혐오를 유발하여 행동을 소거시킴).
2. **정적 강화(positive reinforcement):** 행동이 다시 미래에 나타나도록 보상을 주어서 행동의 발생확률을 증가시킴.
3. **부적 강화(negative reinforcement):** 불쾌한 결과를 회피하기 위해 행동을 함으로써 그 행동이 강화되는 것(예: 교사에게 꾸중을 듣지 않기 위해 숙제를 열심히 함).
4. **소거(extinction):** 바람직하지 않은 행동을 무시함으로써 그 행동의 발생을 억제시킴.
5. **행동조성(shaping):** 목표행동이 나타날 때까지 목표행동에 점점 더 가까운 근사치를 강화하는 과정
6. **타임아웃(time-out):** 바람직하지 않은 행동을 했을 때 정적 강화에 접근하는 것을 차단함으로써 바람직하지 못한 행동을 제지함(예: 문제행동을 한 이후 생각하는 의자에 앉아 있도록 함으로써 주변의 관심이나 즐거움과 같은 자극으로부터 차단).
7. **토큰경제(token economy):** 조작적 조건형성원리에 따라 원하는 목표 반응을 미리 설정하고 이를 했을 때 토큰이나 점수를 지급함. 토큰이나 점수는 미리 결정한 강화물과 교환이 가능하고 목표반응의 난이도에 따라 차등지급함.
8. **처벌(punishment):** 어떤 행동 후에 불쾌하거나 원치 않는 사건을 제공하여 그 행동이 반복될 가능성을 줄임.

원(Positive Behavior Support: PBS)을 들 수 있다. 이는 문제행동에는 의사소통기능이 있다고 보고 문제행동이 갖는 기능을 확인, 분석하여 이를 대체할 수 있는 행동을 마련해주거나 기능을 제거하여 문제행동을 제거하는 교수방식으로 이후 11장에서 자세히 다룰 것이다.

정서 · 행동상의 어려움을 보이는 학생들을 위한 증거기반실제 중 하나로 인지행동모델을 들 수 있다. 많은 연구에서 인지행동모델에 의한 중재가 정서 · 행동장애 학생의 주요 어려움의 영역을 구성하는 분노, 불안, 우울, 공포증, 공격성, 충동성을 다루는 데 효과적이었다(Kazdin & Weisz, 1998; Kendall, 2000; King, Heyne & Ollendick, 2005; Mayer, Lochman, & Acker, 2005; Ollendick & King, 1998; Weisz & Hawley, 2002). 인지행동모델은 내적 언어가 행동을 조절한다는 전제에 기반을 두는데, 인지를 바꿀 수 있는 언어를 사용함으로써 행동이 변화할 수 있다고 본다. 즉, 정서와 인지는 행동에 영향을 주고, 행동은 정서와 인지에 영향을 주는 상호 관계에 있다고 본다. 인지행동모델을 기반으로 한 방법에는 자기 모니터링(self-monitoring), 자기교수(self-instruction), 이완훈련(relaxation exercise), 인지적 재구조화(cognitive restructuring)가 포함된다. 자기 모니터링은 자신의 감정, 생각, 신념, 행동 등을 관찰하고 확인하고 관여하는 것을 의미한다. 두 가지 단계로 구성되는데, 첫 단계에서는 학생들이 자신의 감정, 생각, 신념, 행동 등에 초점을 두고 목표가 나타났는지 혹은 나타나지 않았는지를 관찰하고, 두 번째 단계에서는 이를 기록한다. 자기교수(self-instruction)전략은 교사의 도움 없이 아동 스스로 학습하는 것으로서 자기교수는 아동에게 자신이 행동하기 전에 자신의 할 일을 생각하도록 가르치는 것이다(Meichenbaum & Goodman, 1971). 먼저 문제를 정의하고, 어떻게 해결해야 할지 계획을 세우고, 계획에 따라 실행하고, 검토하는 과정으로 이루어져 있다. 학생이 미리 생각한 후 행동에 옮길 수 있도록 처음에는 자기진술을 소리내어 하도록 한다. 점차로 익숙해지면 소리내지 않고 자기지시를 내면화하도록 훈련시킨다. 또한, 이완훈련은 생리적 각성 및 신체적 자극을 줄이는 것을 목표로 하며, 인지적 재구조화는 부정적 자기진술을 조절하고 잘못된 가정을 수정하여 개인이 부정적 사고를 재구조화하고 유능감 증진을 목표로 한다.

정서 · 행동장애 학생들에게 필요한 교수 전략이 다른 학생들과 비교하여 독특한 것은 아니며 대부분의 학습자에게 효과적인 다음의 기법을 포함한다

(Cook, Landrum, Tankersley, & Kauffman, 2003).

- 지속적인 평가와 모니터링 과정
- 모델링, 시연, 안내된 연습(guided practice)를 통해 새로운 기술을 습득할 수 있는 반복된 기회 제공
- 일상생활 환경에서 새로운 기술을 사용할 수 있도록 함
- 학생 개개인의 요구들에 맞추는 중재(intervention)
- 학습한 것을 새로운 상황들로 전이시킬 수 있는 다양한 기회를 제공
- 오랜 시간 동안 중재들을 유지하여 제공(Walker et al., 1998)

대부분 정서·행동장애 학생들을 위한 교육과정은 일반학생들과 다르지 않다(Wood, 2006b). 그러나 일반교육환경에서 성공하기 위해서는 정서장애 학생들의 사회기술에 대한 추가적인 교수가 필요하다. 정서·행동장애 학생들에게 부족한 사회기술을 증진시킬 수 있는 교육과정은 주의 깊게 설계되고 개별적인 목표행동들을 다루는 것이 유용하며(Gresham, 2004), 학생들의 수행에 대해 지속적인 피드백을 제공하여 수정할 수 있도록 반복적인 연습기회가 제공되어야 한다. Stephens(1992)는 4개 영역으로 구성된 사회 기술 훈련 프로그램(social skill training program)을 제시했다. 첫째, 자신에 관련된 기술은 감정표현을 적절하게 하고 자신에 대한 긍정적 태도를 가지며 자신의 행동에 따른 결과를 수용하는 것 등을 포함한다. 둘째, 과제관련 기술은 질문하고 대답하고 교사의 지시에 따르고 토의에 참여하는 것 등을 포함한다. 셋째, 환경관련 기술은 환경을 보호하고 응급상황에 대처하는 것 등이 포함된다. 넷째, 대인관계 관련 기술은 인사하고 도와주고 권위를 수용하고 갈등을 극복하는 것 등을 포함한다.

조기 개입 및 중재는 장기적인 문제로 발전하는 행동 패턴을 변화시킬 수 있다(Bullis, Walker, & Sprague, 2001; Sprague & Walker, 2000). 반사회적 행동을 보이고, 불을 피우고, 동물에게 잔인하며, 매우 공격적인 어린 아이들은 심각한 외현화 행동장애로 발전할 위험군일 가능성이 가장 높으며 대부분 학교에서 확인된다. 이후 심각한 문제로 발전하여 학교에서 징계 조치 받을 가능성을 줄이기 위해 필요한 조기 개입을 제공할 수 있다. 예방을 위한 조기 중재의 한 방법으로 다음 방법을 사용할 수 있다.

- 바람직한 행동에 보상하고 바람직하지 않은 행동에 대한 비폭력적 처벌 제공
- 사회 기술 및 학업 기술에 대한 직접적인 지침을 제공
- 비정상적인 행동을 조장하는 환경 조건을 수정
- 학생들에게 명확한 기대치와 지시사항을 제공
- 전체 학교 환경에서 어린이들에 대한 반응을 표준화
- 학생들의 행동을 면밀히 관찰

〈표 7-2〉 정서 · 행동장애 학생에게 바람직한 중재

정서 · 행동장애 학생의 특성	중재의 목표	효과적 실제의 예시
부적절한 행동	• 과다행동 - 공격성 - 파괴적 교실행동	- 강화(정적, 차별, 부적) - 정확성 요구(precision request) - 행동모멘텀(behavioral momentum)
	• 결핍행동 - 사회적 위축 - 비순응성	- 타임아웃 - 반응대가(response cost) - group-oriented contingencies - 학생수행에 대한 지속적 모니터링 (예: 단일대상연구평가방법)
학업 문제	- 성취 - 과제에 주의 기울이기 - 학업적 반응하기 - 상호 또래 교수(reciprocal peer tutoring)	- 직접교수 - 자기 모니터링 - Class Wide Peer Tutoring - 학생수행에 대한 지속적 모니터링 (예: 교육과정기반측정, 단일대상연구평가방법)
불만족스러운 대인관계	- 사회기술 - 의사소통기술	- 개별적인 목표행동에 대한 직접교수 - 선행사건과 결과의 수정 - 자연 상황에서 연습 기회 제공

출처: Landrum, T. J., Tankersley, M., & Kauffman, J. M. (2003), pp. 148-156.

> ### 요약

　이 장에서는 다양한 정서적·행동적 문제를 보이는 대상자를 포괄하는 개념으로 사용되고 있는 정서·행동장애의 정의 및 분류를 살펴보고, 정의를 내리는 데 있어서 논쟁이 지속되고 있는 이유 및 가장 광범위하게 사용되는 분류인 외현화 행동문제와 내재화 행동문제를 알아보았다. 또한, 정서·행동장애의 원인으로 생화학적 이상, 뇌손상과 신경기능 장애, 유전 등을 포함하는 생물학적 요인과 가족, 문화, 학교 등 환경요인을 중심으로 알아보았다. 정서·행동장애의 특성으로 인지 및 학업, 대인관계, 학교장면을 구분하여 살펴보았다. 이들에 대한 평가와 판별로는 면접, 관찰, 평정척도, 표준화검사, 투사검사 등을 포함한 다중방법 평가를 순차적으로 구성한 다관문 절차가 좀 더 판별의 정확성을 높이는 데 유용함을 살펴보았고, 통합교육환경에서는 원활한 적응을 위한 교육과 치료적 개입으로 행동주의적 모델중재 및 인지행동모델중재를 알아보았다.

> ### 논의해 볼 문제

1. 외현화 장애와 내재화 장애로 정서·행동장애를 분류할 때 인지 및 학업, 대인관계, 학교장면의 특성이 어떻게 나타날지에 대해 논의해 보자.

2. 내재화 장애는 학교장면에서 문제가 잘 드러나지 않아 교사들이 잘 인지하지 못하는 경우가 많은데, 교사로서 어떻게 하면 이들의 문제를 파악하고 적절한 개입을 할 수 있을지에 대해 논의해 보자.

제8장
학습 및 관련 장애의 이해

‖김동일‖

학습장애 학생을 위한 특수교육은 무엇이 특별한가? 특수교육의 목표는 교육에 참여할 수 있는 기회와 적절한 서비스의 제공이다. 즉, 다른 학생들과 똑같이 학습장애 학생들에게도 적절한 무상의 공교육이 제공되어야 함은 당연한 교육의 권리이다. 또한, 학습장애 학생들은 기본적으로 일반교육에서의 제공받는 교육 서비스뿐만 아니라 추가적으로 특별한 교육적 요구에 적합한 교육 서비스를 받도록 해야 한다.

– Vaughn & Linan-Thompson, 2003

　　어린 시절 에디슨은 수업 시간에 덧셈에서 1 더하기 1이 왜 2인지에 대하여 선생님에게 질문을 하였고, 당연한 것에 대하여 묻는 에디슨에게 선생님은 대답을 해주지 못했다. '태양은 왜 빛이 나는지, 비는 왜 어두울 때 내리는지, 수업 중 질문이 끊이지 않아 선생님은 수업을 진행하지 못하였다. 그때부터 학교에서는 문제아로 낙인 찍혔고, 학교 수업을 따라가지 못하는 학습장애아로 판정받았다. 학교에서는 에디슨의 어머니를 불러 에디슨을 가르칠 수 없다고 하였다. 그러자 에디슨은 학교 밖으로 나가 진흙 두 덩이를 합치면서 1 더하기 1이 1일 수 있음을 보여주었다.

　　이에 교장 선생님은 아이가 정신적으로 문제가 있다고 하였으며, 수업 시간에 적응을 못 해 바보로 놀림당한 에디슨은 결국 초등학교를 입학한 지 3개월 만에 어머니의 손에 이끌려 집에서 학습해야만 했다. 어머니는 집에서 에디슨에게 글쓰기와 산수 같은 기초적인 학습 기술을 직접 가르치고, 아들의 질문에 함께 답을 찾아보곤 했다. 에디슨은 집에서 어머니에게 용기를 얻었으며, 집에서 어머니와 함께 공부를 한 지 채 1년 안에 초등학교 전 과정을 마칠 수 있었다.

출처: 홍익희(2013).

1. 학습 및 관련 장애(학습장애, 난독증, 기초학습부진)의 유형과 정의는 어떠한가?

2. 학습 및 관련 장애를 평가하기 위하여 사용할 수 있는 검사와 방법은 무엇인가?

3. 학습 및 관련 장애를 위한 지도 시 고려할 점은 무엇인가?

1. 학습장애는 학생이 공부에 대한 노력을 하지 않아서 생기는 것이다?
학습장애는 학생이 열심히 공부하려고 하여도, 신경·정신적 미성숙, 손상 등으로 인하여 인지기능의 장애를 갖게 되는 것이며, 그 결과로 기초학습기능에서 어려움을 보이는 것이다.

2. 난독증은 학습장애와는 다른 장애이다?
학습장애는 지각장애, 뇌 손상, 미세 뇌 기능 이상, 난독증, 발달실어증 같은 상태를 포함한다.

3. 학습장애 학생들은 읽기, 수학, 쓰기와 같은 기초학습기능을 제외하곤 다른 어려움은 없다?
학습장애 학생들은 일반아동보다 선택적 주의력, 작동기억 등에서 낮은 수행을 보이며, 누적된 실패 결함으로 인하여 낮은 자기 존중감, 실패에 대한 두려움, 부정적 귀인과 같은 정의적 영역에서도 어려움을 보고한다.

1. 학습 및 관련 장애의 개념

1) 학습 및 관련 장애 정의와 역사적 배경

(1) 특정학습장애의 개념과 원인

학습장애(學習障碍, learning disabilities)란 용어는 1963년 미국 일리노이대학 교수였던 사뮤엘 커크(Samuel Kirk) 박사가 처음 사용하였다. 이전까지 학습장애를 지칭하기 위해 '뇌 손상'이나 '미세 뇌 기능 장애(minimal brain dysfunction)'라는 용어들을 사용하였으나(Kavale & Forness, 1985), 이들 용어가 내포하고 있는 부정적 의미 때문에 많은 사람이 이들 용어의 사용에 반대하였다. 학습장애의 개념을 구체적으로 이해하기 위해서는 최근 개정된 『정신질환 진단 및 통계편람』(DSM-5; American Psychiatric Association, 2013)을 살펴볼 필요가 있다. DSM-5에서는 학습장애의 명칭을 '특정학습장애(Specific Learning Disorder)'로 변경하였으며, 정상 수준의 지능(70 +/-5 이상)을 가지고 있으나, 학습 기술을 배우고 사용하는 데 있어서의 어려움이 적절한 개입을 제공함에도 불구하고 단어 읽기, 읽은 것의 의미를 이해하기, 철자법, 수 감각, 단순 연산 암기 및 연산 절차, 수학적 추론 영역에서 한 가지 이상의 학습 곤란 증상이 적어도 6개월 이상 지속적으로 보이는 아동으로 정의하였다. 단 지적장애, 시청각 결함, 또는 다른 신경학적 장애, 심리사회적 문제, 언어문제, 부적절한 교수로 발생하는 학업 어려움을 배제요인으로 제시하면서 학습장애가 과잉 진단되는 것을 방지하였다.

> **정신질환 진단 및 통계편람(DSM-5)**
> 미국 정신의학 협회(American Psychiatric Association)가 출판하는 서적으로, 정신질환의 진단에 있어 가장 널리 사용되고 있다.

(2) 난독증, 난서증, 난산증

난독증, 난서증, 난산증은 모두 특정학습장애의 한 유형으로, DSM-5에서 정의한 난독증(dyslexia)은 정확한 단어 인지 능력에 비해 부족한 해독 능력과 철자 능력을 보이며 이로 인해 심각한 학업적 어려움을 보이는 아동으로 명시하였다. 국제난독증협회(International Dyslexia Association, 2002)의 정의에 따르면 난독증은 음운요소 결함으로 인하여 이차적인 결과로 독해문제 및 어휘능력의 저해를 가져올 수 있다.

난서중(dysgraphia)이란 학습장애 유형 중 쓰기 곤란을 일컫는데, 난서중의 유형으로는 문자와 수에 대한 부정확한 쓰기, 쓰는 것에 대한 지연, 글자 간의 간격 오류, 줄 맞추기 오류, 좌우역전 성향성 등으로 분류된다(Mercer & Mercer, 1993). 보편적으로 쓰기 기술은 듣기, 말하기, 읽기 기술을 습득한 후 언어 사용의 마지막 단계에서 습득되기 때문에 난서중을 보이는 아동들은 읽기에도 이미 어려움을 겪고 있을 확률이 높다(Johnson & Myklebust, 1967).

난산중(dyscalculia)이란 숫자 정보를 처리하거나 단순 연산 값의 암기와 계산의 정확도, 유창도에서 어려움을 보이는 것을 말한다(APA, 2013). 선천적 또는 정규수학학습을 받기 이전부터 개인에게 존재하는 계산 장애를 의미하며 발달적 산술장애(developmental dyscalculia)라고도 불린다(김소희, 2012). 난산중을 가진 아동은 많은 경우 성인기까지 계속 장애특성이 유지되는 것으로 보이며(Shalev, Manor, & Gross-Tsur, 2005) 다른 학습장애 정의와 유사하게도 구체적인 영역인 수와 관련된 정보 처리기능 외 다른 인지영역에서는 평균수준을 보이는 경우가 흔하다.

더 알아보기

난독증

교육부에 따르면 지난해 초등학생의 읽기학습 특성을 검사한 결과, 전체 0.88%에 해당하는 2만 3,491명이 글을 읽기 곤란하거나 난독증으로 의심, 추정됐다. '읽기 곤란'이 예상되는 학생은 8,710명(0.33%), 난독증이 의심되는 학생은 9,608명(0.36%), 난독증으로 추정되는 학생은 5,173명(0.19%)이었다. 이는 전국 6,005개 초등학교 가운데 5,641곳을 대상으로 조사한 결과다. 읽기학습 부진학생이 없는 것으로 분류된 학교(364곳)는 제외했다.

출처: 중앙일보(2017.10.23.). 초 2인데 한글 제대로 못 읽는 우리 아이, 혹시 난독증?

(3) 학습장애와 저성취의 차이

저성취와 학습장애가 구별되는 개념인가에 대한 논의는 학습장애 전문가들 사이에서 오래 전부터 중요한 논쟁의 대상으로 다루어져 왔다. 학습장애와 저성취를 구별하는 개념요인으로 전문가들의 많은 관심을 끈 것은 능력-성취 차이(差異: discrepancy)이다(김동일, 2000). 이는 학습장애가 자신의 능력보다 현저하게 낮은 학업성취를 나타내는 집단으로서, 낮은 능력으로 인한 낮은 학업성취를 나타내는 저성취 집단과 구별됨을 의미한다.

2) 학습장애의 특성

(1) 인지적 특성

학습장애 아동들은 보통 평균 혹은 그 이상의 지능을 소유하고 있으면서도 여러 가지 인지처리 과정 및 기억능력 등에서 부족하거나 결함을 보이는 경우가 많다. 기억력, 특히 작업 기억력이 낮다(송종용, 1999; 이대식, 최종근, 전윤희, 김연진, 2007; Swanson, 1994). 부족한 **작업기억**을 보완해 줄 수 있는 것이 각종 인지전략 혹은 학습전략을 사용하는 것이다. 비장애아동은 한정된 기억용량을 보완할 목적으로 사용하는, 예컨대 **조직화 전략**이나 **시연 전략**을 무리 없이 사용하거나 효과적으로 사용하는 데 별 어려움이 없는 반면, 학습장애 아동은 그러한 전략들이 있다는 것 자체도 잘 모를 뿐만 아니라, 설사 어떤 전략을 언제 사용한다는 것을 알아도 자발적으로 그러한 전략을 사용하지 않는 경향을 보인다(Montague & Applegate, 1993). 학습장애 아동의 1/3 정도는 주의집중에 문제를 보인다. 이들의 주의집중장애 형태를 보면, 쉽게 주의가 산만해지고 선택적으로 주의를 집중해야 하는 상황에서 특히 어려움을 보인다. 충동적이고 과잉행동을 보이는 것 또한 흔히 보이는 현상이다.

> **작업기억**
> 기억의 정보처리모형에서 현재 주의를 기울여 의식하고 있는 기억.
>
> **조직화 전략**
> 제시된 기억자료를 속성에 따라 의미 단위로 묶어서 기억하는 방법.
>
> **시연 전략**
> 나중에 회상해 낼 것을 생각하고 미리 기억할 대상이나 정보를 눈으로 여러 보아 두거나 말로 되풀이하는 방법.

(2) 학업적 특성

전통적으로 학습장애 아동들이 어려움을 보이는 영역은 읽기, 쓰기, 말하기, 듣기, 셈하기, 추론 등으로 지적되어 왔다. 먼저 실제 대다수(80% 이상)의 학습장애 아동들이 읽기에 문제를 가지고 있는 경우가 매우 많으며, 읽기는 다른 교과 학업능력뿐 아니라 삶 전체에 영향을 미치는 중요한 능력이다.

읽기문제에는 생략(문장을 읽을 때 단어나 단어의 일부분을 빠뜨리기), 첨가(제시된 문장에 없는 단어나 문장을 추가하기), 대치(주어진 단어를 다른 말로 바꾸기), 도치(문자나 단어의 좌우를 바꾸어 읽기) 등과 같은 외형적인 특징과 낮은 독해력이 포함된다. 또한 글자와 소리와의 대응관계 학습이 느리고 결과적으로 개별 단어 읽기와 문장 읽기에 어려움을 보인다. 비슷한 단어를 서로 혼동하고(예: 그러나-그런데, 소풍-소품) 단어를 읽는 속도와 정확성이 또래에 비해 현저히 낮다.

쓰기에서는 전반적으로 글자의 크기, 간격, 글자 간의 조화가 심한 불균형을 보일 뿐만 아니라 글자모양이 심하게 왜곡되어 있는 경우가 많다. 받아쓰거나 베껴 쓰는 속도가 느리다. 작문할 때에는 구두점, 맞춤법 등과 같은 기술적인 측면은 물론이고 주제에 일관되게 글을 조직화하거나 적절하면서도 풍부한 어휘를 구사하는 데 심한 어려움을 보인다.

수학 영역에서는 숫자를 쓰거나 읽는 데 어려움을 보인다. 숫자를 시간적-공간적으로 조직하는 능력이 부족하여, 예컨대 자릿값에 따른 숫자의 배열에 어려움을 느낀다든지 비슷한 글자(예컨대, 6과 9, 21과 12)를 혼동하는 경우가 있다. 시각적 태만 현상을 보이며, 소수점을 고려하는 데 어려움을 겪는다. 연산 문제를 해결하는 과정에서 학생들이 자주 보이는 연산 오류는 잘못된 오류, 계산상의 오류, 결함이 있는 알고리즘, 받아 올림과 받아 내림의 오류, 자릿값 혼동, 부주의로 인한 오류, 연산 과정 중 중단하는 불완전한 오류이다(김동일, 2014). 대다수의 수학학습장애 아동은 단순연산뿐만 아니라 수학 응용문제 해결, 기본 수학 개념 이해 등 여러 수학 영역에 걸쳐 매우 낮은 학업성취도를 보인다 (Carnine, Jones, & Dixon, 1994; Cawley & Parmar, 1994; Mercer & Miller, 1992).

(3) 사회적 및 정의적 특성

정서적인 측면에서는 행동 이전에 자신의 사고와 문제 해결 과정 및 결과에 대해 생각하는 반성적 사고가 부족하고, 충동적인 경향이 많으며, 전반적으로 인내심이 약하고 쉽게 좌절하는 경향을 보인다. 그런가 하면, 집단 놀이 중에 지나치게 흥분하는 경향이 있기도 하다. 비교적 감정과 반응의 변화가 심한 편이다.

사회적인 측면에서는 대인관계가 원만하지 못하다(김자경, 2002; 조용태, 2000). 많은 학습장애 아동들이 정서·행동상의 결함을 보인다(Forness & Kavale, 1997; Hagger & Vaughn, 1997; Kavale & Forness, 1985, 1987). 부적절한 사회적 판단을 내리고 애정을 표현하는 정도나 시기, 대상이 부적절하다. 상황에 맞지 않는 행위를 하거나 자신의 행위 결과를 의식하지 못한다. 사회적 기술 관련 지식에서보다 실제로 실행에 옮기는 정도에서 일반학생과 특히 차이가 난다 (강혜진, 김자경, 2007). 전형적인 학습장애 아동들은 일반 아동들보다 두드러진행동문제를 보이고 사회적 기술이 부족하며 동료들에게 쉽게 거절당하고, 덜 수용적이다(김동일 외, 2015). 하지만 모든 학습장애 아동들이 정서·행동문제를 보이는 것은 아니다.

학업에서의 누적된 실패 경험과 주위 사람들의 낮은 기대는 학습장애 아동의 정의적 발달에 부정적인 영향을 미친다. 낮은 자기 존중감, 실패에 대한 두려움, 부정적인 귀인 행동과 같은 정의적 특성은 또 다시 계속적인 학업 실패와 주위 사람들의 낮은 기대를 가져오는 악순환의 고리를 만들어 내게 된다. 이러한 악순환적 관계는 학습장애 아동의 이차적 장애 문제이기는 하지만, 이들 정의적 문제에 대한 체계적인 교육 및 상담 프로그램이 계획, 제공되어야 함을 시사한다.

마음으로 들여다보기

경계선 지능에 속하는 초등학교 3학년 승호(가명)의 부모님은 요즘 고민에 빠졌다. 승호를 특수학급에 보내자니 특수학급에서의 적응이 걱정되기 때문이다. 승호는 현재 곱셈과 나눗셈을 학습해야 하는데, 특수학급에서는 스케치북에 숫자 쓰기를 하는 친구들이 많기 때문이다. 또한 승호는 사교적인 편이라 친구들과 이야기하기를 좋아하고 대화를 나누고 싶은데 특수학급에서는 대화하는 것이 어려울 것 같기 때문이다. 일반학급에 계속 있으면 친구들과 선생님들이 승호에게 향하는 모든 말을 다 이해는 하는데 학습적인 부분에서는 아무리 노력해도 따라잡기 힘들다.

---

2. 학습 및 관련 장애의 평가

1) 특정학습장애 출현율

미국에서는 특수교육 서비스를 필요로 하는 장애아동 중 가장 높은 비율이 학습장애이다. 각 장애 영역별 특수학생의 수를 통계적으로 나타내 주는 개념인 출현율(prevalence)은 전체 학령기 아동 중 특정 장애를 가지고 있는 아동의 비율을 나타내는 것이다. 학습장애 아동의 출현율은 어떤 정의를 적용하느냐에 따라, 어떤 평가 도구를 사용하느냐에 따라 다를 수 있으나, 읽기, 쓰기, 수학의 학습 영역에 따른 특정학습장애의 출현율은 학령기 아동에서는 약 5~15% 정도로 나타난다(APA, 2013). 우리나라는 2016년 전체 학령기 학생 대비 학습장애 학생 출현율은 0.04%인 2,327명으로서, 특수교육대상자 내 학습장애 학생 비율은 2001년 21.6%에서 2016년 2.65%로 감소하였다(교육부, 2016).

2) 특정학습장애 진단 및 판별

특정학습장애를 진단하는 방법에는 크게 세 가지가 있다. 첫째는 불일치 기준을 적용하는 방법, 둘째는 최근에 불일치 기준 접근법의 대안으로 제시되고 있는 '중재반응(Response to Intervention: RTI)'으로 학습장애를 판별하는 방법, 셋째는 '개인 내적 처리과정 결함 접근'(이대식, 2007)이다. 개인 내적 처리과정 결함 접근은 아직 연구와 실제적인 타당성이 다른 두 접근보다 상대적으로 많이 미흡한 편이지만 이론이나 학습장애 분야의 연구 역사 맥락에서 매우 유망한 접근이다.

(1) 불일치 기준

학습장애는 기본적으로 지적인 잠재능력에서 기대되는 학업성취 수준과 실제 성취 수준 간의 차이 정도로 판단하게 된다. 즉, '지적 능력이 이 정도이면 이 정도는 성취해야 하는데, 실제 성취 수준이 거기에서 얼마나 부족한가'로 판단하게 될 것이다. 이러한 기준을 '능력-성취 불일치 기준'이라고 부르는데, 실제로 이는 최근까지 학습장애 선별과 진단의 가장 대표적인 기준으로 사용되어 왔다. 현재의 학업성취 수준은 주로 또래집단을 대상으로 표준화된 학업성취검사에서의 점수로 나타내며, 잠재적 지적 능력은 표준화된 지능검사 점수로 나타낸다. 표준화 지능검사에서 측정된 지능지수로 해당 아동의 잠재적 지적 능력을 추정하고, 적절한 학업성취 수준을 추론하여 설정하는 불일치 접근 방식은 다음 몇 가지 점에서 이론적으로나 실제적으로 문제가 있다(김동일, 홍성두, 2005; 이대식, 2001; 허승준, 2005). 첫째, 불일치 모델에 의한 학습장애 진단 결과의 일관성 부족이다. 둘째, 지능검사 점수에 따른 평균적인 학업성취 수준을 설정하려면 지능검사 점수와 학업성취 수준 간에 거의 완벽에 가까운 상관관계를 가정할 수 있어야 하는데, 읽기 장애 아동들은 지능 지수의 정도와는 상관없이 읽기의 다양한 영역에서 결함을 보인다. 셋째, 지능검사 자체가 피험자의 언어능력에 의해 영향을 받는다는 점이다. 넷째, 학생이 학업 영역에서 낮은 성취가 명확히 드러날 때까지 교수학습 차원에서 지원이 불가능하다는 점이다.

(2) 중재반응 접근법

중재반응 접근법은 효과적인 수업에 얼마나 반응하는가 하는 정도로 학습장애 여부를 판단하는 접근이다(Fuchs, Fuchs, & Speece, 2002; Vaughn & Fuchs, 2003). 이 접근은 1995년 Fuchs 등이 조작적으로 정의하여 주창한 이래 2000년도 초기부터 미국에서는 많은 지지를 받고 있다(Vaughn & Fuchs, 2003). 절차는 일반교육 상황에서 각 학생이 어떻게 반응하는지를 알아보기 위해 BASA와 같은 CBM(교육과정중심측정: Curriculum-Based Measurement)과 같이 간편하게 실시할 수 있고, 타당도와 신뢰도를 어느 정도 갖춘 검사를 적용해야 한다. 일단 1단계에서 또래에 비해 심각하게 반응도가 낮은 학생에게는 단계적으로 소집단(2단계), 개별화 집중수업(3단계)을 통해 효과적인 수업을 일정 기간(보통 10~15주 정도) 체계적이고 집중적으로 투입하면서 그 반응을 추적해 나간다. 그러나 중재반응 접근법에도 단점이 있다. 우선, 전통적으로 학습장애는 뇌와 척수를 포

> **교육과정중심측정(CBM)**
>
> 학생의 교육과정을 고려하여 평가문항을 작성하며, 평가가 지속적으로 이루어지고, 결과가 교수와 관련한 의사결정에 활용되는 검사를 말함. 대표적인 국내 검사로는 BASA 시리즈(인싸이트)가 있음.

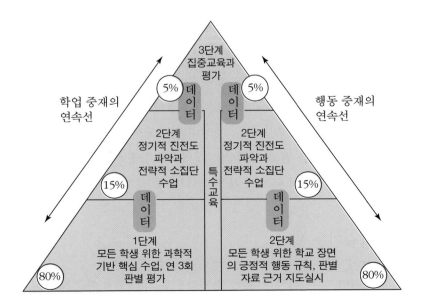

[그림 8-1] **RTI 모형**

출처: Brown-Chidsey & Steege(2011).

함하는 중추신경계통상의 결함으로 인한 심리과정상의 기능 결함이 일차적인 원인으로 지목되어 왔음에도 중재반응 모형을 적용하면 원인에 대한 어떠한 정보도 제시할 수 없다는 점이 문제이다. 또한, 어느 것이 효과적인 교육방법인가, 그에 대한 반응을 어떻게 타당하고 신뢰도 있게 측정할 것인가에 관해 합의를 도출하기가 어려우며, 설사 합의를 본다고 해도 이를 '누가' 교사들에게 '어떤 훈련'을 '얼마나' 교육하도록 할 것인가와 개발된 검사 영역에서만 반응도를 확인할 수 있다는 등의 실제적인 문제가 남아 있다(허승준, 2005).

(3) 인지처리과정 결함 접근

인지처리과정 결함 접근은 지각, 상상, 추리, 판단 등의 인지적 처리과정 변인이나 해당 교과 기본 학습 기능에서의 수행 정도를 바탕으로, 개인 내 혹은 개인 간 기능의 수행 정도와 어떠한 차이가 있는지 그리고 그러한 차이가 해당 교과 학업성취의 차이를 얼마나 설명하는지 등을 확인하는 방법이다(Fletcher et al., 2003; Torgesen, 2002). 인지처리과정 결함 접근은 적어도 세 가지 사항을 전제로 하고 있다. 첫째, 특정 처리과정상의 결함은 전반적인 인지능력과 비교적 독립적으로 특정 교과 영역의 학습에 영향을 미친다. 둘째, 특정 인지처리과정상의 결함은 외적인 요소, 즉 심리적 동기나 학습 기회 등과 같은 요인에 직접적인 영향을 받지 않는 개인 내적인 특징이다. 셋째, 처리과정은 검사도구 등 다양한 측정방법을 통해 그 수행 정도를 나타낼 수 있다. 하지만 인지처리과정 접근의 문제는 이론적으로나 실제적으로 아직 충분한 근거가 확립되어 있지 않다(Augustyniak, Murphy, & Phillips, 2005). 학습장애를 개인의 인지처리특성이나 인지처리과정으로 진단하고자 하는 개인내 차이모형은 학습장애 진단의 대안적 모형으로 많은 관심을 받고 있지만 실제적으로 사용하기에는 여전히 더 많은 연구가 필요하다(김애화, 김의정, 유현실, 2011; 이대식, 2007).

3) 기초학습기능 평가

각 교과 영역별 하위 검사 이외에 전통적으로 학습장애 아동들이 보였던 특성으로는 주의집중 정도, 지각-협응 능력 정도, 학습자아개념, 기본적인 정보처리능력 등이 있다. 이들 영역은 학습장애 현상과 직접적인 관련이 있다기보다는 후에 교육 프로그램을 중재할 때 참고로 활용할 수 있을 것이다.

　학습기능을 측정하는 표준화 검사인 기초학습기능 수행평가(BASA)는 학습부진아동이나 특수교육대상자의 읽기, 수학, 쓰기 능력의 현재 수행 수준을 진단하고 평가할 수 있다(김동일, 2012, 2013, 2014). 읽기 검사는 개인 검사인 구두 읽기 검사와 집단 검사가 가능한 빈칸채우기 검사로 구성되어 있다. 구두 읽기 검사는 1분 동안 학생이 정확하게 읽은 단어 수를 통하여 읽기 유창성을 평가할 수 있으며, 빈칸채우기 검사는 문맥을 고려하여 빈칸에 들어갈 올바른 단어를 2분동안 선택하는 검사이다. 쓰기 검사는 이야기 서두제시 검사의 형태로 실시하며, 학생이 주어진 시간 내에 얼마나 많은 글자를 얼마나 정확하게 쓰는가를 측정한다. 수학 검사는 수와 연산을 측정하는 검사로서 해당학년의 학습 수준의 발달과 성장을 측정하고, 학습부진이나 학습장애에 해당하는지 여부를 알 수 있다.

3. 학습 및 관련 장애 교육의 실제

1) 학습 지도: 읽기, 수학, 쓰기, 학습전략

　학습 및 관련 장애 아동들의 학습 문제는 단순히 일반아동과 비교되어 나타나는 상대적 학습 문제가 아니라 기본적 학습기능(예: 읽기, 쓰기, 셈하기)의 심각한 결손과 이로 인한 다른 교과 학습의 결손을 가져오는 절대적 학습 문제라고 할 수 있다. 이 가운데 특별히 읽기는 내용학습을 위한 중요한 학습 도구의 역할을 수행하기 때문에 읽기 기능의 결함은 다른 교과학습에도 부정적인 영향을 미치게 된다(김동일, 이대식, 신종호, 2016).

(1) 읽기 지도

　학습장애 학생들은 단어인식, 읽기 유창성, 어휘 및 읽기 이해에서 어려움을 보이며, 각 읽기 영역별로 읽기 교육 프로그램이 제안될 수 있다. 전통적으로 시각, 청각, 촉각, 운동감각 등을 통한 다감각적 요인들을 포함한 다감각 중심의 읽기 교수 프로그램, 문자 해독을 위하여 반복적인 노출을 통해 주어진 단어의 시각적 형태를 기억하고 단어의 시각적 형태와 음(sound)을 연결하는 통언어적 접근(Bender, 1992)은 단어 인식에 효과적인 것으로 알려져 있다. 또한 음운분석 접근과 언어학적 접근에서 음가를 강조하여 가르치는 해독중심 프로그램은 음운인식 능력 향상에 도움이 된다. 증거기반 읽기 교수-학습 전략(김동일, 2013)에서는 음절 수 세기, 음절 짝짓기와 같은 음운인식훈련 프로그램을 활용한 읽기 지도와 반복하여 읽기, 또래와 함께 읽기 등과 같은 읽기 유창성 전략 프로그램을 활용한 읽기 지도를 통하여 음운인식 능력을 향상하고, 유창성을 획득할 수 있다. 어휘 및 읽기이해 영역은 자기질문 전략, 의미 구조도 활용, 정교화 전략, SQ3R 독해전략, **메타인지 전략**, 동화와 멀티미디어와 같은 매체활용 교수를 통하여 어휘 및 읽기이해 능력을 향상할 수 있다.

> **메타인지(상위인지) 전략**
> 과제 수행을 돕기 위해 사용되는 목표지향적, 의도적인 활동 과정으로 일반적으로 평가, 계획, 수립, 조정 등을 말함.

(2) 수학 지도

기초학습기능 수학 학습 지도는 연산문제 풀이에 대한 불안 낮추기, 연산에 대한 흥미 북돋기, 연산을 위한 선수지식 가르치기와 같은 일반적인 연산 교수, 연산 속도 증가 및 연산 정확성을 중시키는 구체적인 연산 교수, 오류 교정 중재 등이 있다. 수학 개념을 지도하기 위해서는 일반적으로 구체물(concrete)-반구체물(semiconcrete)-추상물(abstract) 등의 순서에 따라 보조교재나 교구 또는 구체물(콩, 블록, 나무젓가락, 빨대, 사탕, 모형 과일 등)을 사용하는 것이 효과적이다(Rivera & Bryant, 1992). 주의할 것은 학습장애 아동들은 주의가 산만하고 구체물을 다루는 데 서투르기 때문에 지나치게 주의를 끄는 요소를 갖추었거나 크기와 촉감 때문에 다루기 힘든 것(바둑알, 콩알 등) 등은 가급적 사용하지 말아야 한다. 때로는 구체물보다는 반구체물을 사용하는 경우가 더 효과적인 경우도 있다. 수학문장제 지도와 관련하여 현재까지 연구를 통해 효과가 있다고 발표되어 온 문장제 응용문제 교육 방법은 문제 재해석 기법, 핵심어 전략, 인지 전략 사용법, 시각적 표상화 전략, 문제 자체의 조절 방법 그리고 컴퓨터 보조수업 등을 들 수 있다(김소희, 2005).

사칙연산능력을 향상시키는 효과적인 방법 중 하나는 학습자들이 보인 오류 유형에 따라 지도를 하는 것이다. 수학교육 영역에서 오류 유형 분석과 교정은 단순히 수학 진단 평가를 위해서뿐만 아니라 교수목적 달성을 위해서도 이제는 거의 필수적인 과정 중의 하나로 인식되고 있다.

(3) 쓰기 지도

효과적인 쓰기 교수에는 쓰기전략, 요약하기, 협력적 쓰기, 구체적인 목표 설정, 워드프로세싱, 문장 합성, 쓰기 전 활동, 탐구 활동, 과정적 쓰기 접근, 모델 학습, 내용 학습을 위한 쓰기가 있다(MacArthur, Graham, & Fitzgerald, 2008). 이 가운데 쓰기 전략은 학생들에게 쓰기를 계획하고, 교정하고, 편집하기 위한 전략들을 지도함으로써 쓰기의 질을 상당히 향상시킬 수 있다. 전략 교수는 텍스트를 계획, 교정 및 편집하는 것에 대한 명시적이고 체계적인 지도단계를 의미한다. 전략 교수의 궁극적인 목표는 학생들에게 이러한 전략들을 독립적으로 사용하도록 지도하는 것이다. 전략 교수를 통해 브레인스토밍이나 또래 교정을 위한 협력과 같은 보다 포괄적인 과정을 지도하기도 하고, 생활문이나 논설문 같은 특정 유형의 쓰기 과제를 완수하기 위한 전략을 지도하기도 한다. 포괄적이건, 매우 초점화된 것이건 간에 계획, 교정, 편집을 위한 명시적 교수전략들은 그들의 쓰기 질에 있어서 상당한 효과를 가져왔다.

2) 상담

학습장애 아동의 정의적 특성에서 논의된 바와 같이 이들 아동들의 심리적 문제를 대표하는 것이 바로 학습된 무력감(learned helplessness)이다. 이는 누적된 실패 경험을 통한 심리적 좌절로서, 아동이 이를 극복할 수 있도록 도와주기 위한 체계적 상담 서비스가 제공될 필요가 있다.

"노력해도 소용없다"라는 자포자기적 심리 상태를 극복하기 위해 사용될 수 있는 상담 기법으로는 행동주의 이론에 근거하여 개발된 응용행동분석(applied behavioral analysis) 방법을 생각해 볼 수 있다. 응용행동분석은 대상 아동이 보이는 문제 행동(학습된 무력감)에 영향을 미치는 선행자(antecedents)와 결과물(consequences)을 관찰과 면담을 통해 밝혀내고, 이들 선행자와 결과물의 체계적인 변화를 통해 문제 행동의 변화를 도모하는 접근 방법이다(Smith, 2007). 학습된 무력감의 변화에 영향을 미칠 수 있는 선행 요인으로는 과제의 난이도, 수업의 체계성, 학습 환경 등을 생각해 볼 수 있으며, 행동에 뒤따르는 결과 요인으로 노력이나 결과에 대한 주위의 관심과 인정, 아동 자신의 내적 성취감, 외부에서 주어지는 긍정적 평가 등을 들 수 있다. 상담 기법으로서 응용행동분석은

> **응용행동분석**
> 환경에 적응하는 인간 행동의 기본 원리를 이용하여 특정 행동의 향상을 위해 가설적 행동원리를 적용해 보고 동시에 그러한 적용이 행동의 변화를 가져오는지, 어떤 부분으로 변화가 있었는지 평가하는 과정을 말함.

외부적 환경 변화를 통한 행동 변화를 계획한다는 측면에서 초등학교에 재학 중인 어린 학생들에게 더욱 효과적으로 사용될 수 있을 것이다.

학습장애 아동의 학습된 무력감을 극복해 주기 위해 사용할 수 있는 또 다른 방법으로 정신적 후원자(mentor) 활용을 생각해 볼 수 있다. 정신적 후원자 활용을 통한 행동 변화의 모색은 이론적으로 반두라의 사회적 관찰학습이론에 근거한 방법이다. 사회적 관찰학습이론에 따르면, 직접적 보상에 의해서뿐만 아니라 다른 사람의 행동과 결과에 대한 직접적, 간접적 관찰을 통해 새로운 행동의 획득이나 기존 행동의 변화가 이루어질 수 있다고 한다. 이러한 정신적 후원자를 통한 사회적 망(social networking)의 형성은 계속된 실패로 인해 자신감을 잃은 아동을 도와줄 수 있을 것이다.

학습된 무력감과 함께 학습장애 아동들이 경험하는 심리적 문제로서 사회적 소외 및 거부를 생각해 볼 수 있다. 이들 아동은 공부를 못한다는 이유로 가정과 학교에서 점차 관심과 기대 밖의 대상이 되어 간다. 이러한 측면에서 상담자들은 학생들이 경험하는 심리적 문제를 같이 이야기하고 필요할 때 도움을 제공해 주는 정신적 후원자의 역할을 수행해야 한다.

▌중재반응 접근에 기반한 난독증 및 읽기 부진 학생을 위한 프로그램 적용 사례 ▌

난독증 아동청소년 전문 중재프로그램

국내에서도 중재반응 접근법을 적용하여 난독증 및 읽기장애 위험군 학생들의 선별 가능성을 확인하기 시작하였으며, 다단계의 중재 및 선별과정을 통하여 최종적으로 집중적인 개별화 중재에서도 진전을 보이지 않는 학생들은 난독증을 보이는 특정학습장애로 의뢰될 수 있다고 제안하고 있다. 또한 학교에서뿐만 아니라 나아가 지역사회 협력체계 안에서 중재반응모형을 도입함으로써 적극적으로 난독증으로 판별할 수 있어야 한다고 제안하고 있다. 학업적 어려움을 겪는 아동청소년들은 주로 사회취약계층과 저소득층에 집중되어 있는 경향이 있기 때문이다.

경기도 난독증 아동청소년 전문중재프로그램은 읽기나침반(김동일, 2017) 시리즈를 기반으로 읽기 영역별로 3단계로 구분되어 단계적으로 읽기교수를 받을 수 있도록 구성되었는데 음운인식 교수는 한글의 음운인식 처리 과정을 최대한 비계적(scaffolding)인 교수법을 바탕으로 제작되었으며, 읽기어려움이나 난독증 진단을 받은 아동을 돕고자 글자의 패턴마다 시각적인 노출(visual exposure)을 제공하고, 반복연습 및 복습을 충분히 제공하고자 하였다.

학생들에게 제일 인상 깊었던 수업은 '글 읽기' '글자 만들기' '단어를 몸으로 표현하기' 등이 인상에 많이 남는 것으로 나타났다. 중재를 제공함에 있어 단순히 책을 읽는 방식이 아닌 아이들이 쉽게 접근할 수 있게 활동지를 통하여 게임 또는 교구를 활용하여 중재를 제공했을 때 학생들이 흥미를 가지고 참여한 것으로 나타났다. 각 학생들이 어려워하는 난독증 영역에서 학생수준에 맞게 중재를 제공함으로써 효과적으로 나타났다고 볼 수 있다.

마지막으로 프로그램을 통하여 변화된 점에 대한 내용은 먼저 학생 '스스로 글자를 잘 읽게 되었고 또한 글자를 많이 알게 되었다'는 내용이 많았다. 또한 '글 읽기에 흥미가 생기고 자신감이 생겼다'는 내용도 있었다. 대부분은 긍정적인 내용이었고 중재를 통하여 참여한 학생들이 글에 대한 자신감과 흥미가 향상되었다는 것을 알 수 있다.

출처: 김동일 외(2017b).

3) 학습장애 및 관련 장애를 위한 교육 환경 디자인

OECD(2008)에서는 특수교육(special education)이 아닌 특수한 요구 교육(special needs education)으로 지칭하며, 특수한 교육적 요구라는 것은 특수한 교육 요구 아동에게 필요한 교육적 지원을 제공하기 위해 교수자와 교수자료와 같은 인적 및 물적 자원과 행정적 지원을 포함하는 추가적 자원(resources)을 제공하는 것으로 보고 있다. 또한 특별한 교육적 지원을 필요로 하는 학생을 ① 생물학적인 원인으로 인한 장애를 가진 학생, ② 정서 및 행동 학습에서 어려움을 겪는 학생, ③ 사회경제적 혹은 문화적 결손으로 인한 교육적 지원이 필요한 학생으로 분류하고 있다. 이러한 분류에 따라 학생 모두에게 적절한 교육적 지원을 제공함으로써 장애로 판별되지 않은 위험군 학생들도 교육적 혜택을 받을 수 있는 것이다.

　사회적 맥락과 학교의 학습 환경에 따라 혹은 학교 내 성인과 아동의 관계에 따라 학생이 학습에 어려움을 겪을 수 있다. 이러한 어려움을 다루기 위하여 교실 환경, 조직, 교수 자료, 차별화된 교수를 얼마나 유연하게 고려하고 있으며, 학생이 효과적으로 배울 수 있도록 교육적 환경이나 맥락을 적합하게 설계하여야 한다. 즉, 학습장애 교육은 보편성과 특수성, 다양성과 개별성을 동시에 주목해야 하며, 이를 지원하는 촉진적인 학교환경을 조성해야 한다(김동일, 이대식, 손승현, 고혜정, 2015).

요약

　학습장애는 '기대보다 낮은 학습부진'을 설명하는 잠재적인 구인으로, 이들을 진단하기 위해서는 학습장애를 종합적, 포괄적, 실제적으로 바라보기 위한 새로운 관점의 전환이 필요하다. 학습장애 아동들은 읽기, 쓰기, 말하기, 듣기, 셈하기, 추론 등의 영역에서 학습의 어려움을 보이며, 정서적 측면에서 학습된 무기력을 나타낼 수 있다. 학습장애 아동들은 기대되는 수행능력과 실제능력 사이에 커다란 차이가 존재하여 주위의 부모, 교사, 또래들이 일관성 없게 혹은 부정적으로 대하는 경우가 많기 때문에 이들은 상대적으로 대인관계나 자아개념이 불안정하고 비현실적으로 높거나 낮다. 학습장애 아동들은 보통 평균 혹은 그 이상의 지적능력을 가지고 있지만 특정한 인지 처리 과정 및 기억 능력에서 결함을 보이는 경우가 많으므로 이를 보완해 줄 인지전략과 학습전략을 사용할 수 있도록 지도하는 것이 중요하다.

논의해 볼 문제

다음 글을 읽고 학습장애 진단 및 서비스에 대한 현실과 개선방안에 대하여 논의해 보자.

학습장애 학생들도 기초학습부진 교육 서비스 대상이 될 수 있을까?

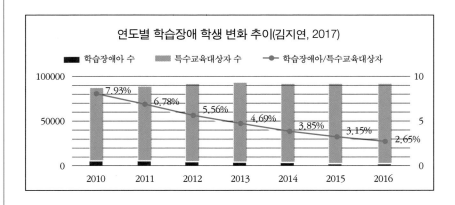

연도별 학습장애 학생 변화 추이(김지연, 2017)

　미국의 경우에도 국내와 같이 학습장애의 정의, 진단모형, 진단절차에 대한 논의가 현재까지도 지속되고 있다. 그럼에도 불구하고 2014~2015년도 학습장애 학생이 특수교육대상자의 39.2%로 특수교육의 가장 큰 범주이다(U.S. Department of Education, 2016). 그러나 우리나라의 경우 특수교육대상자 내 학습장애 비율은 2001년부터 지속적으로 감소하고 있다. 이는 학습장애로 진단되었을 경우 오히려 학습에 초점화된 전문화된 교육서비스를 제대로 받지 못하거나, 학습장애로 진단되어야 할 학생들이 기초학습부진 대상자로 선정되어 있기 때문이다.

제9장 영재교육

▍박춘성▍

　모차르트는 신동의 명성을 유지하기 위해 남다른 노력을 했다는 것이다. 인류 역사 상 가장 뛰어난 천재라는 모차르트조차 다른 사람들보다 더 노력했다는 사실은 35년 의 짧은 생애에 무려 600여 편을 작곡했다는 것으로 확인된다. 천재들은 모차르트처럼 정력적인 일벌레여서 많은 작품을 생산했다. 프로이트는 45년간 330건, 아인슈타인은 50년간 248건의 논문을 남겼다. 볼테르는 2만 1,000통의 편지를 썼고 에디슨은 1,093건 의 특허권을 획득했다.

- The Cambridge handbook of expertise and expert performance by Anders Ericksen

이번 주 '영재발굴단'에는 지난 가을 큰 감동을 주었던 주인공, 3권의 그림 동화책을 출판한 꼬마 동화작가 ○○○(10세) 군이 다시 찾아왔다.

여전히 자유로운 영혼의 소유자인 ○○ 군의 새 소식이 도착했다. 방송 이후 한 공모전에 당선되어, 온라인 포털사이트를 통해 6개월간 매주 하나씩 새로운 작품을 올리는 작업을 해왔다고⋯ 그리고 이 작품들을 모아 총 45개의 그림과 글을 실은 ○○ 군의 네 번째 책이 출판되었다. 제목은 '우리가족 사랑하나요?' 이번 책을 통해 ○○ 군이 사람들에게 말하려고 했던 이야기는 무엇이었을까?

단 한 그루의 나무가 얼마나 소중한지를 깨달았으면 하는 마음에서 그렸다는 〈숲〉, 두 발이 잘린 곰이 다리를 갖고 싶어 바닥에 자신의 발을 그리고 있는 모습을 담은 〈최고의 소원〉 등 여전히 사람들을 놀라게 하는 상상력과 따뜻한 감성이 가득한 ○○ 군의 작품들. "일상 속에서 놓치기 쉬운 것들의 소중함"을 전하고 싶다는 ○○ 군은 1년 만에 얼마나 더 성장했을까?

그림뿐만 아니라 ○○ 군에게 생긴 변화는 또 있었다. 학교 대신 홈스쿨링을 선택했다는 것이다. 하고 싶은 공부에 집중하며 가족과 함께하는 시간을 보내고 싶었다는 ○○ 군. 홈스쿨링을 시작한 후부터 자신이 원하는 과목을 선택하고 시간표도 스스로 만들어 생활하고 있다. 이런 ○○ 군의 하루는 어떻게 채워져 있을까? 자연을 학교 삼아, 스스로 경험하고 부딪히며 온몸으로 세상을 느끼고 있는 ○○ 군의 놀라운 공부법이 공개된다.

출처: 마이데일리(18.9.11.).

1. 영재 정의는 무엇인가?

2. 영재성은 어떠한 특성이 발현되는 것일까?

3. 어떠한 분야에서 영재교육을 실시하고 있는가?

1. 영재학생은 스스로 재능을 꽃피우기 때문에 특별한 교육을 필요로 하지 않는다?
영재교육 도입 초기에 영재학생은 스스로 재능을 꽃피우기에 특별한 교육이 필요 없다는 주장이 있었지만, 계속된 연구를 통해 영재특성을 반영한 교육이 이루어져야 한다는 점이 밝혀졌다.

2. 영재들은 대부분의 영역에서 뛰어난 성취를 보이기 때문에 특별한 스트레스가 없다?
영재는 특정영역에서 또래에 비하여 높은 능력을 발휘하지만, 특정영역은 또래와 같거나 낮은 수준의 능력을 보인다. 따라서 영재들이 특별한 스트레스가 없다는 것은 잘못된 선입견이다.

3. 영재를 자녀로 둔 부모들은 자녀의 뛰어난 능력 때문에 행복할까?
영재들의 발달상의 불일치는 결과적으로 부모의 스트레스를 높이며, 행복보다는 불행하다는 느낌을 받기 때문에 부모교육이 반드시 이루어져야 한다.

1. 영재 정의

영재학생에 대한 이해를 하기 위해선 먼저 영재가 누구인가의 문제를 논하여야 한다. 영재가 누구인지에 대한 이해를 바탕으로 영재에 대한 특성을 이해하여야 이들에게 도움을 줄 수 있기 때문이다. 따라서 이 장에서는 영재 정의에 대한 그동안의 논의를 살펴보고, 영재의 정의 간 차이를 종합적으로 고려하는 시각을 갖도록 한다.

영재의 정의는 학자에 따라, 시대에 따라 매우 다양하다. 따라서 하나의 단일한 영재 정의만으로 영재를 이해하는 것은 영재에 대한 편견을 가질 수 있다. 다음의 영재 정의는 가장 대표적인 영재 정의만을 다루고 있으며, 이외에 더 많은 다양한 정의가 있다.

1) 우리나라 영재교육진흥법상의 영재성 정의

2000년도에 국회에서 통과된 영재교육 기본법인 「영재교육진흥법」 의해 2003년도부터 국가적으로 체계화된 영재교육을 실시하고 있는 우리나라 영재성의 법적 정의는 다음과 같다. 법적으로 정의된 영재 정의는 우리나라 영재교육의 근간을 이루기 때문에 가장 먼저 제시하였다. 다음으로 제시한 미국 영재교육 진흥법 상의 정의와 비교적 유사한 점이 있음을 확인할 수 있다.

제2조(정의) 이 법에서 사용하는 용어의 정의는 다음과 같다.
1. "영재"라 함은 재능이 뛰어난 사람으로서 타고난 잠재력을 계발하기 위하여 특별한 교육을 필요로 하는 자를 말한다.
2. "영재교육"이라 함은 영재를 대상으로 각 개인의 능력과 소질에 맞는 교육내용과 방법으로 실시하는 교육을 말한다.

제5조(영재교육대상자의 선정) 고등학교 과정이하의 각 급 학교에 취학한 자중에서 다음 각 호의 1의 사항에 대하여 뛰어나거나 잠재력이 우수한 사람 중 영재판별기준에 의하여 판별된 사람을 영재교육대상자로 선정한다.
1. 일반 지능   2. 특수 학문 적성   3. 창의적 사고 능력
4. 예술적 재능   5. 신체적 재능   6. 기타 특별한 재능

2) 미국 영재교육법의 영재성의 정의

미국은 1988년에 "영재교육법(Gifted and Talented Student Education Act, P.L.100-297)"이 제정·공포되었다. 2005년 미국 의회의 재승인을 받아 영재교육을 확대하고 있으며 미국의 대부분의 주에서도 이 정의를 수용하거나 일부 개정하여 영재교육을 하고 있다. 영재교육법의 취지에 따라 개정된 영재의 정의는 다음과 같다.

영재와 재능아는 지능, 창의성, 예술성, 리더십이나 특수한 학문영역에서 뛰어난 능력을 입증하였거나, 그러한 능력을 최대한 계발하기 위해서 일반 학교교육 이상의 교육적 서비스나 활동을 필요로 하는 아동이나 청소년을 말한다.
다음의 분야 중 한 가지 또는 여러 분야에서, 검증된 성취 및 잠재력을 비롯하여 높은 수행력을 갖는 아동을 말한다.

1. 일반적인 지적 능력   2. 특수 학문의 적성
3. 창의적 또는 생산적 사고력   4. 리더십 능력
5. 시각 및 공연 예술   6. 정신운동 능력

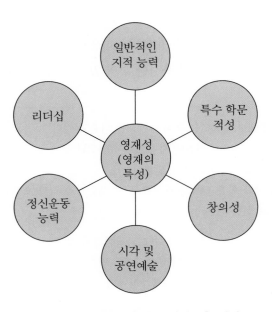

[그림 9-1] 미국 교육법의 영재교육 정의

3) 렌줄리의 영재성의 정의

렌줄리(Renzulli, 1978)는 "무엇이 영재성을 만드는가?"라는 질문을 제기하면서 사회에 기여하는 "창의적이고 생산적인" 사람이나 인간 노력의 다양한 영역에서 뛰어난 성취를 이룬 사람들에 대한 탐색적인 변인을 자세히 기술한 연구를 기초로 영재성을 정의하였다. 또한, 영재 아동의 특성에 대한 연구를 고찰하고 학교 현장에도 유용하게 사용할 수 있는, 즉 영재 학생을 판별하거나 선발하고자 할 때 유용하게 사용할 수 있는 "세 고리(three-ring) 요소"라는 새로운 영재성의 정의를 제기하였다.

렌줄리는 사회적 유용성을 준거로 자신의 영역에서 창의적인 공헌을 하는 사람들 모두에게서 발견된 세 가지 심리적 특성들의 상호작용을 영재성으로 정의하였다. 영재성의 첫 번째 요소는 극단적으로 높을 필요가 없는 "평균 이상의 능력(above-average ability)"이다. 두 번째 요소는 집중적 동기 형태를 갖춘 창의적 혹은 생산적인 개인에게 지속적으로 나타나는 "과제집착력(task commitment)"으로, 이는 특정 문제(과제)나 특정 성취 분야에 수반되는 에너지를 나타낸다. 세 번째 특성 요소는 창의성(creativity)이다.

영재성을 보다 명백히 하기 위하여, 이 세 요소가 동시에 나타나고 어떤 수행 영역에 근간을 두어야 한다. 보다 자세히 살펴보면, 세 가지 특성 요소가 모두 상위 15% 이내에 들면서 그중 한 가지 요소는 상위 2% 안에 들면 영재로 볼 수 있으며 세 요소 간의 공통부분이 클수록([그림 9-2]의 색 부분) 영재성도 크다고

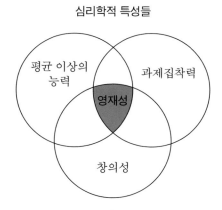

[그림 9-2] 렌줄리의 영재성의 정의

하였다. 그리고 영재성이 나타나는 수행 영역은 일반적이면서 특수한 영역 모두에서 나타난다고 하였다.

4) 기타 영재성의 정의

영재교육 태동기에는 지능만으로 영재로 정의하였으나, 이후 여러 가지 능력수준을 영재로 고려하면서 영재 정의는 변화와 발전을 거듭하였다. 지능이론의 발달과정은 영재교육의 발달에 지대한 영향을 미쳤고, 따라서 지능이론의 변천사와 영재 정의의 변천사는 그 맥을 같이하고 있다.

예를 들어, Terman의 지능검사는 영재교육에 대한 최초의 접근이 되었으며, Guilford의 지능구조모형(structure-of-intellect)은 180개의 요소로 된 인간지능을 주장하였고, 이에 바탕을 두고 Meeker와 Meeker(1986)는 Guilford의 지능이론으로부터 중요한 학습요소를 분리하여 교육프로그램을 개발하였다. 다중지능이론의 대두와 함께 이 지능이론에 따라 영재교육 프로그램 및 선별방안인 DISCOVER가 개발되었다(Maker et al., 1994). Sternberg(2003)의 성공지능 이론은 그 자신이 집필한 '성공지능 가르치기'라는 책을 통하여 영재성이란 실생활 적응력이며, 따라서 프로그램도 실생활 적응에서의 성공경험을 중심으로 구성해야 한다는 등의 일련의 변화와 발전과정이 지능이론의 변화 발전과 맥을 같이하고 있다.

따라서 지능의 정의는 곧 영재성의 정의가 된다. 이 점은 영재에 대한 개념적인 접근에서도 지능의 정의와 유사하고도 다양한 영재성의 정의가 가능하다. 즉, 영재성이란 뛰어난 지능을 기반으로 하되, 다중지능이론에서 주장되는 것처럼, 음악, 미술, 체육 등의 분야에서 뛰어난 잠재력을 가진 경우도 일컫는다.

영재성의 발굴을 위해 흔히 사용되는 지능검사로는 웩슬러 지능검사, K-ABC 검사, 스텐포드-비네 검사 등의 개인 검사가 있으며 레이븐 검사와 같은 집단 검사가 있다.

이상의 정의들을 종합할 때 영재성이란 한 가지 분야 이상에서의 뛰어난 잠재성, 인지적·정의적 특성, 성취결과를 입증할 때 등으로 정의된다.

2. 영재 특징

1) 영재의 인지적 특성

(1) 높은 지능

일반적으로 영재들은 보통 이상의 지적 능력을 소유하고 있다. 그러나 모든 영재들의 지능지수가 다 높은 것은 아니다. 예술 영역과 같이 영역별 또는 개인별로 차이가 나타날 수 있으며, 오히려 지능지수가 평균보다 낮을지라도 노력과 열정으로 자신의 지능의 한계를 충분히 극복하여 자기 영역에서 성공한 영재도 많다는 사실을 잘 알아야 할 것이다.

(2) 창의적 특성

일반적으로 영재들은 높은 창의성을 지닌 것으로 알려졌다. 렌줄리의 영재성의 정의에서는 창의성이 중요한 요인이며, 실제 영재들을 대상으로 한 연구들은 공통적으로 영재집단이 그렇지 않은 집단에 비해 창의성이 높다는 점을 보고하고 있다.

(3) 메타인지

메타인지(meta-cognition)는 영재에게 나타나는 인지적 특성 중에 하나이다. 메타인지가 학습증진전략들과 정신적 활동 전반을 통제하는 것이라는 의미에서 본다면, 전반적으로 이 개념은 학습 전략과 능력에 대한 지식이 많은 영재학생일수록 새로운 지식과 기법을 보다 쉽게 터득할 수 있을 것이다.

(4) 기타 인지적 특성

영재아는 언어와 사고력에서 일반아와 달리 조숙하다(Davis & Rimm, 2004). 영재아는 나이에 비하여 더 발달된 말과 어휘를 알고 있으며, 정확하게 사용한다. 그리고 영재아는 글을 명확하게 쓰며, 자기 또래의 아동보다도 더 긴 문장을 쓰고 명확하고 논리적으로 사고한다. 또 의미를 이해하고, 자기 행동을 설명할 수 있으며, 문제에 대한 선택적인 해결책을 찾는다.

그러나 영재아들이 또래의 다른 아동보다 모든 영역에서 무조건 높은 인지능력을 가졌다는 점은 잘못된 영재신화로 볼 수 있다.

2) 영재의 정의적·사회적 특성

(1) 높은 동기

일반적으로 영재들은 관심분야에 대한 높은 동기를 지닌 것으로 알려졌다. 지능의 상위 1%를 대상으로 연구한 Terman의 종단 연구결과에서 연구대상자 중 일부는 성공적이었으나, 일부는 그렇지 못했다. 이는 동기(과제에 대한 열정)의 차이 때문이다.

(2) 자아개념

영재들의 자아개념은 긍정적 자아개념의 성향이 강하다는 특징이 있다. 영재들은 자신의 높은 지적 능력과 높은 수준의 포부수준을 인지하고, 사회적으로 영재라는 인정과 판별을 받게 되면 보통 능력의 아동보다 긍정적인 자아개념을 가진다. 그러나 또 한편으로는 자신의 높은 기대로 인하여 실패를 경험하거나, 자신의 능력에 대한 비판적 태도를 가지며, 우수한 아이들끼리의 비교를 통해 자신을 낮게 평가한다면 부정적인 자아개념과 낮은 자아존중감을 가질 수도 있다.

(3) 기타 정의적·사회적 특성

- 다른 사람의 기대에 민감하게 반응한다.
- 간섭 없이 혼자 해결하는 것을 좋아한다.
- 반복적인 것을 싫어하고 새로운 것을 시도해 보려고 한다.
- 도덕성이 높아 보다 이상적인 가치를 추구하려 한다.
- 사회적인 문제에 대해 수준 높은 도덕적 사고를 하고, 토론하려 한다.
- 자신이 하는 일에 관심이 많고 과제집착력이 높다.
- 학습 속도가 빠르기 때문에 정규학교 수업에 흥미를 잃고, 공부를 하지 않거나 문제 행동을 일으키는 경우도 있다.
- 과제를 완벽하게 수행하려고 하기 때문에 스트레스에 시달리기도 한다.

• 자아개념이 높고 자신감과 자기주장이 강하다.

3) 영재의 인지적 · 정의적 · 사회적 특성 간의 상호작용

영재의 특성은 인지적으로 매우 뛰어나, 정의적으로 잘 성숙된, 사회적으로 바람직한으로 묘사할 수 있으나, 실제로 영재들의 긍정적 특성이 긍정적으로 받아들여지는 경우와 부정적으로 받아들여지는 경우로 나누어 살펴볼 수 있다.

지금까지 기술한 영재의 특성은 한 명의 영재에게 모든 특성이 동시에 나타나는 것은 아니며 하나나 두 개의 특성이 동시에 나타나기도 하며, 경우에 따라서는 같은 특성이 단점으로 비추어지기도 한다. 하나의 특성이 이를 바라보는 부모, 교사에 의해 각기 다른 모습으로 나타날 수 있음인데, 이를 정리하면 다음과 같다(이신동, 이정규, 박춘성, 2014).

〈표 9-1〉 **영재의 인지적 · 정의적 · 사회적 특성의 긍정적, 부정적 측면**

영재의 인지적 · 정의적 · 사회적 특성	긍정적인 행동 특성	발생 가능한 부정적인 행동 특성
1. 높은 지적 호기심	정보습득이 빠름. 호기심과 궁금함이 많음. 진지함. 질문이 많음. 풍부한 양의 정보를 보유함. 다양한 책을 읽음. 내재화 동기	과다한 질문과 의욕이 넘쳐 지시 따르기를 거부함, 인내심 부족, 정규학교 생활을 지루해 함.
2. 발달된 언어 능력	어휘력 풍부, 앞선 정보력, 유머 감각, 앞선 언어발달, 높은 어휘수준, 책을 많이 읽음. 유머감각, 언어로 비판함.	학교나 또래와 맞지 않는 언어 사용으로 의사소통이나 대인관계 어려움. 잘난 체, 따지거나 논쟁함. 장황한 핑계
3. 높은 창의성	상상력 풍부, 창의력, 새로운 발명과 방식 추구, 독특함, 자기 해석과 스타일 추구, 아이디어나 해결책 내기를 즐김, 심리적이고 예술적 감각 풍부	복잡한 규칙 설정으로 친구들이 기피, 파괴적이거나 보조를 깨뜨리는 것으로 보임, 반복학습과 연습 기피, 동조하지 않음.
4. 우수한 사고 능력	사고력 우수, 사고 과정이 빠르고 판단력과 문제해결 즐김, 추상화 및 종합능력 우수, 원인-결과 관계 파악, 사물과 사람을 조직화시킴, 도전적, 논리적	단순연습기피, 전통적 교수 학습 방법 거부, 자세하거나 세부적인 것 놓침, 지나치게 복잡하게 생각하는 경향, 불분명하거나 비논리적인 것 따짐, 논쟁적임.

5. 높은 주의집중력	흥미영역 지속, 복잡함 속에서도 자기 일에 몰두, 선택적 주의집중 우수, 목표지향행동	하던 일을 멈추지 못함, 타인에 대한 관심 부족, 일상생활의 일들에 무관심, 제안된 시간을 넘김, 자기 일에만 편중됨.
6. 정서적 민감함과 열정	정서적 예민함, 공감성, 타인으로부터 사랑과 수용받기를 열망함, 타인의 기대에 부응하려 함, 높은 에너지, 열심	과잉욕심, 과잉행동, 과민반응, 활동을 하지 않는 것을 못 견뎌함. 현실적인 목표를 맞추기 어려워함. 주지화 해석
7. 완벽주의와 자기 비판	자신에 대한 높은 기대, 최선을 다함, 성공과 인정에 대한 욕구가 강함, 목표 지향적 행동, 에너지와 열정	우울, 자기 비판과 자기 비화로 무기력해지거나 용기를 잃음, 타인의 평가나 비판에 예민해짐, 우수아 신드롬, 일중독(공부벌레), 미성취
8. 자아개념과 자기 통제력	자신과 타인에 대한 높은 기대, 남과 다르다는 자의식과 자신감이 강함, 자신의 것을 명확히 주장하며, 자기 일에 책임감을 갖고 처리함, 과제집착력, 인내심	고집스럽고 의지가 강한 사람으로 보임, 타인에 대한 배려 부족, 비판이나 또래 거부에 예민, 자기가 설정한 기준에 타인이 따르기 힘들어함, 목표달성하지 못했을 때에는 좌절
9. 뛰어난 유머감각	날카로운 유머감각을 지님, 자기 유머로 타인에게 영향력을 행사하려 함, 자기 일에 몰두, 책임감	또래의 유머 이해 부족으로 '웃기는 아이'로 인식됨, 적대적인 유머로 공격하기도 함, 대인관계에 영향
10. 내향성과 독립성	깊이 사색하고 혼자만의 시간을 즐김, 자신의 목표와 가치가 옳다면 타인과 타협하지 않고 추구함.	고집, 타협이 어려움, 자기주장, 지시를 거부, 타인에게 무관심, 부모나 교사에게 동조 안 함, 스스로 고립하여 외톨이가 됨, 사회성 결여, 책에 몰두, 비동시성
11. 도덕발달과 정의감	진실, 평등, 공평의 추구, 인류애에 대한 관심, 근심, 자기 가치를 실현하고자 함, 도덕적 행동	비현실적 목표를 설정하여 개혁을 시도하다가 좌절에 빠짐, 우울
12. 도전성과 회피성	일상생활의 틀을 싫어함, 평범한 것보다는 새로운 것, 도전적인 일을 선호함, 적극성, 노력, 위험 피하기	전통과 권위에 도전하는 것으로 비춰짐, 실패가능한 일은 시도조차 안 하려 함.
13. 다재다능함	다방면에 흥미, 열심, 열정, 의욕이 넘침.	과잉욕심, 일을 벌임, 시간 부족에 따른 좌절, 신체적·정신적 피곤함.

이상의 특성들은 보는 시각에 따라서 달리 보인다는 점에서 영재의 특성으로 볼 것인가, 문제행동으로 볼 것인가를 판단할 필요가 있다. 부정적으로 인식되는 특성들이 영재성에 기인한 것인지 아닌지를 판단하는 것은 아동의 영재성을 기를 수 있는 기초가 된다는 점에서 매우 중요하다.

3. 영재교육의 실제

1) 국내 영재교육의 실제

(1) 대학부설 영재교육원 및 교육청부설 영재교육원

대학부설 영재교육원은 국가지정 영재교육원 및 기타 시도지정 대학부설 영재교육원이 있으며, 초등학생과 중학생 등을 대상으로 영재교육을 실시하고 있다. 대학부설 영재교육원의 영재판별은 관찰·추천에 의한 영재판별을 가장 먼저 본격 도입하였다는 특징이 있다. 대체적으로 관찰·추천에 의해 학생을 선발하지만, 대학별로 사용하는 양식 등에 차이가 있다.

교육청부설 영재학급 또는 영재교육원은 학급과 교육원의 두 가지 명칭을 사용하는데, 일반적으로 영재학급은 학교 단위의 영재교육기관을 의미하고 영재교육원은 교육청 주관의 영재교육기관을 의미한다. 영재학급과 영재교육원의 구분은 「영재교육법 시행령」에 규정되어 있는데, 영재학급은 「영재교육법 시행령」 제20조, 영재교육원은 「영재교육법 시행령」 제21조에 근거하며 약간의 차이가 있다. 영재판별은 영재학급, 영재교육원이 비슷한 방법을 사용하는데, 2008년도 영재판별 이후에는 한국교육개발원 판별검사와 학문적성 검사 등을 순차적으로 적용하여 영재판별을 실시하는 것이 일반적인 영재판별 방법이었지만, 3차에 걸친 영재교육종합진흥계획에 따라 관찰·추천에 의한 선발 방식으로 바뀌었다.

대학부설 영재교육원보다 훨씬 많은 수의 교육청부설 영재교육원이 있으며, 여기에 중소도시를 중심으로 일정 지역 학교 단위로 운영되는 영재학급까지 생각하면 그 규모는 10배 이상이 된다. 논리적 사고력 및 문제해결력 측정을 중심으로 영재선발이 이루어지고, 각 지역 교육청 또는 영재학급에서 영재교육을 실시한다.

영재학급의 선발은 약 80%에 달하는 기관에서 매년 11월~다음해 1월에 걸쳐 실시되고 있다(한국교육개발원, 2010). 일반적으로 1단계에서 대상자의 행동관찰체크리스트와 성적, 포트폴리오 등을 근거로 교사, 학교장, 주변 전문가 등의 추천을 통해 선발하고, 2~3단계에서는 1단계에서 선발된 학생들에게 창의적 문제해결력을 중심으로 집단적인 지필형식의 검사가 실시되었으며, 마지막 단계는 합숙, 캠프 등을 통한 행동관찰, 실기, 면접 등 주로 개별적인 심층 평가를 통해 최종 선발이 이루어진다.

매년 선발에 대한 내용이 각 교육원별 홈페이지에 공개되기 때문에 홈페이지에 접속하여 구체적인 선발 방법을 확인할 수 있다. 매년 비슷한 시기에 비슷한 방법으로 선발하기는 하지만, 약간의 변경이 있기 때문에 지원을 원하는 학생은 홈페이지 선발 방법을 참고하여 지원할 수 있다.

(2) 과학고등학교 및 과학영재학교

영재학교는 「영재교육법 시행령」 제19조(영재학교의 지정), 즉 ① 국·공·사립의 고등학교 중 영재학교로 지정받고자 하는 학교의 장은 다음 각 호의 사항이 포함된 지정 신청서에 당해 교육감의 추천서(국립의 고등학교를 제외한다)를 첨부하여 교육부장관에게 제출하여야 한다.”에 근거하여 설치되었다.

한국과학영재학교(부산), 경기과학고등학교(경기), 서울과학고등학교(서울), 대구과학고등학교(대구), 광주과학고등학교(광주), 대전과학고등학교(대전) 등이 영재학교로 지정되었으며, 과학예술영재학교 등을 확대 운영 중이며, 과학고등학교는 각 시도별로 1개 이상의 과학고등학교가 지정되어 운영 중이다. 지금까지는 과학고등학교가 영재학교로 개편되어 운영 중인 경우가 많은데, 과학고등학교와 영재학교는 교육과정 영재판별과정 등에 차이가 있다.

앞으로 더 많은 학교들이 영재학교로 지정될 것으로 보인다. 영재학교에서의 영재판별은 일반적으로 [그림 9-3]에서와 같이 3단계의 전형으로 이루어지며, 과학고등학교와 차이가 있다.

과학고 선발 과정

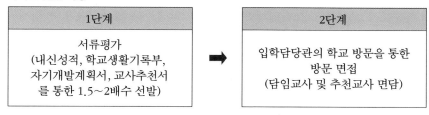

과학영재고 선발 과정

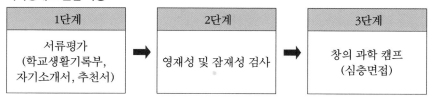

[그림 9-3] **과학고 선발과정**

(3) 예술영재

　예술영재(the talented in art)란 예술 영역에 남다른 재능을 가진 사람으로서 예술적으로 성공할 가능성이 아주 높은 사람으로 정의할 수 있다(성경희, 2005). 예술영재는 크게 미술영재와 음악영재의 두 가지로 나뉜다.

　음악영재(the talented in music)는 음악에 남다른 재능을 가진 사람으로서 음악적으로 성공할 가능성이 아주 높은 사람을 의미한다. 음악영재의 판별을 위해 사용되고 있는 기준들로 그 특성을 살펴보면, 음악영재는 대체적으로 음악적 지각과 인지적 능력을 다루는 음악성은 물론, 높은 음악적 감수성과 상상력 및 표현력 등과 관련되는 창의성, 강한 집중력과 높은 학습 의욕 및 인내력과 자율성 등의 정의적 특성 등을 함께 고려한다(성경희, 1993; 오주일, 2004; 최은식, 2003; Haroutounian, 2002; Zimmerman, 1994). 미술영재(the talented in visual art)는 모든 미술 활동에 관련된 분야에서 뛰어난 재능을 지니거나 무한한 잠재력을 지닌 아동을 말한다. 일반적으로는 표현력과 감수성이 뛰어나며, 풍부한 직관적 상상력을 지니며, 창의적 표현이 유창하다고 보고 있다(정은선, 2004).

　각 예술영재기관의 예술영재 판별 절차는 예술중학교와 예술고등학교별로 차이가 있다. 예중의 경우는 실기시험을 100%로 하고, 면접과 신체검사를 참고자료로 활용한다. 예고의 경우는 특별전형과 일반전형으로 나누어서 모집하는 학교와 일반전형으로 모집하는 학교가 있다.

(4) 소외영재

교육청에서 실시하는 소외영재 프로그램의 학생들은 영재교육원과 영재학급으로 지정된 기관에서 교육받는 영재들과는 다른 검사 도구와 절차를 거쳐서 선발된다. 대체로 교육복지 투자 우선 지역인 사회경제적 수준이 낮은 농어촌 및 대도시 빈민 지역으로 한정한다.

소외계층을 "사회·경제적 지위가 낮은 가정의 학생, 다문화가정의 학생, 지리적으로 영재교육 접근성이 제한된 도서·벽지의 학생, 장애가 있는 학생, 북한 이탈 주민, 특정 영역에서 수혜가 부진한 학생들로 영재교육의 기회가 상대적으로 제한되어 있는 계층"으로 명시하고 있다.

2012년 기준으로 소외계층 영재교육 대상자 수는 3,290명으로 초등학생이 1,970명으로 59.9%, 중학생이 728명으로 22.1%, 고등학생이 592명으로 18%를 차지한다. 또한 대상자는 도서·벽지 지역학생, 장애 학생, 다문화가정 학생 순으로 많았으며, 북한이탈주민가정의 재학생 수가 가장 적은 수를 차지하였다(한국교육개발원, 2012).

2010년까지 한국교육개발원에서 개발한 소외계층 영재판별도구들은 다음의 〈표 9-2〉와 같다.

〈표 9-2〉 **소외계층 대상 영재선발도구 개발 현황**

학년 구분	2009 학문적성검사			2010 학문적성검사	
	수학	과학	수과학통합	수학	과학
초등4	1종	1종	1종	1종	1종
초등5	1종	1종	1종	1종	1종
초등6	1종	1종	1종	1종	1종
중1	1종	1종	1종	1종	1종
중2	1종	1종	1종	1종	1종
중3	1종	1종	1종	1종	1종
고등1	1종	1종	1종	1종	1종
중1(3월)	-	-	-	1종	1종
고등1(3월)	-	-	-	1종	1종
초등4	-	-	-	1종	1종
소계	7종	7종	7종	9종	9종

교사에 의한 관찰·추천제의 전국적 시행으로 소외계층을 위한 영재판별도 관찰·추천에 의해 이루어지지만, 더 많은 연구가 필요한 분야이다. 이는 3차에 걸친 영재교육 종합진흥계획에 따라 대상과 폭, 영재교육분야가 더욱 확대되기 때문이다.

(5) 차세대 영재기업인 및 발명영재교육

발명영재와 차세대 영재기업인은 교육법에 의한 영재교육대상은 아니지만, 수학·과학 중심의 영재교육에만 편중된 영재교육 분야 확대의 의미가 크며, 미래사회를 위한 다양한 인재를 개발하는 의미 있는 활동이다.

차세대 영재기업인이란 20~30년 뒤의 다음 세대에 영재기업인으로서 자신만의 독창적인 지식재산(Intellectual Property)을 기반으로 기업을 설립해 운영하고, 부가가치를 창출하는 성공적인 기업인이 될 수 있는 잠재력을 지닌 재능 있는 학생을 의미한다. 차세대 영재기업인의 목적은 기존 발명영재교육을 한 단계 발전시켜, Microsoft의 빌 게이츠나 Apple의 스티브 잡스, Google의 세르게이 브린과 래리 페이지와 같이, 높은 수준의 지식재산을 창출하고 이를 활용하여 기업을 설립하고 운영할 인재를 육성하기 위한 것이 목적이다.

차세대 영재기업인 교육은 포스텍, 카이스트의 두 기관에서 진행하고 있으며, 포스텍의 학생 모집 방법을 소개하면 [그림 9-4]와 같다.

발명영재 교육은 2014년 4,474명의 학생이 발명영재교육을 받고 있다.

〈표 9-3〉 **차세대영재기업인 교육생 현황(2014.2.)**

구분	선발인원		탈락생		수료·재학생		총 교육생 수
	정규	비정규직	정규	비정규직	정규	비정규직	비정규
카이스트 영재기업인 교육원	429	30	132	2	297	28	325
포스텍 영재기업인 교육원	396	–	74	–	322	–	322
합계	825	30	206	2	619	28	647

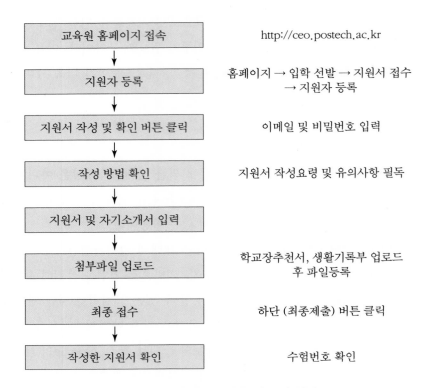

[그림 9-4] **포스텍의 학생 모집 방법**

〈표 9-4〉 **학교급별 발명영재 학급 수 및 학생 수**

구분	초등학교	중학교	고등학교	계
학급 수	144	88	11	243
비율(%)	59.3	36.2	4.5	100
학생 수	2,676	1,591	207	4,474
비율(%)	59.8	35.6	4.6	100

(6) 정보영재

정보영재는 컴퓨터의 활용에 힘입어 최근 들어서는 매우 인기를 끌고 있는 분야가 되기도 하였고 이러한 발전에 기여할 만한 연구(김미숙, 이재호, 2005)가 이루어지기도 하였다.

김미숙과 이재호(2005)는 정보과학 영재교육 대상자는 창의적 사고, 수리 및 논리적 사고, 문제발견 및 해결력, 논리전개 능력, 새로운 정보창출 능력 등의 지적 능력이나, 뛰어난 과제집착력, 도전의식, 지적 호기심, 정보과학 분야에 대한 관심과 흥미 등의 정의적 특성 중에서 어느 하나 또는 그 이상에서 매우 우수한 능력과 특성을 보이는 학생들을 중심으로 선발하여야 한다고 하였다.

(7) 과학예술영재

과학예술영재는 이스라엘의 IASA(Israel Arts & Science Academy)의 운영방법을 참고하여 설립되었다. IASA 두 가지 방법으로 학생을 선발하는 것에 비해(예술트랙, 과학트랙), 과학예술영재는 한 가지 방법(융합트랙)으로 학생을 선발하고 있다.

과학예술영재는 과학적 창의성과 예술적 감성이 조화된 창의적 융합인재 양성을 위해, 융합인재교육(STEAM)을 교육과정의 일정규모 이상을 과학기술 · 예술 · 인문학 등을 연계한 융합형 전문 · 심화교과를 개설하여, 다중재능의 우수한 융합형 창의 인재 양성을 목표로 하는 학교를 의미한다.

기존의 과학영재학교와 과학예술영재학교 간의 차이는 다음과 같다.

〈표 9-5〉 **과학영재학교 vs. 과학예술영재학교**

구분	과학영재학교	과학예술영재학교
설립목적	우수 이공계 전문인력 양성	과학-예술 · 인문학 등의 융합적 사고와 연구 역량을 갖춘 융합인재 양성
설립근거	영재교육진흥법 및 동법 시행령	
교육대상	수 · 과학 잠재력이 있으며, 이공계 연구 · 개발에 대한 관심과 진로 의지가 있는 학생	과학과 예술, 인문학 등의 분야에 관심이 높고, 융합적 사고 역량 등을 갖추고, 창조와 개척 의지가 강한 학생
교육과정	• 수학 · 물리 · 화학 · 생명과학 · 지구과학 등 기초과학 분야 전문 · 심화 교과목 편성 (60% 이상) • 이공계 대학 교수, 연구원 등과 함께 연구 활동(R&E)	• 과학영재학교의 보통 · 전문교과를 압축적으로 편성 • 융합 관련 철학, 기본개념, 주제별 심화내용 등 과학-예술, 인문학 융합 분야의 다양한 교과목 추가 편성(20% 이상) • 융합을 주제로 한 연구활동 등 (STEAM Activity)
진로 · 진학	이공계열 대학 · 학과 진학을 통해 과학기술 분야 연구 · 개발	과학 또는 예술 등의 전공으로 진학하여 융합 분야 개척 또는 융합 전공을 거쳐 새로운 영역 창조
교원 활용	교사 외에 대학, 연구소, 기업 등의 연구자 등 전문인력 활용	학문 간 융합 분야 전문가를 확보하고, 다양한 전공자들이 Co-teaching

2) 국외 영재교육

(1) 미국

미국에서 영재를 선발하는 방법 및 비율은 주 교육청, 그리고 학교마다 매우 다양하다. 영재교육 대상자의 비율도 1~15%까지 주마다 매우 다양하다. 과거에는 지능검사와 학업성취도 검사를 위주로 하였으나, 최근에는 이와 함께 창의성이나 동기를 중요시하는 경향이 늘고 있다. 선발도 다단계 판별을 하는 경우가 늘고 있다. 따라서 일률적으로 하나의 방법을 사용하기보다는 각 주별, 영재교육 기관별로 각기 다른 방법을 사용하는 특징이 있다.

한편, 미국에서 영재판별을 위해 가장 많이 사용되는 판별도구는 지능검사인 것으로 밝혀졌다. 현재 50개 주 가운데 32개 주가 영재교육을 의무화해 주정부를 중심으로 획일성을 지양한 특색 있는 교육을 하고 있다. 영재교육 대상을 상위 1%라는 매우 한정된 집단에서 15~20%로 점점 넓혀 피라미드식 영재교육을 지향하며, 지능과 학업 성적을 중심으로 한 영재교육에서 흥미, 학습 스타일, 성격적 특성 중심의 집단편성에 의한 영재교육으로 점차 변해 가고 있다.

연방정부는 영재학생들 가운데 소외계층이나 영어에 서툰 학생들을 위해 연간 1,000만 달러를 배정할 뿐이며 주정부가 적극적으로 영재교육 예산을 편성해 집행하고 있다.

영재교육에 대한 연구 개발을 전담하는 국립영재교육 연구센터는 코네티컷대, 버지니아대, 예일대, 뉴욕시립대, 스탠퍼드대와 52개 영재교육센터, 360여개 공·사립 학교와 연계하여 현장성을 살린 각종 교육 도구와 방법을 개발·보급하고 있다.

(2) 싱가포르

싱가포르 영재학생 선발의 경우 초등학교 3학년 말에 전 학생을 대상으로 선발시험을 치른다. 2단계 선발과정으로 이루어지는데, 제1차에서는 영어 및 수학의 선별검사를 실시한다. 제2차에서는 영어, 수학, 일반 능력의 학력검사를 통해 상위 6%를 선발한다. 그리고 제1, 2차의 점수를 종합하여 상위 1%에 해당되는 '지능이 뛰어난 학생(intellectually gifted)'을 영재교육 대상자로 최종 선발한다. 싱가포르의 영재선발의 원칙은 다음과 같다.

① 접근 및 기회의 균등
② 한 가지 이상의 기준 활용
③ 평가 팀에 의한 판단
④ 선발을 위한 기준과 제도의 조화
⑤ 단 한 번의 기회를 근거로 삼지 않음
⑥ 잠재력 입증을 위한 기회 제공

선발된 영재학생들은 초등학교 4~6학년까지 일반 학교에 설치된 상설 영재학급(self-contained classes)에서 영재교육을 받는다. 그들은 초등학교 6학년 말에 초등학교 졸업시험(Primary School Leaving Examination: PSLE)을 치르고, 이수한 학생에 한하여 중학교(1~4학년)에서 영재교육을 계속 받을 수 있다.

(3) 이스라엘

이스라엘에서는 영재성에 대한 국가 차원의 공통 정의를 내릴 경우 지역이나 학교에 따라 영재의 분포가 다르게 나타나기 때문에 영재 정의에 관해 혼합정책을 채택한다. 지역기준에 따라 상위 5%에 해당하는 우수아를 영재(지역/학교 단위 우수아)로 본다. 또한 전국의 영재들 가운데 매우 소수를 차지하는 상위 1%의 영재는 전국 단위의 '슈퍼 영재' 혹은 '천재'로 정의된다. IQ 155 이상(연령별로 10~15명 정도)에 해당하는 슈퍼 영재는 일반영재와도 구별되며 비범한 능력을 증명할 수 있다.

영재판별은 평가도구를 통해 다양하게 이루어진다. 교사/학부모/학생 설문지, 관찰, 포트폴리오, 성취도 평가, 학업 성적, 지능검사, 동기 및 창의성 측정도구 등을 사용한다. 이스라엘 교육부는 가능한 한 조기에 영재교육을 시작하고 1, 2학년을 마칠 때까지 지속하도록 권고한다.

이스라엘의 영재판별은 정기선발과 특별선발로 구분된다(김미숙 외, 2007).

① 정기선발은 초등학교 2, 3, 4학년의 모든 학생을 대상으로 문교부에서 매년 실시한다(검사비용 지원). 첫 단계에서는 학교 교사에 의해 선발시험을 실시한다. 두 번째 단계는 첫 단계에서 상위 15% 이내의 학생이나 두 번째 단계의 검사를 받을 자격이 있다고 학교가 추천한 학생에 대해 졸드 재

단의 특수센터가 주관이 되어 실시한다. 선발결과에 따라 상위 1∼1.5%
학생은 일반 학교의 영재학급, 주중 1일 영재교육센터에서 영재교육을 받
는다. 그리고 상위 1.5∼3%의 학생은 방과 후 심화학습 프로그램에 참여
한다.
② 특별선발은 영재선발 시험을 치르지 못했거나, 시험을 보긴 했으나 영재
교육프로그램에 선발되지 못해서 다시 시험 보기를 희망하는 학생들을 위
해서 매년 실시한다(학부모가 선발비 부담).

특히 이스라엘은 소외계층을 대상으로 영재교육 프로그램을 운영하고 있으
며, 경제적으로 불우한 아동들에게 학습 활동과 학습경험을 제공하고, 학습과정
을 관찰하고 영재성 여부를 판별하여 영재교육의 기회를 제공하고 있다.

(4) 중국

중국은 오랜 옛날부터 영재교육을 실시한 것으로 알려졌다. 기원전에 이미
중국에서는 영재를 Cai로 불렀으며, Cai는 타고난 것으로 자연에서 부여받은 힘
을 대표하는 사람을 의미한다. 고대 중국인들은 비범한 재능을 보이는 아동들
을 완궁으로 불러 그들의 재능을 확인해 계발하였다고 한다.

최근 중국의 영재교육은 1970년대부터 지능이 뛰어난 아동과 다른 유형의 영
재에 대해 다양한 교육을 중점적으로 제공하기 시작하였다.

중국에서 영재를 찾아내는 과정 중 기본적으로 지키는 원칙은 다각적으로 비
교하고, 다양한 기준과 방법을 동원하며, 성격 특성을 파악하고, 문제해결의 과
정과 결과를 모두 고려하고, 실제 수업에서의 관찰을 통하여 발굴한다는 점이다
(조석희, 2006). 이를 구체적으로 살펴보면 다음과 같다.

첫째, 다양한 기준과 방법을 동원한다. 영재성이 있는지를 확인하기 위해서
다양한 영역, 다양한 기준, 다양한 방법을 동원하여 검사한다.

둘째, 인성적인 특성도 조사한다. 최고의 성취는 뛰어난 지능뿐 아니라 인성
적인 특성에 의해서 결정된다. 지적 능력과 비지적인 성격특성도 모두 조사하
여 영재성의 확인과정에서 고려한다.

셋째, 과정, 형태, 전략뿐 아니라 결과도 분석한다. 능력은 양적 변화와 질적

변화가 변증법적으로 상호작용하며 발달된다. 아동이 문제를 해결한 과정, 형태, 전략뿐 아니라 그 문제를 해결하는 데 걸린 속도와 학생의 검사 점수를 고려한다.

넷째, 영재 교육 프로그램에 참여하는 정도를 관찰한다. 영재성의 발달은 환경과 교육의 영향을 받는다. 그러므로 아동이 영재교육 프로그램에 참여하는 동안에도 계속적으로 관찰 평가하여야 한다. 수시로 그 아동의 현재 상태를 측정하여 그에 적절한 교육적 조치를 취해준다.

이상의 원칙을 종합하면 중국에서는 영재를 발굴하기 위해서 지적 능력, 창의성, 학습 능력, 특수재능, 성격특성을 모두 고려한다.

실제적인 예로 북경 제8실험중학교의 선발은 앞서 살펴본 영재성 판별의 원칙을 그대로 고수하며 2년에 한 번 실시한다. 북경시 거주 학생 중 약 1,000명의 지원자를 대상으로 습득된 지식과 기능을 측정하기 위하여 중국어, 수학, 사고력 과목의 검사를 세 차례 실시하여 200명을 선발하며, 둘째 단계에서는 습득된 지식을 활용하는 정보처리 능력을 중심으로 중국어, 수학, 사고력 분야에서 난이도가 높은, 즉 어려운 시험을 다시 치른다. 세 번째 단계에서는 수학 능력을 주로 본다. 즉, 물리, 화학, 중국어, 수학, 영어 분야에서 처음 접하는 새로운 자료를 조작하는 능력을 일주일에 걸쳐 실제 수업을 통해서 검사하는데, 이를 통하여 최종적으로 30여 명을 선발한다.

(5) 캐나다

캐나다의 영재교육프로그램과 절차는 지역마다 조금씩 차이를 보인다. 학교에 따라 어떤 학교에서는 도전센터를 초등학교에 만들고, 일년 동안 9주로 이루어지는 모듈 3개를 제공하기도 하고, 중학교에서 AP반을 운영하거나, 도전적인 과목들과 속진과 심화를 통합한 형태인 '학교 내 학교' 프로그램에 등록하기도 한다. 농촌 지역에서는 영재학생을 위한 열정이 있는 교사에 따라 수정된 교육과정이 제공되기도 한다.

밴쿠버에서는 대학에 조기입학하기 위해 Provincial Resource Program(PRP)이라는 프로그램을 운영하기도 하는데 특별히 학문적으로 뛰어난 학생들을 위한 프로그램이며 50개의 PRT들이 그 주에 있다.

한편, 밴쿠버 학교위원회와 브리티시 콜롬비아 대학 사이에는 학업적으로 매우 우수한 학생들을 위한 전이프로그램을 가지고 있다. 1993년부터 시작한 이 프로그램은 캐나다에서 유일한 프로그램으로 대학에 조기에 입학하기를 원하는 영재청소년을 위해, 중등과정을 수료하는 데 필요한 자격 수업을 제공하고, 교수들이 멘토십 프로그램을 실시하는 것으로 구성되어 있다.

(6) 영국

영국은 전체 108개 지방교육당국 중 35개 지방 교육청이 영재교육을 위한 전문가를 고용하여 다양한 교과에 대한 심화과정을 실시하고 있다. 대체적으로 정규과정이 아닌 과외활동으로 진행되며 주말이나 방학 중 무상 혹은 실비를 받는 형식으로 전국 규모의 12개 영재교육기관에서 개별적으로 제공되고 있다. 영국은 2001년부터 공립학교에 영재교육을 실시하여 2007년에는 '과학기술고등교육부'를 신설하였다. 또한 전체 학생의 약 5%를 '매우 유능한 학생(very able pupil)'으로 분류해 기본 대상자로 구분하고 이들 중 약 2%는 '예외적으로 유능한 학생(exceptionally able pupil)'으로 분류해 영재를 선발하고 있다.

요약

영재집단은 여타의 특수아 집단처럼 특수한 교육적 요구를 지닌 집단으로 영재성의 특성에 따라 각기 다른 개입을 하여야 한다. 이러한 개입을 위해서는 먼저 영재성의 정의와 특성을 이해하여야 하며, 영재성의 특성을 이해한 후에 이에 근거하여 영재성을 볼 수 있는 시간을 지녀야 올바른 개입이 가능하다.

영재 정의는 학자 및 시대에 따라 다양하게 정의되기 때문에 단일한 정의는 존재하지 않지만, 각 영재 정의별로 특성이 있음을 이해하여야 한다. 우리나라, 미국, Renzulli의 영재 정의와 기타 영재 정의에 대해 살펴보았다.

영재들의 인지적 · 정의적 · 사회적 특징에 대해 살펴보았는데, 인지적인 특징으로 높은지능, 창의적 특징, 메타인지, 기타 인지적 특성을 살펴보았고, 정의적 · 사회적 특징으로 높은 동기, 자아개념, 기타 정의적, 사회적 특징을 살펴보았다. 이와 함께 이들 특징이 상호작용하는 측면을 살펴보았는데, 높은 지적 호기심, 발달된 언어 능력, 높은 창의성, 우수한 사고 능력, 높은 주의집중력, 정서적 민감함과 열정, 완벽주의와 자기비판, 자아개념과 자기통제력, 뛰어난 유머감각, 내향성과 독립성, 도덕발달과 정의감, 도전성과 회피성, 다재다능함의 특성이 보는 시각 및 상황에 따라 각기 달리 보일 수 있음을 살펴보았다.

영재교육 실제와 관련하여 국내, 국외로 나누어 살펴보았는데, 국내는 대학부설 영재교육원 및 교육청부설 영재교육원, 과학고등학교 및 과학영재학교, 예술영재, 소외영재, 차세대 영재기업인 및 발명영재교육, 정보영재, 과학예술영재로 나누어 살펴보았고, 국외의 경우는 미국, 싱가포르, 이스라엘, 중국, 캐나다, 영국으로 나누어 살펴보았다.

논의해 볼 문제

1. 개인적으로 생각해 본 영재의 정의를 제시해 보자.

2. 영재의 인지적 · 정의적 · 사회적 영역 간의 긍정적인 특징과 동시에 나타나는 부정적인 특징을 서술해 보자.

3. 지역사회에 있는 영재교육기관을 조사하여 그 특징을 서술해 보자.

제10장

특수교육대상학생을 위한 교수·학습방법

∎ 고혜정 ∎

증거기반교육은 '교사의 전문적 지혜'와 '최상의 경험적 증거'를 통합하여 학생을 어떻게 교수할 것인가에 대한 의사결정을 내리는 것이다.

– Whitehurst, 2001

[일반학교 장애학생 '완전통합'↑ '특수학급'↓]

'2017 특수교육 실태조사' 결과, 교사가 필요로 하는 장학(컨설팅) 내용은 '교수 · 학습 방법(31.9%)'이 가장 많았고, 교사에게 필요한 연수 주제는 특수교사는 '문제행동중재 (55.3%)', 일반교사는 '통합교육 방법(45.4%)'이라는 응답이 가장 많았다.

출처: 에이블뉴스(2018.7.12.).

사례

일반교사: 우리반 다은이가 지적장애 학생이던데, 수업시간에 다른 친구들이 배우는 내용을 모를 것 같은데 다은이를 수업에 참여하게 하는 방법이 있을까요? 저는 다은이가 수업시간에 아무것도 하지 않고 있는 것 같아 늘 신경이 쓰여요. 수준이 매우 낮은 것 같은데, 그냥 다은이 수준에 맞는 학습지를 제공해 주어야 하나요?

특수교사: 네, 선생님. 장애학생을 수업시간에 참여시키기 위해서 교수적 수정을 할 수 있어요. 장애학생들이라고 수업시간에 무조건 낮은 수준의 목표로 반 친구들과 다른 내용을 하고 있는 것보다, 교수방법, 교수내용 수정이 단계적으로 이루어지는 것이 필요해요. 저와 함께 어떻게 교수적 수정을 할지 의논해 보도록 해요.

일반교사: 장애학생들도 교과내용을 배우고 이해할 수 있나요? 다은이를 어떻게 지도해야 할지 사실 많이 고민이 돼요. 장애학생들을 위한 특별한 교수방법이 있나요?

특수교사: 장애학생도 당연히 교과내용을 배워야 하고, 장애학생들의 이해를 돕기 위해 교사는 교과 교육과정을 재구성하여 효과적으로 전달할 수 있어야 해요. 저도 선생님과 마찬가지로 다은이에게 어떤 교수방법이 적합할지 매일 고민한답니다. 장애학생들에게 적용했을 때, 효과적이라고 하는 각 교과별 교수방법들도 함께 알아보도록 해요.

주요 질문

1. 특수학생을 위한 교과별 교수학습 원리 및 효과적인 교수 · 학습방법은 무엇인가?

2. 통합학급에서 특수학생을 위한 교수 · 학습방법을 어떻게 적용할 수 있는가?

1. 장애학생들에게 교과교육은 의미가 없다?

장애학생들도 교과교육을 받을 권리와 능력이 있으며, 일반학생과 동일하게 교과교육을 받을 기회를 제공해야 한다.

2. 일반학생을 위한 교수원리를 장애학생에게 적용할 수 없다?

일반학생과 장애학생 모두를 위한 창의적, 촉진적, 협동적 수업원리를 적용해야 하며, 장애학생을 위한 개별화된 교수목표와 이에 따른 교수내용, 교수방법과 평가가 제공될 수 있다.

1. 특수학생의 교과교육 교수의 필요성

통합교육의 강조로 더 많은 특수학생들이 일반학급에서 일반학생들과 같이 교과 수업을 듣게 되면서 통합학급을 담당하는 교사의 입장에서는 통합되어 있는 특수학생에게 다인수 학급이라는 여건에도 불구하고 교과를 어떻게 가르칠 것인가는 큰 고민거리이다. 일반학생들에게 가르치는 경우와 무엇이 어떻게 달라야 하는가? 내용을 축소해서 가르친다는 뜻인가 아니면 내용을 다 포함하되 수준을 낮춘다는 뜻인가? 아니면 전혀 다른 대안적인 내용으로 가르친다는 뜻인가? 실제적인 측면에서도 교사양성 측면에서 통합학급을 담당하는 일반교사들은 다인수 학급에서 특수학생을 지도할 방법과 전략 및 기술에 관해 매우 미미한 정도의 사전교육만 받은 상태이다(이대식 외, 2004).

물리적 통합의 보장을 넘어 통합교육 현장에서는 통합교육의 질적 제고를 위해 교육과정적 통합을 구현하고자 교과교육의 중요성을 강조하고 있다(이대식, 2006; 정동영, 2010b). 또한, 박윤정, 한경근(2014)은 장애학생이 일반교육과정을 중심으로 이루어지는 교과 수업에 또래와 함께 참여하고, 효율적인 학습을 하며, 더불어 개별화교육계획을 반영한 보다 유의미한 교육 경험을 통해 그들의 다양한 교육적 요구를 만족시키기 위하여 효과적이고 체계적인 교과교육에의 접근 및 지도를 위한 끊임없는 연구와 현장 적용을 강조하였다.

더 알아보기

2018 특수교육 운영계획

2018년도 특수교육 운영계획에서는 특수교육교원의 전문성 신장을 강화하고자 특수교육교원의 교과별 수업 '전문가 양성 및 장애특성별 지도' 역량 강화를 위한 연수 확대를 실시한다. 교육과정 적용 및 수정, 교과별 교수 · 학습방법, 교과별 교재교구 활용, 장애 특성별 교과지도 방법 등에 대한 연수를 실시하여 전문성을 높이도록 한다.

또한 일반학교 관리자 및 통합학급 담당교사의 특수교육 역량을 하고자 자격 연수과정에 장애이해 및 특수교육 관련 교과목 1개 이상을 포함하여 운영한다. 통합학급 담당교사 지원 강화를 위해 시도교육청별 특수교육 교원과 일반교육교원이 함께 하는 통합교육 교사 연구회 권장 및 우수 연구회(교과연구회, 개별화교육연구회, 행동지원 연구회 등)를 발굴한다.

2018년도 특수교육 5개년 계획에는 통합학급의 일반교사의 장애학생 지도 지원을 위한 방안을 제시하고 있으며, 특수교사의 교과에 대한 전문성 함양을 중점에 두고 있다.

2. 교과별 효과적인 교수전략

특수교육 현장에서 교과와 관련한 교육내용과 교육방법에 대한 특수교사의 고민은 매우 크다. 장애학생들에게 어떻게 교육내용을 구성하여 어떤 방법을 사용할 것인가에 대하여, 최근 특수교육을 포함하여 교육 전반에서 강조되는 '증거기반교수(evidence-based instruction)'의 개념은 교사가 연구를 통해 효과성이 검증된 교수를 실시할 것을 강조하고 있다. 이러한 증거기반교수에 입각하면, 실제학교현장과 연구의 차이를 좁혀주고, 교사가 좀 더 책임감 있는 판단을 내릴 수 있도록 도와줄 수 있다. 이 장에서는 주요 교과영역에서 효과적으로 적용될 수 있는 교수 · 학습방법을 살펴보고, 현장에서의 적용을 돕고자 한다.

1) 국어교과

국어교과는 듣기, 말하기, 읽기, 쓰기 영역으로 이루어져 있다. 특히, 읽기의 궁극적인 목표인 읽기이해는 독자가 읽기자료를 읽고 의미하는 바가 무엇인지를 알아가는 과정이다(Bos & Vaughn, 2002). 성공적인 읽기를 위해서는 음운인식, 해독, 유창성, 어휘 및 읽기이해 등 읽기의 다양한 하위 영역들에서 적절한 발달이 이루어져야 한다. 또한, 성공적인 쓰기를 위해서는 글자쓰기, 철자, 작문의 발달이 이루어져야 한다. 이 장에서는 주로 읽기이해 및 작문과 관련된 교수법을 살펴보고자 한다(나머지 영역의 교수법은 8장 참조).

(1) 읽기이해 교수전략

학습자의 읽기이해를 돕기 위해, 글을 읽기 전 글의 제목이나 그림 등을 보고 앞으로 무슨 일이 일어날지를 생각해 보는 예측하기, 제목과 관련된 자유로운 생각을 나누어 보고 선행지식을 활성화시킬 수 있는 브레인스토밍 전략을 적용해볼 수 있다. 한편, 글을 읽는 중에는 글의 구조를 파악하고 중심내용을 찾아볼 수 있다. 특히, 글의 유형에 따라 글의 구조를 파악하는 것이 내용이해에 큰 도움을 줄 수 있는데, 설명글의 경우 서술식, 열거식, 비교-대조 구조를 이루고 있으므로, 중심내용과 세부내용을 구분하여 그래픽 조직자를 활용하여 내용을 구조화시킬 수 있다. 이야기글의 경우, 이야기문법요소(글의 주요 인물과 배경, 주요 사건의 전개와 결말) 등을 세분화하여 파악할 수 있다. 또한 구조화된 이야기 도식에 정리하며 전체 이야기글의 흐름과 주요내용을 파악하고 글을 요약할 수 있게 한다. 글을 읽은 후에는 중심내용을 질문해 보거나 한 문장으로 요약해 보는 활동을 할 수 있다.

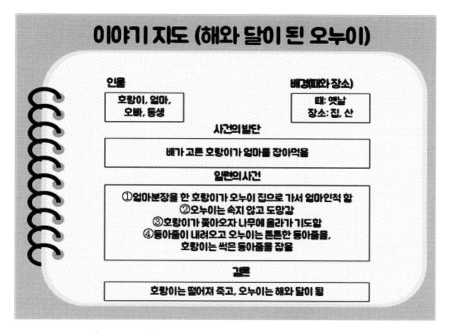

[그림 10-1] 이야기글에 대한 이야기지도 작성 예시

(2) 작문하기 교수전략

쓰기는 학생의 사고를 심화하고 확장하는 데 필요한 능력으로(Graham & Perin, 2007), 학습상황과 일상생활에서의 노트 필기, 숙제, 논술시험, 편지 쓰기 등의 쓰기 기술이 더욱 많이 요구된다. 작문하기와 관련된 교수법으로 자기조절전략이 빈번하게 사용되는데, 자기목표설정, 자기교수, 자기점검, 자기평가,

자기강화와 같은 학생주도적 학습법을 쓰기에 접목시킨 것이다. 또한, 과정중
심글쓰기(process approach to writing instruction)로 쓰기 전, 쓰기 중, 쓰기 후 활
동까지 쓰기의 전반적인 과정과 각 단계에서 해야 할 과제들을 체계적으로 가르
치는 쓰기교수법이 적용해 볼 수 있다. 쓰기 전에는 무엇을 쓸지 관련 자료를 읽
거나 교사의 안내를 받거나 동료들과 자유롭게 주제에 대한 선행지식을 나누고,
쓰기 중에는 내용을 조직하고, 표현하며, 검토하고 고쳐쓰기를 한다. 특히, 육하
원칙에 따라 글을 쓰고, 자기조절 전략교수와 결합하여 육하원칙 요소를 자기교
수, 자기점검, 자기평가할 수 있다. 글을 쓴 후에는 자신의 글을 발표하거나 피
드백 받는 과정을 거친다. 이 외에도 또래와 협동하여 글쓰기(peer assistance),
대체 전략(alternative modes of writing)으로 워드프로세서를 활용한 전략을 사용
할 수 있다.

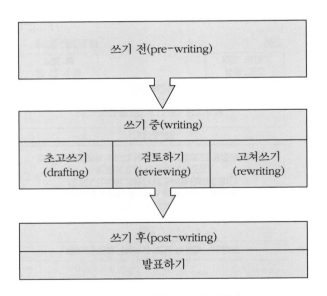

[그림 10-2] 과정중심 쓰기교수활동

2) 수학교과

수학교과는 수감각과 연산, 수학문장제문제해결을 할 수 있도록 가르치는 교
과로, 장애학생들이 무척 어려워하는 교과목 중의 하나이다. 내용의 위계적 성
격이 강하기 때문에 초기수학인 수감각 및 수개념을 다양한 방식으로 익히도록

하며, 어림할 수 있는 기회를 많이 제공할 수 있어야 한다.

(1) 연산 교수전략

직접교수는 수학교과에서 높은 효과를 보이는 것으로 알려진 중재방법이다. 교사의 주도적인 수업에 기초하고 있지만 수업 내용의 조직적이고 계열적인 구성과 수업시간 전반에 걸친 교사와 아동 간의 상호작용이 심도 있게 고려되었을 때 더욱 높은 효과를 기대할 수 있다. 직접교수는 '교사의 시범-구조화된 연습-비구조화된 연습'의 총 3단계로 구성할 수 있는데, 각 단계에서 교사의 역할은 아동의 학습 성취에 매우 중요한 영향을 미친다. '교사의 시범'은 주어진 목표를 달성하는 데 필요한 지식, 전략, 과정 등에 대한 교사가 구체적인 설명을 하는 단계로, 주어진 학습목표를 해결하는 데 필요한 사고의 과정을 구체적이고도 단순한 예를 통하여 교사가 직접 시범을 보여 주거나 모델을 제시하는 활동 단계이다. '구조화된 연습'은 학습자들이 배운 내용을 해결해 보도록 하는 단계로, 도움이 필요할 경우 교사의 설명과 피드백이 제공된다. 마지막 '비구조화된 연습'에서는 주어진 목표를 달성하기 위하여 이미 학습한 지식 및 전략을 사용하여 일정한 절차에 따라 수학문장제 문제를 이해하기 위한 단계로 지금까지 익힌 방법을 자기 스스로 해결하는 적용 혹은 응용 단계라고 할 수 있다.

연산에서 교사는 연산과정을 직접 시범 보이고, 학생이 이를 해결할 수 있도록 피드백하는 과정을 거쳐, 학생 스스로 문제를 해결하게 할 수 있다. 또한 연산의 경우 자릿수, 올림과 내림 등의 해결해야 할 수학적 개념을 이해해야 하기 때문에, 점선, 색깔과 같은 시각적 단서를 활용할 수 있다.

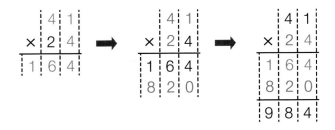

[그림 10-3] **곱셈을 위한 시간적 단서의 예**

(2) 수학문장제문제해결 교수전략

① 인지-초인지 전략

인지-초인지 전략훈련은 문제해결을 위해 계획을 세우고 답을 예측하고 수학적 계산을 한 후, 이를 검토하는 일련의 과정을 따라 전략을 사용하는 것을 뜻한다(Montague, 1997). Montague(1992)는 수학적 문제해결을 위한 전략을 제시하였는데, 바로 읽기, 자기말로 바꾸기, 도식을 사용하여 시각화하기, 문제해결 위한 계획으로 가설 세우기, 답을 예측하기 위해 어림잡기, 수학적 계산하기, 모든 것이 맞는지 확인하기 위해 검토하기 등으로 나누어진다 하였다. 인지-초인지 전략은 수학문제의 언어적 형식을 그림 형식으로 변환하여 문제를 접근하는 방법인 도식활용 중재와 함께 사용되는 경우가 많으며, 이는 수학문장제를 보다 쉽게 분석하도록 학생들을 도울 수 있는 방법이다(김영표, 신현기, 2008).

② 핵심어 활용 전략

핵심어 전략은 문제를 해결하는 데 도움이 되는 핵심적인 단어를 찾아서 핵심 단어들과 해당 연산을 연결시키는 방법을 통해 식을 세우고 문제를 해결하는 것을 말한다. 문장제 문제를 읽고 문제에 포함된 핵심어에 표시를 하고, 핵심 단어에 의미를 해석하여 수식으로 표현하는 것이다(이태수, 홍성두, 2007). 그러나 핵심어 자체에만 집착할 경우 문제에 나타난 다른 중요한 정보를 무시하는 오류를 범할 수도 있다(Mercer & Mercer, 1993). 덧셈 연산에는 '모두, 총, 합하면, 더하면' 등이 있고, 뺄셈 연산은 '남은, 얼마나 더, 빼면', 곱셈연산은 '몇 배, 모두', 나눗셈 연산은 '한 사람당, ~개씩' 등과 같은 단어가 핵심어가 될 수 있다.

교사: 중요한 단어를 표시해 봅시다.

학생: 어떻게 표시하나요?

교사: 식에 포함될 숫자와 관련된 단어는 ○, 어떤 연산을 사용해야 할지와 관련된 단어는 △, 최종적으로 구하고자 하는 것은 □로 표시해 봅시다. 선생님이 예시를 보여 줄게요.

학생: 선생님처럼 표시했어요.

(순이는 동화책 23권과 만화책 14권을 가지고 있습니다. 순이가 가지고 있는 책은 모두 몇 권일까요?)

[그림 10-3] 핵심어 활용 전략의 예

③ 시각적 표상전략

시각적 표상전략이란 문제에 제시된 여러 가지 단서를 그림이나 구체적 사물 및 도식을 활용하여 명제적 정보를 시각적 이미지로 변화시키는 것을 의미한다. 텍스트 내용, 구조, 개념관계 등을 설명하기 위해, 특히 사칙연산의 개념을 설명하기 위해서, 화살표, 도형을 적절하게 배치하여 관계를 시각적으로 표시한다(정대영, 하창완, 2011; Darch & Eaves, 1986).

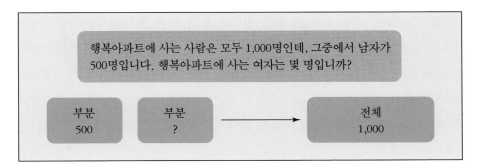

[그림 10-4] **시각적 표상전략의 예**

④ 또래활용 중재

또래교수(Peer Tutoring)는 또래교사(Peer Tutor), 또래학습자(Tutee)들을 포함하는 중재로 또래가 교사의 역할을 담당하는 것이다(신진희, 2003). 특히, 또래활용 중재에 포함된 또래지원 학습전략(Peer-Assisted Learning Strategies: PALS)은 Fuchs와 그의 동료들(2000)에 의해 개발된 것으로, 강한 동기, 빠른 속도, 다양한 활동, 높은 수업 참여 수준, 자기구어화, 시각적 표상과 같은 원리를 포함한다. 수학 일일기 및 대화식 저널 활용 중재, 문제 만들기 활동 등을 또래를 활용하여 진행할 수 있다.

3) 과학교과

(1) 특수학생을 위한 과학교과의 교수원리

과학교과는 학습자가 자연현상을 기술하고, 설명하며 자연현상을 이해하고, 예상하고, 통제하는 것을 목적으로 한다. 특수학생은 낮은 인지능력과 빈약한 언어능력, 자신감 부족, 장애유형별 감각손실, 과학 텍스트의 인지적 과부하 등으로 인해 과학교과 학습에서 어려움을 보인다. 장애학생들에게 일상생활 속에서 자연스럽게 접하는 사물과 현상에 대해 호기심을 갖고 과학적 사실과 과학적 기술을 익히고, 적극적으로 탐구하려는 과학적 태도를 기를 수 있도록 해야 한다.

(2) 과학교과의 효과적인 교수전략

① 설명식 교수전략

특수학생의 과학성취를 촉진하기 위해서는 과학적 용어에 대한 자세한 설명이 필요하다. 어려운 과학적 사실, 개념, 원리와 법칙, 이론 등의 과학지식을 학생이 이해할 수 있도록 어휘교수에 초점을 두고 교사가 과학적 사실과 개념을 설명해 준다. 짧은 시간의 많은 양을 제시해 줄 수 있지만, 교사 위주의 수업이 이루어져 장애학생들이 어려워하거나 지루해할 수 있기 때문에 [그림 10-5]와 같이 마인드 맵, 의미지도, 의미특성분석표와 같은 그래픽 조직자를 적절히 활용할 수 있다.

숨을 쉴 때의 변화는?

	숨을 들이마실 때	숨을 뱉을 때
횡격막	↓	↑
폐	↑	↓

숨쉬기 운동
후~ 하! 후~ 하!

[그림 10-5] **과학개념 지도를 위한 그래픽조직 활용 예**

② 탐구활동 중심 교수전략

과학수업에 적극적으로 참여할 수 있도록 탐구중심활동을 구성해야 한다. 탐구활동을 통해 학습자는 과학적 기술을 익힐 수 있다. 먼저 다양한 감각을 활용하여 관찰하기, 기준에 따라 비교하고 분류하기, 단위를 사용하여 측정하기, 현재의 지식으로 앞으로의 일을 예측하기, 결과에 따른 원인을 되짚어보고 추론하기, 발견한 것에 대한 개념을 명료화하는 의사소통하기, 궁금한 것을 알아보기 위해 탐구과정을 계획하고 조작하는 실험하기 등의 탐구기술을 익힐 수 있다. [그림 10-6]처럼 물과 기름의 성질을 학생들이 직접 실험해 보며 그 원리를 알도록 할 수 있다. 탐구활동을 학생이 직접 경험하여 과학적 개념을 정리할 수 있도록 다양한 실험들을 직접 해보고, 여러 양식으로 반응할 수 있는 학습지를 함께 제공해줄 수 있다.

친구가 될 수 없는 물과 기름
▶ 준비물: 쟁반 또는 접시, 색소 또는 물감, 면봉, 희석한 주방 세제, 두꺼운 종이
 여기서 물과 주방 세제의 비율은 2 : 1이 적당해요.

1. 쟁반에 우유를 부어요.

2. 우유 위에 잉크 한 방울을 떨어뜨려요.

3. 면봉 끝에 주방 세제를 묻혀 우유 위 잉크에 살짝 떨어뜨려요.

4. 2번과 3번을 반복하면서 모양을 만들어요.

5. 남은 면봉으로 우유 위에 지그재그로 그림을 그려요.

[그림 10-6] **탐구활동 예시**

③ 토론 학습 전략

최근의 과학교과에서는 과학과 기술, 사회의 상호 관련성을 강조하기기 때문에, 과학과 관련된 일상생활이나 사회문제를 이해하고, 이에 대한 자료를 조사하고, 해결방안을 모색해 보는 토의과정을 진행할 수 있다. 예를 들어, 산성비,

오존층과 같은 주제에 대해 학생들이 탐구하고 추론할 수 있도록 교사는 개방적이고 사고를 이끄는 발문을 하고, 활동을 안내해 줄 수 있다. 이때, 주의하여야 할 점은 학생들이 토의 중에 과학적 오개념을 형성하지 않도록 해야 한다.

4) 사회교과

(1) 특수학생을 위한 사회교과 교수원리

사회교과는 학생들이 사회생활에 필요한 지식, 지능, 태도 등을 형성하여 사회문제를 해결하고 민주사회에 요청되는 시민의 자질을 함양하게 하는 교과목이다. 사회과는 가장 광범위한 교과로, 역사, 지리, 경제, 정치, 사회문화 등의 영역으로 구성되어 있다. 그러나 사회교과는 이론 중심의 내용교과로 높은 수준의 용어가 빈번하게 등장하고, 장애학생이 직접 경험해 보지 않은 추상적인 내용으로 대부분이 배경지식을 요구하고 있어 많은 장애학생이 학습에 어려움을 보인다(Ciullo, Falcomata, & Vaughn, 2015). 장애학생과 사회과교과와 관련 많은 국내외 선행연구(김우리, 고은영, 2015; 이주영, 손승현, 2012; Kent, Wanzek, Swanson, & Vaughn, 2015; Swanson, Hairrell, Kent, Ciullo, Wanzek, & Vaughn, 2014)에서 효과적인 교수법으로 그래픽 조직자, 안내노트, 기억술전략, 조작활동(hands-on activities), 내용 조직하기, 또래교수, 컴퓨터보조학습, 학습보조, 협력교수, 팀 중심 학습(team-based learning)이 제시되었다.

(2) 사회교과의 효과적인 교수전략
① 그래픽 조직자

그래픽 조직자(grahic organizer)는 텍스트의 내용, 구조, 주요 개념들을 시각적으로 보여 주는 학습 전략이자 학습 도구이다. 그래픽 조직자는 도형, 선, 화살표, 부호, 지도 등으로 구성되며 학습 목적에 따라 다양한 방식으로 표현된다. 사회과 교과에서 흔히 쓰일 수 있는 그래픽 조직자는 시각적 배열과 인지적 도식이 있다. 시각적 배열은 사실들을 시각적으로 적절한 위치에 배열함으로써 내용(혹은 개념)을 설명해 주는 것으로 타임라인이나 의사결정트리(decision tree), 흐름도(flow chart), 벤 다이어그램 등이 있다. 인지적 도식은 텍스트 내용, 구조, 개념관계 등을 설명하기 위해 선, 화살표, 도형의 배열 등을 사용하는 것으로 학생들이 텍스트로부터 관련정보를 확인하고, 핵심 개념들은 하이라이트할 수 있도록 도와주는 시각적 도식이다.

② 학습안내노트
학습안내노트(guided note)는 학생들이 글을 읽거나 수업을 들으면서 중요한 사실들을 기입할 수 있는 밑줄이 그어져 있는 빈 공간이나 괄호, 단서를 제공하여 노트필기를 도우며, 학생들의 참여를 유도하는 교수전략이다.

③ 기억술 전략
기억술 전략(mnemonic strategy)은 사실적 정보를 기억하는 가장 효과적인 방법 중 하나로 정보들의 각 행의 첫 글자를 따서 기억하는 두문자어 전략과 페그워드 기법 등이 있다(Minskoff & Allsopp, 2003). 첫 글자를 따서 기억하는 기억술은 정보에서 핵심이 되는 행이나 단어를 선정하여 각 첫 글자를 배열한 후 단어나 문장으로 만들어 기억하는 전략을 말한다(김윤옥, 박향미, 2004). 페그워드 기법은 어떤 정보의 순서를 암기할 때 숫자와 청각적으로 비슷한 페그워드들과 새로운 정보를 서로 관련 지어 암기하는 기법이다. 친숙하고 구체적인 시각적인 표상을 제공할 때 더 잘 기억할 수 있다.

④ 조작활동 중심 전략
조작활동(hands-on activities) 중심 전략은 사회에서 다루는 어휘나 정보처리를 학습자가 이해할 수 있도록 좀 더 구체적이고 비언어적인 경험을 할 수 있도록 돕는다. 예를 들어, 등고선이라는 추상적인 개념을 익힐 때, 직접 등고선을

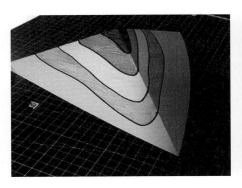

표시해 보거나 만들어 보는 구체적인 조작활동을 통해 개념을 보다 쉽고 명확하
게 익힐 수 있다.

3. 통합학급에서 특수학생을 위한 교수적 수정

진정한 통합은 장애학생이 일반학급에 물리적으로, 사회·정서적으로 통합
됨과 교육과정의 통합이 함께 이루어지는 것을 말한다. 교수적 수정이 제대로
이루어지지 않을 경우, 장애학생은 수업시간에 방치되거나 무의미한 시간을 보
내게 되고, 이로 인하여 문제행동의 발생 등의 2차적인 문제도 발생하게 된다.
또한, 무조건 장애학생은 통합학급에서 수업을 할 수 없을 것이란 선입견과 장
애학생에게 어렵고 부적합하다는 생각으로 교육내용에서 수정이 가장 먼저 이
루어져 수업시간과 전혀 관련없는 주제와 활동을 제공하고 있는 경우가 발생하
는데, 교사로서 장애학생에게 알맞은 교수적 수정을 제공해 줄 수 있어야 한다.
교수적 수정이란 일반학급에서 이루어지는 수업에 장애학생이 참여하기 위해
교수환경, 교수 집단화 형태, 교수방법(교수전략 및 교수자료), 교수 내용, 평가방
법을 조정 혹은 수정하는 것을 의미한다(박승희, 1999).

1) 교수적 수정 방법

(1) 교수환경의 수정

교수환경의 수정은 물리적, 사회·심리적 환경을 수정하는 것을 말하며, 이를
통해 장애학생의 통합학급 수업 참여를 돕는 것이다. 예를 들어, 시각장애를 가
진 학생을 위해 교실의 조명을 조절하고, 빛이 반사되지 않는 자리를 배정해주
거나 교실의 물리적인 정돈 상태나 가구의 배열을 일정하게 유지하고, 교수 자
료의 접근성을 고려해 주는 것 등이 교수환경의 수정에 해당한다.

(2) 교수적 집단화 형태의 수정

교사가 가장 적절하게 교육내용을 교수하기 위해 교수적 집단 배열을 적용할
수 있다. 이때, 학생의 요구와 특성을 고려하여, 전체 학급을 대상으로 대집단

수업을 진행하거나, 교사주도적 소집단 교수로 활동을 진행할 수도 있고, 협동
학습 집단 또는 또래를 활용한 또래교사를 실시할 수도 있다.

(3) 교수방법의 수정

교수방법의 수정은 교수활동, 교수전략 및 교수자료를 고려하는 것이다. 교
수활동으로는 교수할 주요 과제를 작은 단계로 나누고, 과제의 난이도 또는 양
을 조절거나, 과제를 활동 중심으로 수정할 수 있다. 교수전략은 수업형태를 강
의나 시범, 게임, 역할놀이, 발표 등을 활용하거나 교육공학과 보조공학을 함께
사용할 수 있으며 학습행동 강화를 위해 모델링, 개별적 피드백, 토큰계약과 같
은 전략을 사용할 수도 있다. 또한 대상학생의 학습양식에 따라 정보제시 방법
을 다르게 제시해 줄 수 있고, 장애학생의 특성에 따라 대안적인 교수자료를 사
용할 수 있다(김현숙, 2007).

(4) 교수 내용의 수정

교수 내용의 수정은 5단계를 따르도록 한다(Sailsbury et al., 1994; 박승희, 2003
에서 인용). 가장 먼저, 1단계는 같은 활동과 같은 교수목적, 같은 교수자료를 사
용하도록 한다. 특별히 교수적 수정이 일어나지 않지만, 만약 대상 학생이 감각
장애가 있다면 점자, 보청기 등을 사용할 수 있다. 2단계는 같은 활동보다 조금
쉬운 단계를 다루지만 같은 교수자료를 사용하도록 한다. 3단계는 같은 활동을
하되, 다른 교수목적과 교수자료를 사용하도록 하고, 4단계에서는 같은 주제를
다루나 다른 과제와 다른 교수목적을 가지고 진행된다. 마지막 5단계는 다른 주
제와 다른 활동을 제시하는 것으로, 일반교육과정과 직접적으로 연관되지 않거
나 다른 학생의 활동과 독립적으로 다루어진다. 이와 같이, 통합학급에서 장애
학생에게 교수 내용에 있어 교수적 수정이 필요하다면, 교육과정 내용 자체를
무조건 변화시키는 것보다 일반학생들과 가능한 분리되지 않도록 교수적 수정
의 낮은 단계부터 시도해 보아야 한다.

(5) 평가방법의 수정

장애학생을 위하여 다양한 형태의 대안적인 평가방법을 사용할 수 있다. 준
거 기준 점수, IEP 수행 수준의 점수화, 포트폴리오 평가, 합격/불합격 체계, 자

기 평가 등으로 장애학생의 능력을 지필평가가 아닌 다양한 형태로 파악할 수 있어야 한다.

2) 교수적 수정 적용 예시

다음은 최세민 외(2010)의 연구에서 초등학교 5학년 사회교과 촌락의 어제와 오늘 단원에서 '촌락의 자연환경과 생활모습'이라는 학습주제로 구성한 교수-학습지도안이다. 이는 장애학생의 특성에 맞게 교수적 수정이 실제로 적용된 예시이다.

〈교수적 수정을 적용한 초등학교 5학년 사회교과의 교수-학습지도안〉

서울Y초등학교

학년 반	5의 4	지도교사	Y00	장애아동	경도 (정신지체2급)	장소	교실
단원	2. (2) ① 촌락의 어제와 오늘			교과		사회	
학습주제	촌락의 자연환경과 생활모습			차시		10/17(사74-77쪽)	
학습목표	촌락의 자연환경을 설명할 수 있다. 촌락의 생활모습을 설명할 수 있다.						

단계	교수학습활동		시간	교수적 수정
	일반아동	장애아동		
동기유발 전체학습	• 우리가 사는 지역(도시)과 다른 곳(농촌, 어촌 등)에 가 본 경험을 말해 본다. • 촌락의 자연환경과 생활모습을 설명할 수 있다.	• 그림 자료를 보며 농촌, 어촌, 산촌을 읽는다. • 그림 자료를 보며 판서된 학습목표를 따라 읽는다.	5	교수매체 및 교수방법 수정
학습문제 제시	• 촌락의 자연환경을 모둠별로 알아본다.	• 장애아동에게 질문할 경우 구체적으로 하고, 답할 시간을 충분히 준다.		교수환경 수정
기본활동 1 모둠 학습	1. 농촌의 자연환경과 특징을 알아본다.	• 그림자료를 주며 도시와 촌락의 다른 모습을 찾아낸다.	15	교수목표 및 교수내용 수정

기본활동 2 전체학습	2. 어촌의 자연환경과 특징을 알아본다. 3. 산촌의 자연환경과 특징을 알아본다.	• 또래아동과 함께 그림자료를 보며 농촌, 어촌, 산촌이라고 말하고, 또래의 도움을 받아 농촌, 어촌, 산촌이라고 쓴다.		교수집단 수정
	• 촌락의 생활모습에 대하여 모둠별로 알아본 내용을 발표한다. 1. 농촌의 생활모습과 특징을 발표한다. 2. 어촌의 생활모습과 특징을 발표한다. 3. 산촌의 생활모습과 특징을 발표한다.	• 그림자료를 보고 촌락에는 O 표하고 촌락이 아닌 곳에는 X 표 한다.	15	교수매체 및 방법수정
학습정리 전체학습	• 촌락의 자연환경에 따른 생활모습의 특징을 알아본다. 1. 농촌: 논과 밭을 이용하여 논농사와 밭농사를 지음. 2. 어촌: 강과 바다에 인접하여 어업활동을 함. 3. 산촌: 산지의 계곡이나 분지에서 임업, 목축업, 고랭지농업활동을 하기도 함.	• 또래의 도움을 받아 그림자료를 보며 농촌, 어촌, 산촌을 구별하고 해당그림에 표시한다.	5	교수매체 및 방법 수정
형성평가	• 촌락의 자연환경과 생활모습의 특징을 세 가지 이상 말하고 쓴다.	• 그림자료를 보며 농촌, 어촌, 산촌이라고 말하고 베껴 쓴다.		평가방법 수정
차시예고	• 도시의 특징을 세 가지 이상 조사한다.			

출처: 최세민, 강경숙, 유장순, 김희규(2010), 48, pp. 182-183.

요약

물리적 통합의 보장을 넘어 통합교육 현장에서는 통합교육의 질적 제고를 위해 교육과정적 통합을 구현하고자 교과교육의 중요성을 강조하고 있다. 장애학생들에게 어떻게 교육내용을 구성하여 어떤 방법을 사용할 것인가에 대하여, 최근 특수교육을 포함하여 교육 전반에서 강조되는 '증거기반교수(scientific-based instruction)'의 개념은 교사가 연구를 통해 효과성이 검증된 교수를 실시할 것을 강조하고 있다. 또한, 일반학급에서 이루어지는 수업에 장애학생이 참여하기 위해 교수환경, 교수 집단화 형태, 교수 방법(교수전략 및 교수자료), 교수 내용, 평가방법을 조정 혹은 수정하는 교수적 수정이 이루어져야 한다.

논의해 볼 문제

1. 일반학급에 소속되어 있는 저시력 학생 A는 일반교육과정을 이수하는 데 큰 어려움은 없지만 20포인트 이상의 글씨만 볼 수 있다. A를 위해 어떤 교수적 수정이 필요할지 논의해 보자.

2. 일반학급에 소속되어 있는 학생 B는 지적능력이 부족한 학생으로 국어, 수학 시간에는 특수학급에서 공부를 하고 있다. 과학이나 사회 시간에 학생 B가 수업에 참여할 수 있도록 어떠한 교수적 수정을 제공하면 좋을지 함께 논의해 보자.

제11장

문제행동과
긍정적 행동지원

‖김우리‖

과거에는 문제행동 수정을 위해 주로 부적 강화를 사용하였다. 그러나 이는 효과적이지 않았으며 문제행동을 증가시킨 것으로 나타났다. 긍정적 행동지원은 이에 대한 대안으로 등장하였으며, 문제행동 수정에 새로운 길을 열어주었다.

– Association for Positive Behavior Support, 2014

사례

　학년마다 문제행동을 보이는 아이들이 한두 명씩 있어요. 엄청나게 불안감 증세를 보인다든지, 충동은 정말 못 참고, 자기가 좋아하는 게 있으면 못 참고, 그런데 또 금방 싫증내고 지루해하고, 자기가 하고 싶은 것은 반드시 해야 되고. 이런 아이들은 학교에서 하는 처벌 정도로는 지도가 되지 않아요. 거짓말을 잘해요. 혼나지 않으려고. 눈치가 굉장히 빠르구요. 그런 아이들은 대체로 수업시간에 아무 것도 안 하고 짝을 괴롭히거든요. 아이들의 미래가 진심으로 걱정이 되더라구요. 그래서 어떻게 지도해야 할까 계속 고민을 했어요. 먼저 제일 쉽다고 생각되는 받아쓰기부터 시작해 봤어요. 제가 바로 옆에 앉아 있는데도 한 줄을 안 쓰더라구요. 다시 말하기도 전에 받아쓰기 노트를 찢어버리더라구요. 단기간에 해결될 문제는 아니라고 생각해서 매일 조금씩 시간을 늘려가면서 지도를 해보려고도 했어요. 엄마들한테 연락도 했어요. 오늘 좀 남겨서 지도를 하겠다구요. 그런데 와서 항의를 하는 거예요. 지금까지 왜 남기느냐고. 학원도 가야 하고 다른 데도 가야 된다고. 엄마들이 이렇게 반응을 하시니 힘이 빠지더라구요. 저도 굉장한 스트레스를 받으면서도 나름대로 노력한 것이거든요. 이런 아이들은 어떻게 지도해야 할지 모르겠어요. 학교에서 할 수 있는 수준의 처벌 정도로는 전혀 지도가 되지 않고, 지도해보려고 해도 가정에서 협조적이지 않으니까요. 결국 그 아이들의 문제행동은 전혀 고쳐지지 않았고, 제가 마지막 수업하는 날까지도 똑같았습니다.

출처: 김우리, 김지연(2016)에서 발췌 후 수정.

주요 질문

1. 문제행동의 유형은 무엇인가?
2. 문제행동의 기능을 평가할 수 있는가?
3. 학생의 문제행동을 수정하기 위한 긍정적 행동지원 계획에는 무엇이 있는가?

1. 문제행동은 장애학생에게서만 나타난다?

문제행동은 장애학생뿐만 아니라 일반학생에게서도 나타난다.

2. 문제행동의 발생은 유전적인 요인이 높은 영향을 미친다?

문제행동의 발생 요인은 다양하며, 문제행동의 발생은 개인 내적 요인보다는 외부 환경의 영향을 많이 받는다.

3. 문제행동을 감소 혹은 수정시키기 위해서는 강화를 제공하는 것이 가장 빠르고 효과적인 방법이다?

문제행동 수정을 위해 여전히 강화 전략을 빈번하게 사용하고 있다. 부적 강화는 효과는 빠르지만 그 효과가 지속되지 않는 등 다양한 한계점으로 인해 사용을 지양하고 있으며, 또한 최근에는 반응에 대한 중재보다는 예방적인 접근을 강조한다.

1. 문제행동의 유형 및 특성

학교 현장에서는 일반교사, 특수교사, 상담교사 등을 포함한 교사들은 학생들을 지도하는 데 있어 겪는 어려움 중 하나로 '행동상의 문제'를 언급하였다. 그들은 '학업상의 문제'보다도 '행동상의 문제'를 지도하는 것이 훨씬 더 어렵다고 하였다. 여기서 언급한 '행동상의 문제'란 어떠한 행동이 학생 자신 혹은 주위 사람들의 학교생활 및 일상생활에 부정적인 영향을 미칠 정도로 나타나는 것을 의미하며, 이러한 행동은 일반적으로 '문제행동(problem behaviors)' 혹은 '행동문제(behavioral problems)'라고 불린다. 문제행동은 장애학생뿐만 아니라 일반 학생들에게서도 나타나지만, 문제행동이 과도하거나 장기간(예: 6개월 이상) 지속되면 특수교육대상자로 의뢰하거나 장애(예: 정서, 행동장애)로 진단받기도 한다(Landrum, 2011).

문제행동은 대체로 나타나는 형태에 따라 분류되며, 학자에 따라 다양하게 분류하고 있다. Kauffman(1997)은 '외현화 문제행동'과 '내재화 문제행동'으로 분류하였다. 외현화 문제행동의 대표적인 사례는 공격행동, 반사회적행동, 파괴행동이 있고, 내재화 문제행동의 대표적인 사례로는 사회적 위축, 우울 등이 있다. Wolery 등(1988)은 행동의 발생 빈도, 발생 강도, 지속시간, 반응시간 등의 준거에 따라 '과도한 행동'과 '행동 결핍'으로 분류하고 그 외 문제행동을 '상황에 맞지 않은 행동'으로 분류하였다(〈표 11-1〉 참조).

〈표 11-1〉 **문제행동의 형태 및 특성**

형태	특성 및 사례
과도한 행동	• 행동이 너무 자주 발생하거나(발생 빈도), 지나치게 강하게 나타나거나(발생 강도), 너무 길게 지속되거나(지속시간), 자극이 주어진 후 행동이 발생하기까지 너무 긴 시간이 걸리는 경우(반응시간). • 사례: 수업시간에 지속적으로 떠듦, 지나치게 큰 소리로 말함, 화장실에 너무 오랫동안 머무름, 교사의 지시 후 너무 느리게 반응함.

행동 결핍	• 행동이 너무 낮은 빈도로 발생하거나(발생 빈도), 너무 약하게 발생하거나(발생 강도), 적절한 시간 동안 지속되지 않거나(지속시간), 자극이 주어질 때 너무 급하게 발생하는 경우(반응시간). • 사례: 말을 할 수 있으나 거의 말을 하지 않음, 말을 해도 소리가 너무 작음, 집중시간이 지나치게 짧음, 교사의 지시에 너무 빠르게 반응함.
상황에 맞지 않는 행동	• 부적절한 자극 조절에 의한 상황에 맞지 않는 행동을 보이는 경우. • 사례: 수업 시간에 자리에서 일어났다 앉았다 하며 손을 위로 뻗어 흔들고 소리를 지름.

또한 이대식과 김수연(2008)은 문제행동의 유형과 관련한 선행문헌 분석을 포함 및 교사들이 보고한 문제행동을 분석하여, 보다 실제적인 형태로 분류하여 제시하였다(⟨표 11-2⟩ 참조).

⟨표 11-2⟩ **문제행동 형태 및 사례**

문제행동 형태	사례
자기자극 및 자해 행동	자신의 감각기관을 자극, 자신의 신체 상해 등
공격적, 파괴적, 폭력적 언행	또래 혹은 교사에게 언어적 혹은 신체적 폭력 행사, 분노를 조절하지 못하여 물건 부수기 등
주의산만, 과잉행동, 충동행동	공부하거나 놀이를 할 때 지속적으로 주의 집중을 못함, 수업 중 지나치게 뛰어다님, 차례를 기다리지 못함 등
위축행동, 강박행동	자기 의사를 또래에게 적절하게 표현하지 못함, 강박적 문 잠김 점검하기 등
수업 방해 행동	수업 중 자리이탈, 소란 피우기 등
심한 불순응	자기 고집 피우기, 지시따르지 않기 등
기타 행동장애	섭식장애, 자위, 도벽, 약물 섭취 등

통합학급의 교사들, 즉 일반교사들은 이 중 가장 빈번하게 나타나는 행동으로 주의산만 및 충동행동을 꼽았으며, 교사들이 가장 대처하기 어려운 행동으로는 공격행동과 심한 불순응 행동을 꼽았다(이대식, 김수연, 2008). 특수교사들의 경우, 안전사고를 언급하면서, 안전사고를 유발하는 대표적인 문제행동으로 공격행동, 주의력결핍, 과잉행동, 무단이탈 및 교출행동을 지적하였다(김정효, 2017).

2. 문제행동의 발생 원인

1) 문제행동의 발생 요인

　　문제행동은 다양한 요인에 의해 발생한다. 정서ㆍ행동장애 위험군을 대상으로 하여 문제행동 유발 위험요인을 살펴본 결과, 크게 '아동발달과 관련한 요인' '가족 환경 요인' '주양육자의 우울증 요인'의 세 가지로 나누어 볼 수 있었다. 각 요인별 하위 요인들과 사례는 〈표 11-3〉에 제시하였다. 〈표 11-3〉에 제시된 요인들 중에서는 유아기 외현화 행동 패턴, 유아기 내재화 행동 패턴, 아동기 부적응 행동, 가족 기능, 어머니(양육자)의 우울증 등 5개 변인이 아동의 문제행동을 가장 많이 유발시키는 것으로 나타났다(Nelson et al., 2007). 한편, 유아기 외

〈표 11-3〉 아동기 문제행동 유발 위험요인

위험요인		사례
아동 발달 관련	출생 전	어머니의 정신적 고통, 어머니의 의학적인 문제
	출생 시	조산, 비정상적인 출산
	출생 후	호흡곤란 등의 출산 후 의학적 문제 발생
	유아기 외현화 행동 패턴	과잉행동, 충동행동, 고집이 셈, 성질부리기, 공격행동, 파괴행동, 지나치게 대담한 행동
	유아기 내재화 행동 패턴	소심함, 공포, 혼자 있고 싶어 함, 위축된 행동, 조심스러움, 수면장애
	아동기 부적응 행동	정신과 입원, 가출, 타인을 함부로 대함
	아동기 학대	성적 학대, 신체적 학대
	반사회적 행동, 정신질환 가족력	가정 내 폭력, 정신병, 정신과 입원, 약물남용, 범죄
	가족 형태, SES	한부모가정, 학교 중퇴, 낮은 사회 경제적 지위
가족 기능		부모의 낮은 양육 효능감, 어머니와 아버지 간 불화, 사회활동 부족
어머니(양육자) 우울증		슬픈감정, 자기비하 등

출처: Nelson et al. (2007), pp. 367-379.

현화 행동 패턴이나 유아기 내재화 행동 패턴 등의 아동 발달 관련 변인으로 발생한 문제행동은 조기에 행동의 기능 평가 및 중재를 통해서, 그리고 가족이나 어머니와 관련한 변인 또한 평가 및 중재, 가족지원을 통해서 문제행동을 감소시키거나 수정할 수 있는 것으로 나타났다.

2) 문제행동의 기능

과거에는 문제행동이 발생하는 원인을 주로 개인 내적 요인에 인한 것으로 간주하였다. 그러나 1980년대에 들어서면서 외부 환경이 학생의 행동에 영향을 미치며, 문제행동이 의사소통의 기능을 가지고 있다는 연구 결과가 보고되기 시작하였다.

문제행동은 일시적으로 나타났다가 사라지기도 하지만, 문제행동이 지속적으로 유지된다면 그 행동이 어떠한 기능을 해 왔다는 가정을 해 볼 수 있다. 즉, 학생은 문제행동을 통해서 자신의 특정한 목적을 달성하고자 하는 것이다. 따라서 전문가들은 문제행동이 발생할 때, 그 기능을 평가하여 문제행동을 줄이기 위한 중재를 계획한다. 문제행동의 기능은 일반적으로 원하는 것을 얻는 것(예: 물건 얻기), 회피하는 것(예: 수업 피하기), 관심 끌기(예: 교사가 자신을 보게 하기), 자기 자극(예: 손 흔들기, 눈 누르기) 등으로 나누어 볼 수 있다. 이러한 문제행동의 기능을 정확하게 파악하기 위해서는 노력이 필요하다. 문제행동의 기능은 하나가 아닐 수도 있으며, 동일한 문제행동이라 하더라도 학생에 따라 그리고 상황에 따라 그 기능이 달라질 수 있기 때문이다. 예컨대, 민아와 근영이는 손을 흔드는 행동을 빈번하게 보이며, 민아는 수업 시간이나 쉬는 시간 등 상황에 관계없이 손을 흔드는 행동을 보이지만, 근영이는 수업 시간에만 손을 흔드는 행동을 보이는 것으로 나타났다. 이러한 행동에 대한 평가 및 분석 결과, 민아는 자폐 범주성 장애가 있으며 상동행동 중의 하나로 손 흔들기를 하였지만, 근영이는 교사의 관심을 끌기 위해 손 흔들기를 하는 것으로 나타났다.

마음으로 들여다보기

다음은 문제행동의 발생 원인을 알지 못해 일어난 사례이다.

　날씨가 무척이나 더웠던 초여름 어느 날, 점심을 맛있게 먹고 돌아서는데 가까운 거리에서 비명소리가 들린다. 어린 아이의 소리다. 순간적으로 몸은 어느 사이 소리 나는 곳을 향해 뛰고 있었으며, 단시간에 소리 나는 곳에 멈추었다. 초등 5학년의 기훈이는 2학년 여경이의 머리채를 잡고 흔들며 바닥에 내동댕이쳤다.
　'이를 어쩌나'라고 말 할 겨를도 없이 옆에 있는 자전거를 발로 차고 또 무엇이 있는가를 찾는다. 옆에 아무것도 보이지 않자 바닥에 구르기 시작한다. '억 억' 큰 소리를 내며 울부짖으며 이리 저리 구르다가 그것도 성에 차지 않는지 옷을 잡아 뜯고, 얇은 옷은 기훈이의 힘을 감당하지 못하고 갈기갈기 찢어졌다.

　중증의 자폐성장애 학생들이 '문제 행동' '부적응 행동'을 보인다고 하는데, 특수교사인 나는 아이들을 나무랄 수 없다고 적극 주장한다. 일반 아이들은 판단과 행동을 하고 말로 또렷하게 요구를 하고 들어달라고 한다. 또한 자신이 희망하는 것을 행동으로 옮긴다. 하다가 안 되면 말로 표현한다. 자신의 생각을 말로 전달한다. 얼마든지 가능한 일이다.
　그렇지만 우리 장애학생들은 언어장애를 동반하면서 말로 표현이 안 되고 인지기능에 어려움이 있어 사고가 원만하지 못하다. 그렇다고 바라는 바도 없을까? 생각도 못하는 아이들일까? 아니다. 인간 중에서 가장 순수하고 사랑하는 사람을 알아보고 좋아서 따르고 자신의 순수한 사랑을 전할 줄 안다. 욕구가 있으나 표현하지 못하고 그 답답함을 행동으로 표시하나 어떻게 해야 할지 몰라서 부적절하게 나타날 수밖에 없다. 이것이 과연 그들의 잘못일까? 나는 우리 아이들의 잘못은 하나도 없다고 주장한다. 그들의 마음을 읽어내지 못한 주변인들의 잘못, 표현할 수 있도록, 대체 소통을 할 수 있도록 방법을 찾는 것이 우리의 역할임을 알아야 한다.

출처: 에이블뉴스(2015.8.4.).

3. 문제행동 지도: 긍정적 행동지원

교사들은 문제행동을 수정하기 위해 다양한 교수방법을 사용해 왔다. 과거에는 결과중심적인 부정적인 행동지도 방법들을 많이 사용해 왔다. 문제행동을 보이는 학생은 처벌을 받았고, 심각한 문제행동을 보이는 경우에는 퇴학을 시키는 등 학생들의 학습 권리까지 박탈하기도 하였다. 우리는 많은 연구를 통해 이러한 부정적인 행동지도 방법이 학생들의 문제행동 개선에 효과적이지 못하다는 사실을 확인하였다. 일시적으로는 문제행동이 사라지기도 하였지만, 장기적인 효과는 없었으며, 오히려 문제아로 낙인찍혀 교사들과 친구들로부터 고립되거나, 학습기회를 박탈당함으로써 더 낮은 학업성취를 거두기도 하였다. 1980년대에 들어서면서 문제행동은 의사소통의 기능이 있다는 것이 밝혀지면서, 기능평가와 긍정적 행동지원의 중요성이 대두되기 시작하였다. 1997년 미국의 장애인교육법(Individuals with Disabilities Education Act: IDEA) 105-17에서 기능평가와 긍정적 행동지원이라는 용어를 공식적으로 사용하기 시작하면서 긍정적 행동지원이라는 용어가 널리 알려지게 되었다.

장애인교육법
미국의 장애인에 대한 특수교육 및 관련서비스를 위한 연방 법률이다. 가장 최근에는 2004년에 개정되었다.

1) 긍정적 행동지원의 정의 및 특성

긍정적 행동지원은 긍정적 행동 중재들을 적용하여 문제가 될 만한 행동을 변화시키는 것을 의미한다. 본래는 부정적인 행동지도 방법의 대안으로 나왔으나, 현재는 학생의 문제행동을 감소시키고 삶에서 필요한 기능적인 기술을 증진시키기 위해 다양한 측면에서의 지원, 즉 물리적·사회적·교육적·의학적·기술적인 지원을 제공하는 것을 의미한다.

긍정적 행동지원은 다음의 네 가지 원리를 반영한 것이다. 첫째, 긍정적 행동지원은 행동 과학(behavioral science)에 기반한 것이다. 둘째, 실제적인 중재(practical interventions)이다. 셋째, 사회적으로 가치(social values)가 있는 것이다. 넷째, 체제적인 접근(systems perspective)이다. 각 원리에서 도출된 특성들은 〈표 11-4〉에 제시하였다.

〈표 11-4〉 긍정적 행동지원의 원리와 특성

행동 과학	실제적 중재	사회적 가치	체제적 접근
• 인간의 행동은 행동적인, 생물학적인, 사회적인 그리고 물리적인 환경 요인에 영향을 받는다. • 인간 행동의 많은 부분이 우연히 학습되기도 한다. • 인간 행동은 학습된 것이며, 변화시킬 수 있다.	• 행동지원계획을 수립하기 위해서는 기능평가가 이루어져야 한다. • 중재는 환경의 재구성(예: 세팅을 변화시키는 것), 교육과정 재구성(예: 새로운 기술을 가르치는 것), 행동 수정, 문제행동을 유지시킨 보상의 제거 등을 강조한다. • 증거기반(research-validated) 실제를 강조한다. • 데이터(예: 직접 관찰한 결과, 교육과정중심 평가 결과, 면담 결과, 다양한 기록 등)에 기반하여 중재를 결정한다.	• 행동 변화는 사회적으로 중요한 것이라야 한다. • 긍정적 행동지원의 목적은 삶의 질과 학습의 기회를 높이는 것이다. • 긍정적 행동지원 절차는 사회적으로, 문화적으로 수용할 만한 것이어야 하며, 최대한 자연스러운 환경에서 제공되어야 한다. • 제공되는 중재 전략이 가족, 교사, 학교 등이 추구하는 가치와 잘 맞으면 행동지원의 질과 지속성에 긍정적인 영향을 미친다. • 비혐오적인 중재가 사용되어야 한다.	• 지속적인 행동지원을 위해 체제(systems)의 중요성을 강조한다. • 행동지원을 할 때에는 다양한 맥락(예: 지역사회, 가족, 학교, 교실, 학교 외 공간)을 고려해야 한다. • 행동지원의 실제와 의사결정은 정책에 의해 결정된다. • 예방적인 접근에 중점을 둔다. • 팀접근을 한다. • 적극적인 행정적 지원이 강조된다. • 다양한 체제적 접근(예: 학교차원의 긍정적 행동지원)을 강조한다. • 행동지원의 연속체를 강조한다(학교차원의 긍정적 행동지원 참고).

출처: Sugai et al. (1999).

2) 긍정적 행동지원의 실행

(1) 문제행동 확인

학생의 행동을 지도하기 위해서 가장 먼저 해야 할 것은 문제행동을 확인하고 정의하는 것이다. 이를 위해서는 문제행동이 나타나는 형태, 발생빈도나 강도, 지속시간 등을 확인해야 한다. 예를 들면, 행동의 유형이 파괴행동인지, 공격행동인지, 혹은 반사회적행동인지 등을 확인한다. 그런 다음, 그 행동이 자신이나 다른 사람에게 부정적인 영향을 미치는지, 그 정도가 어느 정도인지, 즉 자신이나 다른 사람의 생명을 위협하는 행동인지, 자신이나 다른 사람의 학교 생활을 방해하는 행동인지, 혹은 물건에 손상을 입히는 정도의 행동인지를 확인할 필요가 있다. 또한, 문제행동이 일시적으로 발생한 것인지 아니면 지속적으로 발생하는지, 그리고 지속적으로 발생한다면 빈도나 지속시간을 확인해야 한다. 이러한 과정을 거쳐 문제행동을 확인한 후에는 문제행동을 명확하게 정의한다. 문제행동은 행동의 특성을 간략하게 설명하는 것이 아니라 누가 무엇을 어떻게 하는지에 대해 정확하고 구체적으로 설명해 주어야 한다. 예를 들면, "수빈이는 교사의 지시를 잘 따르지 않는다."라고 한다면, 불순응 행동임을 보인다는 정보 외에는 구체적인 특성을 확인하기가 힘들다. 따라서 "수빈이는 교사가 수업시간에 과제를 지시하면, 옆에 있는 친구에게 욕을 하거나 때리고 과제를 않는다."라고 정의를 하는 것이 보다 구체적이고 정확한 정보를 제공해줄 수 있다.

(2) 문제행동 기능 평가

기능 평가(functional behavior assessment)는 문제행동을 확인한 후, 문제행동의 발생을 예측할 수 있는 사건(events)을 확인하고, 문제행동을 유지시키는 사건을 확인하는 체계적인 절차를 의미한다. 기능 평가 방법은 여러 가지가 있지만, 어떤 방법을 사용하든 다음의 세 가지 결과는 도출할 수 있어야 한다. 첫 번째는 문제행동이 기능을 하고 있다는 가설을 진술할 수 있어야 한다. 가설을 진술할 때에는 세 가지 특성, 즉 문제행동에 대한 조작적 정의, 문제행동 발생을 예측할 수 있는 선행 사건(antecedent events)에 관한 기술, 문제행동을 유지시키는 결과(consequence events)에 관한 기술이 포함되어야 한다. 두 번째는 이러한 가설을 지지해줄 수 있는 직접 관찰(direct observation)한 데이터를 수집할 수 있어야 한다. 세 번째는 이러한 평가 절차를 통해 행동지원 계획을 세울 수 있어야 한다. 요컨대, 기능 평가는 어떤 양식이나 통계적인 결과가 아니며, 특정 상황에서의 문제행동을 이해하고 효과적인 중재를 개발하는 데 가이드라인을 제공해 주는 절차로 볼 수 있다(Sugai et al., 1999).

기능 평가를 위해서는 일반적으로 두 가지 형태의 정보를 수집한다. 첫 번째는 학생에 대한 전반적인 정보이고 두 번째는 문제행동과 직접 관련된 특정 정보이다(Bambara & Kern, 2005). 먼저, 문제행동을 보이는 학생들을 보다 정확하게 이해하기 위해서는 학생에 대한 전반적인 정보를 수집할 필요가 있다. 학생에 대한 전반적인 정보를 가지고 있으면, 문제행동 발생의 원인을 파악하는 것뿐만 아니라 행동지원계획을 세우는 것도 용이해진다. 따라서 학생의 문제행동 확인 후, 기능 평가 시에 학생의 건강이나 병력, 인지능력과 사회성, 언어 및 의사소통 기술, 강점과 약점, 좋아하는 것과 싫어하는 것, 가족 관련 정보, 문제행동을 일으킬 만한 과거 사건이나 경험 등 학생에 대한 전반적인 정보를 조사한다.

다음, 문제행동 기능 평가 시 가장 중요한 것이 특정 정보를 수집하는 것이다. 특정 정보란 문제행동의 발생과 직접적으로 관련이 있는 정보로서, 보통 배경사건, 선행사건, 후속결과를 의미한다. 선행사건이란 선행자극이라고도 불리며, 행동이 발생하기 직전에 나타난 사건으로서, 행동의 발생에 직접적인 영향을 미친 사건이나 자극을 의미한다. 예를 들어, 학생이 좋아하는 자극을 제거하거나 학생이 싫어하는 자극을 제시하는 것 등이 있다. 후속결과는 행동이 발생한 직후에 나타난 사건이나 자극으로서, 행동을 유지시키는 결과를 의미한다. 후속결과는 일반적으로 학생이 문제행동을 통해 얻게 된 결과이며, 학생은 동일한 후속결과를 얻기 위해 지속적으로 동일한 문제행동을 보인다. 후속결과의 사례로는 학생이 원하는 것을 얻게 되거나, 싫어하는 것을 피할 수 있게 된 것 등이 있다. 배경사건은 행동 발생에 직접적인 영향을 미치기보다는 행동의 발생 가능성을 높이는 사건이나 자극을 의미한다. 문제행동이 발생한 날, 다른 날에 비해 상대적으로 피로감이 더했다거나 기분이 좋지 않은 것 등이 그 예가 될 수 있다. 이 외에도 질병이나 약물 부작용, 낯선 장소에서의 노출 등이 있다. 배경사건은 문제행동이 일관성 없이 발생할 경우, 중요한 정보가 될 수 있다. 〈표 11-5〉는 선행사건, 행동, 후속결과의 기능적 관계에 대한 사례들을 제시하였으며, 〈표 11-6〉은 배경사건이 행동 발생에 영향을 미친 사례를 제시하였다.

〈표 11-5〉 **선행사건, 행동, 후속결과의 기능적 관계**

선행사건	행동	후속결과	문제행동의 기능
체육시간에 팀별로 나누어 게임을 하였으며, 성연이의 팀이 게임에서 지고 있었음.	성연이는 상대편 친구들을 때림.	교사는 게임의 규칙을 어긴 것으로 간주하여 게임을 중단하고 새로운 게임을 시작함.	원하는 것 얻기

교사가 서진이에게 수학 문제를 5개를 풀 것을 지시함.	서진이는 수학 교과서의 해당 페이지가 찢어질 때까지 주먹으로 꽉 쥐고, 연필을 부러뜨림.	교사는 서진이의 교과서를 교사가 보관하고, "그러면 안돼."라고 말한 다음, 교실 뒤쪽에 서 있을 것을 지시함.	회피하기
영준이가 발표를 하자 교사가 칭찬을 해줌.	민영이는 책상을 주먹으로 내리치며 "내가 말하려고 했는데…"라고 함.	교사는 "민영이도 잘할 수 있었는데…"라고 응답해 줌.	관심 끌기

〈표 11-6〉 배경사건이 행동 발생에 영향을 미친 사례

배경사건	선행사건	행동	후속결과
없음.	교사는 점심 급식 시간에 교실에 앉은 순서대로 줄을 서서 음식을 받아 식사할 것을 안내함.	은경이는 자신의 차례를 기다려서 음식을 받음.	은경이는 짝과 옆자리에 앉아 점심 식사를 함.
오전에 짝꿍과 싸움.		은경이는 차례를 지키지 않고 앞에 줄 서 있는 친구를 때림.	교사는 은경이를 맨 뒷줄로 보냈고, 은경이는 짝이 아닌 다른 친구의 옆자리에 앉아 점심 식사를 함.

(3) 가설 수립

문제행동에 대한 가설 수립은 기능 평가에 기초해서 문제행동의 양상과 문제행동의 기능을 정확하게 기술하는 것이다. 가설의 진술 방식은 일반적으로 선행사건과 배경사건을 제시하고 문제행동을 기술한 다음 행동의 기능을 설명하는 것이다. 이러한 가설은 문제행동과 그 행동에 영향을 미치는 특정 정보들(예: 선행사건, 후속결과)의 관계를 설명해 줌으로써 수정해야 할 것들을 알게 해주는 등 중재계획을 용이하게 해 준다. 다음은 앞서 제시한 서진이의 사례 정보에 기초하여 수립한 가설이다.

> 엄마에게 공부를 못한다고 꾸중을 들은 날(배경사건), 서진이는(학생이름) 수학 시간에 과제가 주어지면(선행사건), 과제 수행을 피하기 위하여(기능) 교재와 학용품을 찢고 부러뜨리는 행동을 한다(문제행동).

(4) 행동지원 계획 수립

문제행동에 대한 가설이 수립되고 나면 행동지원 계획을 세운다. 기능 평가 결과를 분석하고 수립한 가설에 기초하여, 어떤 중재를 제공할지 혹은 대체행동 교수를 할 것인지 등에 대해 결정한다. 긍정적 행동지원에서는 단일 중재를 적용해왔던 전통적인 접근과는 달리, 여러 가지 중재나 지원 전략을 사용하는 종합적인 접근을 한다. 중재는 크게 세 가지, 즉 선행사건이나 배경사건 중재, 대체행동 교수, 문제행동에 대한 반응 중재로 구성되며, 이들 지원은 단일 중재가 아닌 종합적인 접근을 실시한다(Bambara & Kern, 2005).

첫째, 선행사건이나 배경사건 중재는 문제가 되는 선행사건이나 배경사건을 제거 혹은 수정하는 것으로써 예방(prevention) 중심의 전략이다. 배경사건 중재의 경우, 사람 관련 변인, 시간 관련 변인, 장소 관련 변인 등으로 나누어 볼 수 있다. 예컨대, 학생이 싫어하는 사람이나 모르는 사람이 갑자기 나타나는 것, 낯선 장소에서 활동을 실시하는 것, 학생이 피곤한 시간에 과제를 하는 것 등은 문제행동에 영향을 미치는 변인이 될 수 있다. 따라서 이러한 변인들을 제거하거나 수정하는 것은 문제행동을 감소시키는 데 도움이 될 것이다. 선행사건 중재에도 다양한 방법이 있다. 예컨대, 학생의 선호도를 조사하여 선행자극을 바꾸거나 자극 제시 방법을 변경시키는 방법이 있다. 학생들에게 활동이나 세팅과 관련하여 선택권을 주는 것도 좋은 전략이다. 또한, 환경을 변화시키는 전략으로 방해행동을 줄일 수 있도록 생활 혹은 학습패턴을 바꿔보는 것이 있다. 선행사건 중재의 전략, 기능, 사례는 〈표 11-7〉에 제시하였다.

둘째, 대체행동 교수는 문제행동을 대체하는 바람직한 행동을 가르치는 것을 의미한다. 보다 구체적으로, 대체행동 교수는 문제행동과 동일한 기능을 가지고 있으면서 사회에서 수용할 수 있는 대체 기술을 가르치는 것, 특정 상황에 적절하게 대처하는 것, 전반적인 능력이 향상될 수 있도록 일반적인 기술을 가르치는 것 등을 포함한다. 문제행동과 대체기술의 사례는 〈표 11-8〉에 제시하였

〈표 11-7〉 **선행사건 중재 전략과 사례**

선행사건 중재 전략	제거하고자 하는 기능	사례
선행자극을 수정하기	회피하기	• 쉬운 과제를 제시하기 • 과제 시간 줄여 주기/쉬는 시간 제공하기 • 과제 수행 매체(필기구 대신 스마트기기 사용, 좋아하는 캐릭터가 들어 있는 교구 사용) 변경하기 • 수업(교수전달) 방식 변경하기
선택의 기회 제공하기	회피하기	• 수행할 과제 선택하게 하기 • 수행할 과제 순서 선택하게 하기 • 과제 수행 장소 선택하게 하기 • 사용할 재료 선택하게 하기
환경 바꿔주기	회피하기/ 원하는 것 얻기	• 자리를 바꿔주기 • 기다리는 동안 학생이 좋아하는 활동 제공하기 • 학생들 간 충분한 공간을 두기 • 과제 시작 전에 과제를 하는 공간과 놀이 공간이 따로 있음을 명시적으로 알려 주기 • 좋아하지 않는 과제를 할 때 완료 시간을 알려 주는 기기(예: kitchen timer) 제공하기 • 학급일정을 바꾸기
관심 제공하기	관심 끌기	• 좋아하는 또래와 짝을 지어주기 • 교사가 주기적으로 관심 제공하기 • 교사가 주기적으로 교실을 돌아다니기

출처: Bambara & Knoster(2009).

다. 학생이 주의집중 시간이 매우 짧아 자리 이탈이 잦은 경우, 대체기술을 가르치는 것 외에도 자기관리(self-regulation) 기술을 가르치는 방법도 있다. 예를 들어, 체크리스트를 사용하여 자신의 행동을 점검(self-monitoring)하고 스스로 평가(self-assessment)하고 자기 강화(self-reinforcement) 등을 통해 자신의 행동을 수정해 나갈 수 있다. 또한, 분노 조절에 어려움이 있어서 물건을 부수고 파괴하는 행동을 하는 학생의 경우, 대체행동 교수로써 스스로 화가 나는 상황을 인지하고, 문제행동 대신 심호흡하거나 숫자 세기 등을 하는 것을 가르치는 방법도 있다.

〈표 11-8〉 **문제행동과 대체기술의 사례**

문제행동	기능	대체기술
선우는 수업시간에 교사가 자신을 보게 하려고 소리를 지른다.	관심 끌기	선우는 손을 들어 교사가 말할 기회를 주기를 기다린다.
연정이는 갖고 싶은 물건이 생기면 드러누워 큰 소리로 운다.	원하는 것 얻기	연정이는 갖고 싶은 물건이 생기면, "갖고 싶어요."라고 표현한다.
재민이는 어려운 과제가 주어지면 자리를 이탈한다.	회피하기	재민이는 어려운 과제가 주어지면, "도와주세요."라고 표현한다.

끝으로, 문제행동에 대한 반응 중재는 문제행동에 대해서 강화가 이루어지지 않도록 하는 것, 그리고 문제행동이 아닌 바람직한 행동을 했을 때 그러한 행동을 증가시키기 위해 교사가 제공하는 중재를 의미한다. 즉, 문제행동에 대해 강화를 제공하지 않음으로써, 행동을 통해 원하는 것을 가질 수 없음을 알게 하고, 대체행동에 대해서는 강화를 제공하여 대체행동을 학습시키는 것이다. 구체적인 전략으로는 문제행동에 대한 무시, 차별 강화 등이 있다. 전통적인 행동수정 전략에서는 부적 강화도 포함하고 있으나, 긍정적 행동지원에서는 벌을 주는 전략은 사용하지 않는다. 또한, 후속 반응에 대한 중재보다는 예방적인 접근이나 대체기술을 가르치는 것이 보다 바람직한 접근이다.

(5) 계획 실행, 평가 및 수정

긍정적 행동지원의 마지막 단계는 계획을 실제로 실행, 평가 및 수정하는 것이다. 행동지원을 계획한 대로 실행한 후에는 문제행동이 감소하였는지 혹은 행동에 변화가 있었는지를 평가하고, 효과가 없었다면 혹은 더 효과적인 변화를 위해서는 어떤 수정이 필요한지를 결정해야 한다. 일반적으로 긍정적 행동지원의 효과는 크게 네 가지 측면, 즉 학생의 행동 변화, 학생의 삶의 질 변화, 교사의 변화, 기관 차원의 효율성 측면에서 평가를 한다. 그러나 절대적인 기준은 적용하지 않으며, 개별 학생의 상황이나 특성 등에 따라 기준이 달라진다.

3) 학교차원의 긍정적 행동지원[1]

학교차원의 긍정적 행동지원(School-Wide Positive Behavior Supports: SWPBS) 모형은 보통 3단계 접근을 통해 교육서비스를 제공한다. 첫 번째 단계는 학교 혹은 지역교육청 단위에서 전체 학생의 80~90%의 학생이 필요로 하는 1단계 행동지원(primary/universal supports)을 제공하는 것이다. 두 번째 단계(2단계 행동지원)는 집중교수(secondary/targeted interventions)로 1단계 중재에서 반응하지 않은 그리고 추가 교수를 필요로 하는 학생들을 대상으로 문제행동을 수정하는 것을 목표로 한다. 세 번째 단계(3단계 행동지원)는 개별화된 교수(individualized tertiary/intensive intervention)로 첫 번째와 두 번째 교수에서 효과를 보지 못했던 학생들을 대상으로 학생 개개인의 욕구에 집중하여 가장 강도 높은 교수를 제공하는 것이다(Sugai & Horner, 2009b).

다음에서는 RTI 기반 PBS 모형의 3단계 접근의 단계별 특성에 대해서 구체적으로 확인해 보고자 한다. 1단계 행동지원은 학교단위의 행동지원으로서 모든 학생을 대상으로 한다. 1단계 행동지원의 주요 요소는 '긍정적 행동지원팀 구성 및 목표공유' '학년 기대행동 수립' '기대행동 교수, 감독 및 강화' '지속적인 관찰을 통한 평가' 등이 있다. 첫째, 학기 초 혹은 학기가 시작되기 전에 교사들은 행동지원을 위한 팀을 구성한다. 팀 구성원들은 행동지원에 대한 연수와 교육을 받고, 회의를 통해서 긍정적 행동 지도에 대한 목표를 공유한다. 둘째, 행동지원팀은 학년 기대행동을 수립한다. 여기서 기대행동은 주로 모든 학생에게 해당되는 규칙, 장소, 시간에 관계없이 지켜야 하는 행동들(상시적 기대행동)을 의미한다. 교사에게 존댓말 쓰기, 순서 지키기 등이 그 사례가 될 수 있다. 셋째, 교사는 학생들에게 이러한 기대행동을 가르쳐서 학생들이 행동을 준수하도록 지도한다. 교사는 체계적이고 명시적인 교수법을 사용하고 학생들이 실제상황에서 연습해볼 수 있는 기회를 제공한다. 예를 들면, 기대행동은 '기대행동 정의' '모델링' '연습' '교사의 감독 및 피드백 제공'의 순서를 통해 지도할 수 있다. 여기에서 학생들이 적절한 행동을 보였을 때 강화를 제공해주는 것이 중요하다. 넷째, 교사는 학생들이 목표한 대로 기대행동을 보이는지, 혹은 문제행동을 보

---

1) 김우리, 나경은, 김동일(2013)에서 발췌 후 수정.

이는지 지속적으로 관찰한다. 1단계 행동지원에서는 다양한 행동 척도, 혹은 사회성 척도를 이용하여 학생들의 행동을 측정한다. 이때 평가는 언제, 누가, 어떠한 문제행동이 발생했는지를 기록하는 등 구체적인 형태로 이루어진다. 또한 평가의 한 형태로 훈육실 의뢰도 포함된다.

2단계 행동지원은 집중교수로 1단계 행동지원에서 적절한 반응을 보이지 않은 학생을 대상으로 한다. 2단계 행동지원의 주요 요소는 '집중 교수(targeted instruction)와 효과적인 행동관리 전략 사용' '소그룹 지도' '보충 학습' '전문가를 포함한 팀 접근' '지속적인 평가' 등이 있다. 첫째, 2단계 교수는 다수의 학생들을 대상으로 제공되었던 교수에 반응을 하지 않은 학생들을 대상으로 하기 때문에 행동지원이 보다 구체화된다. 특정 문제행동에 집중하여 그 행동에 가장 적절한 행동관리 전략을 사용하여 문제행동을 개선하는 것을 목표로 한다. 가장 대표적인 행동관리 프로그램으로 체크인/체크아웃(Check-In/Check-Out: CICO) 프로그램, 자기관리 전략, 비디오 교수법 등이 있다. 둘째, 보다 강도 높은 교수가 제공된다. 대그룹 지도 대신 소그룹(약 4~5명) 지도가 이루어지고, 추가 수업이 실시되고, 더 많은 교수 자원이 지원된다. 셋째, 학교심리학자, 상담가, 특수교사, 치료사 등의 전문가가 행동지원팀의 구성원이 되어 학생들의 행동지원에 참여한다. 팀 구성원들은 정기적으로 모여 학생의 행동에 대해서 의견을 교환하고, 함께 목표를 세운다. 또한 전문가들은 학생, 그리고 학생의 부모와 보다 적극적이고 빈번한 상호작용의 기회를 갖는다. 넷째, 학생의 행동을 빈번하게 (예: 일일 평가) 점검하고 파일로 보관하여 기록한다. 평가는 적응행동 혹은 부적응행동을 측정하거나 학습지속시간을 측정하는 등 다양한 형태로 이루어질 수 있다. 또한 월별로 형식적인 평가를 실시하여 학생의 문제행동을 체계적으로 진단하고 3단계 행동지원을 필요로 하는 학생을 선정한다.

3단계 행동지원은 1단계, 2단계 행동지원에서 적절한 반응을 보이지 않은 학생을 대상으로 한다. 2단계에서 소그룹지도 등 강도 높은 교수를 제공했음에도 불구하고 어려움을 보이는 학생들은 개별화된 서비스가 필요할 것이다. 3단계 행동지원의 주요 요소는 '개별화교수' '기능평가 기반 접근' '전문가집단과의 협력' '구체적인 측정' 등이 있다. 첫째, 개별화된 교수를 강조한다. 각 학생의 필요에 맞게 개별화된 교육계획을 세우고, 1~2명의 학생을 특수학급에서 개별화 지도한다. 개별화된 교수는 문제행동뿐만 아니라 사회성 기술 및 자기관리 기술도 포함한다. 둘째, 3단계 행동지원은 기능행동분석에 기반하여 개별화된 행동지원 전략을 개발하고, 제공할 것을 강조한다. 셋째, 2단계 접근과 같이 전문가를 포함한 팀 접근을 중요시한다. 그러나 3단계에서는 2단계에 비해 전문가의 역할이 더 커진다. 전문상담교사와의 협력 및 상호작용을 강조하고, 장애진단·평가를 위한 심리검사자, 의사 등과의 효과적이고 능률적인 협력을 강조한다. 끝으로, 심각한 문제행동을 지도하는 데 측정은 매우 중요한 부분이다. 3단계 행동지원에서는 일반적인 평가방법 외에도 측정방법인 동시에 행동지도 전략으로도 사용되는 평가를 실시한다. 그 예로는 비디오 녹화를 사용한 평가, 행동빈도 기록법, 시험지/과제 분석법 등이 있다(Fairbanks et al., 2007; Ihlo & Nantais, 2010; Solomon, Klein, Hintze, Cressey, & Peller, 2012; Sugai & Horner, 2009a; Sugai & Horner, 2009b). SWPBS의 단계별 주요 요소는 〈표 11-9〉에 제시하였으며, 3단계에 대한 그림과 주요 특성은 [그림 11-1]에 제시하였다.

〈표 11-9〉 SWPBS 단계별 주요 요소

단계	주요 요소
1단계 학교단위 행동지원	동학년 행동지원팀 구성 및 목표 공유
	문제행동 목록을 만들어 학년기대행동 및 규칙수립
	학년기대행동 교수, 행동준수에 대한 감독 및 강화
	학년단위의 문제행동 평가
	문제행동에 대한 표준화된 검사도구 및 사회성기술척도의 사용
	지속적인 관찰과 평가결과 문제행동의 횟수나 강도가 감소하지 않는 아동 선별
2단계 소그룹단위 행동지원	가능한 시간을 별도로 확보하여 4~5명 내외의 학생을 소그룹으로 지도. 교사 1~2명이 지도교사가 됨.
	행동관리프로그램, 사회성기술, 자기관리기술 등 효과적인 교수법 제공
	학생의 행동에 대해 학생 본인 및 부모와의 지속적인 대화 및 상호작용
	학년차원의 교수팀을 형성하고 팀의 구성원이 되어 활동
	문제행동교수 전문가의 투입
	일일평가 기반 학생행동점검 및 기록보관
	정기적이고 공식적인 개별단위 행동지원 대상자 선정을 위한 평가

3단계 개별단위 행동지원	약 1~2명 내외의 학생을 특수학급에서 지도
	개별화된 프로그램 만들기
	개별화된 사회성 기술 및 자기관리기술 지도
	기능행동분석에 기초한 행동수정 실시
	구체적인 문제행동 측정: 비디오 녹화, 빈도기록법 등
	문제행동 지도를 위해 전문 상담교사와의 협력
	장애진단을 위해 부모와 협력하고 진단을 의뢰
	장애진단을 위해 전문가집단과의 효과적인 상호작용과 협력

출처: 김우리(2014), pp. 117-143.

Tier 3: 3차 예방
- 고위험 행동 문제 학생을 위한 개별화된
  전문적인 시스템

Tier 2: 2차 예방
- 문제행동 위험 학생을 위한 전문적인
  집단 시스템

Tier 1: 1차 예방
- 모든 학생, 교사, 환경을 위한 학교/학급
  차원의 시스템

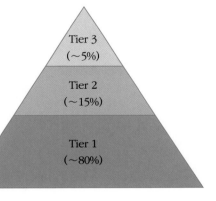

[그림 11-1] **SWPBS 3단계 예방 모형**

▌학교 및 교실 실천 사례 ▌

서울정애학교 문제행동 중재 프로그램 실천 사례

1. 지원 대상 및 기간

○ 지원 대상: 문제행동 중재를 위해 학생, 학부모, 교직원을 대상으로 입체적이고 다각적으로 접근

○ 지원 기간: 2016년 5월 ~ 12월

2. 문제행동 중재 프로그램의 개요

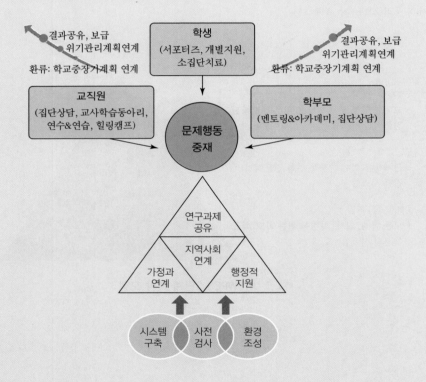

3. 문제행동 중재 프로그램의 실제: 학생

　가. 보편적 지원(1단계 행동지원)

　　■ 연중 추진

　　■ 학교규칙 교수 및 강화 교정

　　■ 개인별 생활규칙 설정 지도

나. 개별지원(3단계 행동지원)

개별지원을 위한 솔루션팀 회의는 5회, 7명을 대상으로 실시하였다. 솔루션 팀에서는 약식 기능평가, 전문가와 협의, 학부모 면담 등 개별지원과 관련된 기본 지원을 위해 협의하고 협의 결과에 따라 추수 지도가 요구되는 역할을 수행하였다.

- 기능평가
- 주양육자 상담
- 가족상담
- 의료적 전문가 연계
- 중재 위한 전문가 그룹 연계

다. 학교급별 소집단 놀이활동

- 문제행동 중재를 위한 신체 이해 및 감각통합놀이

라. 문제행동 중재와 연계한 방과 후 학교 운영

- 문제행동 중재를 위한 신체 이해 및 감각통합놀이
- 문제행동 중재를 위한 미술놀이활동

마. 대집단 놀이 활동

- 초중고 학교급별 문제행동 중재를 위한 신체 이해 및 감각통합놀이

출처: 서울특별시교육청(2016).

> **요약**

　문제행동이란 어떠한 행동이 학생 자신 혹은 주위 사람들의 학교생활 및 일상생활에 부정적인 영향을 미칠 정도로 나타나는 것을 의미하며, 나타나는 형태에 따라 과잉행동, 행동결핍, 상황에 맞지 않은 행동으로 분류되기도 한다. 문제행동의 발생 원인은 개인 내적 요인보다는 외부 환경의 영향을 많이 받으며, 학생들은 문제행동을 주로 자신의 목적(원하는 것 얻기, 회피하기, 관심 끌기)을 달성하기 위한 의사소통 수단으로 사용한다. 따라서 교사들이 문제행동을 수정하기 위해서는 행동의 목적, 즉 기능을 평가해야 하며, 그 효과가 일시적인 처벌보다는 사회적, 교육학적으로 가치가 있는 긍정적 행동지원을 실시할 필요가 있다. 행동지원의 대표적인 중재 방법으로는 선행사건이나 배경사건 중재, 대체행동 교수, 문제행동에 대한 반응 중재가 있다.

> **논의해 볼 문제**

다음 사례를 읽고 질문에 대해 논의해 보자.

　초등학교 5학년인 성현이는 정서·행동장애를 가지고 있으며, 사람들이 많은 곳에서 문제행동을 보이는 경향이 있다. 얼마 전 성현이의 엄마는 성현이를 데리고 대형마트에 가서 식재료를 둘러보았다. 그런데 갑자기 성현이가 소리를 지르는 등의 행동을 보이기 시작했다. 주위 사람들은 성현이를 따가운 시선으로 쳐다보기 시작했고, 엄마는 재빨리 성현이가 좋아하는 장난감 코너로 데리고 가 성현이에게 스마트폰을 꺼내주었다. 성현이는 이내 분노 발작을 멈추고 동영상을 보기 시작하였다.

---

1. 성현이의 행동 발생 원인은 무엇인가?

2. 성현이의 문제행동을 감소시키기 위해서는 어떤 지원이 필요한가? 문제행동 지도를 위한 가설을 수립하고 행동지원 계획에 대해 논의해 보자.

제12장

특수교육을 위한 공학적 접근

❚ 손지영 ❚

테크놀로지가 장애학생들에게 공평한 교육 기회를 제공하고 효과적으로 정보를 습득하고 학습할 수 있게 하는 긍정적 영향력을 미친다. 그러나 접근성을 고려하지 않은 테크놀로지는 장애학생에게 또 다른 장벽을 가져다주게 된다.

- Seale, 2006

보조공학기기가 장애인에게 따뜻한 기술인 이유

"바리스타의 꿈 이뤘어요"

강하림 씨는 지적장애 3급으로, 취업 욕구는 높지만 장애의 특성상 적합한 직무가 적었다. 바리스타 직무를 희망해 지원서를 넣었으나 장애의 특성상 돈 계산에 어려움이 예상되어 불합격되는 경우가 많았다. 이에 지원받은 보조공학기기는 발달장애인용 POS, 신호장치다. 강 씨의 출근길 걸음이 바빠졌다. 사내 카페에서 바리스타로 근무하는 강 씨는 터치 모니터를 통해 모닝커피를 주문받는다. 하지만 발달장애인용 POS가 설치된 이곳에서는 주문 방법이 좀 다르다. 고객이 모니터로 메뉴를 선택한 후 금액을 확인하고 직접 결제를 한다. 결제는 사원증이나 신용카드로 할 수 있다.

장애인공단은 보조공학기기 지원 영역을 확대하기 위해 지속적으로 노력해 왔다. 2014년도에 발달장애, 청각장애인 등을 위한 POS기기를 개발했으며, 2015년도에는 발달장애인 등을 위한 신호장치를 상용보조공학기기에 추가하였다. 이 두 가지 기기가 바리스타가 되겠다는 강하림 씨의 꿈을 이뤄줬다.

출처: 에이블뉴스(2015.10.20).

1. 장애학생을 위한 공학적 접근의 유형은 무엇인가?

2. 장애학생을 위한 교수매체로는 어떠한 것들이 있는가?

3. 정보접근성과 보편적 학습설계의 원리는 장애학생에게 왜 중요한가?

4. 장애유형별로 필요한 보조공학의 유형에는 어떠한 것들이 있는가?

1. 장애학생에게 필요한 테크놀로지는 보조공학으로 충분하다?

장애학생에게 필요한 테크놀로지, 즉 특수교육공학은 보조공학뿐만 아니라 교수공학에도 포함된다. 장애학생들에게 적절한 교수방법 및 교수매체를 제공하여 특수교육의 질적 효율성을 제공하는 교수공학 측면도 중요하다.

2. 보편적 학습설계는 장애학생에게 학습정보의 접근성을 보장해 주고 장벽을 제거해 주는 것이다?

보편적 학습설계는 단순히 장애학생들이 학습자료와 정보에 접근하도록 지원하는 것이 아니라, 학생들의 학습능력을 더 성장시키기 위해 적절한 인지적 도전을 유지하는 것이다. 즉, 접근의 장벽은 제거하되 학습자의 성장을 위한 적절한 도전이 있어야 한다.

3. 보조공학 서비스는 장애학생의 능력을 향상시키고 유지시키는 데 사용되는 장치를 의미한다?

보조공학 서비스는 기기 자체를 의미하는 것이 아니라, 보조공학 장치를 효과적으로 선택, 습득, 사용할 수 있도록 돕는 전반적인 서비스를 의미한다.

1. 장애학생을 위한 교육공학의 활용

1) 장애학생을 위한 매체 활용과 스마트러닝

스마트러닝은 스마트기기(smart device)와 소셜미디어(social media) 등 다양한 모바일 기기와 네트워킹 도구를 사용하여 이루어지고 있는 일련의 학습형태를 일컫는다. 초기에 스마트러닝은 스마트폰의 보급 및 확산으로 인해 스마트폰을 이용하여 간단한 학습용 어플리케이션을 조작하거나 동영상을 시청하는 형태의 학습을 지칭하는 용어로 사용되었다(강인애, 임병노, 박정영, 2012). 그러나 기술의 급속한 발달로 스마트폰 이외에 다양한 모바일 기기들이 등장하고 최신 스마트폰이나 모바일 기기들이 수행할 수 있는 기능들이 지능화, 고도화되면서 이를 활용하여 개인에게 적합한 맞춤형 학습을 강조하는 것으로 스마트러닝이라는 용어 사용이 확산되었다(임정훈, 2011). 즉, 초기에는 스마트러닝이 스마트폰을 활용한 학습의 개념으로 인식되었으나, 최근에는 다양한 스마트기기와 네트워킹을 활용한 맞춤형, 지능형, 융합형 학습의 개념으로 인식되고 있는 경향이 강하다.

이러한 스마트러닝은 장애학생들에게 신체적 노력을 최소화하면서 효과적으로 학습할 수 있게 해 주는 맞춤형 교수·학습 환경을 제공해 주고, 다양한 장애 특성과 요구에 맞추어 교육과정을 융통성 있게 제공할 수 있다. 그리고 장애학생에게 동등한 학습 기회와 풍부한 경험을 제공해 주어 장애학생의 교육적 통합에 기여할 것으로 여겨진다(손지영, 2013; 손지영, 김동일, 2011). 스마트러닝의 이러한 잠재적인 가능성을 활용하여 장애학생이 장애로 인해 접할 수 있는 여러 학습 문제들을 해결하고, 최신의 정보통신 기술을 응용하여 장애학생 통합교육 환경을 지속적으로 개선시켜야 할 것이다.

(1) 교육용 어플리케이션과 디지털교과서

교육 환경에서 학습 목적에 따라 다양한 형태의 교육용 어플리케이션의 적용이 가능하다. 그런데 대부분의 어플리케이션들은 교수자 및 학습자 간의 의사소통 기능이 적용되지 않은 단독형(stand-alone) 방식이 가장 많은 비중을 차지하고 있기 때문에, 향후 스마트기기가 가진 연결성(connectivity)을 교육용 어플리케이션에 적용하는 방안이 고려되고 있다(정수정, 임걸, 고유정, 심현애, 김경연, 2010). 또한 스마트기기에서 어플리케이션을 통해 소설, 신문, 전문 서적을 비롯한 다양한 영역의 콘텐츠가 이북(e-book) 형태로 서비스되고 있다. 학교학습 현장에서 이북은 디지털교과서로도 불리는데, 우리나라에서는 초기 형태의 디지털교과서를 활용하여 그 활용 가능성이 모색되기 시작하였다(변호승, 최정임, 송재신, 2006; 임걸, 2011).

이러한 디지털교과서(digital textbook)가 스마트러닝 방식으로 활용되기 위해서는 멀티미디어 기능의 활용이 필수적인데, 다양한 형태의 시청각 자극을 통해 장애학생의 학습동기 제고와 학업성취를 촉진시킬 수 있어야 한다. 그런데 지금까지 국내에서 개발된 디지털교과서들이나 온라인 학습 콘텐츠들은 일반적으로 멀티미디어 기능을 극대화하여 학습 효과성을 높이는 것에 초점이 맞추어져 있어서(최정임, 신남수, 2009), 장애학생을 위한 접근성을 고려하지 못하고 있는 상황이다.

현재 다수의 디지털교과서나 웹 기반 콘텐츠들은 장애학생의 다양한 요구와 학습지원에 대한 고려가 충분히 이루어지지 못하고 있다. 따라서 장애학생을 위한 디지털교과서 및 이북 개발에 대한 연구가 앞으로 이루어져야 할 것이다.

(2) 학습관리시스템과 소셜네트워킹

스마트러닝이 제공하는 환경은 교수자와 학습자 또는 학습자 간의 면대면 환경을 온라인상에서도 지속적으로 연결해 주는 특징을 가지고 있다. 기존의 학습관리시스템(Learning Management System: LMS)의 경우 학습 콘텐츠가 비교적 단방향으로 제공되었으며, 이에 따라 동기저하, 지식 누수, 학업성취 및 학습 목적 달성의 어려움이 수반되었다. 그러나 스마트러닝하에서는 역동적 수업환경이 제공될 수 있는데, 이러한 특성을 활용하여 상호작용성, 학습자 참여, 공동지식 창출 등의 교수학습 전략구성이 가능하게 되었다(임걸, 2010). 구체적으로, 웹 기반 LMS는 스마트 기기에서도 연동이 가능한 방식으로 변화하고 있다. 이러한 LMS 환경에서는 학습자들이 수업 관리는 물론이고 교수자와 학습자 간의 확대된 상호작용이 이루어질 수 있다. 이러한 LMS와 더불어 소셜네트워킹서비스(Social Networking Service: SNS)의 장점으로 인해 최근에는 장애학생을 위한 모바일 위치기반 SNS 시스템 개발(오영환, 2011), 의사소통 장애인을 위한 SNS 연동시스템(이병훈, 장원태, 서재희, 2012)에 대한 연구들이 이루어졌다. 그리고 SNS 사이트의 장애인 접근성을 평가하는 연구(한혁수, 김초이, 2009)도 이루어졌다.

스마트러닝 환경에서 LMS와 SNS는 장애학생들이 이전보다 더 쉽게 실시간 상호작용을 할 수 있고 이를 통하여 더 효과적인 학습을 가능하게 하는 장점을 가지고 있지만, 신체적, 인지적 장애를 가진 학생들을 위한 접근성의 고려는 여전히 부족한 것을 알 수 있다. 따라서 앞으로 이러한 상호작용 기술들이 장애학생 교육 환경에서 더욱 효과적으로 활용될 수 있도록 접근성을 향상시키는 노력이 이루어져야 할 것이다.

(3) 가상현실과 증강현실

가상현실(Virtual Reality: VR)은 컴퓨터 기술을 통해 인간의 오감을 자극하여 현실과 유사한 또 다른 현실을 창조하는 활동이라 할 수 있다(https://ko.wikipedia.org). 가상현실은 컴퓨터 시스템에서 생성한 3차원 가상공간과 사용자 간의 상호작용을 이루는 기술로서, 사용자는 이러한 가상공간에서 인체의 오감을 통해 몰입감을 느끼고, 실제로 그 공간에 존재하는 것과 같은 현실감을 느끼게 된다(김익재, 2016). 다시 말하면, 사용자가 실제 환경과 상호작용하는 것처럼 느끼도록 특정한 환경적 상황을 만들어주는 인간-컴퓨터 간 인터페이스라고 할 수 있다(김미정, 2015). 이러한 가상현실에서 사용자는 가상현실에 몰입할 뿐만 아니라 현실의 디바이스를 조작하여 가상현실 속에 구현된 것들과 상호작용하게 된다.

최근에는 증강현실(Augmented Reality: AR)에 대한 관심이 높아지고 있는데, 증강현실은 사용자가 눈으로 보는 현실세계와 부가정보를 갖는 가상세계를 합쳐 하나의 영상으로 보여 주는 가상현실의 한 분야이다(고범석, 류지헌, 조일현, 허희옥, 김정현, 계보경, 2006). 이러한 증강현실은 스마트기기상에서 위성항법장치(Global Positioning System: GPS)와 연동되어 사용자 위치에 대한 각종 정보를 제공하고 학습자들에게 현장감 있는 지식과 정보의 전달이 가능하다(임걸, 2011).

가상현실은 단일 기술로 실현되기보다는 기술의 융합으로 실현되는 특징을 가진다. 영상 표현을 위한 컴퓨터그래픽스, 입체감 표현을 위한 3D 입체 기술, 상호작용을 위한 영상 기반의 제스처 인식과 하드웨어 센서를 활용한 동작인식 및 상황인지 기술 등이 필요하다(김아영, 채원석, 장규포, 최하림, 김백섭, 이준우, 2016). 가상현실 기술은 단순한 기기를 넘어, 콘텐츠, 플랫폼, 네트워크 등의 결합을 통한 진정한 융합을 이끌 수 있으며, 게임, 미디어, 교육, 여행, 영화 등 다양한 산업과 연계를 통해 더욱더 성장할 것으로 기대를 모으고 있다(김익재, 2016).

  이러한 가상현실과 증강현실 기술을 교육에 적용하는 것의 장점을 살펴보면 다음과 같다. 첫째, 안전한 학습 환경을 제공해야 하는 교육 및 치료 상황에 적용될 수 있다(Bellani, Fornasari, Chittaro, & Brambilla, 2011). 초보자에게 위험하고 장시간 교육하기에도 적합하지 않은 교육의 경우, 실제 환경과 동일한 가상 환경을 제공하여 안전하면서 효율적으로 교육을 진행할 수 있다. 둘째, 시 · 공간의 한계를 뛰어넘어서 다양한 체험학습을 가능하게 한다. 실제 환경이나 물체와의 합성을 통해 높은 현실감을 제공하는 것 외에도 어느 장소에서도 현장에 존재하는 것과 같은 몰입감을 준다(손지영, 2017). 가상 교실에서 수업을 듣고 토론을 하는 등 공간의 한계를 뛰어넘고, 역사 문화 탐방 등은 시 · 공간을 초월한 체험 학습을 제공해 줄 수 있는 것이다. 이미 국내에서 가상현실을 이용한 체험형 실감 스포츠가 성공한 사례에서도 볼 수 있듯이, 더 다양한 체험 분야로의 확산이 가능할 것이다(김익재, 2016). 셋째, 실제 상황에서 혼란을 유발할 수 있는 사회적, 인지적 능력이 부족한 학생들을 대상으로 제시하는 자극을 통제하여 제공할 수 있는 장점을 가진다. 가상현실은 사회적이고 환경적인 맥락에서 혼란스러운 자극을 제거해 주고, 상호작용 과정의 변인들을 명확하게 하기 위해 짧은 단계로 나누어서 조작하는 것이 가능하다. 이로 인해 가상현실에서 사회적 능력과 같이 인지적이고 행동적인 연습을 필요로 하는 학습을 효과적으로 수행할 수 있는 장점을 가진다(Stichter, Laffey, Galyen, & Herzog, 2014). 특히, 증강현실은 현실세계와 가상세계를 합쳐서 제공함으로써 인지, 감각장애인이 장애를 보완하여 학습 및 환경 적응력을 향상시킬 수 있다(유길상, 2011).

> **더 알아보기**
>
> **가상현실 기기**
>
> 상용화되어 있는 가상현실 기기로서 Nintendo사의 Wii(https://www.nintendo.co.kr/Wii)와 Microsoft사의 Xbox (https://www.xbox.com/ko-KR)를 가장 많이 사용한다. 이러한 기기는 비디오카메라로 촬영된 자신의 모습을 컴퓨터가 만들어 내는 가상공간에 나타나게 하여 자신이 가상공간에 직접 존재하는 것처럼 느끼게 하는 시스템이며 주로 게임용으로 많이 사용된다.
>
> 헤드마운티드디스플레이(Head Mounted Display: HMD)는 헬멧이나 안경 등에 렌즈와 반투명 거울 등을 부착하여 하나 혹은 두 개의 디스플레이에 화면을 보여주는 장치로서 가상환경에 몰입할 수 있는 환경을 제공하는 개인화된 디스플레이다.

출처: 김익재(2016).

2) 정보접근성과 보편적 학습설계

(1) 정보접근성

장애학생은 웹(web)을 통해 제공하는 정보에 보조공학을 사용하고도 접근할 수 없는 경우가 있다. 웹에 제시된 시각적 정보가 시각장애 학생이 사용하는 음성 출력 소프트웨어와 호환이 되지 않도록 설계되었을 경우, 영상 자료에 자막이 제공되지 않는 경우, 웹에 제시된 평가가 모두 마우스를 사용해서 선택해야 하는 경우가 이러한 상황이다. 이러한 인터넷 환경에서는 시각, 청각, 지체장애 학생들은 완벽하게 학습을 할 수 없으며, 장애학생들은 또 다시 학습의 제한을 경험하게 된다.

웹 접근성(web accessibility)은 웹 콘텐츠에 접근하는 모든 사람들이 어떤 컴퓨터나 운영 체제, 또는 어떠한 환경에 처해 있는지에 구애받지 않고 접근할 수 있는 것을 의미한다(한국정보통신기술협회, 2004). Roh(2004)는 웹 접근성을 장애 유무나 보조공학의 사용 여부에 상관없이 광범위한 사용자의 요구를 충족시킬 수 있도록 설계가 이루어졌는지를 나타내는 지표로 정의하였다. 이를 통해 볼 때, 웹 접근성의 확보는 웹을 사용하는 사람의 신체적 능력, 지적 상태, 보조공학 사용 여부, 환경에 상관없이 자신에게 필요한 정보를 얻고 상호작용할 수 있도록 웹을 구성하는 것이다. 이것은 웹 사용자를 기존 범위보다 더 확장하여 모든 사용자들에게 가능한 한 접근의 제한을 두지 않는 것이다.

영국, 호주, 뉴질랜드, 유럽연합 등의 주도적 참여로 결성된 국제 표준화 기구 W3C(World Wide Web Consortium)에서는 장애인에게 필요한 웹 접근성에 대한 인식을 확산시키기 위해 1997년에 W3C 내에 WAI(Web Accessibility Initiatives)를 출범시켰다. WAI는 웹의 보편적 접근성을 강조하여 물리적, 인지적 능력이 부족한 사람들의 인터넷 이용을 위해 노력하였으며, 이를 위한 구체적인 권장 지침으로 1999년에 웹 콘텐츠 접근성 지침 1.0(Web Contents Accessibility Guidelines 1.0: WCAG 1.0)을 발표했다. WCAG 1.0 지침은 크게 14개의 권장 지침(guideline)과 65개의 검토 항목(checklists)으로 구성되어 있다. 그리고 W3C에서는 보조공학 발전이 크게 진전됨에 따라 WCAG 1.0을 개정하기로 결정하고, 2008년에 WCAG 2.0을 발표하였다(http://www.w3.org/TR/WCAG20/).

국내에서는 2001년 1월 「정보격차해소에 관한 법률」을 제정함으로써 정보격차해소 및 웹 접근성 실태조사의 근거를 마련하였다. 그리고 2004년 12월에는 국제 표준화 기구 W3C의 WCAG와 국내 실태조사를 토대로 하여 '한국형 웹 콘텐츠 접근성 지침 1.0'을 개발하였다(한국정보통신기술협회, 2004). 그리고 2015년에는 '한국형 웹 콘텐츠 접근성 지침 2.1'로 개정하였다. 한국형 웹 콘텐츠 접근성 지침은 WCAG 1.0과 WCAG 2.0을 참고하였으며, 부분적으로 미국 재활법 508조를 참고하여 개발되었다. 이 지침은 인식의 용이성, 운용의 용이성, 이해의 용이성, 기술적 진보성의 네 가지 지침으로 분류되어 있다.

(2) 보편적 학습설계

보편적 학습설계(Universal Design for Learning: 이하 UDL)는 보편적 설계(universal design)를 교수 · 학습 분야에 적용하여 미국의 응용특수공학센터(Center for Applied Special Education Technology: 이하 CAST) 소속 Rose와 Meyer(2002)가 제안한 개념으로서, 이질적인 특성을 가진 학습자의 요구에 맞춰 교육과정 및 방법을 유연하게 제공하는 것에 초점을 맞추고 있다. 원래, 보편적 설계의 개념은 장애인을 포함해 다양한 특성을 가진 사용자를 처음부터 고려해서 시설이나 상품을 설계하는 것을 의미하며, 특별한 조정이나 개조 없이 모든 사람들이 편리하게 사용할 수 있도록 설계하는 것을 말한다(손지영, 김동일, 2010). 이것을 교수 · 학습 환경에 적용한 UDL은 장애학생뿐 아니라 정규 교육과정에 적응하지 못하는 다문화가정이나 외국인 학생, 사회경제적 요인으로 특별한 도움이 필요한 학생 등도 포함된다. 그리고 보편적 설계로 지어진 시설물이 비장애인들에게도 혜택을 주는 것처럼, UDL은 장애학생뿐 아니라 비장애학생들도 혜택을 받을 수 있는 설계를 지향한다는 점에서 잠재적으로 모든 학생을 위한 교육(education for all)을 고려한 설계라고 할 수 있다.

CAST에서는 UDL의 필수적 원리를 다음의 〈표 12-1〉과 같이 세 가지로 제안하였으며, CAST에 소속된 Rose와 Mayer(2002)는 세 가지 UDL 원리를 구현하는 교수방법의 예를 다음과 같이 제시하고 있다(손지영, 2009).

〈표 12-1〉 UDL의 원리와 교수방법의 예

UDL의 세 가지 원리	UDL 원리를 적용한 교수방법의 예
1. 복합적인 내용 제시 방법 (multiple methods of presentation)	• 복합적인 예 제공 • 정보의 중요한 특징 강조 • 복합적인 매체와 형태 제공 • 배경 지식 및 맥락에 대한 정보 제공
2. 복합적인 표현 방법 (multiple methods of expression)	• 융통성 있는 수행 모델 제공 • 연습을 지원하는 기회 제공 • 지속적이고 관련된 피드백 제공 • 기술 시연을 위한 융통성 있는 기회 제공
3. 복합적인 참여 방법 (multiple options for engagement)	• 내용과 도구의 선택사항 제공 • 적절한 목표 수준 제공 • 보상의 선택 제공 • 학습 상황의 선택 제공

출처: Rose & Mayer (2002).

CAST에서는 여러 연구자 및 교사들과 협력하여 UDL을 교육 현장에 적용하는 것을 돕는 가이드라인(Universal Design for Learning Guidelines version 1.0)을 개발하였다(CAST, 2008). 이것은 교육과정 개발자들이 융통성 있는 교육과정을 설계하도록 돕고, 모든 학습자들의 요구에 맞는 학습 지원을 효과적으로 제공하는 것을 목적으로 하고 있다. CAST에서는 이 지침을 통하여 기존의 교육과정 목표, 매체와 교재, 교수방법에 UDL을 적용하는 것을 돕고 있다(손지영, 김동일, 2010). 이후에 2011년에는 CAST에서 가이드라인 2.0을 개발하였다(CAST, 2011). 구체적으로 이 지침은 상황에 따라 융통성 있게 교육과정에 적용되는 것이며, 많은 학생의 학습 기회를 최대화하기 위해 여러 선택 요소와 융통성을 제공하는 것이다. 그래서 장애학생을 포함하여 가능한 한 많은 학생의 교육적 필요를 충족시킬 수 있도록 교육과정 개발에 적용된다(손지영, 2011). UDL 가이드라인 2.0의 내용은 〈표 12-2〉와 같다.

〈표 12-2〉 UDL 가이드라인 2.0의 내용

구 분		UDL 지침
I. 다양한 방식의 표상 제공	1. 정보 인식 방법의 다양한 선택 제공	1.1. 정보 제시방법을 학습자에게 맞출 수 있는 선택 1.2. 청각 정보를 위한 대안을 제공하는 선택 1.3. 시각 정보를 위한 대안을 제공하는 선택
	2. 언어, 수식, 기호의 다양한 선택 제공	2.1. 어휘와 상징의 개념을 지원하는 선택 2.2. 구문과 구조를 명확하게 하는 선택 2.3. 텍스트나 수학적 기호의 해독에 대한 선택 2.4. 다양한 언어의 이해를 촉진시키는 선택 2.5. 비언어적으로 주요 개념을 제시하는 선택
	3. 이해를 돕기 위한 다양한 선택 제공	3.1. 배경지식을 제공하거나 활성화시키는 선택 3.2. 주요 특징, 중심 생각, 관계를 강조하는 선택 3.3. 정보 처리를 안내하는 선택 3.4. 기억과 전이를 지원하는 전이
II. 다양한 방식의 행동과 표현수단 제공	4. 신체적 표현 방식에 대한 다양한 선택 제공	4.1. 신체적 반응 방식의 선택 4.2. 탐색 방법의 선택 4.3. 접근도구와 보조공학에 대한 선택
	5. 표현과 의사소통을 위한 다양한 선택 제공	5.1. 의사소통을 위한 매체의 선택 5.2. 작문과 문제해결을 위한 도구의 선택 5.3. 연습과 수행을 위한 비계의 선택
	6. 실행기능(초인지)에 따른 다양한 선택 제공	6.1. 효과적인 목표 수립을 안내하는 선택 6.2. 계획과 전략 개발을 지원하는 선택 6.3. 정보와 자원 관리를 촉진시키는 선택 6.4. 진전도 점검 능력을 향상시키는 선택
III. 다양한 방식의 학습 참여 제공	7. 학습흥미 유발시키는 다양한 선택 제공	7.1. 개별적 선택과 자율성을 증가시키는 선택 7.2. 관련성, 가치, 진정성을 향상시키는 선택 7.3. 위험이나 산만함을 감소시키는 선택
	8. 지속적 노력과 끈기를 돕는 선택 제공	8.1. 목표와 목적을 강화시키는 선택 8.2. 도전과 지원의 수준을 다양화하는 선택 8.3. 협력과 의사소통을 촉진시키는 선택 8.4. 숙달 중심의 피드백을 증가시키는 선택
	9. 자기조절 능력 개선을 위한 선택 제공	9.1. 개별적인 목적 수립과 기대를 안내하는 선택 9.2. 대처 기술과 전략을 지원하는 선택 9.3. 자기평가와 성찰을 개발시키는 선택

출처: CAST (2011).

2. 장애학생을 위한 보조공학의 활용

1) 시각장애 학생을 위한 보조공학

(1) 스크린 리더

시각장애 학생은 컴퓨터에 저장된 자료나 화면에 제시된 정보를 읽는 데 어려움이 있기 때문에 이것을 읽어 주는 프로그램인 화면읽기 프로그램, 즉 스크린 리더(screen reader)가 추가적으로 필요하다. 스크린 리더란 음성합성 장치와 연계하여 제어버튼, 메뉴, 텍스트, 구두점 등 화면의 모든 것을 음성으로 표현해 주는 소프트웨어를 말한다. 따라서 스크린 리더는 화면을 검색한 후 정보를 변환하여 음성합성장치를 통해 소리가 나오게 하는 소프트웨어 프로그램이라고 할 수 있다(김남진, 김용욱, 2017).

(2) 점자정보단말기

점자정보단말기(braille note taker)란 점자 용지 위에 점자판이나 아연판을 덧대거나 점자 프린터기 등을 이용해, 양각에 의한 전통적 입력 방식이 아닌 6점 8점의 점자키보드를 이용한 입력과 점자 표시장치 또는 음성을 통한 출력이 이루어지도록 고안된 컴퓨터 시스템이 내장된 휴대용 정보통신 장비이다(김남진, 김용욱, 2017). 대표적인 점자정보단말기로는 미국에서 개발된 브레일 라이트(Braille Lite)와 국내에서 개발된 한소네를 들 수 있다. 한소네는 시각장애인의 정보 접근 인터페이스인 촉각과 음성을 통해 워드 프로세서, 일정관리, 이메일, 계산기, 인터넷, 파일 관리 등 컴퓨터가 제공하는 모든 기능을 점자와 음성으로 제공해 준다(http://www.himsintl.co.kr).

(3) 화면확대 프로그램

화면확대 프로그램은 모니터의 특정 부분이나 전체를 확대해서 볼 수 있도록 만든 소프트웨어이다. 윈도우즈에서 기본적으로 제공하는 확대 기능을 이용할 수도 있으나 별도의 소프트웨어를 이용하면 다양한 확대 기능을 지원받을 수 있다. 특히 우리나라에서 가장 많이 사용되고 있는 화면확대 소프트웨어인 줌텍

스트(ZoomText)는 현재 무상으로 지원되고 있는데 모니터상의 화면을 최대 36배까지 확대할 수 있으며 전체 확대 기능과 분할 확대 기능 그리고 렌즈 및 라인 형태 확대 기능을 갖고 있다(김남진, 김용욱, 2017).

(4) 확대독서기

확대독서기는 비디오 카메라를 통해서 화면의 상을 100배까지 확대할 수 있고, 컬러, 흑백, 역상모드는 지원하며 자동 및 수동 초점 조절 장치가 있어 사용자가 작동하기 쉽고 컴퓨터 모니터 및 TV에 연결하여 사용할 수 있다. 또한 밝기를 조절하여 대비를 높일 수 있다는 장점도 있다. 최근에는 기술이 발전하면서 소형화되어 휴대가 가능할 뿐 아니라 가격도 저렴해지는 추세이다(김남진, 김용욱, 2017).

[점자정보단말기-한소네]　　　　　[확대독서기-센스뷰]

[그림 12-1] 시각장애 학생을 위한 점자정보단말기와 확대독서기
출처: http://www.himsintl.co.kr/product

(5) 기타 음성출력장치

시각장애 학생들은 글자로 되어 있는 정보를 음성으로 변환하여 전달하면 쉽게 많은 정보를 접할 수 있다. 이러한 음성출력을 지원하는 장치 중 하나인 보이스아이(VOICEYE)는 2차원 바코드 심벌로 저장된 디지털 문자정보를 음성으로 변환하여 들려주는 장치이다. 종이 문서에 출력된 활자 정보가 보이스아이 코드 내에 저장되고, 이 코드를 시각장애인 전용 보조기기 또는 스마트폰 보이스아이 어플리케이션을 통해 스캔하면 코드에 저장되었던 활자 정보가 음성으로 출력되어 눈이 보이지 않는 시각장애인은 해당 정보를 음성으로 제공받을 수 있다(http://voiceye.com/kor).

2) 청각장애 학생을 위한 보조공학

(1) 보청기

보청기는 소리를 증폭하여 이도에 전달함으로써 좀 더 잘 들을 수 있도록 돕는 장치로, 소형 맞춤식에서부터 귀 뒤에 착용하는 비교적 큰 장치에 이르기까지 유형과 크기가 매우 다양하다. 보청기는 기본적으로 마이크, 증폭기, 수신기로 구성되어 있다. 마이크는 외부 환경에서 음향 에너지를 포착하여 전기신호로 바꾼 다음에 증폭기로 전달하는 역할을 한다. 증폭기는 전기신호의 압력을 증가시켜 수신기로 보내며 수신기는 이를 음향에너지로 바꾸어 사용자의 외이도로 전달한다(김남진, 김용욱, 2017).

(2) 청각지원장치

청각장애인들의 생활을 지원해 줄 수 있는 청각보조 장치로는 골도전화기와 골도헤드셋이 있다. 골도전화기는 소리를 진동으로 전환시켜 소리를 전달하는 보조기기로서, 소리가 진동으로 변환되어 두개골을 통해 청신경을 자극함으로써 소리가 전달되는 것이다. 이것은 고막에 이상이 있더라도 감음계 계통 청신경이 살아 있는 경우 소리를 들을 수 있다. 골도헤드셋은 골도전화기와 같은 원리로 뼈의 진동으로 소리를 전달하는 장치이다.

이 외에 최근에는 청각장애인이 주변의 청각적 정보를 쉽게 인지할 수 있도록 지원하는 소리신호기가 개발되었다. 이것은 소리신호기 주변에서 소리 정보가 감지되면, 소리에 반응하여 불빛과 진동으로 알려 주는 것이다. 그리고 무

[골도전화기]   [소리신호기]

[그림 12-2] 청각장애 학생을 위한 골도전화기와 소리신호기

출처: http://atrac.or.kr/support

선 리모컨과 연동하여 외부의 호출 정보도 무선 중계표시기, 무선 LED스탠드에 전달하여 빛과 소리, 진동으로 알려주어 편리하게 사용할 수 있다(http://atrac. or.kr).

3) 의사소통장애 학생을 위한 보조공학

(1) 보완대체의사소통판

보완대체의사소통(augmentative and alterative communication)이란 말과 언어 표현 및 이해에 장애를 가지고 있을 때 의사소통을 할 수 있는 기회를 주고 의사 소통 능력을 향상시키도록 말을 보완하거나(augment) 대체적인(alternative) 방 법을 사용하는 것을 말한다(김영태, 2014). 즉, 장애학생들이 의사소통을 원활하 게 하도록 몸짓, 표정, 컴퓨터나 보조도구 등을 이용하여 의사소통이 원활하게 이루어지도록 하고, 의사표현을 전혀 할 수 없는 경우에 그림이나 사진 등의 대 체물을 통해 의사소통하는 것이다.

보완대체의사소통판은 단면이나 다면 판, 책, 홀더 등을 사용해서 그림이나 사진 같은 상징을 붙여 제작한 것으로, 장애학생이 판에 있는 상징을 선택하여 의사소통을 하는 것이다. 이러한 의사소통판은 고급 테크놀로지가 적용된 보조 도구보다 비용이 저렴하고 제작이 수월한 장점이 있는 반면, 장애학생의 의사소 통에 사용될 수 있는 어휘 수가 제한적이라는 단점이 있다.

(2) 보완대체의사소통 애플리케이션

보완대체의사소통을 스마트폰, 스마트패드, 태블릿 PC를 사용해서 할 수 있 도록 하는 다양한 애플리케이션이 있다. 이러한 애플리케이션은 복합적 의사소 통 요구를 가진 장애학생들이 자주 겪는 상황을 여러 개의 상징으로 구성하고, 상징을 선택하여 낱말형 또는 문장형(상징+상징)으로 의사표현이 가능하도록 지원한다. 그리고 일상생활의 장소(학교, 집, 병원, 지역사회 등)와 위계적 범주(음 식, 동물, 숫자, 시간, 모양 등)로 분류하여 여러 개의 상징을 사용할 수 있도록 구 성되어 있다. 대표적으로 '나의 AAC'와 '마이토키'가 있다.

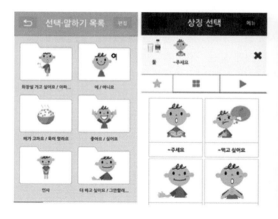

[나의 AAC]

출처: http://www.myaac.co.kr/web

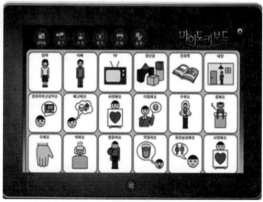

[마이토키]

http://www.mytalkie.co.kr

[그림 12-3] 보완대체의사소통을 위한 애플리케이션

▌학교 및 교실 실천 사례 ▌

장애학생 소통에 '디지털'로 희망 주는 선생님

〈선생님〉 "코딩 수업 재미있지?"
〈학생〉 "솔직히 말하면 그다지 재밌지는 않습니다."(하하하)

수업시간에 오간 한 교사와 능청스러운 학생의 대화입니다. 이 대화로 수업시간엔 한바탕 웃음이 터졌습니다. 그런데 이 능청맞은 학생은 뇌병변장애 1급을 겪고 있습니다. 발음하기도 쉽지 않고, 수화도 어렵습니다. 어떻게 이런 대화가 가능했을까요? 학생은 보완대체의사소통(AAC)이라는 앱을 사용하고 있었습니다. 손가락은 움직일 수 있으니 키보드로 글을 입력하면, 앱에서 그 글을 읽어주는 방식입니다. 이 앱을 개발하는 데 참여한 교사는 연세재활학교의 박재우 교사입니다. 박 교사는 장애인의 날(20일)을 맞아 교육부 장관 표창을 받았습니다. 장애학생들의 의사소통을 위해 디지털 소프트웨어를 개발하고, 도입한 공로 덕분입니다.

박 교사는 올해로 21년째 특수학교에서 일하고 있습니다. 92명이 다니고 있는 특수학교에서 박 교사는 '디지털 선생님'으로 불립니다. 다양한 소프트웨어와 장비를 장애학생 의사소통에 도입했기 때문입니다. AAC 앱뿐만 아니라 발달장애 학생을 위한 버튼식 디지털 장비도 도입했습니다. '스위치'라는 도구를 누르면 "선생님~"이라고 목소리가 나옵니다. 발달장애 학생이 무언가 욕구가 있을 때

선생님을 부를 수 있는 겁니다. 또 '예' '아니요' 정도의 의사표현을 할 수 있습니다. 간단한 표현이지만, 이런 의사소통 능력은 발달장애 학생에게는 큰 힘이 됩니다. 이런 방식으로 의사소통할 수 있게 도운 것이 박 교사가 한 일입니다.

뇌병변장애를 겪고 있는 김균민 학생은 '박 교사에 대해 어떻게 생각하느냐'는 물음에 "자상하시고 많이 챙겨주셔서 늘 감사하게 생각하고 있습니다."라고 AAC 앱을 통해 또박또박 답했습니다. 입으로는 발음할 수 없지만, 디지털 장비를 손에 쥐고 마음껏 섬세한 표현을 구사할 수 있게 된 겁니다. 희귀 난치성 질환을 겪고 있는 홍창주 학생은 "선생님의 도움 덕에 적극적으로 수업에 참여할 수 있게 돼서 기쁘다."면서 "각 학생에 맞는 도구를 고민해 주시니, 학생 입장에선 고맙다."고 말했습니다.

박 교사가 장애학생의 마음을 이해하고, 의사소통에 몰두하게 된 계기가 있습니다. 과거 뇌출혈을 겪은 겁니다. 박 교사는 8년 전 뇌출혈로 언어능력을 일부 상실했습니다. 일주일 정도 후에 다행히 언어능력은 돌아왔지만, 박교사는 많은 것을 느꼈습니다. 박 교사는 "책을 읽어 주는데 의사가 내 말을 알아듣지 못할 때의 고통과 답답함을 기억한다."면서 "장애학생들도 나에게 무엇인가 말하고 표현하고 있지만, 내가 그것을 듣지 못하고 놓쳐 왔다는 것을 깨달았다."고 말했습니다.

장애학생의 의사소통을 위해 노력해 온 박 교사에게 언제 가장 보람을 느끼냐고 물었습니다. 박 교사는 "장애 학생이 내 곁으로 와 씨익 한번 웃어줄 때 뿌듯함을 느낀다."고 말했습니다. 의사소통의 기본인 미소를 서로 나눌 때라는 것입니다. 박 교사는 "장애 아이들은 눈빛을 통해서나, 몸짓을 통해서나 분명히 표현을 한다."면서 "그런 표현을 놓치지 않고 끝까지 포착해내는 것이 내가 할 일"이라고 밝혔습니다.

출처: KBS 뉴스(2017. 4. 21).

4) 지체장애 학생을 위한 보조공학

(1) 이동보조 장치

지체장애 학생들의 이동을 보조할 수 있는 대표적인 장치로는 휠체어가 있다. 휠체어는 구동 방식에 따라 수동식과 전동식이 있으며, 사용 용도에 따라서 실내용, 실외용, 침대형, 스포츠형 등이 있다.

휠체어 이외에 지체장애 학생들의 이동을 보조해 줄 수 있는 장치로는 지팡이(cane), 크러치(crutch), 그리고 워커(walker) 등이 있다. 지팡이는 보행능력이 있는 지체장애 학생들이 보행 중 균형을 유지하고 안정성을 확보하기 위한 간단한 이동 보조장치이다. 크러치는 나무로 만들어진 것이 대부분이어서 목발이라고 부르기도 하며, 겨드랑이에 끼고 크러치와 불편한 발이 먼저 내딛도록 해서 이동하는 장치이다. 워커는 혼자 보행하기에 근력, 조정력, 평행유지 등이 힘든 경우에 사용하는 것으로 주로 근거리 이동에 사용된다. X자 형 걸음으로 걷는 데 사용되는 지그재그 워커, 바퀴가 달린 구동워커, 한쪽 다리가 불편한 경우에 한쪽을 지지할 수 있도록 도와주는 사이드 워커 등이 있다(김남진, 김용욱, 2017).

(2) 컴퓨터 접근성 확보를 위한 장치

지체장애 학생의 컴퓨터 접근을 위해서 필요한 공학 장치로서 대체키보드(alternative keyboard)가 있다. 대체키보드란 표준 키보드를 사용함에 있어서 불편함이 있는 장애학생을 위해 고안된 것으로, 소형 키보드, 대형 키보드, 화면 키보드, 한손 키보드 등이 있다.

지체장애 학생이 일반적인 키보드를 사용할 때에 다른 키를 건드리지 않고 원하는 키를 찾아 정확하게 입력할 수 있도록 해주는 키가드(key guard)가 있다. 이것은 일반 키보드 위에 덮는 형태이며, 키를 누를 수 있는 부분만 구멍이 뚫려 있고 딱딱한 재질로 되어 있어서 손이 불편한 지체장애 학생도 실수로 옆의 키를 함께 누르지 않도록 도와준다.

마우스를 사용하는 것이 어려운 지체장애 학생을 위해서 필요한 장치로서 조이스틱과 트랙볼(tackball)이 있다. 조이스틱은 마우스와 같이 컴퓨터 화면상의 커서를 이동 및 조작할 수 있도록 하는 것으로, 손사용 능력이 부족한 지체장애 학생들이 조이스틱을 잡고 간단한 조작으로 컴퓨터를 사용할 수 있도록 한다. 그리고 트랙볼은 볼 마우스를 뒤집어 놓은 형태로 이루어져 있는데, 지체장애 학생이 볼을 손가락이나 다른 신체부위를 사용하여 굴려서 커서를 원하는 위치에 놓고 선택할 수 있도록 하는 것이다. 이러한 트랙볼은 손 사용능력이 매우 낮은 경우에 컴퓨터를 사용할 수 있도록 돕는다(김남진, 김용욱, 2017).

[대체키보드]   [트랙볼]

[그림 12-4] 지체장애 학생을 위한 대체키보드와 트랙볼

출처: http://atrac.or.kr/support.

요약

　장애학생을 위한 공학적 접근은 교육공학(educational technology) 측면과 보조공학(assistive technology) 측면으로 나누어 볼 수 있다. 장애학생들에게 적절한 교수방법 및 교수매체를 제공하여 특수교육의 효과성을 증진시키는 것을 목적으로 하는 것은 교육공학적 접근이다. 그리고 장애학생이 물리적 환경에 대한 접근은 물론 생활과 학습에 대한 지원을 해서 개인의 독립성을 증가시키는 것을 목적으로 하는 것은 보조공학적 접근이다.

　장애학생에게 교육공학을 활용할 수 있는 유형은 교육용 애플리케이션과 디지털교과서, 학습관리시스템과 소셜네트워킹, 가상현실과 증강현실 등이 있다. 그리고 이러한 공학을 장애학생에게 효과적으로 활용하기 위해서는 정보의 접근성과 보편적 학습설계를 중요하게 고려해야 한다.

　장애영역별로 활용될 수 있는 보조공학의 유형을 살펴보면 다음과 같다. 시각장애 학생을 위해서는 스크린리더, 점자정보단말기, 화면확대프로그램, 확대독서기 등이 있고, 청각장애 학생을 대상으로는 보청기와 청각지원 장치 등이 있다. 의사소통장애 학생을 위해서는 보완대체의사소통을 위한 의사소통판과 애플리케이션이 있고, 지체장애 학생을 대상으로는 휠체어, 컴퓨터 접근을 위한 대체키보드 키가드, 조이스틱, 트랙볼 등이 있다.

논의해 볼 문제

다음 글을 읽고 장애인을 위한 공학의 현실과 개선방안에 대하여 논의해 보자.

> **장애인 가로막는 문턱 낮춘 '디지털 시대'**
> **그러나 '현실의 법'들은 깜깜하기만…**
>
> 　시각장애 학생이 책을 읽고 교과서로 공부를 할 수 있는 가장 효과적인 방법은 디지털 기술을 사용하는 것이다. 그러면 시각장애인도 점자정보단말기나 음성 낭독 프로그램으로 쉽게 책을 읽을 수 있다. 이는 휴대성이 좋은 데다 검색도 쉽다. 그런데 이게 또 험난한 산이다. 출판사는 저작권 침해를 걱정해 디지털 파일을 넘겨주길 꺼린다. 디지털교과서도 여전히 시범사업 수준에 머물러 있다.
>
> 　디지털 파일을 '어떻게' 공급받느냐도 중요한 문제다. 출판사는 마지못해 파일을 넘겨주더라도 애초 출판용으로 만들었던 인디자인이나 PDF 파일로 넘겨주기 일쑤

다. 그러다보니 시각장애인은 파일을 받아도 점자단말기나 개인 기기에서 읽을 수 있는 파일로 다시 변환하는 과정을 거쳐야 한다. 미국은 장애인도 오디오북이나 점자단말기 등에서 손쉽게 읽을 수 있도록 XML 기반의 '국가교수학습접근성표준(NI-MAS)'이란 기술 표준을 일찌감치 정하고, 출판사가 이를 의무 제공하게 했다. 이건 출판사의 선의나 의무에만 기댈 문제가 아니다. 국가 표준을 서둘러 정하고, 기존 출판용 파일을 이 형식으로 손쉽게 바꿀 수 있는 변환 도구를 정부가 나서서 개발·보급해야 한다.

출처: 한겨레21(2015.7.9.).

제13장
특수교육 관련서비스와 가족지원

┃지은┃

“

미래의 특수교사들은 (장애학생을 위하여) 특별하게 설계된 수업과 지원을 위한 훈련 가이자 조언가, 코치, 협력중재자 그리고 실행자로서 준비되어야 할 필요가 있다. 다시 말해, 특수교사들은 다양한 환경과 상황에서 일할 수 있는 유연하고 통합적인 능력을 갖춘 중재자로서 훈련될 필요가 있다.

– Simonsen et al., 2010

”

청각장애와 발달장애를 가진 중학생 딸을 둔 40대 엄마입니다. 힘겹게 아이를 키우며 찾아온 우울증에 극단적 생각을 한 게 한두 번이 아닙니다.

〈인터뷰〉
장애아동 엄마(음성 변조): "이 현실에서 벗어나고 싶어요. 이 자식이, 장애 자식이 있는 이 가정을 뚝 떠나고 싶어요. 내 자식하고 나만 둘이 없어지면 어떨까."

정부 조사 결과, 우울증이 의심되는 장애인 보호자는 절반이 넘는 52%. 16 이상이면 증상이 의심되는 우울지수의 평균(19.43)이 일반 국민(5.03)이나 저소득층(11.92)보다 월등히 높았습니다.

〈인터뷰〉
김OO(미술치료사): "하루 종일 그 아이의 심리적인 케어(돌봄)부터 신체적인 케어, 그리고 그게 평생 동안 이뤄진다는 게 가장 큰 어려움이시고. 그러다 보면 부부간의 갈등이 더 심화되는 그런 문제점이 많이 있습니다."

장애가 없는 다른 자녀 역시 정신적 고통이 크긴 마찬가지입니다. 장애 형제 중심으로 돌아가는 가정 환경 속에서 '내게도 관심을 달라'고 호소합니다.

〈녹취〉
비장애 형제 공연: "네가 있어서 행복해. (네가 있어서 행복해.) 이 말을 듣고 싶어."

현재는 장애아동 지원 프로그램의 대부분이 아동 본인에게만 집중된 상황. 이를 보호자와 다른 자녀까지 함께하는 '가족 치료'로 확대해야 한다고 전문가들은 조언합니다.

출처: KBS 뉴스(2013.10.28.).

1. 특수교육에서 협력적 접근이 지니는 의미와 중요성은 무엇인가?
2. 특수교육 관련서비스의 구체적 사례는 무엇인가?
3. 장애학생 가족지원의 개념과 필요성에 대해 이해하고 있는가?

1. 특수교육에서 말하는 협력적 접근은 교실 및 학교 차원에서만 유효하다?

협력적 접근에서 말하는 참여대상자는 특수교사와 일반교사뿐만 아니라 부모, 동료교사, 학교관리자, 특수교육 기타서비스 제공자(언어치료사, 물리치료사, 작업치료사, 상담가 등), 또래 친구, 형제자매 등 모두 포괄하는 의미로 사용된다. 그러므로 협력적 접근은 교실 및 학교 차원을 넘어 가정과 지역사회 차원에서도 유효하다.

2. 특수교육 관련서비스는 장애아동을 위한 학업 관련 지원서비스를 주로 말한다?

특수교육 관련서비스는 특수교육대상자의 교육을 효율적으로 실시하기 위하여 필요한 인적-물적 자원을 제공하는 서비스로서, 상담지원, 가족지원, 치료지원, 보조인력 지원, 보조공학기기 지원, 학습보조기기 지원, 통학지원 및 정보접근 지원 등을 포함하기에 단순한 학업지원서비스를 넘어서는 개념이다.

3. 장애학생 가족지원은 장애학생 본인과 주양육자에게 집중된 형태로 이루어져야 한다?

가족지원은 장애학생 가족의 기능을 향상시키기 위하여 제공되는 교육 및 복지서비스를 말한다. 가족이 독립적으로 문제를 해결할 수 있는 기능과 능력을 향상시키고 일부 가족구성원의 희생을 억제하고 가족 전체의 통합을 위한 서비스를 지향하고자 하기에, 장애학생 당사자와 주양육자와 같은 일부 가족구성원에게만 집중되는 가족지원은 일반적으로 지양된다.

1. 협력적 접근 기반 특수교육 관련서비스

1) 협력적 접근

통합교육이 활성화되면서 장애학생을 위한 교육적 지원이 특수학급 교사와 부모 등과 같은 주양육자만의 일이라는 기존의 인식에 변화가 발생하고 있다. 특히, 2007년에 제정된 「장애인 등을 위한 특수교육법」 내의 ① 권역별 특수교육 지원센터 설립, ② 특수교육 관련서비스, ③ 특수교육보조원, ④ 원적학급 담임교사 그리고 학교관리자의 책임 강화 등의 규정은 특수교육 서비스 내 협력적 접근의 필요성을 제도적으로 뒷받침하고 있다.

(1) 협력적 접근의 의미

협력은 공동의 목표를 공유하는 당사자들이 목표를 달성하기 위해 함께 논의하고 노력하는 과정을 말한다. 특수교육에서의 협력적 접근 역시, 장애학생의 교육적 목표 달성을 원하는 두 명 이상의 사람들이 ① 장애학생의 교육적 목표 및 계획을 세우고, ② 문제를 확인 및 진단하고, ③ 문제해결을 위한 정보 및 의견을 나누고, ④ 문제를 해결하고, ⑤ 결과를 평가하며 함께 일하는 것을 말한다(Snell & Janney, 2005; 이소현, 2005). 교육현장에서 이러한 협력적 접근이 효율적으로 이루어지기 위해서는 크게 네 가지의 특성이 요구된다(Friend & Cook, 2003; 김동일, 손승현, 전병운, 한경근, 2010). 첫째, 참여자들이 의사결정과정에서 동등한 역할과 힘을 지니고 있어야 한다. 일반교사-특수교사, 특수(일반)교사-부모 등과의 관계에서 참여자들은 장애학생의 교육적 목표 달성을 위해 동등한 역할에 있음을 인지하고 의사결정과정에 적극적으로 참여해야 한다. 둘째, 참여자들은 공동의 목표가 있어야 한다. 공동의 목표를 공유하지 못한 참여자들은 의사결정이나 자원 공유과정에서 어려움을 겪게 되고 교육결과를 평가하면서 갈등을 경험할 수 있게 된다. 셋째, 참여자들은 참여와 의사결정 과정에 대한 책임의식을 공유해야 한다. 협력적 접근이 효과적인 교육결과로 이루어지기 위해서는 협력과정 전반에 걸쳐 참여자들이 책임감을 가지고 참여해야 한다. 마지막으로, 참여자들은 자원을 공유하여야 하고 교육결과에 대해 책임의식을 가

장애인 등을 위한 특수교육법

2007년 공포된 이 법의 제정으로 특수교육은 특수교육대상자에게 적합한 교육과정과 관련서비스를 어떻게 제공할 것인가에 초점이 맞추어지게 되었다. 특히, 제2조제2항에서는 관련서비스의 종류에 대해 상세하게 언급하고 있으며, 장애학생의 생애주기에 따른 교육을 강조하고 장애학생 교육을 지원하는 참여당사자들의 협력적 관계에 대한 책무 역시 언급하고 있는 것이 이 법의 대표적 변화이자 특징이라 할 수 있다.

겨야 한다. 일반교사는 원적학급에 소속된 장애학생의 교육이 특수교사의 책무라 생각하지 않아야 하고, 특수교사는 일반교사 및 학교관리자들이 장애학생의 교육적 결과에 대한 공동의 책무를 가지고 있음을 주지시키고 독려하며 협력적 관계를 구축해야 한다.

(2) 협력적 접근의 중요성

2000년대에 들어 특수교육 서비스 제공과정에서 협력적 접근이 더욱 강조되고 있다. 미국의 특수교육연구자와 특수교사들의 대표적 연합체인 특수교육협회(Council for Exceptional Children: CEC, 2010)에서는 특수교사는 협력적 접근을 위하여 참여 당사자(부모, 동료교사, 학교관리자 등)들과의 의사소통과 협력의 중요성을 알고, 개별화 교육 프로그램(IEP) 작성과정과 학업 환경의 통합과정에서 참여 당사자들과 협력하기 능력을 향상시켜야 한다고 제안하였다.

특수교사와 일반교사는 장애학생의 직접교수에 집중하다보니, 부모나 다른 교사 및 전문가들과 장애학생의 문제를 공유하고 해결을 위한 의사소통에 어려움을 겪는 경우가 많았다(Turnbull, Turnbull, & Wehmeyer, 2010; 이소현, 박은혜, 2011). 그래서 특수교육의 협력적 접근을 다룬 관련 선행연구들은 특수교사의 협력적 역량과 특수교사 양성과정에 대한 비판적 성찰을 언급하기도 했다. Bowe(2005)는 다수의 특수교사들이 분리교육 상황에 비해 통합교육 상황에서의 교육적 지원 방법에 대해 훈련을 제대로 받지 못했다고 지적하였다. Simonsen과 동료들(2010) 역시 특수교사들은 다면화된 교육환경에서 일할 수 있는 유연하고 통합적 역량을 갖춘 협력중재자로 훈련되어야 하며 현재의 특수교사 양성과정은 개선되어야 함을 주장하였다. 우리나라 역시 특수교사의 협력적 역량이 강조되어야 한다는 목소리가 힘을 얻고 있는 추세다(김성애, 2008; 박소영, 신현기, 2007; 윤미경, 이병인, 2015; 정은희, 허유성, 2010).

▌학교 및 교실 실천 사례 ▌

협력적 접근 기반의 통합교육 우수 사례

"우리 반을 난초향이 뒤덮는 반으로 만들겠습니다."

정OO(13 · 서울 OO중) 군이 올 9월 이번 학기 반장선거 유세 때 했던 말이다. 도덕 교과서에 나오는 공자의 말을 빗대 얘기한 것이다. 선한 사람과 함께 있으면 난초향이 있는 방에 들어가는 것과 같아, 자신도 그 사람처럼 동화된다는 것이다. 그 말이 인상적이었던 친구들은 정 군을 회장으로 뽑았다. 친구들은 정 군이 "착하고 공부도 잘해서 본받을 점이 많다."고 입을 모았다. 그에게는 이 외에도 특별한 점이 있었다.

선천성 시신경 위축으로 1급 시각장애를 갖고 있는 정군의 곁에는 항상 공익근무요원이 앉아 있다. 그는 교과서를 읽어주고 필요할 때는 말로 설명해 주며 학교생활에 도움을 준다. 이는 「장애인 차별금지 및 권리구제법」과 「장애인 등에 대한 특수교육법」에 따라 장애학생에게 관련서비스를 지원하도록 한 것이다. 여학생은 여자 보조원을 둘 수 있고, 학교를 졸업할 때까지 지원받을 수 있다. (중략)

지난 22일 찾아간 OO구 OO중학교에는 정 군을 포함해 현재 시각장애 학생 3명, 정신지체 학생 2명, 학습장애 학생 1명이 공부하고 있다. 약시 정도인 5, 6급 시각장애 학생은 일반 교과서를 크게 제작한 확대교과서로 공부가 가능하다. 하지만 국정교과서만 확대교과서가 있고 검인정교과서는 지원이 안 된다. 이 학교는 검정교과서의 경우 자체적으로 제본업체에 맡겨 교과서를 만들고 있다. 약시인 배OO(13) 군은 "확대교과서로 공부하는데, 국정교과서에 비해 검정교과서는 튼튼하지 못하고 잘 찢어져서 불편하다."고 말했다.

OO 군과 OO 군의 담임을 맡고 있는 손OO 교사는 학기 초 아이들에게 부모님을 칭찬하는 일기를 쓰게 한 뒤 학부모들을 모두 초청해 발표하는 자리를 마련했다. 손 교사는 "그때 OO이가 발표하는 것을 보고 다른 부모들도 장애학생을 이해하는 데 도움이 된 것 같다."며 "평소에도 장애 학생들이 모범적이고 성실해 다른 아이들에게 귀감이 되고, 학생들에게 설문조사를 해도 항상 칭찬의 말을 듣는다."고 덧붙였다.

또한 이 학교는 '굿프렌드'라는 또래도우미 제도를 운영한다. OO 군의 굿프렌드인 김OO(13) 군은 OO 군과 등하교를 같이 하고 공익근무요원이 휴가를 가면 대신 교과서를 읽어주고 동아리나 체험활동도 도와준다. 초등학교 때부터 '절친'이라 학교 밖에서도 자주 어울린다. 김 군은 "OO이가 야구를 좋아해 야구장도 같이 간다. OO이가 워낙 착실한 애라 도와주면서 오히려 내가 더 많이 배운다."고 말했다. 옆에 있던 다른 친구들도 OO이에게 질문을 던지자 대신 대답을 할 정도로 OO이가 했던 말이나 행동에 관심을 보이고 잘 알고 있었다.

우OO 특수학급 전담교사는 "통합교육을 할 때 무엇보다 교사 간의 협력과 학교 차원에서의 지원이 중요하다. 처음 통합교육 환경을 구성할 때 담임을 누가 맡을지, 학급 운영을 어떻게 할 건지 다 같이 이야기해 결정한다."고 말했다. 그러면서 "시각장애는 그나마 교구 수정만 하면 되는데, 정신지체는 아무래도 신경 쓸 부분이 더 많기 때문에 힘들다. 그래서 학급 인원을 줄이는 게 좋다고 생각한다. 예를 들어, 30명이 넘는 학생을 교사 한 명이 돌보기도 힘든데 통합교육을 하는 교실의 경우 일반 학급에 비해 10명 정도 줄이는 게 적합하다."고 덧붙였다.

중증 시각장애 학생은 공익요원이 교실에 상주해 있지만 정신지체 학생의 경우 주의가 산만하고 문제행동을 일으켜 막막해하거나 꺼리는 교사도 가끔 있다고 한다. 이를 위해 OO구 OO초등학교 장OO 교장은 '특별한 배려'를 하고 있다. 그는 자발적으로 장애학생을 맡는 교사들에게 성과급을 주고, 가능한 한 전입생을 배정하지 않는 등 학급 인원수를 최소로 해 준다. 또한 전체 학부모를 대상으로 장애인식 교육을 실시하고, 교직원들도 모두 통합교육 연수를 받도록 했다.

현재 이 학교는 특수교육을 전공한 과학, 체육 과목의 협력수업 강사 2명과 특수교사 2명이 있다. 체육 수업의 경우, 협력수업 강사의 도움을 받아 비장애학생이 번갈아가면서 장애학생과 모둠활동을 하거나 단체로 체육 활동을 한다. 협력수업의 경우 일반 교과보다 함께 몸을 부대끼고 활발한 예체능 수업이 더 수월하고 잘 이루어진다.

장 교장은 "통합교육을 활성화하기 위해서는 학교 관리자와 교사의 의지가 중요하다."며 "이전에는 장애학생을 일반 학급에 넣더라도 비장애학생과 분리해 개별 교육을 시켰지만, 진정한 통합교육이 이뤄지기 위해서는 일반 교육과정 속에 흡수시켜서 똑같은 수업을 받도록 해야 한다."고 말했다. 그러면서 "이를 위해 보조교사를 많이 충원해서 담임교사와 함께 사전교육을 철저히 하고, 교육 목표부터 내용, 자료, 평가에 이르기까지 전반적인 교육과정 수정도 이뤄져야 한다."고 힘주어 말했다.

김OO 특수교사는 "통합교육 우수사례로 뽑힌 학급 중에 교과서 준비, 이동도우미, 화장실 같이 가주는 등 '역할도우미'를 만들어 서로 다름을 이해하고 장애학생과 자연스레 어울리도록 하는 반도 있다."며 "하지만 반마다 차이가 크기 때문에 궁극적으로는 특수교사의 수를 늘려야 한다. 협력수업 강사도 특수교사가 하는 게 맞지만 지금은 장애학생의 통합수업 시수도 많고, 저와 진행하는 개별 학습도 많기 때문에 힘든 상황"이라고 털어놨다. 학교마다 차이가 있지만 보통 장애학생이 일반 학급에 속해서 통합수업을 듣고 필요한 경우에는 개별학습실에서 특수교사와 수업을 따로 진행한다. 이 학교는 학기 초 담임교사와 특수교사, 학부모가 회의를 통해 참여할 수업과목을 결정한다.

출처: 한겨레신문(2012. 10. 29.).

2) 특수교육 관련서비스 및 서비스 지원 모델

(1) 특수교육 관련서비스

「장애인 등을 위한 특수교육법」은 이전의 「특수교육진흥법」에서 크게 달라진 몇 가지 내용을 포함하고 있는데, 특수교육 관련서비스를 교육과정과 독립하여 구체적인 서비스 형태로 언급하고 있는 것이 대표적인 변화 중 하나이다. 「장애인 등을 위한 특수교육법」 제2조제2호에 따르면 '특수교육 관련서비스는 특수교육대상자의 교육을 효율적으로 실시하기 위하여 필요한 인적-물적 자원을 제공하는 서비스'를 말한다. 특수교육 관련서비스는 상담지원, 가족지원, 치료

지원, 보조인력 지원, 보조공학기기 지원, 학습보조기기 지원, 통학지원 및 정보
접근 지원 등을 포함하고 있어(〈표 13-1〉 참조), 이전의 소극적인 교수적 지원에
서 크게 확장된 양상을 보인다. 최근에는 관련서비스를 별도의 치료실이 아닌
교육현장의 교육과정 속에 자연스럽게 통합하는 모델이 강조되고 있다(강혜경,
박은혜, 2005; 표윤희, 박은혜, 2010). 특히 관련서비스의 경우 서비스 제공의 주체
가 특수교사나 일반교사가 아닌 다른 전문가들인 경우가 많아 장애학생의 교육
적 목표 달성을 위해 교사, 부모, 그리고 관련서비스 제공자 사이의 협력적 관계
는 자연스레 강조된다.

〈표 13-1〉 **특수교육 관련서비스 종류 및 세부내용**

- 가족지원
  - 가족상담, 양육상담, 보호자 교육, 가족지원프로그램
  - 가족지원은 학교별 · 교육지원청별로 운영계획을 수립하여 제공
- 치료지원
  - 물리치료, 작업치료
  - 중도 · 중복학생을 위한 치료지원 강화
  - 특수교육지원센터 또는 특수학교에 치료실을 설치 및 운영
- 보조인력 제공
  - 교수학습활동, 신변처리, 급식, 교내외 활동, 등하교 지원
- 각종 설비 제공(보조공학, 학습보조)
  - 장애인용 각종 교수, 각종 학습보조기, 보조공학기기
- 통학지원
  - 통학차량, 통학비, 통학 보조인력 지원
  - 현장체험학습, 수련회 등 학교 밖 활동에 참여할 수 있도록 조치
- 기숙사지원
  - 기숙사를 설치 · 운영하는 특수학교는 생활지도원과 간호사(또는 간호조무사)를 두어
    야 함
- 정보제공
  - 각급 학교에서 제공하는 각종 정보는 특수교육대상자의 장애유형에 적합한 방식으로
    제공

(2) 특수교육 및 관련서비스의 제공을 위한 협력팀 구성

장애학생을 위한 효과적인 교육과정과 관련서비스를 제공하기 위하여, 통합
교육을 위한 협력팀 구성이 필요하다. Snell과 Janney(2005)가 제안한 특수교육
협력팀 모형은 핵심 협력팀과 전체 협력팀을 [그림 13-1]과 같은 형태로 제안하

고 있다. 핵심 협력팀은 학생 본인, 일반교사, 특수교사, 가족 구성원, 보조원 등
으로 구성되며, 확장된 전체 협력팀에는 일반교사와 특수교사를 제외한 다른 교
과담당 교사들, 관련서비스 제공자(언어치료사, 물리치료사, 작업치료사 등), 또래
친구, 친인척, 보건교사, 상담교사 등이 포함된다.

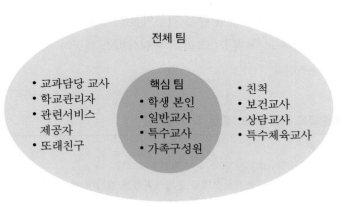

[그림 13-1] **통합교육을 위한 협력 팀 구성**

출처: Snell & Janney (2005), p. 9에서 표 일부 수정 및 재구성.

2. 장애학생 가족지원

장애아동의 출생은 부모는 물론 가족 구성원 모두에게 큰 충격을 주며 우울
감이나 상실감을 경험하는 경우가 많다. 이러한 어려움을 심리적으로 수용하고
극복하는 단계로 넘어간 이후에도 많은 장애학생 부모들은 육체적-경제적 부
담을 경험하게 되면서 다시 초기단계의 심리과정을 반복하기도 한다. 사실 가
족은 장애아동의 인생에 강력한 영향을 끼치며 최초의 교사이자 수많은 격려와
피드백을 제공하는 사람이다. 그러므로 가족 및 부모가 가족 내 장애아동에 대
하여 가지는 심리적 반응과 태도는 이후 장애학생의 성공적인 교육지원 및 사회
적 통합에도 결정적인 영향을 미치게 되며, 장애학생 가족지원의 중요성은 학교
차원의 교육적 지원 못지않게 강조된다.

1) 장애학생 부모의 심리 및 갈등

(1) 장애 수용 단계 및 갈등 유형

장애아동이 한 가정에 태어난 이후 부모가 장애아동의 장애를 수용하는 심리적 단계를 Kubler-Ross(1969)는 5단계로 나누어 정리하였다. 첫 번째 단계는 충격, 불신, 부정 단계, 두 번째 단계는 분노와 분개 단계, 세 번째 단계는 타협 단계, 네 번째 단계는 우울과 좌절 단계, 마지막 단계는 수용 단계를 칭한다. 〈표 13-2〉에서는 장애 수용 단계의 세부적 특성을 제시하였다.

〈표 13-2〉 **장애학생 부모의 장애 수용 단계 및 특성**

단계	특성
충격, 불신, 부정	• 장애를 부인하려 할 수 있다. • 장애진단을 의심하고 희망적인 진단을 기대하며 여러 병원을 찾아갈 수 있다. • 장애진단 수용이나 필요한 자원 제공을 거부할 수 있다.
분노, 분개	• 도움을 주려는 주변인에게 화를 낼 수 있다. • 비장애아를 키우는 지인들에게 분개할 수 있다. • 장애아동이 태어난 것에 대한 불공평한 감정을 느낄 수 있다. • 장애진단의 정확성을 의심하고 논쟁하려 할 수 있다.
타협	• 장애를 없애기 위해 무엇이든 하려는 믿음을 가질 수 있다. • 신에게 의지하며 매달릴 수 있다.
우울, 좌절	• 현실을 수용하기 시작하며 슬퍼할 수 있다. • 아이의 강점보다 결함을 보려할 수 있다. • 비장애아동과 비교하며 슬퍼하고 염려할 수 있다.
수용	• 아이의 강점에 주목할 수 있다. • 긍정적이고 주도적인 입장과 태도를 가지고 삶을 개선하려 노력할 수 있다.

출처: O'Shea, Algozzine, & Hammitte (2001)에서 표 재구성.

(2) 장애학생 부모상담 시 유의점

협력적 접근에 기반한 특수교육 서비스 제공에 있어 교사와 장애학생의 부모 간 협력은 필수적이다. 장애학생 부모와의 상담은 이러한 협력관계를 촉진시킬 수 있는 중요한 기제로 작용할 수 있는데, 교육전문가인 일반교사와 특수교사는 부모와의 상담과정에서 몇 가지 사항을 고려하여 접근하는 것이 효율적이다. 부모와 교사 모두 장애학생의 교육적 성공과 사회적 통합을 바라는 목표는 동일하나, 어떠한 교수 및 서비스 제공전략이 최선인가에 대한 의견 차이는 충분히 발생 가능하다.

다음은 장애학생 부모와 교사 간의 갈등을 야기할 수 있는 것으로 알려진 요인들로서 교사가 학부모와의 상담과정에서 유의해야 할 점들이다(Heward, 2012). 첫째, 교사는 부모를 취약한 내담자가 아닌 동등한 협력자로 보아야 한다. 일부 교사들은 부모를 불편하게 하는 또는 귀찮게 하는 존재로 인식하는 경우가 있다. 교사는 부모와 가족들이 제공하는 중요한 자원을 필요로 함을 기억하고 동등한 협력자로 존중해야 한다(Sonnenschein, 1981). 둘째, 전문가적 거리감을 유지하되 무관심하거나 냉담한 태도로 보이지 않도록 해야 한다. 교사들은 교육전문가로서의 객관성과 신뢰감을 유지하기 위해 거리감을 두는 경향을 보이지만, 이러한 태도는 자칫 부모-교사 관계를 방해할 수 있으므로 유의해야 한다(Nelson, Summers, & Turnbull, 2004). 셋째, 부모를 상담이 필요한 사람으로 간주하는 것을 조심해야 한다. 장애학생을 두고 있는 부모는 상담이나 치료가 무조건적으로 필요할 것이라는 단정적 태도는 부모에게 또 다른 좌절감을 경험하게 할 수 있으므로 유의해야 한다(Rao, 2000). 넷째, 부모를 나무라지 않도록 해야 한다. 많은 부모는 자녀의 장애에 죄책감이나 우울감을 경험한다. 그러므로 부모를 탓하기보다는 협력적으로 문제를 풀어가는 것에 초점을 두어 부모-교사의 협력적 관계가 견고해지도록 노력해야 한다(Singer, Powers, & Olson, 1996). 다섯째, 부모의 정보와 제안을 경시하지 않도록 해야 한다. 교사들은 때론 장애학생의 부모들이 유용한 정보를 얻기에 필요한 기술을 충분히 갖추지 못했다고 판단하여 부모에게 또 다른 좌절감을 경험하게 해서는 안 된다(Rao, 2000). 마지막으로, 부모를 유형화하거나 적으로 간주하지 않도록 해야 한다. 일부 교사들은 부모들과 이전에 겪었던 부정적 기억으로 인하여 부모의 유형을 분류하는 양상을 보이기도 한다. 이는 오만한 태도이며, 새로운 상황과 대처가 요구되는 장애학생을 위한 교육적 지원에 부정적 영향을 주게 된다.

> ### 마음으로 들여다보기
>
> 다음은 장애학생 부모를 상담한 교사의 이야기를 보여 주는 사례이다.
>
> "우선 처음 만났을 때는 얘기를 많이 들어주자 생각합니다. 그냥 들어주는 것
> 만으로도 부모님들하고 뭔가 친해지기 수월하니까요. 처음 만나서 어머님이 오
> 시면 그동안 쌓였던 감정이나 그런 것 얘기하시더라고요. 그래서 어머님 얘기를
> 듣다가 울기도 하고… 그 후에 어머님은 제가 자기 얘기를 듣고 공감해 주는
> 것을 보고 이제 제가 어머님한테 뭘 요청을 하면 잘 따라오시더라고요. 그 이후
> 로 부모님이 공감해 주는 걸 많이 바라는구나 라는 생각을 했었어요(교사 F)."

출처: 이미숙(2017).

2) 가족지원

(1) 가족지원의 개념 및 원리

가족지원은 가족의 기능을 향상시키기 위하여 설계 및 제공되는 교육 및 복
지 서비스를 말한다. 그리고 가족지원의 궁극적 목표는 가족이 교육 및 복지 서
비스의 수혜자로 머무르지 않고 가족 내에서 발생할 수 있는 문제를 독립적으로
해결할 수 있는 기능과 능력을 강화하는 데 있다. 장애학생의 가족들이 스스로
의 양육 기능을 강화하기 위하여 필요한 체계적 가족지원은 크게 정서적 지지,
평가적 지지, 정보적 지지, 도구적 지지로 나누어 살펴볼 수 있다(House, 1981).

장애학생의 가족지원에서 교육 및 복지 프로그램의 성공적인 계획 및 운영을
뒷받침하는 주요 원칙에 대하여, Dunst와 그의 동료들은(1991) 여섯 가지의 주
요 원리를 제안하였다. 첫째, 공동체 의식을 증진시키는 방식(예: 같은 유형의 장
애가 있는 가족 모임)으로 제공되어야 한다. 둘째, 가족이 이미 가지고 있는 비공
식적 자원에 대하여 살펴봐야 한다. 셋째, 가족의 독립적 기능 강화를 위하여 가
족지원 프로그램 운영 시 가족을 존중하는 등 협력적 팀 접근이 이루어지도록
노력해야 한다. 넷째, 가족의 강점을 강조해야 한다. 다섯째, 가족 전체의 통합
성을 강조하며 가족 구성원 일부의 욕구를 억제시키거나 희생시키지 않아야 한
다. 마지막으로, 서비스 수혜자인 가족 구성원들의 욕구를 중심으로 가족지원
및 프로그램 설계가 이루어져야 한다.

▌학교 및 교실 실천 사례▐

가족이 행복해야 발달장애 자녀도 행복

다른 이가 내 고민을 해결해 줄 순 없지만 들어주는 것만으로 위안이 될 때가 있다. 장애아를 키우며 속앓이하는 부모에게 이런 '상담'은 더욱 절실하다. 서울 OO구가 OO장애인가족지원센터를 만든 것도 이 부모들을 위해서다.

8일 서울에서 처음 문을 연 OO장애인가족지원센터는 발달장애아를 둔 부모를 위한 공간이다. 아이를 돌보다 부모 모두 지쳐서 가족이 해체되는 상황에 이르지 않도록 해보자는 취지다. 장애인을 직접 돕는 것이 아니라 그 가족을 도와서 궁극적으로는 그들끼리 자조(自助)모임을 만들게 해 보자는 것이다. 다른 광역단체들이 10년 전부터 이런 장애인가족지원센터를 만든 것에 비하면 늦은 편이다.

16일 지원센터가 입주한 농수산식품공사 OO지사 2층에는 발달장애아를 키우는 어머니 15명이 모였다. 이OO '장애부모 동료상담가 양성 과정' 강사가 아이들 이야기를 꺼냈다. "전화를 걸고 있거나 손님이 앞에 있는데 '1,000원만 (주세요)!' 하면서 귀찮게 하는 아이의 심리는 무엇일까요?" 웃음을 터뜨린 엄마들이 앞다퉈 말했다. "손님이 있으면 혼을 못 내고 1,000원을 준다는 걸 아니까." "어휴, 나는 화부터 나요." "저는 일단 전화를 끊어요. 안 그러면 제가 힘들기도 하고 통화도 어려워서…." 이 강사는 "엄마가 다른 데를 보고 다른 사람과 이야기하는 게 싫다는 거예요. 아이들은 엄마와 끊임없이 접촉해 소속감을 느끼고 싶고, 애정과 인정을 받고 싶은 욕구를 그렇게 표현해요."라고 말했다. 그렇게 2시간이 훌쩍 지났다.

이 과정을 통해 어머니들은 장애부모 동료상담가되기를 배운다. 내 아이를 이해하는 법도 배우지만 더 나아가 나와 비슷한 처지이면서 고민도 비슷한 다른 부모들을 상담해 주는 방법을 배운다. 그래서 동료상담가다.

왜 동료상담가가 필요한지를 이OO 지원센터장이 사례를 들어 설명했다. 한 70대 노모는 증상이 심하지 않은 40세 발달장애 아들과 기초생활수급 혜택만 받으며 집에 틀어박혀 살았다. 복지담당 공무원이 찾아가도 문을 열어 주지 않았다. 그러던 노모는 "저도 발달장애 아이를 키워요."라고 동료상담가가 문틈으로 말하자 그제야 문을 열었다. 이 지원센터장은 "'엄마가 죽은 다음에도 자식들이 살아가는 방법을 알려주자'는 말에 노모는 닫힌 마음을 열었다."고 했다. 지원센터에서는 발달장애아의 취업, 결혼처럼 '선배' 부모가 미리 겪은 정보를 얻을 수도 있다.

지원센터는 '비장애 형제자매클럽'도 만들었다. 발달장애가 있는 형(언니 · 누나)이나 동생을 둔 아이들의 모임이다. 이 아이들은 부모가 형이나 동생에게만 관심을 쏟는다고 생각해 우울하거나 학교에서도 위축되는 경우가 많다. 이들이 가족의 상황을 자연스럽게 받아들이고 비슷한 경험이 있는 다른 집 아이들과 서로 의지할 수 있도록 했다.

　　지원센터는 ○○구에 사는 장애인(약 2만 8,000명) 가족만 올 수 있다. 그러나 ○○구나 ○○구에서도 "친척 장례식장에 잠깐 다녀와야 한다." "몸이 아파서 혼자 병원에 다녀오고 싶다." 등을 호소하는 전화가 온다. 내년에 ○○구와 ○○구에도 지원센터가 생기지만 이런 호소를 해소하기에는 역부족이다. 발달장애아 부모들은 지난해 서울시청 앞에서 대책을 세워 달라며 40일 넘게 농성을 벌이기도 했다. 이 지원센터장은 "부모들은 '긴급 돌보미'를 원하지만 담당 인력은 태부족이다. 가족이 행복해야 자녀도 행복할 수 있다."고 강조했다.

출처: 동아일보(2017.11.17.).

(2) 가족지원 프로그램과 개별화가족지원계획(IFSP)의 구성요소

　　장애학생 가족지원을 위하여 필요한 가족지원 교육 및 복지 서비스 프로그램을 설계하기 위해서는 각 프로그램의 구성요소에 대한 이해가 필요하다. 대표적 구성요소는 가족의 요구 중심의 실천, 가족 내 강점 중심의 실천, 가족 주변의 자원 중심의 실천, 능력 중심 및 도움 제공의 실천 등을 말한다(Dunst & Trivette, 1994; 최민숙, 2002). 가족지원 프로그램이 실시된 이후에는, 해당 프로그램이 위에서 제시된 대표적 구성요소를 충분히 반영하여 설계되었는지 프로그램의 운영 결과가 가족지원 프로그램의 구성요소가 예측한 바를 잘 보여줬는지 여부를 평가해야 한다.

　　학령기 이전의 장애영유아들의 경우는 많은 시간을 부모와 가족들과 함께 보내기 때문에 부모의 영향력이 크다. 따라서 장애영유아를 위한 개별화계획을 설계하고자 할 때 가족참여는 필수적이다. 미국의 장애인교육법(IDEA)에서는 만 2세 미만의 장애영아와 그 가족을 위한 가족지원 서비스 제공을 위한 법적 문서로 개별화가족지원계획(Individualized Family Service Plan: IFSP)을 명시하고 있다. IFSP를 활용하여 장애학생 가족지원 서비스 제공자들은 가족에 대한 정보(자원, 우선순위, 관심 및 욕구)를 수집하고 영아의 능력과 욕구를 충족시키는 데 도움이 될 수 있도록 가족역량과 기능을 강화시켜야 한다([그림 13-2] 참조).

메릴랜드주 교육부 | 특수 교육/조기 개입 서비스과(Division of Special Education/Early Intervention Services)

메릴랜드 영유아 프로그램

개별화 가족 서비스 계획(IFSP)

추천 날짜:		IFSP 회의 날짜:		회의 유형:	☐ 중급 ☐ 초기 ☐ 6개월 검토 ☐ 기타 검토 ☐ 연간

자녀 및 가족 정보

자녀 이름(이름/중간 이름/성):			
생년월일:		ID 번호:		MA 번호:	
주소:			집 전화:	
부모/보호자/대리인 이름:			
주소:			집 전화:	
주소:			회사 전화:	
전자 메일:			휴대전화:	
연락하기 가장 좋은 시간:		가장 좋은 연락 방법:	☐ 집 전화 ☐ 회사 전화 ☐ 휴대전화 ☐ 전자 메일

IFSP 팀 구성원

이 IFSP의 개발에 기여한 팀 구성원은 다음과 같습니다.

_____   _____
부모/보호자/대리인   *부모/보호자/대리인*

_____   _____
서비스 코디네이터   *사정자/평가자/의료진*

_____   _____
임시/대체 서비스 코디네이터(해당하는 경우)   *사정자/평가자/의료진*

_____   _____
선임 기관 대표자(해당하는 경우)   *기타 참여자, 직위   기관*

서비스 코디네이터 정보

이 IFSP 또는 자녀 및 가족과 작업하는 담당자에 관해 궁금한 점이 있으면 서비스 코디네이터에게 연락해 주십시오.

서비스 코디네이터 이름:	
기관:	
주소	
회사 전화:	전자 메일:

계획된 IFSP 회의 날짜

6개월 IFSP 검토	연간 IFSP 검토	전환 계획 회의

[그림 13-2] 개별화가족지원계획(IFSP)의 해외 사례

출처: 미국 메릴랜드주 교육청 특수교육부서에서 배포한 한국어판 개별화가족지원계획(IFSP)의 일부.
　　http://marylandpublicschools.org/programs/Documents/Special-Ed/IFSP/IFSPFILLABLE2018_KOR.pdf

메릴랜드 개별화 가족 서비스 계획(IFSP)

자녀 이름:		ID 번호:		IFSP 회의 날짜:	

파트 II – 내 자녀와 가족의 이야기
섹션 C – 평가 요약: 기능 발달의 현재 수준

자격 평가 과정 동안 저희는 5가지 영역에서 귀 자녀의 발달 상태를 살펴보았습니다. 자녀 및 가족 평가 과정에서 일상의 활동과 일과에서 귀 자녀의 기능적 능력에 관한 정보를 모았습니다. 아동의 기능적 능력은 발달 영역과 겹치므로 두 부분을 결합하여 모든 기능적 능력, 강점 및 장애 사항을 세 가지 기능적 결과 영역으로 요약합니다. 이것은 저희가 발견한 사항의 요약이므로 저희의 계획은 자녀의 발달 강점과 관심사에 잘 부합합니다. 정보의 출처로 저희가 귀하와 나눈 대화, 귀 자녀의 일상적 일과 관찰, 자격 평가, 자녀 및 가족 평가 활동 및 외부 보고서가 포함될 수 있습니다.

또한, 저희가 함께 이러한 3가지 영역에서 자녀의 기능적 능력이 어떤지 같은 연령대의 다른 아이들과 비교하여 고려하고 파악하게 됩니다. 이를 통해 귀하가 좀 더 쉽게 일상적 활동에서 자녀의 발달과 참여를 지원할 수 있으며, 메릴랜드 영유아 프로그램에 참여함으로써 얻는 도움에 대해 저희가 파악하는 데 도움이 됩니다.

자격 평가(파트 I, 섹션 B) 및 자녀 및 가족 평가(파트 II, 섹션 A 및 B) 외에도, 이 요약을 기술하는 데 사용된 추가 평가 및 완료 날짜를 기록하십시오.

평가: _____　날짜: _____

평가: _____　날짜: _____

참고: 모든 발달 영역, 즉 인지, 의사소통(표현 언어 및 수용 언어), 사회성과 정서, 적응/자립 능력, 소근육 운동 능력, 대근육 운동 능력 등의 강점 및 약점을 다음 맥락 내에서 기능적으로 서술해야 합니다.
긍정적인 사회적 기술 및 관계 형성, 지식과 기술의 습득 및 활용, 요구 충족을 위한 적절한 행동 활용.

긍정적인 사회적 기술 및 관계 형성:
자녀가 부모, 보육 교사, 형제자매 및 다른 어린이 등 주변 사람들과 어떤 관계를 맺고 있는지를 의미합니다. 여기에는 의사소통, 감정을 분명하게 보여주고 자신의 행동을 조절하는 등 여러 가지 기술이 포함됩니다. 긍정적인 사회적 관계를 맺으려면 어린이가 차례를 기다리거나 함께 나누는 등 상호 작용하는 방식에 대한 규칙도 잘 따라야 합니다.

☐	☐	☐	☐	☐	☐	☐
자녀의 능력이 훨씬 더 어린 아이와 유사합니다. 자녀가 매우 초기 능력은 보이지만 이 영역의 즉각적인 기초 능력이나 연령대에 맞는 능력은 아직 보이지 않고 있습니다	자녀의 능력이 훨씬 더 어린 아이와 유사합니다. 자녀가 새롭거나 즉각적인 기초 능력 중 일부를 보이며, 이는 이 아동이 이 영역의 적절한 능력을 개발하는 데 도움이 될 것입니다	자녀의 능력이 더 어린 아이와 유사합니다. 자녀가 아직 연령대에 맞는 능력을 보이지 않고 있지만 이 영역을 발달시키는 데 필요한 여러 중요하고 즉각적인 기초 능력을 사용하고 있습니다	자녀가 연령대에 적합한 능력을 가끔 보이지만 이 아동의 능력은 이 영역에서 연령대에 맞는 능력보다 부족한 점이 더 많습니다. 자녀가 아직도 더 어린 아이와 유사한 능력을 보여줍니다	자녀가 연령대에 적합한 여러 능력을 보이지만, 이 영역에서는 실제 연령보다 약간 어린 아이의 행동으로 설명할 수 있는 기능 수행 능력을 지속해서 보여줍니다	자녀가 이 영역에서 해당 연령대에 적합한 능력을 갖추고 있지만 우려 사항이 있습니다	자녀가 이 영역에서 해당 연령대에 적합한 능력을 모두 갖추고 있습니다

귀하의 자녀가 지난 요약 이후 이 영역과 관련된 새로운 능력이나 행동을 보였습니까?	☐ 예	☐ 아니요	☐ 해당 사항 없음

자녀 및 가족 평가(파트 II, 섹션 C) - 2018년 6월 18일 개정　　　　　　　　　　　　　　　MD IFSP 10/1/18

[그림 13-2] 개별화가족지원계획(IFSP)의 해외 사례 (계속)
출처: 미국 메릴랜드주 교육청 특수교육부서에서 배포한 한국어판 개별화가족지원계획(IFSP)의 일부.
http://marylandpublicschools.org/programs/Documents/Special-Ed/IFSP/IFSPFILLABLE2018_KOR.pdf

IFSP를 작성할 때에는 장애영유아의 현재 수행능력, 가족의 관심-우선순위-자원, 아동과 가족이 가지고 있는 성취목표-기준-절차-기한, 가족지원 서비스의 시작 및 예상종료 날짜, 아동과 가족의 욕구에 기반한 서비스, 사례 대표자의 설정, 전이계획 수립 등의 내용을 포함시키는 것이 권고된다(최민숙, 2002; Woods & Graffeo, 1995).

더 알아보기

개별화가족지원계획(IFSP)

개별화가족지원계획(IFSP)은 장애영유아와 그 가족들에게 제공되는 조기중재 서비스를 기록하기 위하여 개발된 문서이다. 가족들의 장애영유아와 가족들의 목표가 이루어질 수 있도록 각 개별 가족의 특성과 요구에 맞는 목표와 중재방법을 찾아내고 체계화한다.

일반적으로 IFSP는 표준화된 검사 등과 같은 객관적 준거에 따라 영유아의 신체발달, 인지발달, 의사소통발달, 사회정서적 발달을 기록하고, 장애영유아를 둘러싼 가족의 관심, 우선순위, 자원들, 요구되는 중재서비스의 방법, 빈도, 강도 등을 정리한다. 또한, 진전 상황을 살펴봄으로써 IFSP 작성을 담당하는 코디네이터는 장애영유아 중재서비스를 촉진 및 감독할 책임을 가진다.

요약

　통합교육이 활성화되면서 장애학생을 위한 교육적 지원에서의 협력적 접근이 강조되고 있다. 특수교육에서의 협력적 접근은 장애학생의 교육적 목표 달성을 원하는 두 명 이상의 참여 당사자들이 함께 일하는 것을 말하며, 2007년에 제정된 「장애인 등을 위한 특수교육법」에서 명시하고 있는 특수교육 관련서비스는 다양한 전문가와 당사자들의 참여를 전제로 하고 있어 특수교육에서의 협력적 접근의 필요성을 뒷받침한다. 특수교육 관련서비스는 효율적인 장애학생 교육에 필요한 인적-물적 자원을 제공하는 서비스이며, 상담지원, 가족지원, 치료지원, 보조인력 지원, 보조공학기기 지원, 학습보조기기 지원, 통학지원 및 정보접근 지원 등을 포함한다.

　장애아동이 태어나면 부모는 여러 가지 심리적 갈등을 겪으면서 점차 장애를 수용하고 발전적인 방향으로 나아간다. 이러한 부모의 장애 수용 단계는 크게 ① 충격, 불신, 부정, ② 분노, 분개, ③ 타협, ④ 우울, 좌절, ⑤ 수용으로 나누어 볼 수 있다. 장애학생 가족지원은 가족의 기능을 향상시키기 위하여 제공되는 교육 및 복지서비스를 말한다. 가족지원의 가장 큰 목표는, 가족이 독립적으로 문제를 해결할 수 있는 기능과 능력을 향상시키고 가족 구성원 전체의 통합을 증진시키는 데 있다. 이를 위해, 가족 요구의 중심/가족의 강점 중심/가족 주변 자원 중심/능력 중심 및 도움 제공의 실천의 원리를 바탕으로 장애학생 가족지원 프로그램이 계획 및 운영된다. 대표적인 가족지원 프로그램으로는 영유아를 위한 개별화가족지원계획(IFSP)이 있다.

논의해 볼 문제

　다음 글을 읽고 장애아동 부모를 위한 심리 · 정서적 지원과 상담 방안에 대하여 논의해 보자.

장애아동 부모를 만났을 때, 무엇을 듣고 말해야 할까?

　첫 만남에서 김○○ 씨는 발달장애인 아들을 하루 종일 돌보는 자신의 일과에 대해 길게 설명하였다. 김○○ 씨는 아이를 임신과 태교 출산하는 과정에 대해 이야기하며, 남편에 대한 '분노'와 스스로에 대한 '죄책감'으로 괴로워하였다. 온종일 아이를 신경 쓰고 돌봐야 하는 자신의 인생에 대해 이야기하며 '고독감과 외로움'을 느끼고 있었으며, 아이의 상태가 변화하지 않고 더 이상 통제할 수 없다고 느끼면서 '당황'하고 있었다. 남편이 적극적으로 도와주지 않고, 김○○ 씨를 도와줄 사람이 없이 혼자 진욱이(가명)를 돌봐야 한다는 어려움이 있었다. 도움 없이 혼자서 해내야 하는 현재의 역할에 대해 외롭고 분노를 느낀다고 하였다. 아들의 치료를 위해 여러 곳을 전전했고, 비용은 많이 들어가는데 도움은 되지 않는다고 여겨지는 경험이 많았다. 이후에 생각해 보면, 잘못된 치료를 강요했던 경우도 많았다며, 더 이상 전문가들을 믿는 것이 어렵고 남편과 자녀의 문제를 상의하는 것에 대한 '거부감'도 있었다. 최근에 진욱이의 행동문제가 심각해지면서, 의사가 약물치료를 권했는데, 현재 완강히 거부하고 있는 상태이다. 초기에 약물을 복용하는 과정에서 김○○씨가 실수를 해서 진욱이가 부작용을 경험했는데, 이에 대해 심한 죄책감을 느꼈고 우울증이 심해졌다고 보고하였다.

출처: 보건복지부(2013).

제14장

장애인 자립을 위한 전환 교육

‖이재호‖

"

전환교육이라는 용어에 대해서 많은 연구자가 개념 정립을 위해 노력해 왔으며, 특히 직업훈련의 성격이 강한 직업교육으로 시작되어 진로교육과 전환교육으로 패러다임의 변화와 함께 개념의 정의가 변화되어 왔다.

- Sitlington, Clark, & Kolstoe, 2000

"

　　이혼 가정에서 자란 민수(가명)는 고등학교 재학 시에 가출도 많이 하고 문제가 많은 아이였다. 아버지와 함께 살고 있으며 현재 경기도 ○○○에 거주하고 있다. 거짓말을 많이 하는 특징이 있고, 강한 자에게는 한없이 약해지는 특성을 보인다. 현재 일하고 있는 곳에서는 120만 원 정도의 월급을 받고 있으며 현재 지적장애 3명, 일반인 2명과 함께 '○○'이라는 가구 회사에서 가구 운반 일을 하고 있다. 또래에 비해 덩치가 크고 힘이 좋아 일하는 데는 크게 어려움이 없다고 한다. 장애인 고용공단의 직업 평가사와 직무지도사의 도움을 많이 받아 취업에 성공하였다(2014. 2. 경기도 ○○고등학교 졸업).

　　고용 현장에서 자격증보다는 순하고 말 잘 듣는 아이들의 고용을 더 선호하는 편이다. 민수의 경우 고등학교 1학년 입학했을 때 ADHD 약을 복용할 정도로 행동에 문제가 많았으나 담임교사의 지속적인 지도로 2학년이 되면서 약을 끊고 똑바로 정신을 차리고 행동하게 되었다. 통합학급에서는 한없이 조용한 아이지만 특수학급에만 내려오면 기가 살고 자신이 제일 잘 한다는 것을 알아서인지 약한 자에게는 한없이 강하게 군다. 기본적으로 근면, 성실하며 일을 열심히 하는 편이다. 졸업 후에도 꾸준히 담임교사와 하루에 2회씩 메시지를 주고받으며 열심히 일하고 있다(검사자, 담임교사).

1. 전환교육의 정의와 역사적 배경은 어떠한가?

2. 전환교육의 모델은 무엇인가?

3. 자기결정의 개념 및 요소는 무엇인가?

4. 장애인 평생교육과 전환교육은 어떠한가?

1. 직업교육, 전환교육은 장애인에게는 필요 없다?
비장애인, 장애인 구분 없이 직업을 갖기 위한 교육과 훈련은 모두 중요한 것이다.

2. 장애인은 직업교육을 실시해도 취업을 하기 힘들 것이다?
많은 연구들과 실제 통계 자료들은 장애인을 위한 직업교육이 양적, 질적 효과를 보이고 있으며, 이는 다양한 자료나 근거를 통해서도 확인할 수 있다. 장애인고용공단(2018)에 따르면 2017년 4분기 총 취업자 수는 5,859명이고, 취업률은 40.9%였다.

1. 전환교육의 개념과 배경

전환교육은 특수교육의 중요한 목적 중의 하나이다. 장애학생 본인의 입장에서 보면 전환은 학교를 떠나 성인으로서 독립된 삶을 살아가는 일련의 과정이고, 특수교육에 있어서 전환교육은 학령기에 있는 장애학생을 원만하게 성인기로 이어주는 중요한 가교 역할을 하게 한다(김형일, 2013).

전환이란 한 가지 조건이나 장소에서 다른 조건이나 장소로 변화해가는 과정이며, 개인은 생애를 통해 이러한 전환의 다양한 형태를 경험하게 되고 그 과정을 통해 발전해 나가게 된다(조인수, 2005).

1) 전환교육의 정의와 역사적 배경

전환교육(transition education)이란 장애학생이 학령기 이후에 자립을 위하여 삶을 준비하는 일체의 교육을 의미한다고 볼 수 있다. 전환이라는 의미 속에는 변화가 내포되어 있다. 장애학생들은 학교과정과 학교 이후 성인으로 성장하는 과정에서 끊임없는 변화와 새로운 역할을 경험하게 된다(김동일, 손승현, 전병운, 한경근, 2010).

학령기 장애학생의 전환과정은 전반적인 지원모형의 구성 내용과 범위에 따라 서비스의 지원 요인을 결정하는 중요한 변수가 될 수 있다. 특수학교에서의 전환교육이 목표, 교육내용, 방법, 지원체계, 그리고 지원 여건 등 종합적인 맥락에서 체계적인 지원이 이루어지지 못하고 있는(이유훈, 김형일, 강병호, 2003) 현실적인 문제점을 고려할 때, 학자들의 전환교육의 이론적 모형은 전환교육을 보다 효과적이고 체계적으로 운영할 수 있는 방법적인 시사점을 얻는 데 중요한 단서가 된다(김형일, 2013).

더 알아보기

전환교육

전환교육에서 사용된 전환의 개념은 과연 장애학생에게만 해당하는 것일까? 장애와 비장애를 떠나서 우리 모두는 인생에 있어서 중요한 전환의 시기를 맞게 된다. '전환'은 transition이란 용어로 표현하던 것을 우리나라 말로 번역한 것이다.

일반교육에서 보편적으로 사용되고 있는 용어인 '진로교육'을 특수교육 분야에서는 1980년대부터 '전환교육'이라는 용어로 사용하고 있다. 우리나라에서는 1990년 「장애인고용 촉진 등에 관한 법」 제정 이후 장애인의 고용과 이에 대한 특수교육의 역할을 모색하는 과정에서 전환교육의 개념이 본격적으로 등장하기 시작하였다(김동일, 김언아, 2003). 이러한 전환교육의 목적이 될 수 있는 고용 (employment)은 모든 사람의 삶에서 중요한 부분을 차지한다.

출처: 김형일(2013).

2) 전환교육의 모형

전환교육에 대한 모형은 국외를 중심으로 처음 발전하여 국내 상황에 맞는 다양한 모델들이 추가적으로 개발되었다. 이에 이 장에서는 대표적인 모델 몇 가지만 살펴보고자 한다.

국외에서는 최초로 Will(1984)의 전환교육 모델을 제시하였다. 가장 광범위하게 알려져 있는 전환 모델 중 하나로 미국 교육부의 차관이자 특수교육 및 재활 서비스국 책임자인 Madeline Will에 의해서 개발되었다.

이러한 Will의 모형은 전환교육에 있어서 구체적인 도식으로 학령기 이후의 삶을 제시하였다는 측면에서 큰 의의가 있다. 또한 장애인의 복잡하고 다양한 요구에 따라 성공적인 교육이 이루어지도록 하기 위해 학생들에게 필요한 수준의 지원을 제공하도록 한다는 데 그 특징이 있다.

그리고 Halpern(1985)은 Will(1984) 등이 제시한 전환교육 모형이 전환의 최종 목적인 고용만을 강조하는 데 이의를 제기하고 "성인생활을 원만하게 적응하기 위해 비직업적 차원도 고용이라는 궁극적 목적에 의미 있게 기여한다."고 주장하면서 전환의 비직업적 측면을 강조하여 전환의 목적과 범위를 확대하였다(김형일, 2013).

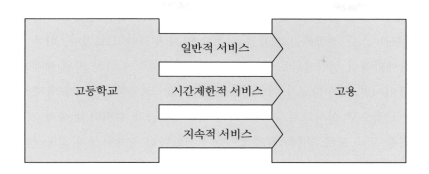

[그림 14-1] OSER의 전환교육과정의 구성요소
출처: Will, M. (1984).

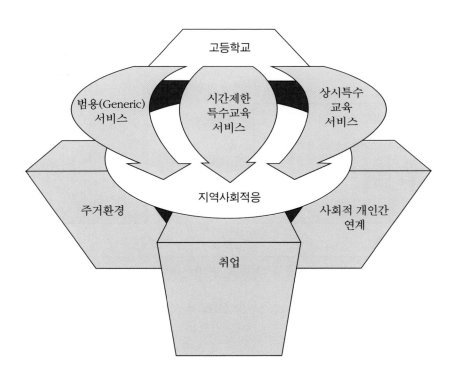

[그림 14-2] Halpern의 수정된 전환 모형
출처: Halpern (1985), p. 481.

국내에서는 김진호(2003)가 제시한 모형은 [그림 14-3]과 같다. 고등학교나 전공과를 졸업한 장애학생을 지속적으로 관리하지 못하며, 성인생활 적응을 위한 지원서비스를 제공하는 체계를 갖추고 있지 못하다고 보았다. 비록 우리나라는 장애학생이 성인생활로 나아가고 있는 전환과정에 대한 지원 체계가 어려운 상황이지만, 특수학교가 책무성을 가지고 중·고등학교 특수교육과정을 전환교육 관점으로 실시하고, 지역사회의 관련기관들과 협력하여 실제 지역사회에서 현장 교육 프로그램을 체계적으로 실시한다면 장애학생의 성공적인 성인생활적응이라는 특수교육의 궁극적인 목적을 달성할 가능성이 더욱 높아질 것이라고 보았다.

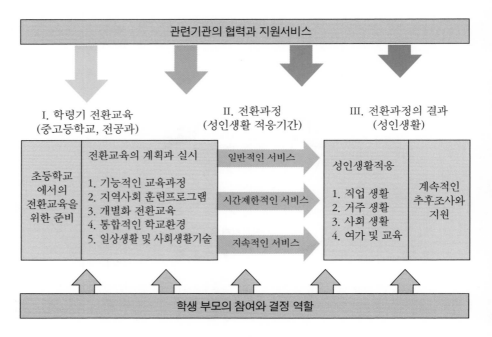

[그림 14-3] **전환교육 모형**

출처: 김진호(2003).

다음으로 교육부(2003)는 특수교육 대상 학생의 전환교육과 관련하여 [그림 14-4]와 같은 '장애학생 직업재활 전환지원체계' 모델을 제시하였다. 이 지원체계는 장애인의 직업교육과 직업재활에 앞서 학령기에 있는 학생들의 직업재활 및 전환을 지원하는 업무와 관련 부처의 역할과 기능을 제시한 것이다. 이 체계는 또한 학령기 장애학생들만을 대상으로 한 지원 체계로 장애유아부터 장애 성인을 포함한 전 생애적 과정의 단계별 필요 지원 사항을 제시하고 있다(교육부, 한국직업능력개발원, 2016).

[그림 14-4] **장애학생 직업재활 전환지원체계**

출처: 김형일(2005).

3) 우리나라의 전환교육

장애인이 학령기 이후에 취업을 하는 경우 일반적으로 네 가지 고용의 형태 중 하나로 보는 경우가 많다. 각각의 유형은 복지 서비스, 보호고용, 지원고용, 그리고 일반고용으로 나눌 수 있다. 고용은 모든 사람들의 삶에서 중요한 부분을 차지하며, 개인이 가진 직업의 유형, 수입의 정도, 전망이나 가능성은 사회에서 개인의 위치와 개인의 삶에 영향을 미친다.

Beirne-Smith 등(1998)은 장애인을 위한 고용 유형을 크게 여섯 가지로 보았다(김형일, 2013). 그중에 대표적인 몇 가지 유형에 대해서만 살펴보도록 한다.

〈표 14-1〉 **장애인의 고용 유형**

고용유형	설명
비고용	개인의 지원 요구가 높아 고용이 어렵거나 일을 찾을 수 없음
무보수	무보수 작업
보호작업(보수)	성인 주간 프로그램이나 작업 시설
지원고용(보수)	개인 배치, 소집단 모델, 이동작업대 모델
소비자 중심 고용(보수)	경쟁고용시장에서 근무함
경쟁고용(보수)	경쟁 노동시장에서 전일제 혹은 시간제 근무

(1) 보호고용

보호고용(sheltered workshops)이란 장애의 정도가 비교적 심하여 정상적인 작업조건하에서는 노동이 어려운 사람에게 특정한 작업 환경을 마련해 주고, 그 환경에서 근무하면서 보수를 받을 수 있도록 배려된 고용의 형태를 말한다. 즉, 장애가 없는 일반 작업자와 통합되지 않고, 장애인들로 구성된 별도 작업 시설로 성인 주간 보호 시설 프로그램과 작업 활동을 연계하여 주로 운영된다. 일반적인 보호고용의 형태로는 보호작업장(sheltered workshop), 기업 내 집단고용(enclaves employment), 재택고용(homebound employment), 유보고용(reserved employment system), 작업활동센터(work activity center) 등을 들 수 있다.

주대상은 중증장애인들로 알려져 있으나, 적절한 지원을 하면 지역사회에서 작업을 할 수 있다는 사례가 나타나면서 통합된 작업을 할 수 있도록 프로그램이 수정되고 있는 추세이다(김형일, 2013).

(2) 지원고용

지원고용(supported employment)이란 "경쟁적 고용이 불가능한 상태에 있거나, 또는 심한 장애로 인해 고용이 중단되거나 방해를 받게 되는 중증장애인을 대상으로 통합된 작업장에서 계속적인 지원서비스를 제공받으면서 이루어지는 경쟁적 고용"으로 정의하고 있다. Flexer(2005)는 주간활동 센터나 보호작업장과 같이 분리고용으로 인한 만족스럽지 못한 전환 결과의 대안으로 나타난 고용형태라고 보았다. 그리고 지원고용은 중증장애인도 직업을 갖고 사회적 환경을 조성하도록 지원을 제공하고, 지원고용 대상자인 중증장애인의 직업에 대한 흥미와 능력을 파악하고 사업체에 대한 고용가능성의 조사와 직무분석을 통해 직업선택의 폭을 넓혀 나간다.

지원고용의 주요 공통 개념은 크게 일곱 가지로 제시할 수 있다(Powell et al., 1991).

- 장애인과 비장애인의 통합
- 비장애인들과 차별 없는 임금과 혜택의 보장
- 선 배치, 후 훈련
- 차별 금지의 원칙
- 융통성 있는 지원을 강조함
- 지속적이고 생애에 걸친 지원을 강조함
- 자신의 삶과 생활을 선택할 수 있도록 함

(3) 경쟁고용 / 일반고용

경쟁고용이란 자율 노동시장에서 비장애인과 같은 경쟁을 통해 임금을 받고 부과되는 책임을 지며, 전일제 혹은 시간제로 일(job)을 하는 것이다. 다만 직장생활을 하는 데 서비스나 지원이 필요하면, 직업 훈련과 배치 프로그램에 참여할 수도 있다. Pierangelo 등(2004)은 경쟁고용과 지원고용의 차이점에 대하여 경쟁고용은 지원 기간이 일시적, 제한적으로 개인이 취업을 하면 서비스가 중단되며, 그 이후는 개인 스스로 직업을 유지해 나가야 한다고 보았다.

▌중증장애인 지원고용확대 사업사례(한국장애인개발원)▌

카페 I got everything 이천훈련원점 개소

카페 I got everything 이천훈련원점이 7월 25일 개소했다. 이날 개소식에는 최경숙 한국장애인개발원장(사진 오른쪽 두번째)과 이명호 대한장애인체육회장(사진 왼쪽 첫 번째) 등이 참석했다.

출처: 한국장애인개발원(https://www.koddi.or.kr/index.jsp).

▌충남도 장애인 지원고용 첫 사례 탄생!▌

기회를 준다면 장애인들도 우리와 함께 충분히 일할 수 있습니다.
얼마 전 장애인에 대한 인식을 바꿀 첫 사례가 탄생했는데요. 충남 홍성으로 가보시죠.

- 충남 홍성군 장곡면 신풍리 홍성유기농협동조합
- 직업재활 훈련으로 세상 앞에 더욱 당당해진 그녀!
- 인프라 활용한 장애인 고용사례는 충남도가 최초!
홍성에 위치한 유기농협동조합.
열심히 채소를 포장하고 있는 오늘의 주인공이 보입니다.

[강주연/취업생]
(지금 어떤 일을 하고 계신 거예요?) 예쁘게 포장하고 있어요
장애를 가진 이들이 직업을 갖는다는 것은 참 힘든 일인데요.
그럼에도 불구하고, 그녀가 이곳에서 자리 잡을 수 있었던 이유는 정말 많은 사람들의 도움이 있었기 때문입니다.

[장미화/홍성군 장애인 종합 복지관]
홍성군이 농업을 기반으로 한 지역이고, 다양한 인프라가 형성되어 있기 때문에 이것을 활용해서 우리 복지관에서 중증장애인들에게 직업적인 기회를 제공하기 위해서 지역에 많은 분들을 만나고, 그분들의 도움으로 중증장애인 직업재활 프로그램을 만들어서 이 자리까지 오게 되었습니다.
차별이 아닌 차이를 인정해 주는 사람들. 조금 느리지만 기다려주고 함께 가려는 이들이 있어, 사회의 일원으로 그녀는 세상 앞에 조금 더 당당해졌습니다. 이것이 바로 우리가 꿈꾸는, 더불어 함께 사는 세상이겠죠? 지역의 인프라를 활용한 자발적인 장애인 고용사례는 충남도가 처음이라고 하는데요. 이제 막 씨앗을 뿌린 장애인 지원고용사업이 더 빨리 정착할 수 있도록 많은 참여와 관심이 필요해 보입니다.

출처: 충남도청 방송국(https://www.youtube.com/watch?v=Pddrxl2JQOk).

마음으로 들여다보기

기업도 장애인도 윈윈해요 〈공장 속 사회적 기업〉

대기업 공장 안에 조그만 공장이 들어섰는데 조금 색다른 공장입니다.
장애인들이 근무하며 공장 직원들을 위한 여러 복지업무를 담당하는 건데, 사회취약계층에 일자리를 제공하면서 기업과 지역사회가 윈윈하고 있습니다.
최은호 기자.

【 기자 】
자폐성 2급 장애를 앓고 있는 22살 고도연 씨.

장애인고용공단에서 2달 동안 직업훈련을 받은 뒤 대전의 한 대기업 공장안에 자리 잡은 장애인 표준사업장에 취업했습니다.

▶ 인터뷰: 고도연 / 자폐성 2급 장애
- "안정적인 일자리를 갖게 돼서 좋습니다. 더 많은 친구와 일하고 싶어요."

▶ 스탠딩: 최은호 / 기자
- "장애를 가진 직원들은 공장 한편에 마련된 작업장에서 근로자들의 근무복과 수건을 세탁하는 업무를 맡았습니다."
직원들의 간식을 만드는 베이커리 센터.
하루 2천여 개의 빵을 만들어 내느라 바삐 돌아가는 하루지만, 지적장애 3급인 이다정 씨의 얼굴에는 웃음꽃이 떠나질 않습니다.

▶ 인터뷰: 이다정 / 지적장애 3급
- "일하면서 보람도 느끼고 재미도 있어요. 조금 힘들지만 열심히 일하고 있어요."

장애인 표준사업장인 한국 동그라미파트너스는 한국타이어의 자회사로 공장 운영에 필요한 사내 복지업무를 위탁받아 운영하고 있습니다.
세탁과 베이커리, 커피숍부터 시작했지만 점차 확대할 계획으로 직원 78명 중 42명이 장애를 가진 직원들입니다.

▶ 인터뷰: 최창희 / 한국동그라미파트너스 대표
- "한국타이어가 하는 사업 일부를 떼서 장애인들에게 일자리를 제공해 삶의 보람을 가질 수 있도록 하는 것이 가장 중요한 의미입니다."

기업 사회 환원의 새로운 형태로 등장한 자회사형 표준사업장은 사회적 공장으로 장애인 일자리 창출에 새로운 기회가 되고 있습니다.

출처: TJB뉴스(2016.6.29.).

2. 전환교육의 최근 이슈와 과제

(1) 각급학교 내 장애인 일자리사업

'각급학교 내 장애인 일자리사업'은 그동안 교육장소로만 생각했던 학교를 '장애학생 취업의 장'으로 활용하는 방안으로 교육과학기술부와 16개 시 · 도교육청, 한국장애인고용공단이 공동으로 추진하는 사업이다. 교육부(2012)는 장애학생이 각급학교에서 현장실습과 근로를 병행할 수 있는 8개 적합 직무를 발굴·개발하였으며, 적합 직무별 근로가능 장애학생 784명을 양성해 학교별로 상시채용 가능한 장애학생 인력풀을 구축하였다.

대상학생은 특수학교(급)의 고등학교 3학년 및 전공과 재학생, 졸업생이며, 장애학생 현장실습 및 고용 기회 확대, 교육기관 장애인 의무고용률 달성, 장애인고용기회 확대, 장애인식개선의 효과가 있다.

> ※ 8개 적합 직무: 급식보조, 사서보조, 행정업무보조, 청소보조, 특수교육보조, 교무보조, 통학버스보조, 특별실관리보조

▌학교 및 교실 실천 사례 ▌

- '학교 내 일자리 사업' 통한 장애인 일자리 창출
세종교육청, 선발부터 고용 지원까지 세종특수교육지원센터와 장애인고용공단 연계

세종특별자치시교육청(교육감 최교진)은 관내 장애학생의 직업능력 향상과 각급학교의 장애인 고용률 제고를 위해 2018년 「학교 내 일자리 사업」을 실시한다고 밝혔다.

채용 대상은 특수학교(급)의 고등학교 3학년 및 전공과 졸업예정자와 졸업한 지 3년 이내인 자 중 장애인복지법상 장애등록자이다.

직무유형으로는 ▲급식실 보조 ▲도서실 사서 보조 ▲행정실 업무 보조 ▲청소 보조 ▲특수교육 보조 ▲교무업무 보조 ▲통학버스 보조 ▲특별실 관리 등 총 8개이며 관내 학교와 직속기관에서 1일 4시간·주 5일 근로를 기준으로 1년 계약을 하게 될 예정이다.

이번 「학교 내 일자리 사업」은 세종특수교육지원센터가 한국장애인고용공단 대전지사와 선발부터 고용까지 전 과정을 협력한다. 합격자에 한하여 2월 중 2~3주 이내의 현장배치훈련을 진행하며 훈련기간 동안 한국장애인고용공단에서 직무지원을 배치하고, 1일 17,000원의 훈련비가 지급된다.

또한, 채용 후에도 근로 현장 적응과 직무 능력 향상을 위한 상시 모니터링과 추수 지도를 진행할 계획이며, 이후 12개월 근속한 경우에는 한국장애인고용공단의 '장애인취업성공패키지'와 연계하여 성공수당으로 최대 150만 원을 지원받을 수 있다.

출처: 전국매일신문(2018.1.17.).

(2) 학교 내 기업

학교 기업(school-based enterprised)은 교육적, 경제적, 사회적으로 긍정적인 효과가 크다는 점에서(Stern et al., 1994) 실업계 고등학교 및 전문대학을 중심으로 1990년대 중반부터 운영되기 시작하였으며, 2004년 관련 규정이 제정되면서 산협력 활성화를 위한 학교기업 지원사업이 도입되었다. 특히 특수학교 학교기업의 경우 교내 일반사업장과 동일한 형태의 기업을 설치하여 보다 많은 현장실습 및 교육기회를 장애학생들에게 제공하고자 마련한 것으로, 일반학교와는 달리 단기간의 수익 및 효과성을 기대할 수는 없으나, 장애학생들이 판매나 사용을 목적으로 하는 서비스와 재화를 생산, 제공하는 활동의 기회를 제공한다(천지은, 정문준, 황지은, 2012).

교육부가 선정한 마지막 특수학교 학교기업의 문을 열다
학교에서 사회로의 자립을 실현하는 서산성봉학교 학교기업 징검다리 개관

다퍼드림(多 for dream) 신바람 교육! 서산성봉학교(교장 김선태)는 최근 학교기업 징검다리 개관식을 가졌다.

이날 김지철 교육감을 비롯해, 교육부 학생지원국장, 국립특수교육원장, 성일종 국회의원, 전국 시·도교육청 관계자, 지역사회 단체장 및 학부모, 학교와 업무 협약을 맺은 기업 대표, 지역 주민 등 140여 명이 참석해 자리를 빛내 주었으며, 서산성봉학교 학생의 오카리나 공연, 교장을 포함한 서산성봉학교 교사들의 사물놀이 공연, 징검다리 실습장 참관 등 다양한 행사로 펼쳐졌다.

서산성봉학교 학교기업 징검다리는 생산, 직업체험, 외주작업 등 세 가지로 운영되고 있다. 생산으로는 종이컵, 건조식품, Cafe 별솔 등을 운영하고 직업체험으로 콩나물과 두부, 비지도넛 만들기를, 직업 현장적응력을 높이기 위한 외주작업은 수도 배관 조립과 자동차 부품 고무패킹 작업 등을 수행하고 있다.

특히, 각계각층의 많은 사람들이 징검다리 실습장을 두루 참관하면서 수업에 임하는 학생들과 이야기하고 학생들이 직접 생산한 두부와 건조식품 등을 맛보는 시간을 가지면서 학교기업 징검다리의 발전과 징검다리 생산품의 우수성을 알게 되었다.

김선태 서산성봉학교장은 "많은 분들이 학교기업 징검다리의 개관을 축하해 주셔서 감사드리며 학교기업 징검다리는 지역사회와 학교가 협력하여 우리 학생들이 졸업 후 사회에 취업하고 자립할 수 있도록 많은 지원과 노력을 아끼지 않을 것이다."라며 소감을 전했다.

출처: 중도일보(2018.7.22.).

(3) 복지 일자리(장애인일자리 사업)

장애인일자리사업은 「장애인복지법」 제21조(직업)에 근거하여 시행하는 장애인 '직업적응훈련, 직업훈련' 사업으로서 국민의 직업능력 개발, 취업촉진 및 사회적으로 필요한 서비스제공 등을 위하여 일자리를 제공하는 것이다(고용노동부, 2018). 장애인일자리사업(복지 일자리)에 근거가 되는 법은 크게 두 가지이다.

○ 장애인복지법 제21조(직업)
① 국가와 지방자치단체는 장애인이 적성과 능력에 맞는 직업에 종사할 수 있도록 직업지도, 직업능력평가, 직업적응훈련, 직업훈련, 취업알선, 고용 및 취업 후 지도 등 필요한 정책을 강구하여야 한다.
② 국가와 지방자치단체는 장애인 직업재활훈련이 원활히 이루어질 수 있도록 장애인에게 적합 직종 및 재활사업에 관한 조사·연구를 촉진하여야 한다.

○ 장애인복지법시행령 제13조의2(장애인일자리사업 실시)
① 보건복지부장관은 법 제21조 제1항에 따라 장애인의 사회참여 기회를 확대하고 적성과 능력에 맞는 일자리를 발굴하여 소득보장을 지원하는 장애인일자리사업을 실시할 수 있다.
② 보건복지부장관은 제1항에 따른 장애인일자리사업을 관리하기 위하여 전산시스템을 구축·운영할 수 있다.
③ 제1항에 따른 장애인일자리사업의 종류 및 운영, 제2항에 따른 전산시스템의 구축·운영 등에 필요한 사항은 보건복지부령으로 정한다.

출처: 한국장애인개발원(https://www.koddi.or.kr/service/work_intro.jsp).

사업의 목적은 크게 세 가지로 취업 취약계층인 장애인에게 일자리 제공을 통한 사회참여 확대 및 소득보장 지원, 장애 유형별 맞춤형 신규 일자리 발굴 및 보급을 통한 장애인일자리 확대, 근로연계를 통한 장애인복지 실현 및 자립생활 활성화이다. 장애인일자리사업은 크게 일반형일자리(시간제/전일제), 복지일자리(참여형/특수교육-복지연계형), 특화형일자리(시각장애인안마사파견사업/발달장애인 요양보호사 보조일자리)로 구분된다.

서울특별시 마포구 공고 제2018-813호

장애인복지일자리 참여자 모집공고

우리 구에서는 장애인의 사회참여 확대와 소득보장을 도모하기 위하여 복지일자리 사업에 참여하실 장애인을 모집하오니 많은 지원 바랍니다.

1. 근무조건
- 근무기간: 2018년 9월 ~ 12월(4개월)
- 근무시간: 주 14시간 이내 근무(월56시간)
- 보 수: 월 422,000원(산재보험, 고용보험 필수 가입)
* 참여형 참여자는 고용보험 개인부담금액에 따라 실수령액은 개인별 차이가 있을 수 있습니다.

2. 모집분야 및 기간
- 모집인원: 2명
- 모집분야: 복지일자리(사서보조 및 환경정리)
- 모집기간: 2018. 8. 10(금)~ 2018. 8. 20(월)

2018년 8월 10일
서울특별시 마포구청장

출처: 마포구청(http://www.mapo.seoul.kr).

(4) 발달장애 부모협동 조합

발달장애아 부모들, 협동조합에서 길을 찾다

[마을과 사회적 경제③] 화성 '꿈고래 놀이터 부모협동조합'

발달장애아 부모들이 힘을 모아 만든 협동조합, 과연 어떤 모습일까?

이 궁금증을 안고 지난 11월 28일 화성시 봉담읍에 위치한 '꿈고래 놀이터 부모협동조합(아래 꿈고래 놀이터)'으로 향했다. 발달장애아 전문 치료실까지 갖춘 제법 규모 있는 쉼터라는 데 관심이 쏠렸다. 차창 밖으로 늦가을이 지나갔다. 오후 햇살도 쏟아졌다.

임신화 이사장(여)이 기자를 반갑게 맞아 주었다. 임 대표는 자폐성장애 1급인 두 아이의 엄마였다. 성격 급한 기자가 만나자마자 '어떤 계기로 협동조합을 만들었느냐?'고 묻자, 임 대표는 설립 취지부터 과정까지 차근차근 설명했다.

"우리 아이들도 자폐성장애가 있어요. 경기도 장애인복지관에서 '협동조합의 이해'에 관한 교육을 받고 난 뒤 장애아동을 위한 치료실을 협동조합으로 만들어야겠다는 결심을 굳히게 됐죠. 사설 치료실을 이용하려면 1회당 4만 원 이상 필요해요. 부담스런 금액이죠. 이 치료비를 사설 센터에서는 강사와 센터가 6:4 정도로 나누어요. 그러니, 우리가 센터를 직접 운영하면 40%를 아낄 수 있는 거죠."

(중략)

꿈고래 놀이터는 수원에 있는 '사회적협동조합 홀더맘 심리언어발달센터' '꿈틀 협동조합'과 함께 새로운 프로그램을 개발하기도 했다. 발달장애 청소년의 직업체험, 진로교육 프로그램인데, 발달장애 아이들이 방학기간에 사회적 기업 사업장을 견학하면서 직업체험의 기회를 갖게 하는 프로그램이다. 이 프로그램으로 이미 취업을 하게 된 장애아도 있다.

'가정지도서 매뉴얼 북 만들기'도 협동화 사업 성과다. 3개 기관에 있는 각기 다른 분야의 치료사들이 모여서 지도서를 만들었다. 지도서에 발달장애 아동들의 행동특성, 상황대처법이 소개되어 있어 장애아 치료 등에 매우 유용하다고 한다.

이처럼 임신화 대표를 비롯한 장애아 부모들은 협동조합과 협동조합 간의 협동화 사업으로 장애아 미래를 개척하기 위해 안간힘을 쓰고 있다. 노력한 만큼의 성과도 있었다. 임 대표는 "장애아 부모 개개인이 해결할 수 없던 일을 마을과 더 나아가 우리 사회가 함께 해결할 수 있는 통로가 되는 게 바로 협동조합이다. 이 점이 정말 기쁘다."라고 설명했다.

그러나 아쉬운 것은 장애아를 바라보는 우리 사회의 시선이다. 이와 관련 임신화 대표는 "(장애인에 대한 인식을) 법으로 바꿀 수는 없지만, 장애인 인식개선 교육 등을 학교, 직장 등에서 의무적으로 진행했으면 좋겠다."는 바람을 전했다. 이어 "발달장애아 부모들 노력만으로는 아이들 미래가 보장될 수 없다. 사회의 관심과 제도적 도움이 필요하다."고 덧붙였다.

출처: 오마이뉴스(2016.12.21.).

(5) 장애인 평생교육

증가하고 있는 성인기 발달장애인을 위하여 성인기 발달장애인의 수요와 욕구에 걸맞은 교육서비스, 즉 평생교육 프로그램의 필요성이 대두되기 시작하였다. 「평생교육법」에 따르면, 평생교육은 '학교의 정규교육과정을 제외한 학력보완교육, 성인기초·문자해독교육, 직업능력 향상교육, 인문교양교육, 문화예술교육, 시민참여교육 등을 포함하는 모든 형태의 조직적인 교육활동'으로 말하고 있다. 사실, 장애인 평생교육 프로그램 역시 「평생교육법」에서 말하고 있는 평생교육 프로그램 6개 영역에 의거하여 설계 및 운영되는 것이 원칙이다. 하지만, 의무교육으로 보장된 고등학교 과정을 마친 장애인들의 상당수 특히 발달장애인들은 법과 제도적으로 규정된 장애인 평생교육 서비스를 충분히 누리기 어렵고(정동영, 2010), 다수의 발달장애인에게 장애인 평생교육은 여전히 낯설고 소외된 주제다.

대부분의 평생교육 프로그램은 비장애인중심으로 전개되어 온 것 또한 사실이다. 보통 비장애인 중심의 평생교육은 직업, 여가, literacy 등 크게 6개의 영역을 중심으로 다뤄져 왔지만 이러한 주제를 발달장애인에게 그대로 적용하는 데는 다소 어려움이 있다. 발달장애인의 평생교육은 비장애인은 물론 발달장애 이외의 다른 장애 유형의 장애인과는 다른 독특한 요구가 있기 때문이다. 구체적으로 살펴보면 발달장애인의 경우 특정 목표를 지향해서거나 학습을 선호하는 동기에서 평생교육을 필요로 하는 것이라기보다는 사회적 관계 형성 및 사회적 참여를 지향하는 동기에서 평생교육에 대한 요구가 발생하는 것을 알 수 있다(윤지현 외, 2016).

장애인 평생교육과 전환교육의 최종 목적은 자립생활이라고 볼 수 있다. 자립생활(independent living)이란, 아무리 심한 중증의 장애가 있더라도, 시설이 아닌 지역에서 살아가는 것을 말하며, 자립생활의 중요한 두 가지 개념은 자신의 일상생활 전반에 걸쳐 어떤 삶을 살 것인지 스스로 선택하고 결정하는 자기결정권과 다른 사람으로부터 자신에게 필요한 지원을 받으며, 지역사회의 일원으로 자신의 삶을 주도적으로 살아가는 것을 의미하는 필요한 지원의 제공이라는 개념이 있다.

14장에서는 장애인의 자립을 위한 전환교육에 대하여 살펴보았다. 전환교육의 개념과 배경, 국내외 전환교육의 모형, 그리고 최근 전환교육의 이슈와 과제에 대하여 알아보았다. 장애인에 대한 교육은 최종 목적이 자립으로 그에 대한 지원과 교육을 특수교육에서 담당하여야 하며, 그 중요한 구성에 전환교육이 포함되어 있다.

논의해 볼 문제

다음 신문기사를 읽고 지역사회에서 어떠한 장애연대를 가질지 고민하여 해결책을 논의해 보자.

대전장애부모연대, 준비위 꾸려 자녀 최저임금도 못 받는 현실에 '친환경 세차' 사회적 기업 구상 이달 창립 예정… 조합원 모집 중

　　대전 장애인부모연대(대표 최명진)는 이달 말 창립 예정인 '연리지 장애가족 협동조합'(가칭 연리지) 준비위원회를 꾸려 조합원 모집을 하고 있다고 15일 밝혔다. '연리지'는 두 나무의 가지가 서로 맞닿아서 결이 서로 통한 것을 이르는 말로, 장애인과 비장애인이 서로 어울려 사는 사회를 바라는 뜻이 담겼다.
　　장애인부모연대는 학교 교육을 마친 청년 발달장애인이 마땅한 일자리를 얻기 힘든 현실을 고민하다 협동조합 형태의 사회적 기업을 생각하게 됐다. 이들은 지난해 7월부터 협동조합 연구를 시작해, 9월엔 고용노동부·한국사회적기업진흥원이 연 소셜벤처 경연대회에서 연리지 창립 계획을 출품해 입선하기도 했다. 지금까지 조합에 출자한 이가 70여 명이고, 오는 29일 창립총회 전까지 조합원 150여 명, 자본금 3000만 원을 목표하고 있다.

출처: 한겨레신문(2013.1.15.).

참고문헌

강인애, 임병노, 박정영(2012). '스마트 러닝'의 개념화와 교수학습전략 탐색: 대학에서의
　　활용을 중심으로. 교육방법연구, 24(2), 283-303.

강혜경, 박은혜(2005). 교사와 언어치료사 간 협력적 자문 모델을 이용한 교실중심 언어
　　중재가 다운증후군 아동의 의사소통에 미치는 영향. 특수교육연구, 12(2), 309-329.

강혜진, 김자경(2007). 학습장애아동과 일반아동의 사회적 기술 지식과 수행력 비교. 정
　　서·학습장애연구, 23(2), 251-273.

건양대학교 중등특수교육과 학생회(2018). 2018학년도 재활복지교육대학인 교양 자료집.

경상남도교육청(2016). 학교복귀를 위한 건강장애학생 교육 매뉴얼.

고경봉(1992). 소아암환자 및 가족들의 정신사회적 문제와 치료전략. 서울: 최신의학사.

고범석, 류지헌, 조일현, 허희옥, 김정현, 계보경(2006). 증강현실 기반 차세대 체험형 학
　　습 모형 연구. 서울: 한국교육학술정보원.

고용노동부(2018). 양질의 일자리 확대와 격차 해소를 위한 장애인 고용대책. 제5차 장애
　　인고용촉진 및 직업재활 기본계획(2018~2022).

광주광역시교육청(2017a). 시각 및 청각 장애 거점 특수교육지원센터 운영 가이드북: 시각장애편.

광주광역시교육청(2017b). 시각 및 청각 장애 거점 특수교육지원센터 운영 가이드북: 청각장애편.

교육과학기술부(2003). 특수교육 발전 종합계획('03～'07). 교육과학기술부.

교육과학기술부(2008). 「장애인 등에 대한 특수교육법령」 해설자료. 서울: 교육과학기술부.

교육과학기술부(2012). 장애학생, 교육기관 취업 쉬워진다. 교육과학기술부 보도자료
　　(2012.7.19.).

교육부(2014). 2014 특수교육통계. 서울: 교육부.

교육부(2015). 통합교육정책의 효과와 발전방안연구. 교육부.

교육부(2016). 2016 특수교육통계. 서울: 교육부.

교육부(2017). 특수교육 연차보고서. 세종특별자치시: 교육부 특수교육정책과.

교육부(2018a). 2018년도 특수교육 운영계획.

교육부(2018b). 2018 특수교육통계. 충남: 교육부 국립특수교육원.

교육부, 한국직업능력개발원(2016). 학생유형별 진로상담(지도) 운영 매뉴얼: 특수교육
　　　대상학생을 위한 학교진로상담(지도) 운영 매뉴얼.

국립특수교육원(2009). 특수교육학 용어사전. 서울: 도서출판 하우.

국립특수교육원(2014). 장애학생 인권실태 · 인식 조사 연구보고서.

국립특수교육원(2016). 양육 길라잡이: 지체장애(뇌병변).

국립특수교육원(2018). 특수교육학 용어사전(개정판). 서울: 도서출판 하우.

권석만(2013). 현대 이상 심리학(2판). 서울: 학지사.

권요한, 김수진, 김요섭, 박중휘, 이상훈, 이순복, 정은희, 정진자, 정희섭(2010). 특수교육
　　　학개론. 서울: 학지사.

권유경(2001). 장애개념과 등급에 관한 고찰. 김용득, 유동철(편). 한국장애인복지의 이해.
　　　서울: 인간과 복지.

김남진, 김용욱(2017). 특수교육공학(2판). 서울: 학지사.

김동일(2000). 읽기장애 아동의 진단과 지도를 위한 읽기오류 분석 연구. 아시아교육연구,
　　　1(1), 97-116.

김동일(2012). BASA: 초기수학. 서울: 인싸이트.

김동일(2013). 바사(BASA)와 함께하는 증거 기반 읽기 교수-학습 전략. 서울: 학지사.

김동일(2014). BASA: 초기문해. 서울: 인싸이트.

김동일(2017) 읽기나침반: BASA와 함께하는 읽기능력 증진 개별화 프로그램. 서울: 학지사.

김동일, 고은영, 고혜정, 김병석, 김은향, 김혜숙, 박춘성, 이명경, 이은아, 이제경, 정여
　　　주, 최수미, 최종근, 홍성두(2016). 특수아상담. 서울: 학지사.

김동일, 고은영, 이기정, 최종근, 홍성두(2017a). 특수교육 · 심리 진단과 평가. 서울: 학지사.

김동일, 고혜정, 조재은, 김은삼, 조영희(2015). 학습부진 및 학습장애 학생의 사회성 중
　　　재연구 동향 분석. 통합교육연구, 10(1), 141-166.

김동일, 김계현, 김병석, 김봉환, 김창대, 김혜숙, 신종호(2002). 특수아동상담. 서울: 학지사.

김동일, 김언아(2003). 우리나라 전환교육 연구의 동향과 전망. 특수교육연구. 10(1), 33-54.

김동일, 김희주, 김희은, 안성진(2017b). 난독증 및 읽기 부진 학생 대상 프로그램의 효과
　　　성 분석: 난독증 아동청소년 전문치료프로그램을 중심으로. 아시아교육연구, 19(2),
　　　403-427.

김동일, 손승현, 전병운, 한경근(2010). 특수교육학개론: 장애 · 영재아동의 이해. 서울: 학지사.

김동일, 이대식, 손승현, 고혜정. (2015). 미래 학습장애 교육 디자인: 한국적 과제와 전
　　　망. 학습장애연구, 12, 1-18.

김동일, 이대식, 신종호(2016). 학습장애아동의 이해와 교육(3판). 서울: 학지사.

김동일, 홍성두(2005). 학습장애의 진단을 위한 불일치 판별모델: 개관과 전망. 아시아교
　　　육연구, 6(3), 209-237.

김두식(2002). 누가 장애인인가: 장애모델과 장애의 개념. 인권과 정의. 2002년 1월호.

김미숙, 이재호(2005). 정보영재 판별방안 연구. 영재교육연구. V12(2), 13-27.

김미숙, 이정규, 이희권, 김언주, 맹희주, 이상천, 정경아, 최호진, 한수연(2007). 제1차 영재교육진흥종합계획 평가 및 중장기 전망에 관한 연구. 수탁연구 CR 2007-66. 서울: 한국교육개발원.

김미정(2015). 가상현실기술을 적용한 국내 장애인재활프로그램 연구동향. 디지털융복합연구, 13(2), 381-391.

김삼섭, 구인순, 김형완, 박은영, 박희찬, 서종열, 이효성, 임경원, 전보성, 정민호, 황윤의(2013). 장애인 직업교육 이론과 실제. 서울: 학지사.

김성애(2008). 우리나라 특수교사의 자질 및 교사양성 과제에 관한 논의. 특수교육학연구, 43, 95-121.

김소희(2005). 수학적 문제해결을 위한 중재전략에 관한 고찰: 학습장애 학생들을 중심으로. 학습장애연구, 2(1), 65-91.

김소희(2012). 발달적 산술장애 (Developmental Dyscalculia) 의 교육 신경과학적 특성에 대한 고찰. 학습장애연구, 9, 71-91.

김승국(1988). 특수교육학. 서울: 양서원.

김아영, 채원석, 장규포, 최하림, 김백섭, 이준우(2016). 가상현실 동향분석. 전자통신 동향분석, 31(4), 23-35.

김애화, 김의정, 유현실(2011). 한국형 학습장애 진단 모형 탐색: 읽기 성취와 읽기 심리처리를 통한 읽기장애 진단모형. 학습장애연구, 8(2), 47-64.

김영태(2014). 말-언어장애 아동을 위한 보완대체의사소통(AAC) 활용을 위한 탐색. 보완대체의사소통연구, 2(1), 1-22.

김영표, 신현기(2008). 장애학생의 수학적 문장제 문제해결에 관한 교수방법의 중재효과: 메타분석. 특수교육저널: 이론과 실천, 9(1), 413-437.

김우리(2014). 학교차원의 긍정적 행동지원(SWPBS) 모형의 중요성과 학교 현장에서의 실행가능성에 대한 일반교사와 특수교사의 인식. 특수교육, 13(3), 117-143.

김우리, 고은영(2015). 지적장애 학생의 사회과 교육의 실제에 관한 특수교사의 경험과 인식: Focus group interview를 활용하여. 지적장애연구, 17(2), 299-321.

김우리, 김지연(2016). 장애위험아동, 누구인가? 어떻게 교육할 것인가? -포커스그룹 인터뷰를 통한 일반교사와 특수교사의 경험과 인식-. 특수교육학연구, 51(3), 1-32.

김우리, 나경은, 김동일(2013). 예비특수교사와 예비일반교사들이 인식한 학교차원의 긍정적행동지원(SWPBS) 모형의 적용 가능성. 특수교육, 12(1), 305-325.

김우리, 연준모, 고혜정(2014). 특수교육보조원 연구 동향: 2004년 보조원제 도입과 그 이후. 지적장애연구, 16(1), 413-435.

김원경, 이석진, 김은주, 권택환(2010). 특수교육법 해설. 경기: 교육과학사.

김윤옥, 박향미(2004). 초등학교 학습장애 학생의 사회과 학업성취도와 자기효능감에 대한 정보암기전략 교수 효과. 특수아동교육연구, 6(1), 1-19.

김은주(2008). 건강장애학생을 위한 병원학교 운영 지원체계의 타당화 연구. 이화여자대학교 대학원. 박사학위논문.

김익재(2016). 가상현실 기술 동향. 방송과 미디어, 21(2), 51-59.

김자경(2002). 학습장애아의 사회적 지위와 행동·정서상의 특성 간의 관계에 관한 연구. 정서·학습장애연구, 18(1), 37-61.

김정효(2017). 특수학교차원의 긍정적 행동지원. 서울: 학지사.

김지연(2017). 국내 학습장애아 급감 추세와 관련된 요인에 대한 소고. 특수교육학연구, 51(4), 91-113.

김진호(2003). 특수교육 분야에서 본 현형 성인직업재활 계획 및 서비스의 문제점과 앞으로의 개선 및 협력 방안. 2003년도 한국직업재활학회 연차학술대회 자료집. 73-93.

김현숙(2007). 교수적 수정이 정신지체 아동의 과학과 학업성치와 학습태도에 미치는 효과. 경인교육대학교 교육대학원 석사학위 논문.

김형일(2005). 장애학생의 전환교육 위한 정책적 지원 방안 연구. 특수교육연구, 12(2), 3-25.

김형일(2013). 전환교육의 이해와 실행. 교육과학사.

김혜리(2012). 일본의 건광주시교육청강장애학생 교육전달체계 및 국가수준 교육과정에 근거한 한국적 시사점 탐색. 특수아동교육연구, 14(4), 483-503.

류신희(2008). 건강장애학생의 교육실태 및 학교복귀지원에 대한 요구 조사. 조선대학교 일반대학원. 석사학위논문.

박소영, 신현기(2007). 장애유아를 위한 협력교수의 수행요소와 전제조건에 관한 연구. 특수아동교육연구, 9(1), 173-201.

박승희(1996). 일반학급에서 장애학생의 통합교육을 위한 특수교육교사의 역할. 초등교육연구, 10, 177-197.

박승희(1999). 일반학급에 통합된 장애학생의 수업의 질 향상을 위한 교수적 수정의 개념과 실행 방안. 특수교육학 연구, 34(2), 199-235.

박승희(2003). 한국 장애학생 통합교육: 특수교육과 일반교육의 관계 재정립. 서울: 교육과학사.

박윤정, 한경근(2014). 초등 사회 및 과학과 교수적 수정 적용 연구 분석. 특수교육저널: 이론과 실천, 15(2), 85~107.

박은혜, 이정은(2004). 건강장애학생의 학교적응 지원을 위한 기초연구. 특수교육학연구, 39(1), 143-168.

박지연(2000). 특수교육 인물: Evelyn Deno와 통합교육의 흐름. 현장특수교육, 7(5). 국립특수교육원.

박현옥, 김은주(2004). 통합교육에 관한 국내 연구 동향 분석. 특수교육학연구, 38(4), 285-309.

변호승, 최정임, 송재신(2006). 전자교과서 프로토타입 개발 연구. 교육공학연구, 22(4), 217-240.

보건복지부(2013). 2013 발달장애인 부모 심리상담 서비스매뉴얼. 보건복지부.

성경희(1993). 한국에서의 음악영재 발굴과 교육의 방향. 음악인력 양성을 위한 새로운 방향 모색. 한국예술종합학교 한국예술연구소 개소기념 심포지엄 발표자료.

성경희(2005). 모든 사람을 위한 예술교육: 21세기의 역사적 소임. 한국국제교류재단.

세종특별자치시교육청(2017). 초 · 중등학교 통합교육 실행 가이드북Ⅰ. 세종특별시자치교육청.

손지영(2009). 장애학생 고등교육을 위한 e-러닝과 보편적 설계. 한국학술정보.

손지영(2011). 장애학생을 위한 학습 설계의 적용에 대한 온라인 학습 콘텐츠의 분석 연구. 특수교육재활과학연구, 50(4), 39-63.

손지영(2013). 장애학생을 위한 스마트 기기 활용 방향 탐색. 한국특수아동학회 동계학술대회 자료집.

손지영(2017). 자폐스펙트럼장애 학생 대상 증강현실기반 교육 콘텐츠 연구에 대한 고찰. 디지털콘텐츠학회논문지, 18(1), 35-45.

손지영, 김동일(2010). 교육 현장에서 보편적 학습 설계를 적용한 연구의 적용 전략 및 효과성 고찰. 특수교육저널: 이론과 실천, 11(1), 385-411.

손지영, 김동일(2011). 장애학생을 위한 스마트러닝 환경 구축의 정책적 방향 탐색. 특수교육저널: 이론과 실천, 12(4), 453-480.

송종용(1999). 한글 읽기장애 아동의 작업기억 특성. 서울대학교 대학원 박사학위 논문.

수원시지역사회복지협의체(2007). 장애인차별금지법 설명회 자료집. 수원시 지역사회복지협의체.

신재현(2017). 읽기학습장애 선별을 위한 선택형 읽기검사(CBM Maze)의 타당도 연구: 메타분석을 중심으로. 특수교육, 16(1), 5-33.

신종호(1999). 학습장애 집단과 저성취 집단 간의 읽기 차이에 대한 시계열 연구: 학습장애에 대한 개념 논쟁을 중심으로. 특수교육학연구, 34(2), 277-295.

신종호, 김동일, 신현기, 이대식(2008). 정신지체(7판). 서울: 시그마프레스.

신현기(2008). 생애 주기별로 본 지적장애인. 서울: 시그마프레스.

안회영(2005). 최신 임상이비인후과학. 서울: 군자출판사.

연준모, 김우리(2015). 중재반응모형이 통합교육에 미치는 영향: 쟁점과 해결방안. 학습장애연구, 12(2), 203-226.

오영환(2011). 장애학생을 위한 모바일 위치기반 SNS. 시각장애연구, 27(3), 93-111.

오주일(2004). 음악영재교육 프로그램 비교 분석을 통한 음악영재성 고찰. 서울대학교 대학원 석사학위논문.

오진아(2004). 학령기 아동의 입원생활 적응증진 프로그램 개발 및 효과. 대한간호학회지, 34(3), 525-533.

오천균(1988). 조선조맹교육의 사상과 제도. 단국대학교 박사학위 논문.

유길상(2011). 혼합현실을 이용한 스마트 교육의 기술동향. 한국정보기술학회지, 9(3), 63-73.

윤미경, 이병인(2015). 유아특수교사의 핵심역량 강화를 위한 교사양성기관 교육과정 재구조화 연구. 특수교육학연구, 50, 143-166.

윤지현, 김호연, 김두영(2016). 발달장애 자녀의 평생교육 프로그램 참여 동기와 만족도에 대한 부모 인식 분석. 특수교육학연구, 51(1), 129-151.

이대식(2001). 학습장애 진단과 판별: 불일치 기준의 문제점과 교과별 기초학습기능의 역할. 정서·행동장애연구, 17(2), 19-41.

이대식(2006). 특수아동을 위한 교과교육의 원리와 요소. 특수교육학연구, 41(2), 95-119.

이대식(2007). 수학학습장애 진단 및 판별 방법으로서의 내재성 처리과정 결함 접근의 타당성과 전망. 정서·행동장애연구, 23(2), 217-249.

이대식, 김수연(2008). 초등학교 일반학급 교사들이 인식한 학급 내 문제행동 실태와 그 대처방안. 특수교육학연구, 43(1), 183-201.

이대식, 김수연, 신현기, 이은주(2004). 교육대학교에서의 통합교육 담당교사 교육의 방향. 한국교원교육연구, 21(2), 67-87.

이대식, 김수연, 이은주, 허승준(2011). 통합교육의 이해와 실제(2판). 서울: 학지사.

이대식, 최종근, 전윤희, 김연진(2007). 수학기초학습부진학생 집단의 특징 연구. 아시아교육연구, 8(1), 93-130.

이미숙(2017). 중학교 특수교사의 장애학생 부모상담 경험. 특수아동교육연구, 19(2), 47-71.

이미숙, 구신실, 노진아, 박경옥, 서선진(2013). 예비교사를 위한 특수교육학 개론. 서울: 학지사.

이병훈, 장원태, 서재희(2012). 의사표현에 제약이 있는 장애인을 위한 피지컬 컴퓨팅을 활용한 SNS 연동 시스템 구축에 대한 연구. 한국항행학회논문지, 16(1), 82-88.

이소현(2005). 통합교육 효율화를 위한 특수교육 장학의 방향과 과제. 제6회 특수교육 전문직 워크숍. 국립특수교육원.

이소현, 김수진(2005). 유치원 특수학급의 장애유아 통합교육 프로그램 운영 실태 및 교사 인식. 아시아교육연구, 6(1), 145-172.

이소현, 박은혜(2011). 특수아동교육: 통합학급 교사들을 위한 특수교육 지침서(제3판). 서울: 학지사.

이승기, 김기룡, 백은령, 이계윤, 조윤경, 전혜연, 최복천, 최윤영, 김희진, 류소영(2011). 장애아동에 대한 사회적 복지지원체계 연구. 보건복지부.

이승연(2007). 사립유치원 교사들의 장애유아 통합교육에 대한 어려움과 지원 요구. 한국교원교육연구, 24(2), 5-30.

이승희(2009). 자폐스펙트럼장애의 이해. 서울: 학지사.

이승희(2010). 특수교육평가(2판). 서울: 학지사.

이신동, 이정규, 박춘성(2014). 최신 영재교육학 개론(2판). 서울: 학지사.

이유훈, 김형일, 강병호(2003). 학령기 장애인의 직업적성 개발을 위한 직업교육훈련 기회 확충방안. 126-132.

이익섭(1993). 한국장애인복지정책의 이념정립을 위한 고찰. 한국사회복지학회 '93추계세미나자료집.

이정은(2015). 지적장애학생을 위한 전환교육의 실제. 서울: 학지사.

이주영, 손승현(2012). 학습장애 및 학습부진학생들의 사회과 지식 향상을 위한 중재의 특징. 특수교육저널: 이론과 실천, 13(2), 111-140.

이철수(2009). 사회복지학사전. 서울: 비상.

이태수, 홍성두(2007) 문장제 문제에 대한 일반아동과 저성취아동 및 수학학습장애아동의 중재반응 특성 비교 분석. 정서・행동장애연구, 23(1), 187-210.

이효정, 오인수, 이영선, 최하영(2012). 특수아상담. 서울: 학지사.

인천광역시교육청(2016). 건강장애학생 이해자료.

임걸(2010). Smart X, Smart Learning. 한국이러닝산업협회 2010 Smart Learning. Leaders Seminar 자료집.

임걸(2011). 스마트 러닝 교수학습 설계모형 탐구. 한국컴퓨터교육학회논문지, 14(2), 33-45.

임안수(1986). 한국맹인 직업사연구. 단국대학교 박사학위 논문.

임정훈(2011). 모바일 기반 스마트러닝: 개념 탐색과 대학교육에의 적용 가능성. 한국교육정보미디어학회 춘계학술대회자료집.

장애아동 복지지원법 [법률 제13323호 일부개정 2015. 05. 18.]

장애인 등에 대한 특수교육법 [법률 제12127호 일부개정 2013. 12. 30.]

전국장애인교육권연대(2007).「장애인 등에 대한 특수교육법」해설 자료집. 전국장애인교육권연대.

정대영, 하창완(2011). 그래픽 구성도 작성 전략 중심의 읽기 수업이 읽기 학습장애 고등학생의 읽기 유창성과 이해력에 미치는 영향. 학습장애연구, 8(1), 43-63.

정동영(2010a). 2010년 개정 특수교육 교육과정(총론)의 이해. 특수교육연구, 18(1), 27-50.

정동영(2010b). 통합교육 시대의 특수교육 교과교육 실행 방향과 지원과제. 2010 한국특수교육학회 춘계학술대회 자료집, 43-51.

정수정, 임걸, 고유정, 심현애, 김경연(2010). 스마트폰의 교육용 어플리케이션 동향분석 및 발전방향 연구. 한국디지털콘텐츠학회논문지, 11(2), 211-225.

정은선(2004). 미술영재교육현황분석. 상명대학교 교육대학원 석사학위논문.

정은희, 허유성(2010). 특수교사와 일반교사의 교육관, 효과적인 교수-학습방법 및 상호협력관계에 대한 인식 비교. 특수교육저널: 이론과 실천, 11(3), 227-251.

정정진, 여광응, 이영재, 신현기, 김동일, 김소희, 안성우, 이신동, 이영철, 이은주, 이점조, 임성민, 정진옥, 조용태, 최민숙, 최성규(2010). 특수아동심리학. 서울: 학지사.

정주영, 신현기(2003). 통학급내 정신지체 학생의 교수적 지원에 대한 특수학급 교사의 인식과 실제. 특수교육학연구, 38(2), 219-250.

조석희(2006). 영재성의 발달 및 프로그램 효과성에 대한 종단연구. 한국교육개발원 연구보고서.

조용태(2000). 정신지체아동과 학습장애아동의 사회적 기술 특성 비교. 미래유아교육 학회지, 7(1), 113-136.

조인수(2005). 장애인의 삶의 질 향상을 위한 전환교육. 경북: 대구대학교 출판부.

천지은, 정문준, 황지은 (2012). 발달장애 특수학교의 학교기업 운영 및 교육효과성에 관한 특수교사의 인식 연구. 지적장애연구 14(1), 143-170.

최민숙(2002). 장애아동 교육을 위한 가족참여와 지원. 서울: 학지사.

최세민, 강경숙, 유장순, 김희규(2010). 통합교육장면에서 초등학교 사회교과의 교수적 수정 및 적용방법. 교육연구, 48, 169-194.

최영민(2013). 건강장애학생의 자기 효능감과 공감능력과의 관계. 부산대학교 석사학위 논문.

최은식(2003). 한국초등학생의 음악적성 연구. 음악교육연구, 제15호.

최정임, 신남수(2009). 보편적 학습설계(UDL)를 반영한 디지털 교과서 설계 원리. 교육공학연구, 25(1), 29-59.

최종근(2005). 장애, 특수교육요구아동, 그리고 (통합·특수)교육. 서울: 원미사.

최종근(2012a). '장애우'가 아니다. 함께하는 길, 제26권. 유성구장애인종합복지관 관보. 34-37.

최종근(2012b). 장애인 대학입학 특별전형 제도의 명칭 변경과 지원자격 제한의 정당성에 관한 연구. 특수교육학연구, 47(1), 119-147.

최진오(2008). 학교장의 개인변인, 통합교육에 대한 인식 및 태도와 통합교육실태 간의 상관관계. 특수교육학연구, 43(2), 137-155.

표윤희, 박은혜(2010). 운동능력 향상을 위한 협력적 팀워크 중재가 뇌성마비 학생의 대근육운동 능력 및 운동능력 관련 개별화 교육목표 성취에 미치는 영향. 특수교육학연구, 45(1), 317-340.

한국교육개발원(2000). 영재교육과정 개발연구(Ⅰ)-초.중학교 영재교육과정 시안 개발을 위한 기초연구. 연구보고 CR 2000-20.

한국교육개발원(2012). 제2차 영재교육 진흥종합대책 평가 및 중장기 전망에 관한 연구. 수탁연구 CR 2012-66. 서울: 한국교육개발원.

한국교육평가학회 편(2004). 교육평가 용어사전. 서울: 학지사.

한국기업교육학회(2010). HRD 용어사전. 서울: 중앙경제.

한국보건사회연구원(2005). 2005년도 장애인실태조사. 서울: 보건복지부.

한국정보통신기술협회(2004). 한국형 웹 콘텐츠 접근성 지침 1.0. http://sangmin.tistory.com/attachment/cm228.pdf

한국통합교육학회(2009). 통합교육. 서울: 학지사.

한혁수, 김초이(2009). 소셜 네트워크 사이트의 웹 접근성 평가. 감성과학, 12(4), 481-488.

허승준(2005). 학습장애의 진단 및 평가: 기존 모델의 문제점과 시사점. 학습장애연구,

2(2), 31-53.

홍익희(2013). 유대인 창의성의 비밀: 베스트보다 유니크를 지향하라. 서울: 행성비.

황순영, 박지수(2013). 중학교 특수교육실무원의 수업지원 실태 및 통합교사의 인식. 특수교육재활과학연구, 52(4), 277-303.

AAIDD (2010). *Intellectual Disability: Definition, Classification, and Systems of Supports*. aaidd.

Achenbach, T. M., & Rescorla, L. A. (2001). *Manual for the Achenbach system of empirically based assessment school-age forms profiles*. Burlington, VT: Aseba.

American Psychiatric Association (2013). *Diagnostic and statistical manual of mental disorders (DSM-5A®)*. American Psychiatric Pub.

American Speech-Language-Hearing Association (1993). Definition of communication disorders and variations. Available from www.asha.org/policy.

Antia, S., Kreimeyer, K., Metz, K., & Spolsky, S. (2011). Peer interactions of deaf and hard-of- hearing children. *Teoksessa M. Marschark & P. E. Spencer (In) The Oxford handbook of deaf studies, language and education*. Oxford: Oxford University Press, 173-187.

Augustyniak, K., Murphy, J., & Phillips, D. K. (2005). Psychological perspectives in assessing mathematics learning needs. *Journal of Instructional Psychology, 32*(4), 277-286.

Baker, E. T., Wang, M. C. & Walberg, H. J. (1994). The effects of inclusion on learning', *Educational Leadership, 52* (4), 33-5.

Baker, J., & Zigmond , N. (1995). The m ean ing and practice o f inc lusion for students with learning disabilities: Themes and implication from five case studies. *Journal of Special Education, 29*(2), 163-180.

Bambara, L. M., & Kern, L. (2005). *Individualized supports for students with problem behaviors: Designing positive behavior plans*. NY: The Guilford Press.

Bambara, L. M., & Knoster, T. P. (2009). *Designing positive behavior support plans* (2nd Ed.). American Association on Intellectual and Developmental Disabilities.

Banerji, M., & Dailey, R. (1995). A study of the effects of an inclusion model on students with specific learning disabilities. *Journal of Learning Disabilities*, 28, 511-522.

Beirne-Smith, M., Patton, J., & Ittenbach, R. (1994). *Mental retardation*. NY: Merril.

Bender, W. N. (1992). *Learning disabilities: Characteristics, identification, and teaching strategies*. Boston: Allyn and Bacon.

Biklen, D. (Ed.). (1985). *Achieving the complete school: Strategies for effective mainstreaming*. New York: Teachers College Press.

Blatt, B. (1987). *The conguest of mental retardation*. Autin, TX: PRO-ED.

Blatt, B., & Kaplan, F. (1966). *Christmas in purgatory: A photographic essay on mental retardation*. Boston: Allyn & Bacon.

Blatt, B., & Kaplan, F. M. (1974). *Christmas in purgatory: a photographic essay on mental retardation*. Human Policy Press.

Bolte, S., Girdler, S., & Marschik, P. B. (2019). The contribution of environmental exposure to the etiology of autism spectrum disorder. *Cellular and Molecular Life Sciences, 76*(7), 1275-1297.

Borthwick-Duffy, S. A., Palmer, D. S., & Lane, K. L. (1996). One size doesn't fit all: Full inclusion and individual differences. *Journal of Behavioral Education, 6*(3), 311-329.

Bos, C., & Vaughn, S. (2002). *Strategies for teaching students with learning and behavior problems* (fifth edition). Boston, MA: Allyn & Bacon.

Bowe, F. (2005). *Making inclusion work*. Upper Saddle River, NJ: Merrill/Prentice-Hall.

Brauner, C. B., & Stephens, C. B. (2006). Estimating the prevalence of early childhood serious emotional/behavioral disorders: challenges and recommendations. *Public health reports, 121*(3), 303-310.

Bronfenbrenner, U. (2005). Making human beings human: Bioecological perspectives on human development. Sage.

Brown, R. T., Madan-Swain, A. (1993) Cognitive, neuropsychological, and academic sequelae in children with leukemia. *Journal of Learning Disabilities, 26*(2), 74-90.

Brown-Chidsey, R., & Steege, M. W. (2011). *Response to intervention: Principles and strategies for effective practice*. Guilford Press.

Bryant, D., Bryant, B., & Smith, D. (2017). *Teaching students with special needs in inclusive classrooms*. Thousand Oaks, CA: Sage.

Bullis, M., Walker, H. M., & Sprague, J. R. (2001). A promise unfulfilled: Social skills training with at-risk and antisocial children and youth. *Exceptionality, 9*(1-2), 67-90.

Carnine, D. W., Jones, E. D., & Dixon, R. (1994). Mathematics: Educational tools for diverse learners. *School Psychology Review, 23*, 406-427.

Caspi, A., Henry, B., McGee, R. O., Moffitt, T. E., & Silva, P. A. (1995). Temperamental origins of child and adolescent behavior problems: From age three to age fifteen. *Child development*, *66*(1), 55-68.

CAST (2008). Universal design for learning guidelines version 1.0. Wakefield, MA: Author.

CAST (2011). Universal design for learning guidelines version 2.0. Wakefield, MA: Author.

Cawley, J. F., & Parmar, R. S. (1994). Structuring word problems for diagnostic teaching: Helping teachers meet the needs of students with mild disabilities. *Teaching Exceptional Children*, *26*(4), 16-21.

Cha, K. H. (1992). The effect of flanking context and its time course in focused attention of mentally retarded and nonretarded person. *Dissertations Abstracts International*, *53*, 2087.

Chubon, Robert A. & Bowe, Frank, G. (1994). *Social and Psychological Foundations of Rehabilitation*. Illinois: Charles C Thomas Publisher.

Church, R. P., Lewis, M. E. B., & Batshaw, M. L. (1997). Learning disabilities. In M. L. Batshaw (Ed.), *Children with disabilities* (4th ed., pp. 471-198). Baltimore, MD: Paul H. Brookes.

Ciullo, S., Falcomata, T., & Vaughn, S. (2015). Teaching social studies to upper elementary students with learning disabilities: Graphic organizers and explicit instruction. *Learning Disability Quarterly*, *38*, 15-26. Darch & Eaves.

Cole, C. M., Waldron, N., & Majd, M. (2004). Academic progress of students across inclusive and traditional settings. *Mental retardation*, *42*(2), 136-144.

Cook, B. G., Cameron, D. L., & Tankersley, M. (2007). Inclusive teachers' attitudinal ratings of their students with disabilities. *The Journal of Special Education*, *40*(4), 230-238.

Cook, B. G., Landrum, T. J., Tankersley, M., & Kauffman, J. M. (2003). Bringing research to bear on practice: Effecting evidence-based instruction for students with emotional or behavioral disorders. *Education and Treatment of Children*, 345-361.

Council for Exceptional Children (CEC) (2010). Retrieved from https://www.cec.sped. org/Standards/Special-Educator-Professional-Preparation-Standards.

Darch, C., & Eaves, R. (1986). Visual displays to increase comprehension of high school learning-disabled students. *The Journal* of Special *Education*, 20(3), 309-318.

Davis, G. A., & Rimm, S. A. (2004). *Education of the gifted and talented* (6th ed.). Boston: Allyn & Bacon.

Delivery: Redefining special educators as interventionists. *Remedial and Special*

Education, 31(1), 17-23.

Deno, E. N. (1970). Special education as developmental capital. *Exceptional Children, 37*(3), 229-237.

Dunst, C. J., Johanson, C., Trivette, C. M., & Hamby, D. (1991). Family-oriented early intervention policies and practices: Family-centered or not? *Exceptional children, 58*(2), 115-126.

Dunst, C. J., Trivette, C. M., & Deal, A. G. (1994). *Supporting & strengthening families, Vol. 1: Methods, strategies and practices.* Brookline Books.

Eklund, K., Tanner, N., Stoll, K., & Anway, L. (2015). Identifying emotional and behavioral risk among gifted and nongifted children: A multi-gate, multiinformant approach. *School Psychology Quarterly, 30*(2), 197.

Escriva, V. P. (2016). 눈을 감아보렴(조수진 역). 서울: 한울림스페셜. (원서출판 2009).

Fairbanks, S., Sugai, G., Guardino, D., & Lathrop, M. (2007). Response to intervention: Examining classroom behavior support in second grade. *Exceptional Children, 73*, 288-310.

Fishbaugh, M. S. E., & Gum, P. (1994). *Inclusive Education in Billings*, Montana: A Prototype for Rural Schools.

Fisher, D., Pumpian, I., & Sax, C. (1998). High school students attitudes about and recommendations for their peers with significant disabilities. *Journal of the Association for Persons with Severe Handicaps, 23*(3), 272-282.

Fletcher, J. M., Morris, R. D., & Lyon, G. R. (2003). Classification and definition of learning disabilities: An integratice perspective. In Swanson, H. L., Harris, K. R., & Graham, S. (Eds.), *Handbook of learning disabilities* (pp. 30-56). New York: Guilford Press.

Flexer, R. W., Simmons, T. J., Luft, P., & Baer, R. M. (2005). *Transition Planing for Secondary Students with Disabilities.* New Jersey: Pearson Merrill Prentice Hall.

Forgatch, M. S., & Patterson, G. R. (1998). Behavioral family therapy. In F. Dattilio (Ed.), *Case studies in couple and family therapy* (pp. 85-107). New York: Guilford Press

Forness, S. R., & Kavale, K. A. (2001). ADHD and a return to the medical model of special education. *Education and Treatment of children*, 224-247.

Friend, M., & Cook, L. (2003). *Interactions: Collaboration skills for school professionals* (4th ed.). New York: Longman.

Fryxell, D., & Kennedy, C. H. (1995). Placement along the continuum of services and its impact on students' social relationships. *Journal of the Association for*

Persons with Severe Handicaps, 20(4), 259-269.

Fuchs, D., & Fuchs, L. S. (1994). Inclusive schools movement and the radicalization of special education reform. *Exceptional children, 60*(4), 294-309.

Fuchs, D., Fuchs, L. S., & Vaughn, S. (2014). What is intensive instruction and why is it important? *Teaching Exceptional Children, 46*(4), 13-18.

Fuchs, D., Fuchs, L. S., Mathes, P. G., Lipsey, M. W., & Roberts, P. H. (2002). Is learning disabilities just a fancy term for low achievement? A meta-analysis of reading differences between low achievers with and without the label. In R. Bradley, L. Danielson, & D. P. *Hallahan, Identification of learning disabilities: Research to practice.* Hillsdale, NJ: Lawrence Erlbaum Associates.

Fuchs, D., Fuchs, L., & Burish, P. (2000). Peer-Assisted Learning Strategies: An Evidence-Based Practice to Promote Reading Achievement. Learning Disabilities Research & Practice, 15(2), 85-91.

Fuchs, L. S., Fuchs, D., & Speece, D. L. (2002). Treatment validity as a unifying construct for identifying learning disabilities. *Learning Disability Quarterly, 25,* 33-45.

Fuchs, L., S., Deno, S. L., & Mirkin, P. (1984). Effects of frequent curriculum-based measurement and evaluation on pedagogy, student achievement, and student awareness of learning. *American Educational Research Journal, 21*(2), 449-460.

Garguilo, M. R., & Bouck, C. E. (2018). *Special education in conteperary society*(6th edition). LA: Sage.

Giangreco, M. F., Dennis, R., Cloninger, C., Edelman, S., & Schattman, R. (1993). "I've counted Jon": Transformational experiences of teachers educating students with disabilities. *Exceptional Children, 59*(4), 359-372.

Gilberts, G. H., Agran, M., Hughes, C., & Wehmeyer, M. (2001). The effects of peer delivered self-monitoring strategies on the participation of students with severe disabilities in general education classrooms. *Journal of the Association for Persons with Severe Handicaps, 26*(1), 25-36.

Gottesman, I. I. (1991). *Schizophrenia genesis: The origins of madness.* WH Freeman/Times Books/Henry Holt & Co.

Graham, S., & Perrin, D (2007). Writing next: Effective strategies to improve writing of adolescents in middle and high schools. Washington, DC: Alliance for Excellence in Education.

Gresham, F. M. (2004). Current status and future directions of school-based behavioral interventions. *School Psychology Review, 33*(3), 326.

Gresham, F. M., Lane, K. L., MacMillan, D. L., & Bocian, K. M. (1999). Social and academic profiles of externalizing and internalizing groups: Risk factors for emotional and behavioral disorders. *Behavioral Disorders, 24*(3), 231–245.

Grossman, H. J. (Ed.) (1983). *Manual on terminology and classification in mental retardation*(3rd ed. rev.). Washington, DC: American Association on Mental Retardation.

Haager, D., & Vaughn, S. (1997). Assessment of social competence in students with learning disabilities. *Issues in educating students with disabilities* (pp. 129–152).

Hall, K. M., Bowman, K. A., Ley, K., & Frankenberger, W. (2006). Comorbid Diagnosis and Concomitant Medical Treatment for Children with Emotional and Behavioral Disabilities. *International Journal of Special Education, 21*(3), 96–107.

Hallahan, D. P., & Kauffman, J. M. (2006). Exceptional learner.

Hallahan, D. P., Kauffman, J. M., & Pullen, P. C. (2009). *Exceptional learners: Introduction to special education* (11th ed.). Upper Saddle River, NJ: Pearson.

Halpern, A. S. (1985). Transition: A Look at the Foundations. *Exceptional Children, 51*(6), 479–486.

Haroutinian, J. (2002). *Killing the spark: Recognizing and developing musical talent*. New York: Oxford University Press.

Hawley, K. M., & Weisz, J. R. (2002). Increasing the relevance of evidence-based treatment review to practitioners and consumers. *Clinical Psychology: Science and Practice, 9*(2), 225–230.

Herr, S. S., Gostin, L. O., & Koh. H. H. (2004). *The Human Rights of Persons with Intellectual Disabilities: Different But Equal*. New York, NY: Oxford University Press.

Heward, W. L. (2006). *Exceptional Children: An Introduction to Special Education* (8th ed.). Upper Saddle River, NJ: Merrill/Prentice Hall.

Heward, W. L. (2009). Exceptional children: *An introduction to special education* (9th ed.). Upper Saddle River, NJ: Merrill/Prentice-Hall.

Heward, W. L. (2012). *Exceptional children: An introduction to special education* (student value edition). Upper Saddle River, NJ: Pearson.

Hosp, J. L., & Reschly, D. J. (2002). Regional differences in school psychology practice. *School Psychology Review, 31*(1), 11–29.

House, J. S. (1981). *Work, stress, and social support*. Reading, MA: Addison-Wesley.

House, J. S. (1983). *Work stress and social support*. Addison-Wesley Series on

Occupational Stress.

Ihlo, T., & Nantais, M. (2010). Evidence-based interventions within a multi-tier framework for positive behavioral supports. In T. A. Glover & S. Vaughn (Eds.), *The promise of response to intervention: Evaluating current science and practice* (pp. 235-266). New York: Guilford Press.

Inhelder, B. (1968). *The diagnosis of reasoning in the mentally retarded*. New York: Day.

International Dyslexia Association (2002). Definition consensus project. IDA Board of Directors. IDA. (https://dyslexiaida.org/definition-of-dyslexia)

Janecka, M., Mill, J., Basson, M. A., Goriely, A., Spiers, H., Reichenberg, A., Schalkwyk, L., & Fernandes, C. (2017). Advanced paternal age effects in neurodevelopmental disorders-review of potential underlying mechanisms. *Translational Psychiatry*, *7*(1), e1019.

Jentzsch, C., & Tindal, G. (1991). Analytic scoring of writing: Training module no. 8. Eugene, OR: Research, Consultation, and Teaching Program, College of Education, University of Oregon. Mahwah, NJ: Erlbaum.

Jimerson, S. R. (2004). Externalizing behaviors of aggression and violence and the school context. *Handbook of research in emotional and behavioral disorders*, 243.

Johnson, A. B., & Cartwright, C. A. (1979). The roles of information and experience in improving teachers' knowledge and attitudes about mainstreaming. *The Journal of Special Education*, *13*(4), 453-462.

Johnson, D. J., & Myklebust, H. R. (1967). *Learning disabilities: Educational principles and practices*. New York: Grune & Stratton.

Kalkbrenner, A. E., Schmidt, R. J., & Penlesky, A. C. (2014). Envirkonmental Chemical Exposures and Autism Spectrum Disorders: A Review of the Epidemiological Evidence. *Current Problems in Pediatric and Adolescent Health Care*, *44*(10), pp. 277-318.

Karagianis, L. D., & Nesbit, W. C. (1981). The Warnock Report: Britain's Preliminary Answer to Public Law 94-142. *Exceptional children*, *47*(5), 332-336.

Karimi, P., Kamali, E., Mousavi, S. M., & Karahmadi, M. (2017). Environmental factors influencing the risk of autism. *Journal of Research in Medical Sciences*, *21*(11), 1-12.

Kauffman, J. (1997). *Characteristics of emotional and behavior disorders of children and youth* (6th ed.). Columbus, OH: Merrill.

Kauffman, J. M. (1981). Introduction: Historical trends and contemporary issues in special education in United states. In J. M. Kauffman & D. P. Hallahan (Eds.), *Handbook of special education* (pp. 3-23), Englewood Cliffs, NJ: Prentice-hall.

Kauffman, J. M. (2015). The 'B' in EBD is not just for bullying. *Journal of Research in Special Education Needs, 15*, 167-175.

Kauffman, J. M., & Hallahan, D. P. (Eds.) (2011). *Handbook of special education* (pp. 15-26). New York: Routledge.

Kauffman, J. M., & Hallahan, D. P. (2009). Parental choices and ethical dilemmas involving disabilities: Special education and the problem of deliberately chosen disabilities. *Exceptionality, 17*(1), 45-62.

Kauffman, J. M., & Hallahn, D. P. (1995). *Illusion of full inclusion: A comprehensive critique of a current special education bandwagon.* Austin, TX: Pro-Ed.

Kauffman, J. M., & Landrum, T. J. (2009). Politics, civil rights, and disproportional identification of students with emotional and behavioral disorders. *Exceptionality, 17*(4), 177-188.

Kauffman, J. M., Nelson, C. M., Simpson, R. L., & Mock, D. R. (2011). Contemporary issues. In J. M. Kauffman & D. P. Hallahan (Eds.), *Handbook of special education* (pp. 15-26). New York, NY: Taylor & Francis.

Kavale, K. A., & Forness, S. R. (1985). Learning disability and the history of science: Paradigm or paradox? *Remedial and Special Education, 6*, 12-24.

Kavale, K. A., & Forness, S. R. (1987). Substance over style: A quantitative synthesis assessing the efficacy of modality testing and teaching. *Exceptional Children, 54*, 228-234.

Kazdin, A. E., & Weisz, J. R. (1998). Identifying and developing empirically supported child and adolescent treatments. *Journal of consulting and clinical psychology, 66*(1), 19.

Kendall, P. C. (2000). *Child & adolescent therapy: cognitive-behavioral procedures*(2nd ed). New York: Guilford press.

Kent, S., Wanzek, J., Swanson, E. A., & Vaughn, S. (2015). Team-based learning for students with high-incidence disabilities in high school social studies classrooms. *Learning Disabilities Research & Practice, 20*, 3-14.

Kilgus, S. P., Chafouleas, S. M., Riley-Tillman, T. C., & Welsh, M. E. (2012). Direct behavior rating scales as screeners: A preliminary investigation of diagnostic accuracy in elementary school. *School Psychology Quarterly, 27*(1), 41.

King, N. J., Heyne, D., & Ollendick, T. H. (2005). Cognitive-behavioral treatments for anxiety and phobic disorders in children and adolescents: A review. *Behavioral*

Disorders, 30(3), 241-257.

Kirk, S. A., & Gallagher, J. J. (1979). *Educating Exceptional Children* (3rd ed.). Boston: Houghton Mifflin.

Klein, D. N., Lewinsohn, P. M., Seeley, J. R., & Rohde, P. (2001). A family study of major depressive disorder in a community sample of adolescents. *Archives of general psychiatry, 58*(1), 13-20.

Kubler-Ross, E. (1969). *On death and dying.* New York: Macmillan.

Kuder, S. J. (2013). *Teaching student with language and communication disabilities* (4th ed.). Boston: Pearson.

Lahey, B. B., Miller, T. L., Gordon, R. A., & Riley, A. W. (1999). Developmental epidemiology of the disruptive behavior disorders. *In Handbook of disruptive behavior disorders* (pp. 23-48). Springer, Boston, MA.

Landrum, T. J. (2011). Emotional and behavioral disorders. In Kauffman, J. M., & Hallahan, D. P. (Eds.), *Handbook of special education* (pp. 209-220). New York: Routledge.

Landrum, T. J., & Kauffman, J. M. (2006). Behavioral approaches to classroom management. *Handbook of classroom management: Research, practice, and contemporary issues*, 47-71.

Landrum, T. J., Tankersley, M., & Kauffman, J. M. (2003). What is special about special education for students with emotional or behavioral disorders? *The Journal of Special Education, 37*(3), 148-156.

Lane, H. (1979). *The wild boy of Aveyron.* Boston, MA: Harvard University Press.

Larson, E. J. (2002), The Meaning of Human Gene Testing for Disability Rights. *University of Cincinnati Law Review, Vol. 70.*

Lewis, R. B. & Doorlag, D. H. (1999). *Teaching special students in general education classrooms.* East Saddle River, NJ: Merrill.

Lindsay, G. (2007). Educational psychology and the effectiveness of inclusive education/mainstreaming. *British Journal of Educational Psychology, 77*(1), 1-24.

Lloyd, J. W., Singh, N. N., & Repp, A. C. (1991). *The regular education initiative.* Sycamore: Sycamore Press.

Loeber, R., & Keenan, K. (1994). Interaction between conduct disorder and its comorbid conditions: Effects of gender and age. *Clinical Psychology Review, 14*, 497-523.

MacArthur, C. A., Graham, S., & Fitzgerald, J. (Eds.). (2008). *Handbook of writing research.* Guilford Press.

Maker, C. J., Nielson, A. B., & Rogers, J. A. (1994). Giftedness, diversity, and problem-solving. *Teaching Exceptional Children, 27*, 4-19.

Mayer, M., Lochman, J., & Van Acker, R. (2005). Introduction to the special issue: Cognitive-behavioral interventions with students with EBD. *Behavioral Disorders, 30*(3), 197-212.

McEvoy, A., & Welker, R. (2000). Antisocial behavior, academic failure, and school climate: A critical review. *Journal of Emotional and Behavioral disorders, 8*(3), 130-140.

Meeker, M. N., & Meeker, R. (1986). The SOI system for gifted education. In J. S. Renzulli (Ed.), *Systems and models for developing programs for the gifted and talented* (pp. 194-215). Mansfield Center, CT: Creative Learning Press.

Meichenbaum, D. H., & Goodman, J. (1971). Training impulsive children to talk to themselves: a means of developing self-control. *Journal of abnormal psychology, 77*(2), 115.

Mercer, C. D. (1992). *Students with learning disabilities* (4th ed.). Columbus, OH: Merrill Publishing.

Mercer, C. D., & Mercer, A. R. (1993). *Teaching students with learning problems* (4th ed.). New York, NY: MacMillan.

Mercer, C. D., & Miller, S. P. (1992). Teaching students with learning problems in math to acquire, understand, and apply basic math facts. *Remedial and Special Education, 13*(3), 19-35, 61.

Minskoff & Allsopp (2003). Academic Success Strategies for Adolescents with Learning Disabilities and ADHD. Baltimore: Paul H. Bookes Publishing Co.

Montague, M. (1992). The effects of cognitive and meta-cognitive strategy instruction on the mathematical problem solving of middle school students with learning disabilities. *Journal of Learning Disabilities, 25*, 230-248.

Montague, M. (1997) Cognitive strategy instruction in mathematics for students with learning disabilities. *Journal of Learning Disabilities, 30*, 164-177.

Montague, M., & Applegate, B. (1993). Middle school students mathematical problem solving: An analysis of think-aloud protocols. *Learning Disability Quarterly, 16*, 19-32.

Murdick, N., Gartin, B., & Crabtree, T. (2002). *Special Education Law*. Upper Saddle River, NJ: Merrill Prentice Hall.

Muscular Dystrophy Association (2016). Duchenne muscular dystrophy: Overview. Rereived January 11, 2016, from https://www.mda.org/disease/duchennemuscular-dystrophy.

Nelson, J. R., Stage, S., Duppong-Hurley, K., Synhorst, L., & Epstein, M. H. (2007). Risk factors predictive of the problem behavior of children at risk for emotional and behavioral disorders. *Exceptional Children, 73*, 367-379.

Nelson, L. G., Summers, J. A., & Turnbull, A. P. (2004). Boundaries in family-professional relationships: Implications for special education. *Remedial and Special Education, 25*(3), 153-165.

Nirje, B. (1969). The normalization principle and its human management implications. Changing patterns in residential services for the mentally retarded, 179-195.

O'Shea, L. J., O'Shea, D. J., Algozzine, R., & Hammitte, D. J. (2001). Families and Teachers of Individuals with Disabilities. Austin, TX: PRO-ED, Inc.

Oliver, M. (1996). Understanding Disability: from theory to practice. NY: St. Martin's Press.

Ollendick, T. H., & King, N. J. (1998). Empirically supported treatments for children with phobic and anxiety disorders: Current status. *Journal of Clinical Child Psychology, 27*(2), 156-167.

Owens, R. E., Farinella, K. A. & Metz, D. E. (2015). Introduction to communication disorders: A lifespan evidence-based perspective (5th edition). Boston: Pearson.

Palmer, D. S., Fuller, K., Arora, T., & Nelson, M. (2001). Taking sides: Parent views on inclusion for their children with severe disabilities. *Exceptional children, 67*(4), 467-484.

Pearson Education.

Pierangelo, R., & Giuliani, G. (2004). *Transition Service in Special Education: a Practical Approach*. Arlington Street, Boston, MA: Pearson A and B.

Powell, T. H., Pancsofar, D. E., Steere, Butterworth, J., Itzkowitz, J. S., & Rainforth, B. (1991). Supported employment: Providing integrated employment opportunities dor persons with disabilities. University Center at Binghamton State University of New York: Longman.

Pugach, M. C., & Johnson, L. J. (2002). *Collaborative practitioners: Collaborative schools*. Denver, CO: Love.

Qi, S. & Mitchell, E. R. (2012). Large-scale academic achievement testing of deaf and hard-of-hearing students: past, present, and future. *The Journal of Deaf Studies and Deaf Education, 17*(1), 1-18.

Rao, S. S. (2000). Perspectives of an African American mother on parent-professional relationships in special education. *Mental Retardation, 38*(6), 475-488.

Renzulli, J. S. (1978). What makes giftedness? Reexamining a definition. *Phi Delta Kappan, 60*, 180-184, 261.

Rivera, D. M., & Bryant, B. R. (1992). Mathematics instruction for students with special needs. *Intervention in School and Clinic, 28*, 71-86.

Rivera, D. P., & Smith, D. D. (1997). *Teaching students with learning and behavior problems*. Allyn and Bacon.

Roh, S. Z. (2004). Designing accessible web-based instruction for all learners: Perspectives of students with disabilities and web-based instructional personnel in higher education. Unpublished doctoral dissertation, Indiana University Bloomington.

Rose, D., & Meyer, A. (2002). Teaching every student in the digital age: Universal design for learning. Alexandria, VA: Association for Supervision and Curriculum Development(ASCD).

Rosel, J., Caballer, A., Jara, P., & Oliver, J. C. (2005). Verbalism in the narrative language of children who are blind and sighted. *Journal of Visual Impairment and Blindness*, 413-425.

Rothman, D. J., & Rothman, S. M. (2005). *The Willowbrook Wars: Bringing the mentally disabled into the community*. New Brunswick, NJ, US: Aldine Transaction.

Rudo, Z. H., Powell, D. S., & Dunlap, G. (1998). The effects of violence in the home on children's emotional, behavioral, and social functioning: A review of the literature. *Journal of Emotional and Behavioral Disorders, 6*(2), 94-113.

Ruijs, N. M., & Peetsma, T. T. (2009). Effects of inclusion on students with and without special educational needs reviewed. *Educational Research Review, 4*(2), 67-79.

Sacks, S. Z., Lueck, A. H., Corn, A. L., & Erin, J. N. (2011). Supporting the social and emotional needs of students with low vision to promote academic and social success. Position Paper of the Division on Visual Impairments, Council for Exceptional Children. Arlington, VA: Council for Exceptional Children.

Safford, L., & Safford, E. J. (1996). *A history of childhood and disability*. New York, NY: Teachers' College Press.

Saint-Laurent, L., & Lessard, J. C. (1991). Comparison of three educational programs for students with moderate mental retardation integrated in regular schools: Preliminary results. *Education and Training in Mental Retardation*, 370-380.

Salend, S. J. (2011). *Creating inclusive classrooms: Effective and reflective practices* (7th ed.). Boston: Pearson.

Salisbury, C. L., Gallucci, C., Palombaro, M. M., & Peck, C. A. (1995). Strategies that promote social relations among elementary students with and without severe disabilities in inclusive schools. *Exceptional Children, 62*(2), 125-137.

Salisbury, C. L., Palombaro, M. M., & Hollowood, T. M. (1993). On the nature and change of an inclusive elementary school. *Journal of the Association for Persons with Severe Handicaps, 18*(2), 75-84.

Salisbury, C.L., Mangino, M., Petrigala, M., Rainforth, B., Syryca, S., & Palombaro, M. M. (1994). Innovative practices : Promoting the instructional inclusion of young children with disabilities in the primary grades. *Journal of early intervention, 18*(3), 311-322.

Sapon-Shevin, M. (1996). Celebrating diversity, creating community: Curriculum that honors and builds on differences. In S. B. Stainback (Ed.), Inclusion: A guide for educators (pp. 255-270). Baltimore, MD: Brookes.

Scruggs, T. E., & Mastropieri, M. A. (1994). The construction of scientific knowledge by students with mild disabilities. *The journal of special education, 28*(3), 307-321.

Scruggs, T. E., & Mastropieri, M. A. (1996). Teacher perceptions of mainstreaming/ inclusion, 1958-1995: A research synthesis. *Exceptional children, 63*(1), 59-74.

Seale, J. K. (2006). *E-Learning and Disability in Higher Education.* New York: Routledge.

Searcy, Y. M., Lincoln, A. J., Rose, F. E., Bavar, N., Korenberg, J. R., & Klima, E. (2004). The relationship between age and IQ in Williams syndrome. *American Journal on Mental Retardation, 109*, 231-236.

Shalev, R. S., Manor, O., & Gross-Tsur, V. (2005). Developmental dyscalculia: a prospective six-year follow-up. *Developmental medicine and child neurology, 47*(2), 121-125.

Sharpe, M. N., York, J. L., & Knight, J. (1994). Effects of inclusion on the academic performance of classmates without disabilities: A preliminary study. *Remedial and Special Education, 15*(5), 281-287.

Sheidow, A. J., Gorman-Smith, D., Tolan, P. H., & Henry, D. B. (2001). Family and community characteristics: Risk factors for violence exposure in inner-city youth. *Journal of community psychology, 29*(3), 345-360.

Siegel, L. S. (1999). Issues in the definition and diagnosis of learning disabilities: A perspective on Guckenberger v. Boston University. *Journal of Learning Disabilities, 32*(4), 304-319.

Simonsen, B., Shaw, S. F., Faggella-Luby, M., Sugai, G., Coyne, M. D., Rhein, B., Madaus, J. W., & Alfano, M. (2010). A schoolwide model for service.

Sinclair, E. (1998). Head Start children at risk: Relationship of prenatal drug exposure to identification of special needs and subsequent special education kindergarten placement. *Behavioral Disorders, 23*(2), 125-133.

Singer, G. H., Powers, L. E., & Olson, A. L. (1996). *Redefining family support: Innovations in public-private partnerships.* Paul H Brookes Publishing.

Siperstein, G. N., Norins, J., & Mohler, A. (2007). Social acceptance and attitude change. *In Handbook of intellectual and developmental disabilities* (pp. 133-154). Springer, Boston, MA.

Sitlington, P. L., Clark, G. M., & Kolstoe, O. P. (2000). *Transition Education and Services for Adolescents with Disabilities* (3rd Edition). Boston Allyn & Bacon.

Smith, D. (2007). *Introduction to Special Education: Making a difference* (6th ed.). Pearson Education.

Snell, M. E., & Janney, R. (2005). *Collaborative teaming* (2nd ed.). Baltimore: Paul H. Brooks.

Solomon, B. G., Klein, S. A., Hintze, J. M., Cressey, J. M., & Peller, S. L. (2012). A meta-analysis of school-wide positive behavior support: An exploratory study using single-case synthesis. *Psychology in the Schools, 49*, 105-121.

Sonnenschein, P. (1981). Parents and professionals: An uneasy relationship. *Teaching exceptional children, 14*(2), 62-65.

Soukup, J. H., Wehmeyer, M. L., Bashinski, S. M., & Bovaird, J. A. (2007). Classroom variables and access to the general curriculum for students with disabilities. *Exceptional Children, 74*(1), 101-120.

Sourander, A., & Helstelä, L. (2005). Childhood predictors of externalizing and internalizing problems in adolescence. *European child & adolescent psychiatry, 14*(8), 415-423.

Sprague, J., & Walker, H. (2000). Early identification and intervention for youth with antisocial and violent behavior. *Exceptional Children, 66*(3), 367-379.

Stainback, S. E., & Stainback, W. E. (1992). *Curriculum considerations in inclusive classrooms: Facilitating learning for all students.* Paul H. Brookes Publishing.

Staub, D., Schwartz, I. S., Gallucci, C., & Peck, C. A. (1994). Four portraits of friendship at an inclusive school. *Journal of the Association for Persons with Severe Handicaps, 19*(4), 314-325.

Staub, D., Spaulding, M., Peck, C. A., Gallucci, C., & Schwartz, I. S. (1996). Using nondisabled peers to support the inclusion of students with disabilities at the junior high school level. *Journal of the Association for Persons with Severe Handicaps, 21*(4), 194-205.

Stecker, P. M., Fuchs, L. S., & Fuchs, D. (2005). Using curriculum-based measurement to improve student achievement: Review of research. *Psychology in the Schools, 42*(8), 795-819.

Steinman, B. A., LeJeune, B. J., & Kimbrough, B. T. (2006). Developmental stages of reading processes in children who are blind and sighted. *Journal of Visual Impairment and Blindness, 100*(1), 36-46.

Stephens, T. M. (1992). Social skills in the classroom. Psychological Assessment Resources Inc.

Stern, D, Stone, J. III, Hopkins, C., McMillion, M., & Crain, R. (1994). *School-based enterprise: Productive learning in American high schools.* San Francisco: Jossey-Bass Publishers.

Sternberg, R. E. (2003). Giftedness according to the theory of successful intelligence. In N. Colangelo & G. A. Davis (Eds.). *Handbook of gifted education* (3rd ed., pp. 88-99). Boston: Allyn & Bacon.

Stichter, J. P., Conroy, M. A., & Kauffman, J. M. (2008). *An introduction to students with high-incidence disabilities.* Pearson/Merrill/Prentice Hall.

Stichter, J., Laffey, J., Galyen, K., & Herzog, M. (2014). iSocial: Delivering the social competence intervention for Adolescents(SCI-A) in a 3D virtual learning environment for youth with high functioning autism. *Journal of Autism and Developmental Disorders, 44*(10), 417-430.

Sugai, G. Horner, R. H., Dunlap, G., Hieneman, M., Lewis, T. J., Nelson, C. M., Scott, T., Liaupsin, C., Sailor, W., Turnbull, A. P., Turnbull, H. R., Wickham, D., Ruef, M., & Wilcox, B. (1999). Applying positive behavior support and functional behavioral assessment in schools. Technical Assistance Guide 1, Version 1.4.3. Center on Positive Behavioral Interventions and Support, Washington, DC.

Sugai, G., & Horner, R. H. (2009a). Defining and describing schoolwide positive behavior support. In W. Sailor, G. Dunlap, G. Sugai & R. Horner (Eds.), *Handbook of positive behavior support* (pp. 307-326). New York, NY: Springer.

Sugai, G., & Horner, R. H. (2009b). Responsiveness-to-intervention and schoolwide positive behavior supports: Integration of multi-tiered system approaches. *Exceptionality, 17*, 223-237.

Swanson, E., Hairrell, A., Kent, S., Ciullo, S., Wanzek, J. A., & Vaughn, S. (2014). A synthesis and meta-analysis of reading interventions using social studies content for students with learning disabilities. *Journal of Learning Disabilities, 47*, 178-195.

Swanson, H. L. (1994). Short-term memory and working memory: Do both contribute to our understanding of academic achievement in children and adults with learning disabilities? *Journal of Learning Disabilities, 27,* 34–50.

Swanwick, R., & Marschark, M. (2010). Enhancing education for deaf children: Research into practice and back again. *Deafness and ducation International, 12*(4), 217–235.

Szumski, G., Smogorzewska, J., & Karwowski, M. (2017). Academic achievement of students without special educational needs in inclusive classrooms: A meta-analysis. *Educational Research Review, 21,* 33–54.

Thies, M. K. (1999). Identifying the educational implications of chronic illness in school children. *Journal of School Health, 69*(1), 392–397.

Thousand, J. S., & Villa, R. A. (1990). Sharing expertise and responsibilities through teaching teams. *Support networks for inclusive schooling: Interdependent integrated education,* 151–166.

Thousand, J. S., Villa, R. A., & Nevin, A. I. (Eds.). (2002). *Creativity and collaborative learning* (2nd ed.). Baltimore: Paul H. Brookes.

Tolan, P., Gorman-Smith, D., & Henry, D. (2001). New study to focus on efficacy of "whole school" prevention approaches. *Emotional & Behavioral Disorders in Youth. 2,* 5–7.

Tolan, P., Gorman-Smith, D., & Henry, D. (2004). Supporting families in a highrisk setting: Proximal effects of the SAFEChildren prevention intervention. *Journal of Consulting and Clinical Psychology, 72*(5): 855–869.

Torgesen, J. K. (2002). The prevention of reading difficulties. *Journal of School Psychology, 40*(1), 7–26.

Townsend, B. (2000). The disproportionate discipline of African American learners: Reducing school suspensions and expulsions. *Exceptional Children, 66,* 382–391.

Trumbull, R., Trumbull, A., Shank, M., & Smith, S. J. (2004). *Exceptional lives: special eucation in today's schools*(4th ed., p. 139), Upper Saddle River, NJ: Pearson.

Tumbull, A. P., Turnbull, A., & Wehmeyer, M. (2010). *Exceptional lives: Special education in today's schools.* Upper Saddle River, NJ: Merrill.

Useche, A. C., Sullivan, A. L., Merk, W., & Orobio de Castro, B. (2014). Relationships of aggression subtypes and peer status among aggressive boys in general education and emotional/behavioral disorder (EBD) classrooms. *Exceptionality, 22*(2), 111–128.

Vaughn, S., & Fuchs, L. (2003). Redefining learning disabilities as inadequate response to instruction: The promise and potential problems. *Learning Disabilities Research & Practice, 18*(3), 137-146.

Vaughn, S., & Linan-Thompson, S. (2003). What is special about special education for students with learning disabilities? *The Journal of Special Education, 37*(3), 140-147.

Vaughn, S., Bos, C., & Schumm, J. (2018). *Teaching students who are exceptional, diverse, and at risk* (7th ed.). Upper Saddle River, NJ: Pearson Education.

Verhulst, F. C., Akkerhuis, G. W., Althaus, M. (1985). Mental health in Dutch children: I. A cross cultural comparison. *Acta Psychiatr Scand Suppl. 323*:1-108.

Vikan, A. (1985). Psychiatric epidemiology in a sample of 1,510 ten-year old children. I. *Prevalence. J Child Psychol Psychiatry. 26*:55-75.

Wagner, M. O., Haibach, P. S., & Lieberman, L. J. (2013). Gross motor skill performance in children with and without visual impairments—research to practice. *Research in Developmental Disabilities, 34*, 3246-3252.

Walker, H. M., & Sprague, J. R. (2000). Intervention strategies for diverting at-risk children and youth from destructive outcomes. *Emotional and Behavioral Disorders in Youth, 1*(1), 5-8.

Walker, H. M., Forness, S. R., Kauffman, J. M., Epstein, M. H., Gresham, F. M., Nelson, C. M., & Strain, P. S. (1998). Macro-social validation: Referencing outcomes in behavioral disorders to societal issues and prob- lems. *Behavioral Disorders, 24*, 7-18.

Walker, H. M., Kavanagh, K., Stiller, B., Golly, A., Severson, H. H., & Feil, E. G. (1998). First Step to Success: An early intervention approach for preventing school antisocial behavior. *Journal of Emotional and Behavioral Disorders, 6*, 66-80.

Weisz, J. R., & Hawley, K. M. (2002). Developmental factors in the treatment of adolescents. *Journal of Consulting and Clinical Psychology, 70*, 21-43.

Westling, D. L., & Fox, L. (2009). *Teaching students with sever disabilities* (4th). New jersey: Person Education Ltd.

Whitehurst, G. J. (2001). *Evidence-based education.* Paper presented at the U.S. Department of Education's Improving America's Schools Conference, San Antonio, TX.

Will, M. (1984). OSERS programming for the transition of youth with disabilities: Bridges form school to Working life. Washington, DC: U.S. Department of Education of Education, Office of special Education and Rehabilitative Service.

Winzer, M. A. (1993). *The History of Special Education From Isolation to Integration.* Washington DC Gallaudet University Press.

Winzer, M. A. (1993). *The history of special education: From isolation to integration.* Washington. DC: Gallaudet University Press.

Wolery, M., Bailey, D. B., & Sugai, G. M. (1988). *Effective teaching principles and procedures of applied behavior analysis with exceptional students.* Boston: Allyn & Bacon.

Wood, J. W. (2006a). *Adapting instruction to accommodate students in inclusive settings.* Upper Saddle River, NJ: Merrill.

Wood, J. W. (2006b). *Teaching students in inclusive settings: Adapting and accommodating instruction.* Prentice Hall.

Woods, C. J., & Graffeo, J. (1995). *A Family's Guide to the Individualized Family Service Plan.* Baltimore: Paul H. Brooks Publishing Company.

Woodward, W. M. (1979). Piaget's theory and the study of mental retardation. In N. R. Ellis (Ed.), *Handbook of mental deficiency: Psychological theory and research*(2nd ed., pp.169-195). Hillsdale, NJ: Erlbaum.

Zimmerman, E. (1992). Assessing students' progress and achievements in art. *Art Education, 45*(6), 34-38.

〈관련 사이트〉

경기도 재활공학서비스연구지원센터. http://atrac.or.kr/

국립특수교육원 에듀에이블(디지털북, 멀티미디어북). https://www.nise.go.kr/main.do?s=eduable

국립특수교육원. http://www.kise.go.kr

대한소아알레르기 호흡기학회. http://www.kapard.or.kr/

대한소아정신과의학회 ADHD 바로알기. www.adhd.or.kr

대한천식알레르기학회. http://www.allergy.or.kr/main.html

미국 국립영재교육연구소. https://gifted.uconn.edu/

미국지적장애협회. http://aaidd.org/

미국특수교육대표학회. https://www.cec.sped.org/

법제처 홈페이지. http://www.moleg.go.kr/main.html

보건복지부 국립재활원 중앙보조기기센터 www.knat.go.kr

보편적 학습설계(UDL) 가이드라인 사이트 http://udlguidelines.cast.org

복지로 함께 만드는 복지. 발달장애인부모상담지원사업. http://www.bokjiro.go.kr/welInfo/retrieveGvmtWelInfo.do?welInfSno=35

비마이너 뉴스. http://www.beminor.com

서산 성봉학교 징검다리 학교 기업. http://www.seongbong.cnesc.kr/main.do

서울시보조공학서비스센터 www.seoulats.or.kr

세계보건기구(WHO). http://www.who.int/

영재교육종합데이터베이스. https://ged.kedi.re.kr

장애우권익문제연구소. http://www.cowalk.or.kr

장애인 등에 대한 특수교육법 및 동법 시행령. http://www.law.go.kr

전국병원학교 홈페이지. http://www.ice.go.kr/

전국장애인부모연대. http://www.bumo.or.kr/

지체장애인 편의시설 지원센터. http://www.atac.or.kr/

질병관리본부 희귀질환 헬프라인 홈페이지. http://helpline.nih.go.kr/cdchelp/index.gst

한국교육과정평가원. http://www.suneung.re.kr/sub/info.do?m=0103&s=suneung

한국난독증협회. http://kdyslexia.org/

한국백혈병소아암협회. http://www.soaam.or.kr/

한국백혈병어린이재단. https://www.kclf.org/

한국소아당뇨인협회. http://www.iddm.kr/

한국소아암재단. http://angelc.or.kr/

한국시각장애인연합회. http://www.kbuwel.or.kr/

한국신장장애협회. http://www.koreakidney.or.kr/

한국심장재단. http://www.heart.or.kr/

한국장애인개발원. https://www.koddi.or.kr/index.jsp

한국장애인고용공단. https://www.kead.or.kr

한국장애인평생교육연구소. http://moduedu.co.kr/xe/

한국지적장애교육학회. http://www.kaid.kr/

한국통합교육 연구회. http://www.inclusion.co.kr

한국특수교육학회. http://www.ksse.or.kr/

한국학습장애학회. http://www.korealda.or.kr/

한국혈액암협회. http://www.bloodcancer.or.kr/

함께 배우는 한국 수화. http://home.ebs.co.kr/hand/replay/2/list?courseId=BP0PQ000
000000037&stepId=01BP0PQ000000000037

Historic England. https://historicengland.org.uk/research/inclusive-heritage/
disability-history/

KOSIS 국가통계포털(2018). http://kosis.kr/

National Center on Intensive Intervention. https://intensiveintervention.org/

Positive Behavior Supports Corporation. https://www.teampbs.com/

Positive Behavioral Interventions & Supports: OSEP Technical Assistance Center.
http://www.pbis.org/

〈읽기 자료 및 동영상 자료〉

경기도재활공학센터 보조공학 안내 영상. https://www.youtube.com/watch?v=eWxoh3wQ98k

공익사단 법인 꿈너머꿈. http://www.inclusion.co.kr

교육부. 초 · 중등학교 통합교육 실행 가이드북. http://www.moe.go.kr/boardCnts/fileDown.do?m=030208&s=moe&fileSeq=e781597dcb6a6cc37faee2fe6b318cd2

국립특수교육원 에듀에이블 장애공감교육 자료. 발달장애 친구 도현이 이야기. http://www.nise.go.kr/boardCnts/view.do?boardID=105&boardSeq=702788&lev=0&searchType=null&statusYN=W&page=1&s=eduable&m=020104&opType=N

국립특수교육원. 긍정적 행동지원 기초. https://www.youtube.com/watch?v=JdwB7V3aq1k

권성훈(2015). 폭력적 타자와 분열하는 주체들 사이코패스에서 성직자까지. 경기: 교유서가.

나무위키. 자폐성 장애. https://namu.wiki/w/%EC%9E%90%ED%8F%90%EC%84%B1%20%EC%9E%A5%EC%95%A0

네이버 국어사전(2018). https://ko.dict.naver.com/search.nhn?dic_where=krdic&query=handicap

네이버 블로그 단언컨대(2018). https://reallysure.blog.me/220197051864

대전 MBC 뉴스. 통합교육 실효성 높여야. https://www.youtube.com/watch?v=DpUa48G4OiA

동아일보(2017.11.17.). 가족이 행복해야 발달장애 자녀도 행복. http://news.donga.com/3/all/20171117/87305191/1

마이데일리(18.9.11.). '영재발굴단'꼬마 동화작가 전이수 네 번째 동화책 출간! http://www.mydaily.co.kr/new_yk/html/read.php?newsid=201809111607836058&ext=da

마포구청. http://www.mapo.seoul.kr

미국 메릴랜드주 교육청의 개별화가족지원계획(IFSP) 양식. http://archives.marylandpublicschools.org/

발달장애소통과 지원 연구소. 장애인의 통합과 테크놀로지. https://www.youtube.com/watch?v=eryUqAkGrbQ

보건복지부(2013). 발달장애인 부모 심리상담 서비스 매뉴얼. http://www.mohw.go.kr

보건복지부(2018). 장애인등록/장애등급 심사제도. http://www.mohw.go.kr/react/policy/index.jsp?PAR_MENU_ID=06&MENU_ID=06370111&PAGE=11&topTitle=장애인등록/장애등급%20심사제도

보건복지부(2018.4.19.). 장애인 등록 현황(2017년 12월 기준). 보건복지부 현황 자료. http://www.mohw.go.kr/react/jb/sjb030301vw.jsp?PAR_MENU_ID=03&MENU_ID=0321&CONT_SEQ=344589&page=1

보건복지부, 한국보건사회연구원(2018.4.19.). 2017년 장애인실태조사 결과. 보도자료. http://www.mohw.go.kr/react/al/sal0301vw.jsp?PAR_MENU_ID=04&MENU_ID=0403&CONT_SEQ=344591&page=1

보건복지부. 2018년 장애아동가족지원 사업안내. http://www.mohw.go.kr/react/jb/sjb030301vw.jsp?PAR_MENU_ID=03&MENU_ID=032903&CONT_SEQ=344196&page=1

서울아산병원. http://www.amc.seoul.kr/asan/healthinfo/disease/diseaseDetail.do?contentId=32404

서울특별시교육청 특수교육지원센터. http://www.sen.go.kr/sedu/sedu/index.do

서울특별시교육청(2016).2016문제행동중재프로그램운영결과:특별교부금국가시책사업(특수교육지원강화). www.kbe.go.kr/cmmn/download.do?idx=1499475

세계보건기구(WHO). ICD-11 소개 영상. http://www.who.int/health-topics/international-classification-of-diseases

수잔 로빈슨. 장애인 자격을 잃는 다섯 가지 방법. www.ted.com/talks/susan_robinson_how_i_fail_at_being_disabled?language=ko

스텔라 영. 대단히 감사합니다만, 저는 당신의 영감거리가 아닙니다. www.ted.com/talks/stella_young_i_m_not_your_inspiration_thank_you_very_much?language=ko

시몬느 소스(2016). 시선의 폭력: 편견사회에서 장애인권 바로보기(김현아 역). 한울림스페셜.

에이블뉴스(2015.10.20.). 보조공학기기가 장애인에게 따뜻한 기술인 이유. http://abnews.kr/19E3

에이블뉴스(2015.8.4.). 자폐성장애학생 문제행동 아이들 잘못 아니다. http://www.ablenews.co.kr/News/NewsContent.aspx?CategoryCode=0006&NewsCode=000620150801144659189242

에이블뉴스(2017.12.27.). '2017년 장애청소년 Best Friend 수기공모' 수상작 연재(17). http://www.ablenews.co.kr/News/NewsContent.aspx?CategoryCode=0034&NewsCode=003420171226145036679050

에이블뉴스(2018.7.12.). 일반학교 장애학생 '완전통합'↑ '특수학급'↓. https://www.ablenews.co.kr/News/NewsContent.aspx?CategoryCode=0020&NewsCode=002020180712084942019312

오마이뉴스(2016.12.21.). 발달장애아 부모들, 협동조합에서 길을 찾다. http://www.ohmynews.com/NWS_Web/View/at_pg.aspx?CNTN_CD=A0002268298

우리가 몰랐던 이야기5. 발달장애(서울시 장애인식 개선 교육영상). https://www.youtube.com/watch?v=L9JxevhfL-E

우리에게도 행복할 권리가 있어요. 발달장애인 1부. https://www.youtube.com/watch?v=5WWBvhoMhzU

웹 접근성 홍보 동영상. https://www.youtube.com/watch?v=C7RWkAg9Ki4

자폐성장애. 영화 〈말아톤〉

전국매일신문(2018.1.17.). '학교 내 일자리 사업' 통한 장애인 일자리 창출. http://www.

jeonmae.co.kr/news/view.html?section=124&category=158&no=202160

전국장애인부모연대 대전지부. http://djbumo.or.kr/

존 커크 보이드(2011). 왜 분노하지 않는가? (최선영 역). 서울: 중앙북스.

주디스 휴먼. 장애인 인권을 위한 우리의 싸움, 그리고 아직 끝이 아닌 이유. www.ted. com/talks/judith_heumann_our_fight_for_disability_rights_and_why_we_re_ not_done_yet?language=ko

중도일보(2018.7.22.). 교육부가 선정한 마지막 특수학교 학교기업의 문을 열다. http:// www.joongdo.co.kr/main/view.php?key=20180722010009727

지적장애. 영화 〈포레스트검프〉

찾기 쉬운 생활법령정보. http://easylaw.go.kr/CSP/CnpClsMain.laf?popMenu=ov&csm Seq=515&ccfNo=4&cciNo=3&cnpClsNo=1

채널A 뉴스(2017.9.11.). 무릎 꿇은 학부모의 호소… 9만 명 움직였다. http://news. naver.com/main/read.nhn?mode=LSD&mid=sec&oid=449&aid=0000137504&s id1=001

충남도청 방송국(2014.2.26.). 충남도 장애인 지원고용 첫 사례 탄생! https://www. youtube.com/watch?v=Pddrxl2JQOk

한겨레 21(2015.7.9.). 시각장애인인 우리 아이에게도 교과서를 주세요. http://www. hani.co.kr/arti/society/society_general/699559.html

한겨레신문(2012.10.29.). 장애·비장애 학생이 한 반에서 공부해요. http://www.hani. co.kr/arti/society/schooling/557928.html

한겨레신문(2013.1.15.). "장애인 자립" 부모들 협동조합 꾸린다. http://www.hani. co.kr/arti/society/area/569875.html

한겨레신문(2014.4.28.). '불통'의 강물 위에 떠 있는 '교실 안 외딴섬'. http://www.hani. co.kr/arti/PRINT/634890.html

한겨레신문(2017.10.9.). 장애·비장애 학생 함께 배우면 '편견'이 '이해'로 바뀝니다. http://www.hani.co.kr/arti/society/schooling/813792.html

한국교육신문(2006.6.1.). 우리 반 장애학생, 어떻게 지도할까? http://www.hangyo. com/news/article.html?no=74279

한국장애인개발원. https://www.koddi.or.kr/service/work_intro.jsp

한국프래더윌리증후군 환우회. http://pwsakorea.org/

함께걸음(2013.6.7.). 장애학생은 통합교육에서 '분리'되고 있다. http://www. cowalknews.co.kr/news/articleView.html?idxno=12611

함께걸음(2017.12.6.). 통합교육 내 방치된 청각장애 학생들. http://www.cowalknews. co.kr/news/articleView.html?idxno=15904

함께걸음(2018.5.2.). 유니버설한 언어 디자인과 장애학. http://www.cowalknews. co.kr/news/articleView.html?idxno=16105

함께걸음(2018a). ICF: 건강이 포함하는 모든 개념을 다루다. http://www.cowalknews. co.kr/news/articleView.html?idxno=16186

함께걸음(2018b). 질병과 신체장애가 아닌 삶의 참여, 구체적 기능으로 이해하기. http:// www.cowalknews.co.kr/news/articleView.html?idxno=16185

함께웃는재단. 자폐인의 도전행동과 ABA. https://www.youtube.com/ watch?v=3rIFLyD5vxs

허프포스트코리아(2015.11.20.). 통합교육은 좋은 것인가? https://www.huffingtonpost. kr/seungjoon-ahn/story_b_8607716.html

현장특수교육(2018). 장애학생 문제행동 지도를 위한 긍정적 행동지원. 제25권. http:// www.nise.go.kr/jsp/field/2018-2/07_3.jsp

Association for Positive Behavior Support(2014). http://www.pbis.org/

Chicago Public Schools. Positive Behavior Supports in Chicago's Schools. https:// www.youtube.com/watch?v=MZ1kDWv-uv0&t=290s

EBS 지식채널e. 서번트신드롬. https://www.youtube.com/watch?v=OPhYIfOzgHk

ICF eLearning Tool. https://www.icf-elearning.com/

JTBC 뉴스. 탐사플러스. '말아톤' 초원이 현실은… 취업난에 '눈물'. http://news.jtbc. joins.com/article/article.aspx?news_id=NB10611698

KBS 뉴스(2013.10.28.). 장애 아동 부모 절반 '우울증'… 극단적 생각도. http://news. kbs.co.kr/news/view.do?ref=A&ncd=2745674

KBS 뉴스(2017.4.21.). 장애학생 소통에 '디지털'로 희망 주는 선생님. http://mn.kbs. co.kr/news/view.do?ncd=3467606

KTV 국민방송. 이슈 본-발달장애인법, 왜 필요한가. https://www.youtube.com/ watch?v=cK3sSL6OxcA

TJB 뉴스(2016.6.29.). 기업도 장애인도 윈윈해요. https://www.youtube.com/ watch?v=yhx5DU0IX4E

UDL At A Glance(UDL에 대한 개념 설명 동영상). https://www.youtube.com/ watch?v=bDvKnY0g6e4

YTN science. https://www.youtube.com/watch?v=OOKLk2pW0XM

찾아보기

〈인명〉

⟨내용⟩

저자 소개

김동일(Kim, Dongil)
미네소타대학교 교육심리학과 박사
미네소타대학교 교육심리학과 석사
서울대학교 교육학과(교육과정 및 교육평가 전공)
현 서울대학교 교수

고은영(Koh, Eunyoung)
서울대학교 특수교육 전공 박사
가톨릭대학교 심리학과 상담 및 임상심리학 전공
　석사
현 경일대학교 심리치료학과 조교수

고혜정(Koh, Hyejung)
서울대학교 특수교육 전공 박사
이화여자대학교 특수교육 전공 석사
현 위덕대학교 특수교육학부 조교수

김우리(Kim, Woori)
텍사스대학교 오스틴캠퍼스 특수교육 전공 박사
서울대학교 특수교육 전공 석사
현 전남대학교 교수

박춘성(Park, Choonsung)
서울대학교 교육학 박사
서울대학교 교육학 석사
현 상지대학교 교수

손지영(Son, Jiyoung)
서울대학교대학원 특수교육 전공 박사
서울대학교 교육학과 교육공학 전공 석사
이화여자대학교 특수교육학과 석사
현 대전대학교 중등특수교육과 교수

신재현(Shin, Jaehyun)
미네소타대학교 교육심리학과 특수교육(학습장애
　전공) 박사
서울대학교 특수교육 전공 석사
현 경인교육대학교 교수

연준모(Yun, Joonmo)
플로리다주립대학교 교육과정 및 수업(특수교육)
　전공 박사
서울대학교 특수교육 전공 석사
서울교육대학교 교육방법 전공 석사
현 강릉원주대학교 연구교수

이기정(Lee, Kijyung)
서울대학교 특수교육 전공 박사
이화여자대학교 특수교육 전공 석사
현 대구교육대학교 교수

이재호(Lee, Jaeho)
서울대학교 특수교육 전공 박사
서울대학교 특수교육 전공 석사
현 광주여자대학교 초등특수교육과 교수

정광조(Jung, Kwangjo)
서울대학교 특수교육 전공 학습장애 박사
단국대학교 특수교육 전공 지적장애 석사
현 성균관대학교 겸임교수, 서울시교육청 교사

지 은(Ji, Eun)
텍사스대학교 오스틴캠퍼스 특수교육/재활상담
　　전공 박사
서울대학교 특수교육 전공 석사
현 인하대학교 교육대학원 교수

최종근(Choi, Jongkeun)
서울대학교 특수교육 전공 박사
서울대학교 교육공학 전공 석사
현 건양대학교 교수

홍성두(Hong, Sungdoo)
서울대학교 특수교육 전공 박사
단국대학교 정서·행동장애아교육 전공 석사
현 서울교육대학교 교수

다양한 학습자를 위한
특수교육의 이해
Essentials of Special Education

2019년 3월 10일 1판 1쇄 발행
2023년 10월 10일 1판 8쇄 발행

지은이 • 김동일 · 고은영 · 고혜정 · 김우리 · 박춘성 · 손지영 · 신재현
지은이   연준모 · 이기정 · 이재호 · 정광조 · 지 은 · 최종근 · 홍성두
펴낸이 • 김 진 환
펴낸곳 • **㈜ 학지사**
　　　　　04031 서울특별시 마포구 양화로 15길 20 마인드월드빌딩 5층
대표전화 • 02) 330-5114　　　팩스 • 02) 324-2345
등록번호 • 제313-2006-000265호

홈페이지 • http://www.hakjisa.co.kr
인스타그램 • https://www.instagram.com/hakjisabook

ISBN 978-89-997-9265-6 93370

정가 20,000원

출판미디어기업 **학지사**

간호보건의학출판 **학지사메디컬** www.hakjisamd.co.kr
심리검사연구소 **인싸이트** www.inpsyt.co.kr
학술논문서비스 **뉴논문** www.newnonmun.com
원격교육연수원 **카운피아** www.counpia.com